불교와 함께한

종교 연구

범재(凡哉) 이민용 선생 팔순 기념 문집

불교와 함께한 종교 연구

범재 팔순기념문집편찬위원회 엮음

도서
출판 모시는사람들

범재(凡哉) 이민용(李珉容) 선생

이민용(李珉容) 선생 약력

1941년 1월 26일 서울 출생

학력   1960. 경복 고등학교 졸업

1964. 서울대학교 문리과대학 종교학과 졸업

1964. 동국대학교 대학원 입학(불교철학, 석사)

1967. 동국대학교 대학원 입학(불교철학, 박사과정 수료)

1986. 하버드대학교(Department of East Asian Languages and Civilizations, Graduate School of Harvard)(박사과정 수료)

경력   1968. 동국대학교 비교사상연구소 연구원(연구조교)

1969. 동국대학교 강사(불교고전어 및 인도사)

1973. 가톨릭대학교 강사(불교사상)

1974. 서강대학교 강사(인도사상사)

1974. 동국대학교 역경위원

1985. Boston Jewelery Exchange Co. Limited 설립

1985. 미주 한인회보(뉴잉글랜드) 편집고문 겸 칼럼니스트

1999. 미주 한인신문(보스톤) 편집자문 겸 칼럼니스트

2001. 한국종교문화연구소 연구원 및 이사

2002. 영남대학교 국제교류원 교수

2006. 참여불교재가연대 공동대표(해외 담당)

2008. 국제참여불교연대 실행위원(International Network of Engaged Buddhism)

2007. 동국대학교 객원교수(개교100주년기념국제회의 주관)

2010. 한국불교연구원 강좌 담당

2011~2013. 한국불교연구원 원장

2018~한국종교문화연구소 이사장

논저　「신라사회의 미륵신앙」,『동국사상』5, 동국대학교 불교대학, 1970

「삼국시대 불교 교단과 초기 신앙성격」,『동국대학교논문집』12, 1973

「한국의 금강경 신앙과 영험전」,『불교학보』11, 동국대학교 불교문화연구원, 1974

「불교학 연구의 문화배경에 대한 성찰」,『종교연구』19, 2000

「미국 속의 불교와 불교의 미국화」,『종교문화비평』2, 한국종교문화연구소, 2002

「학문의 이종교배 - 왜 불교신학(Buddhist Theology)인가?」,『종교문화비평』3, 한국종교문화연구소, 2003

「서구불교학의 창안과 오리엔탈리즘」,『종교문화비평』8, 한국종교문화연구소, 2005

「서구의 열반 이해의 역사와 그 유형 - 불교에서의 구원이란 무엇인가?」,『오늘 우리에게 구원과 해탈은 무엇인가』, 동연, 2007

「불교의 근대적 전환 - 이능화의 문화론적 시각과 민족주의」,『1919년 3월 1일에 묻다』, 성균관대학교출판부, 2009

「불교와 성(性)」,『종교문화학보』6, 2009

「서구불교 신행의 양태와 서구적 불교의 탄생」,『한국불교학』58, 2010

「근대 불교/학의 형성과 아카데미즘에서의 위상 - 서구 불교학 형성에 대한 반성적 성찰」,『한국교수불자연합학회지』18, 2012

「나의 '책방 서재'」,『종교문화비평』22, 한국종교문화연구소, 2012

「현대한국의 불교학자(2): 이능화, 한국 근대불교학의 발주자」,『불교평론』58, 2014

「돈황 - 환상을 여행하다」,『종교문화비평』29, 종교문화연구소, 2016

「근대기 호교론으로서의 백교회통 - 교상판석의 근대적 적용」,『종교문화비평』30, 종교문화연구소, 2016

「우리는 어떤 티벳을 말하고 있는가」,『이야기를 해야 알죠!』, 모시는사람들, 2018

「불교와 폭력」,『이야기를 해야 알죠!』, 모시는사람들, 2018

「한국종교의 근대적 각성 - 원불교의 새로운 회상을 중심으로」,『한국종

교』 45, 2019

「"말을 함으로 말을 버린다"(因言遣言)」, 『종교문화의 안과 밖』, 모시는사
람들, 2021

「떠도는 삶들을 생각한다」, 『종교문화의 안과 밖』, 모시는사람들, 2021

「하늘까지 걸어간 사람: 초마 드 코로스(Csoma de Körös Sandor)를 다시 생
각한다」, 『종교문화비평』 39, 종교문화연구소, 2021

강연 및 발표   원측(圓測)사상: 법상종의 이파(異派)인가, 동아시아적 전개인가?
(한국종교문화연구소 포럼, 2001)

「조선불교통사」의 구조와 서술방식 (한국불교연구원 10주년 기념 국제학술회
의, 2005)

참회도로서의 불교: 참법의 진정한 의미와 그 현대적 실천 (동화사·법주사·
금산사 합동참법세미나, 2007)

불교에서 인권은 무엇을 의미하는가? (영남대 인권교육센터·국가인권위원회
주최 세계인권선언 60주년 기념 심포지엄, 2008)

인문학과 한국학: 외로운 한국, 왜곡된 한국 (대구가톨릭대 샛별문화포럼,
2009)

서양의 일본불교 수용 굴절: 헨리 올콧트, 폴 카루스, 釋宗演, D.T.스즈키
의 경우 (불교학연구회 학술대회, 2010)

동아시아 불교에서의 고전의 탄생: 『대승기신론』을 중심으로 (한국종교문
화연구소 강연, 2016)

언젠가 범재(凡哉) 이민용 선생님이 어찌하여 종교학을 공부하기로 했는지 긴 이야기를 들려주신 적이 있습니다. 그 연유를 줄여서 말한다면, 뭇 사람들이 보기에 종교는 가장 '정치와 상관이 없다'고 여겼기 때문이라는 것이었습니다. 종교가 정치로부터 가능한 한 멀리 떨어진 곳이라고 보았고, 그만큼 종교를 연구하는 종교학도 거친 정치적 풍파에서 멀리 있을 것이라고 기대한 것이었겠습니다. 그런 연유에는 더 깊은 뭔가가 있을 터이지만, 일제강점기부터 이어져 한국전쟁으로 폭발한 이데올로기 대립의 오랜 상처가 아닐까 짐작할 뿐입니다.

해방 후부터 개신교와 불교계가 온갖 극심한 내부 갈등과 분란으로 시달리고, 오랫동안 많은 사람들의 지탄을 받아온 것을 생각할 때, 당시의 한국 종교계가 이민용 선생님의 기대만큼 결코 편안한 곳은 아니었을 것이라고 생각합니다. 하지만 주목할 만한 것은 그런 소란에도 불구하고 종교학에 뜻을 둔 일단의 연구자가 등장하였다는 점이고, 공부의 효율성을 위해 서로 영역을 나누어 맡는 일이 생겨났다는 점입니다. 불교가 이민용 선생님이 맡은 영역이었고, 그는 한문, 산스크리트어, 팔리어, 티베트어 등을 통해 불교 고전문헌 연구에 몰두하였습니다. 범재의 온 집안이 미국으로 이민을 떠나게 되는 70년대 후반까지의 일입니다.

이민 이후로 범재의 주된 활동은 미국에서 정착하기 위한 힘겨운 노력이었습니다. 애정을 기울여 매진하던 불교학 연구를 갑자기 중단하는 일이 범재에게 참으로 고통스러웠을 것이라는 점은, 어느 정도 생활이 안정되자 그가 미국에서 다시 한국불교 연구를 시작한 것으로 확인할 수 있습니다. 종교학에 대한 범재의 지속적인 관심은 한종연과의 인연으로 이어졌으며, 오늘날 후학들은 범재의 질문과 논리로부터 귀중한 학문적 분발의 동기를 찾아내고 있습니다.

범재 이민용 선생님을 감돌고 있는 분위기가 '밝고 따뜻함'이라는 점에 이의를 달 사람은 없을 것입니다. 화를 내는 모습은 아주 드물게 볼 수 있지만, 그의 슬픈 모습은 떠올리기 힘듭니다. 하지만 범재의 인생이 지나온 한국 현대사의 험난한 굴곡을 생각할 때, 그의 '밝고 따뜻함'이 결코 아픔 없는 단색(單色)이라고 볼 수는 없습니다. 그래서 그의 호(號)도 다시 보게 됩니다. 범재라는 호가 지닌 "그저 그런 것" "그렇고 그런 것"이라는 뜻이 그야말로 얼마만한 두께를 가지고 있는지요.

후학들은 범재가 "그저 그렇게" 계셔서, 그렇지 않을 때에는 느낄 수 없는 풍요로움을 누리고 있다고 말하고 싶습니다.

2022년 2월
범재 팔순기념문집편찬위원회 일동

불교와 함께한 종교 연구

제1부 불교와 종교 연구

제3부 다시 법재를 생각한다

제 1 부

불교와 종교 연구

조계종 전통의 창조와 혼종적 근대성[*]
─서구 근대불교와의 비교를 중심으로

송현주

* 이 글은 「조계종 전통의 창조와 혼종적 근대성: 서구 근대불교와의 비교를 중심으로」,
『종교문화비평』 30, 2016, 15-49을 수정 보완한 것이다.

1. 머리말

> 통상 낡은 것처럼 보이고 실제로 낡은 것이라고 주장하는 이른바 '전통들
> (traditions)'은 실상 그 기원을 따져보면 극히 최근의 것일 따름이며, 종종 발
> 명된 것이다.[1]

식민지 국가에서 근대성은 단선적이지 않고 복합적이다. 근대성이 새로
운 표준으로 강제되면서 동시에 그것에 대한 저항을 수반한다. 그리고 그 저
항은 통상 전통에서 자신을 발견하려 한다. 하지만 전통은 단순히 전근대적
인 것만은 아니다. 전통은 전근대적이면서 동시에 '탈근대성'의 자원으로 동
원된다. 그래서 식민지 국가의 근대성은 혼종성(混種性, hybridity)[2]을 지닌다.
　근대적 세계종교에 편입되는 과정에서 불교도 마찬가지였다. 식민지 국
가에서 불교의 근대성은 단지 근대화의 일방적인 흐름만을 의미하는 것이
아니라 근대성에 대한 저항마저 포함하고 있으며, 그리고 그 저항에는 전근
대와 탈근대의 성격이 모두 포함되어 있다고 볼 수 있다. 근대불교 안에 전
근대(premodern), 근대(modern), 탈근대(postmodern)의 다층적 요소가 함께 공
존하며 이들이 어우러져 혼성적 불교(hybrid Buddhism)를 이루고 있다는 것
이다. 즉 근대불교는 혼종성을 그 특징으로 하며, 그것도 하나의 보편적·균

질적인 실체가 아니라 불교가 전개된 지역의 문화적 특질에 따라 다양하고 이질적인 형태로 전개되었다고 할 수 있다.

한국의 근대불교에서도 마찬가지이다. 근대불교 보편의 요소와 함께 한국적 요소도 고려해야 하며, 근대적 요소는 전근대적 요소와 탈근대적 요소의 혼성적 성격을 보여주는 것으로 이해해야 한다. 그렇게 파악된 근대성이야말로 이른바 한국 불교의 '토착적 근대성(indigenous modernity)'이라고 표현할 수 있을 것이다.

이를 위해 이 글에서는 일제하 '조선불교조계종(朝鮮佛敎曹溪宗, 1941)'[3](이하 '조계종') 성립의 의미를 두 측면에서 살펴보고자 한다. 하나는 '조계종'의 성립이 한국 불교사에서 어떤 의미가 있는지 살펴볼 것이며, 다른 하나는 서구에서 전개되어 온 보편적인 '근대불교'와 비교할 때 나타나는 특징을 살펴볼 것이다. 근대 한국 불교에서 전개된 조계종의 성립 과정과 그 종단사적 의미에 대해서는 이미 많은 선행 연구가 있다.[4] 그 연구들에 의해 종단의 종명(宗名)·종지(宗旨)·종조(宗祖)의 수립 과정을 둘러싼 중요한 사실들이 밝혀지고 있다. 한국 불교가 '조계종'의 종명과 정체성을 형성하는 과정은 결국 한국 불교의 전체 종파사를 아우르는 문제이다. 조계종은 현대 한국 불교를 대표하는 종파이자 한국 불교의 정체성을 표현하는 개념으로서, 한국 불교의 성격이 '선종'이라는 사실을 분명히 드러내고 있다. 물론 그것이 이른바 '통불교'적 내용을 지닌다는 설명이 항상 수반되지만, 어쨌든 한국 불교의 본질은 '선종'임을 공표하고 있다.

주지하듯이 고려 시대에 존재하던 불교 종파들은 조선 세종 대에 모두 '선교양종(禪敎兩宗)'이라는 이름 아래 통합되었으며, 그 명칭은 일제의 사찰령에 의해 조선 불교의 명칭으로 존속하게 되었다. 조선 불교를 통칭했던 이

'선교양종'이란 개념은 하나의 '종파명'으로서는 부적절하다고 볼 수 있다. 이 개념은 모든 종파를 '선'과 '교'의 범주 안으로 포함하는 방대함과 동시에 아무런 종파적 색채가 없는 '무종무파(無宗無派)'의 성격을 지니고 있다.[5] 바로 이러한 무성격의 '통칭'을 거부하고 종파적 색채를 선택한 것이 한국 근대불교가 전개된 과정의 한 특징이라고 볼 수 있다.

이런 '조계종단'의 설립 과정을 바라보는 시각은 여러 가지가 있을 수 있다. 한국 불교의 사찰령으로부터 정치적으로 독립하는 과정이라고 보는 시각,[6] 일제의 불교 통제 정책의 일환으로 이용당한 것이라고 보는 시각,[7] 그리고 정교분리라는 근대적 정신이 작용한 결과라는 시각도 가능하다.[8] 이런 시각들 모두 나름의 타당성이 있겠으나, 이들은 대체로 조직과 교단사의 측면에서 바라보고 있다. 본고는 그보다는 조계종이 표방하는 종파의 정체성과 종지를 포함한 사상적 차원에서 바라보고자 한다.

이 시기 한국 불교를 살펴보면, 불교가 자신의 정체성을 당시 조선에 존재하던 모든 불교의 포괄적 개념인 '조선의 불교'가 아니라, 한국 불교의 본질을 나타내는 '조선적 불교'를 통해 표현하고자 했음을 알 수 있다. 그리고 이 '조선적 불교'를 과거 전통으로부터 '발견' 또는 '발굴'해 내려고 했음도 알 수 있다. 즉 조선 불교의 정체성은 미래의 근대적 이상(ideal)에서보다는 과거 '전통'의 재구성으로 만들어졌고, 그런 선택은 이후 한국 불교의 성격을 결정하는 데 중요한 영향을 미쳤으며, 그것은 지금까지도 지속되고 있다. 그러나 그렇다고 해서 조계종의 정체성이 단지 과거회귀적이거나 전통복고적인 것만은 아니었고, 근대 세계에 적합한 근대성을 내포한 것이기도 했다. 이같이 확장된 근대성 개념을 바탕으로 한국 불교의 근대적 정체성이 서구 중심으로 전개된 근대불교의 보편적 성격과 비교할 때 어떤 특징을 지니는

지 살펴보기로 한다.

2. '근대불교(modern Buddhism)'의 보편성과 특수성

근대불교의 의미를 명확히 밝히기 위해서는 먼저 "근대성(modernity)이란 무엇인가?"라는 질문에 답을 해야 할 것이다. 근대성, 근대화(modernization), 근대주의(modernism)라는 용어가 자주 사용되지만 그 의미에 대해 모두가 동의하는 일치된 정의를 찾기는 매우 어렵다. 이른바 '근대성'이라는 말을 사회과학의 영역에서 처음으로 유의미한 용어로 명확하게 정의하고 사용하기 시작한 사람은 막스 베버(Max Weber, 1864-1920)이다.[9] 막스 베버는 근대성 개념을 종교와 관련시켜 연구하여, 『프로테스탄트 윤리와 자본주의 정신 (Protestant Ethic and the Spirit of Capitalism)』을 발표하였다. 베버는 "세계는 후퇴할 수 없는 진보의 방향, 합리화의 방향으로 발전한다."라고 보았으며, 근대적 정신의 에토스(ethos)의 핵심을 '합리성(rationality)'이라고 보았다.[10]

이런 관점에서 보면 근대불교의 핵심은 '이성'과 '합리성'에 있다고 해석할 수 있다. 그런데 과연 근대불교를 이와 같은 사회과학적 정의, 그것도 합리성의 문제로 간단히 설명할 수 있을까? 데이비드 맥마한(David L. McMahan)은 '근대성'은 다의적 용어로서 아직 하나의 정의로 정립되지 않았고, 이에 대한 수많은 논의가 있다고 말했다. 다만 일반적으로 근대성은 '프로테스탄트 종교개혁, 과학혁명, 유럽의 계몽주의, 낭만주의 등에 의해 추동된 세계'로 요약할 수 있다고 했다.[11]

'근대성'이라는 추상적 논의를 떠나 "근대불교란 무엇인가?"에 대한 정의를 살펴보아도 연구자마다 그 내용이 일치하지는 않는다. 버블로스키 (Werblowsky)에 따르면 '불교 근대주의(Buddhist modernism)'란 말을 처음 사용한 사람은 알렉산드라 데이비드 니일(Alexandra David-Neel, 1868-1969)이다.[12] 데이비드 니일은 '불교 근대주의'를 그녀가 실론에서 만났던 아나가리카 다르마빨라(Anagarika dharmapala)의 이성주의적 테라바다 불교(rationalist form of Theravāda)의 의미로 사용했다.[13]

하지만 오늘날 서구 근대불교 연구에 많은 업적을 남긴 도널드 로페즈 (Donald S. Lopez, Jr., 1952-현재)는 근대불교의 특징이 '그 이전의 불교 형태에서 통용되어 온 많은 의례와 주술적인 것들을 거부하고, 위계질서(hierarchy) 보다 평등성(equality), 지역적인(local) 것보다 보편성(universal), 공동체 (community)보다 개인(individual)을 찬양'하는 것에 있다고 설명했다. 그는 "근대불교가 그 자신을 오랜 진화의 정점이라고 보지 않고, 오히려 그 기원으로, 즉 붓다 자신의 불교로 돌아가는 것으로 생각한다."라고 주장했다.[14] 그러면서 근대불교라는 것이 근대의 산물로서, 하나의 새로운 종파(sect)라는 독특한 시각을 보여주었다.

> 근대불교는 그 뿌리를 식민지 아시아에 두며, 붓다의 가르침의 본질(essence) 로 돌아가고자 한다. 그것은 새로운 하나의 종파(new sect)이다. 다른 불교 종파들처럼 근대불교도 그들 자신의 계보(lineage),[15] 교리(doctrines), 실천 (practices)을 가지고 있다. 이들의 특징은 고통을 사회적인 것으로 본다는 것 이며, 붓다의 평등사상을 강조한다는 것이다. 오늘날 우리가 보고 있는 불교 는 근대의 창조물(modern creation)이다.[16]

로페즈에 따르면 '근대불교'란 지난 150여 년 동안 서구 사회를 중심으로 진행된 불교에 대한 이해의 결과물이다. 그것은 초종파적·초지역적 성격의 불교이며, 이성적·철학적이며 재가 중심·명상수행 중심의 종교이다. 그리고 이때 '불교'란 지역을 단위로 형성된 특수한 종교라기보다는 '세계종교', '세계불교' 등 전 지구적 존재 양상을 띠는 '보편적인 것'이다. 이처럼 '보편적 불교'를 따르는 불교의 경향, 그것은 '새로운 불교 종파'라고 볼 수 있다는 것이다.[17]

데이비드 맥마한 역시 근대불교가 세계 역사상 그 이전 불교와는 매우 다른 성격을 지녔다고 보았다. 그는 '종교사에서 가장 중요한 사실은 새롭고 역사적으로 독특한(a novel, historically unique) 불교가 지난 150년 사이에 출현한 것'이며,[18] 근대불교의 특징은 다음 세 가지의 담론으로 구성되어 있다고 말했다. 그것은 첫째, 서구 유일신교(western monotheism)의 영향과 그에 대한 반작용, 둘째, 이성주의와 과학적 자연주의(rationalism and scientific naturalism)의 성향, 셋째, 낭만적 표현주의(romantic expressivism)의 성격이다. 이 세 번째의 요소는 두 번째 요소인 이성주의와 과학적 자연주의에 대한 반동적 성격으로서, 미국의 초월주의자들(Transcendentalists)과 신지학자들(Theosophists)에게서 두드러졌다고 한다. 이는 막스 베버의 논제인 '세계의 탈주술화(dis-enchantment)'에 대한 반작용으로서 근대의 '재주술화(re-enchantment)' 현상으로 설명할 수 있다. 하지만, 이것 또한 근대불교의 형성에 일정한 역할을 했다고 한다.[19]

맥마한이 논한 근대불교의 성격은 로페즈의 관점보다 더욱 세밀한 측면이 있다. 그것은 근대불교가 단지 베버의 '탈주술화'와 '합리화'의 방향으로만 전개된 것이 아니라 그에 대한 반동, 즉 '재주술화'의 방향 역시 내포하고 있음을 밝힌 것이다. 그러나 기본적으로 로페즈나 맥마한 모두 근대불교에 미친 기독교, 특히 개신교(protestantism)의 영향과 베버의 합리화 개념의 중요성에 동의하고 있다. 일본의 오오타니 에이이치(大谷榮一) 역시 근대불교가 기독교의 영향을 받아 새로운 성격을 띠게 되었으며, 그 이전의 불교 즉 의례 중심의 불교보다 교리적 신조에 대한 믿음을 강조하는 이른바 '빌리프(belief) 중심의 불교관'을 발전시켰다고 보았다. 즉 근대불교는 불교 교리를 합리화하고 불교의 주술적 측면을 제거함으로써 일종의 '프로테스탄트 불교'라고 부를 수 있다고 본다.[20]

이처럼 로페즈, 맥마한, 오오타니의 근대불교에 대한 인식은 대체로 근대불교를 '기독교의 영향', '이성주의적 접근', '붓다 본연의 가르침의 강조' 등을 중심으로 모아지고 있다. 그런데 이와 같은 흐름에 대해 스에키 후미히코(末木文美土)는 기본적으로는 동의하면서도 조금 다른 비판적 견해를 덧붙였다.

> 근대불교가 붓다의 가르침으로 돌아간다는 것은 일부 서구 학자의 눈에 비친 것으로서, 모든 근대불교가 붓다 본래의 가르침으로 돌아갈 것을 강조하는 것은 아니다. 일본의 근대불교의 경우는 오히려 자기 종파의 조사로 돌아가고 그 종파의 근본 가르침을 강조하는 경향이 더 컸다. 그리고 동양은 근대성(modernity)을 수용하기도 했지만 그에 대한 반발로서 저항도 컸다. 그리고 그에 덧붙여 제국주의와 식민주의 상황에 따라 민족주의라는 것이 커다란 흐름을 형성했다. 즉 서구의 근대불교와 동양의 근대불교는 다르다. 이 지역적 특성, 사회구조, 민족성의 차이 등을 고려하지 않은 근대불교 담론은 빈약하다.[21]

스에키 후미히코는 서구 학자의 근대불교관과 동아시아―여기서는 일본
―학자의 근대불교관 사이에 확연하게 차이가 있다고 지적했다. 동양과 서
양의 연구자는 각자 자신의 위치에서 근대불교를 바라봄으로써 서로 다른
특성에 주목하게 되었다는 것이다.

물론 로페즈와 맥마한도 이러한 근대불교의 지역적 특수성을 인식하였
다.[22] 하지만 로페즈는 근대불교를 하나의 '초국가적 불교 종파(transnational
Buddhist sect)'로서 바라보면서 그것을 서구적 시각에서 종합하고 단일화하
여 설명하려는 경향이 있다. 결국 이런 논의들은 한 지역의 특수성을 무시
하고 근대불교라는 막연하고 커다란 범주를 상정하는 것이 매우 위험한 발
상임을 시사한다. 또한 한국 근대불교의 특성을 말하려면 우선 구체적인 한
국의 현실에 기초할 필요가 있음을 의미하는 것이기도 하다.

여기서 주목할 것은, 로페즈와 스에키 후미히코의 근대불교관을 비교해
볼 때, 한국의 근대불교는 로페즈보다는 스에키 후미히코의 관점에 더 근접
해 있다는 사실이다. '조계종'의 성립이라는 관점에서 볼 때 한국 불교는 근
대 일본 불교가 '종파 전통에의 회귀'를 보여준 것과 마찬가지로, 조계종 종
조(宗祖)를 중심으로 한 선종 중심의 종파적 전통으로 자신의 정체성을 구축
했던 것이다.

3. '세계종교'로서 불교: 한국 근대불교 형성의 유리한 조건

조선 시대 억불 정책으로 인해 어려움을 겪었던 불교는 오늘날 한국 사회
에서 기독교와 나란히 주요 종교의 하나로 자리 잡고 있다. 개항 이후 일제

강점기를 지내면서 한국 불교는 몇 가지 계기를 거쳐 근대적 종교로 탄생되었다. 이러한 결과는 넓게는 세계사적 원인과 작게는 한국 불교 내부의 몇 가지 원인이 상호 작용한 결과라 할 수 있다. 먼저 국내의 원인으로 1915년 일제의 '포교규칙'을 통해 불교를 '종교'로 공인한 일본 총독부의 종교 정책과 일본 불교의 영향을 들 수 있다. 비록 식민지의 비참한 상태에 놓이게 되었지만, 불교의 차원만 따로 떼어 본다면 일본이 한국 불교가 종교로서의 지위를 공고하게 하는 데 결정적 역할을 한 것으로 볼 수도 있다.

이런 상황에서 종교 개념의 수입과 서구의 세계관과의 만남은 한국 불교에 그다지 불리한 것이 아니었다. 근대 동양 사회에 '종교(religion)' 개념이 수입됨과 아울러, 서구 종교의 모델인 기독교(특히 개신교)가 종교의 표준(standard)으로 유입되었다. 이것이 불교에는 위기이자 기회였다. 불교는 조선망국론의 책임을 지게 된 유교를 대신하여 한국의 민족적 전통을 대표하게 되었고, 기독교와 경쟁할 수 있는 거의 유일한 종교 체계로 이해되었다. 불교는 기독교에 비견될 수 있는 교리와 조직체 등 풍부한 전통을 지니고 있음은 물론, 동시에 기독교와 같은 초월적·내세적 세계관을 지니고 있다는 점에서 '종교'의 범주에 포섭되기에 유리했다고 할 수 있다. 유자(儒者)들로부터 '무부무군(無父無君)'의 종교, 세상을 등진 독신 수행승의 '출세간 종교'라고 비판받던 불교는 이제 바로 그것 때문에 기독교로 대표되는 근대 '종교'의 범주 속에 쉽게 안착할 수 있었다.

또한 불교에 대한 지식인들의 우호적 분위기도 세계사 차원에서 형성되어 있었다. 서구 불교학이 주도한 '불교의 발견'과 '불교의 세계사적 유통'이라는 지형은 한국 불교의 정체성 회복에 유리한 조건을 형성했다. 서구 불교학이 발견한 '불교'는 비록 빅토리아 시대 지식인들의 열망이 투영된 것이기는 하지만, 기독교에 버금가거나 혹은 능가하는 도덕적 가르침을 담고 있는 것으로 해석한 것이었다. 기독교의 교리나 상징들이 비이성적이라고 간주했던 서구 지식인들에게 불교는 오히려 과학·철학과 조화할 수 있는 매력적 종교로 받아들여졌다. 서구 근대불교 형성기에 중요한 영향을 미친 헨리 스틸 올코트(H. S. Olcott)나 폴 카루스(P. Carus)가 바로 그런 지식인들이었다.[23]

또 세계 종교 지형의 근대적 재편 과정도 불교에 유리하게 작용했다. 주목할 것은 서구에서 불교가 다른 종교에 비하여 훨씬 더 긍정적 평가를 받았으며,[24] 매우 무난하게 기독교와 동등한 '세계종교(world religions)'의 일원으로 그 중요성을 일찌감치 부여받았다는 점이다. 19세기 서구 사회는 불교 문헌들을 수집하고 분류하면서 불교에 대한 일정한 이미지와 관념을 생산해 냈다. 1850년대부터 본격적으로 불교 연구에 매진한 유럽, 특히 영국의 빅토리아 시대는 불교 문헌을 통해 그 개념과 내용을 구축한 '이상적 불교(ideal Buddhism)'와 동양의 현지에 존재하는 '낙후된 불교'라는 불교에 대한 두 개의 상반된 이미지를 탄생시켰다. 이 두 개의 불교 중, 문헌상의 불교는 긍정적으로 평가된 반면, 현실상의 동양의 불교는 부정적 평가를 받았다. 이 '이상적 불교'는 빅토리아 문화가 불교를 수용하고 이해할 수 있게 한 방법으로서 의미가 있다.[25]

이러한 이상적이며 긍정적인 불교 이미지는 불교가 '세계종교(world religions)'라는 새로운 범주 안에 자연스럽게 안착하는 데 큰 영향을 주었다. 일반적 의미에서 '세계종교'는 '현 세계에 존재하고 있으며, 구별이 뚜렷하고, 적절한 정체성이 있는 종교들'을 말한다. 그런데 이 개념이 언제부터, 그리고 어떤 의미에서 사용되기 시작했는지 명확하지는 않다.[26] 마스자와

(Tomoko Masuzawa)는 17세기부터 20세기에 걸쳐 행해진 종교 연구의 담론들을 추적하고, 오랫동안 유럽에서 통용되던 유대교-기독교-무슬림-이교도(pagan)라는 4쌍의 도식이 19세기 중반에 깨졌다고 말했다. 그에 따르면 유럽은 오래전부터 관습적 분류 범주로서 세계를 '기독교인·유대인·모하메디언(무슬림)·기타'의 네 영역으로 구분하고, 기타에는 이교도나 우상 숭배자 또는 다신론자를 포함시켜 왔다. 그런데 19세기 초반부터 이 관습의 권위를 잃어버리기 시작했으며, 20세기 초(1920-1930년대)에는 전적으로 새로운 체계가 나타나 그것을 대체했다. 즉 10개에서 12개의 '세계종교'의 목록이 등장함으로써, 이 새로운 체계는 기존의 국가별 분류 체계를 대체하여 하나의 관습으로 굳어져 오늘날까지 통용되고 있다.[27]

사실 이러한 변화의 최초의 징조는 15~16세기 콜럼버스로 대표되는 신대륙 발견의 시기까지 소급한다. 여러 '신세계'의 발견으로 유럽은 매우 가치 있게 여겨지는 낯선 종교들을 발견하고 기존의 종교 개념에 변형과 수정이 불가피함을 알게 되었다. 그것은 세계적 규모의 '세계종교들'이 있다는 인식을 낳았으며, 그 대표적 예가 힌두교와 불교였다. 마스자와는 '세계종교'의 개념이 세계의 여러 곳에서 목격되는 방대한 사회적·문화적·정치적 실천의 영역을 통합하고 구별하는 데 효과적인 다원주의적 담론으로서 유럽 학문에 의해 발전되었다고 말했다.[28] 그런데 중요한 것은 불교가 아주 자연스럽게 이 '세계종교'의 구조 속으로 편입되었다는 점이다. 마스자와의 표현을 빌리면, 불교와 '세계종교' 범주의 결합은 '조용히 거의 자동적으로' 이루어져서, 불교학자들 중 누구도 뚜렷한 지지도, 또 소란스런 반대도 하지 않았다.[29] 그것은 불교 이외의 그 어떤 종교에도 주어지지 않았던 '전례 없는 영광(unprecedented honor)'이었다.[30] 다만 문제는 '세계종교로서의 불교'는 유럽의 근대가 발견한 '이상적 불교'이며, 유럽이 불교의 타락한 형태라고 보았던 아시아의 토착화된 불교는 이 범주에 해당하지 않는다는 것이다.[31] 그러나 어쨌든 서구의 불교 연구에 의해 창안된 불교는 보편적 종교, 즉 '세계종교'로서 자리매김하여, 그때까지는 홀로 유일한 종교의 자격이 있다고 생각해 왔던 기독교와 동등한 지위에서 경쟁하게 되었다.[32]

한국 불교가 자신을 명확하게 근대적 의미의 '불교(Buddhism)'라는 틀 속에서 일원화하여 이해하게 된 것도 이런 상황과 무관하지 않다. 조선 시대까지도 불교에 해당하는 다양한 믿음과 실천 체계가 있었지만, 그 당시는 '불교'보다 '불법(佛法)', '불도(佛道)', '불문(佛門)' 등의 용어가 더 일반적으로 사용되었다. '불교'라는 용어는 근대에 '종교' 개념과 연동되면서, 오늘날 우리가 사용하는 것과 같은 '종교'의 하위 범주로서 정착하게 되었다.[33] 따라서 불교는 밖으로는 기독교·유대교 등의 종교와 구별되고, 안으로는 히나야나(小乘)·마하야나(大乘), 또는 남방불교·북방불교·동방불교 등을 포괄하는 보편적 종교(universal religion)로 성립하게 되었다. 또 하나 주목할 것은 서구 불교학과 불교인의 해외 진출 영향으로 동아시아에서 중국 불교의 중요성과 위상은 저하되었고, 그 대신 인도 불교와 소승불교의 위상이 강화되었다는 점이다.[34]

이처럼 동양과 서양의 만남, 그리고 서구 불교학의 발전은 세계 각지에 흩어져 있던 불교의 다양성을 꿰뚫는 불교의 보편적 원형에 관한 탐구로 발전하게 되었으며, 세계의 다양한 불교 현상들은 이 불교의 보편성(universality)의 역사적·문화적 개별(particularity)로서 의미를 지닌 것으로 인식되었다.[35] 근대 한국 불교는 바로 이런 상황 속에서 전개되었다.

4. '조선불교조계종'의 성립: 한국 불교 전통으로의 회귀

근대 '조선 불교'는 이처럼 세계사적 '불교 보편'의 '개별'로서 독자적 의미를 지닌 것으로 인식되었다. 그리고 이러한 인식은 한국 불교의 역사에 관한 연구로 귀결되었다. 본격적으로 '조선 불교사'에 대한 기술이 시작된 것도 바로 이 시기였다. 권상로의 『조선불교약사(朝鮮佛教略史)』(1917)와 이능화의 『조선불교통사(朝鮮佛教通史)』(1918)에서 시도한 '조선 불교사'는 보편적·총체적인 '불교'의 역사적 특수성 또는 개별적 사례로서 조선 불교의 역사를 서술한 것이라 볼 수 있다. 케텔라르(James Ketelaar)에 의하면, 메이지 시기 일본에서 시도한 일본 불교의 소개서들은 대부분 초종파적·초국가적·초역사적 불교를 상정하고 그것의 역사적 구현체로서의 개별 종파사를 서술했다.[36] 같은 맥락에서 권상로와 이능화의 조선 불교사 서술도 '불교'라는 하나의 보편성의 구체적 전개로 '조선 불교'를 파악했다고 할 수 있다. 이능화는 『조선불교통사』 상편의 「자서(自序)」에서 "서역의 무위지법(無爲之法)이 우리 동방의 인연이 있는 땅에 들어왔다. 금강의 명산은 이때부터 법기보살이 사는 곳이 되었고, 해인사의 대장경 또한 세계의 법보가 되었다."라고 말하며, 한반도에 전래된 불교의 역사를 기술하고자 하는 자신의 의도를 밝혔다.[37] 권상로도 『조선불교약사』 서문에서 "인도·중국·일본 등 불교가 있는 곳마다 모두 불교사가 있는데, 유독 우리 조선에만 없다."라고 개탄하면서 약사 저술의 취지를 밝혔다. 이 같은 사실은 '민족 단위의 불교의 역사와 정체성에 대한 당시 불교계의 새로운 인식의 반영'이라고 볼 수 있다.[38] 물론 여기에는 식민지 조선 지식인들의 민족주의적 시각도 개입했다고 볼 수 있다.

또한 근대 한국 불교는 본격적으로 '불교의 원형'에 관한 논의를 통해 한국 불교의 정체성을 모색하기 시작했다. 그 방향은 크게 두 가지로 전개되었다. 하나는 과거를 부정하고 전통 불교를 개혁함으로써 '근대불교의 이상적 원형'을 추구하는 것이며,[39] 다른 하나는 과거 속에서 '한국적 불교 전통의 원형 복원'을 추구하는 것이다. 전자의 경우는 한용운의 『조선불교유신론』(1913)이 대표적이며, 해방 직후 조선불교혁신회의 『조선불교혁신회강규(綱規)』(1946)[40]도 유사한 성격을 지닌다고 볼 수 있다. 다만 『조선불교유신론』이 철학적·계몽적 차원에서 조선 불교 전통의 과감한 타파를 표방한 것이라면, 『조선불교혁신회강규』는 더 직접적으로 '근본불교(根本佛教)'로 돌아가자고 주장한다는 점에서 다소 차이가 있다.[41] 후자의 경우는 한국 불교 성격 논쟁으로 나타났으며, 그 예로 최남선의 '통불교(通佛教)'론[42]과 김영수·권상로의 '조계종' 중심의 담론을 들 수 있다.[43] 특히 한국 불교의 종파적 성격을 결정지으면서, '조선불교조계종'을 역사의 전면에 등장시킨 「조선불교조계종 총본사 태고사법」은 한국 불교의 제도적 성립 차원에서 중요한 의미가 있다.[44]

근대불교사의 전개 과정을 돌아보면, 한국 불교는 자신의 정체성의 근간을 한용운으로 대표되는 개혁적 근대불교의 원형 추구보다 불교 전통의 복원 쪽에서 찾았던 것으로 보인다. 그리고 그것은 현대 한국 불교의 대표적 종단인 '대한불교조계종'의 종명(宗名)의 기원을 형성했다. 이때 한국 불교 전통의 핵심을 담고 있는 조계종의 종지는 김영수의 주장대로, 선종이 주가 되고 통불교가 보조적인 '통불교적 선불교'의 형태로 정착되었다.

이렇게 탄생한 조계종과 선종 중심 성격론은 시대정신의 산물이었다고 볼 수 있다. 물론 그것이 현실에 부합했는지는 여전히 이론의 여지가 남아 있다.[45] 무엇보다도 선종 중심의 종단 형성이 당시 불교의 객관적 상황과 부합했는지 의문이다. 이능화의 『조선불교통사』를 보면 당시 선을 수행하는 출가승의 비율은 현저히 낮았다. 이능화는 "당시 30본산의 주지와 유명한 고승 50여 명 가운데 선종은 불과 3~4명에 불과하며, 나머지는 전부 교학을 종(宗)으로 삼고 강학을 업(業)으로 하며, 조선의 전체 승려 7천 명 중에 8~9할이 교종에 속한다."라고 서술했다.[46] 또한 일본 정토진종 본원사의 오쿠무라 엔신(奧村圓心)이 1881년 동경의 명치회당 강연회에서, "조선의 승려 열 명 중에서 여덟은 염불을 하는 무리이다. 그래서 우리 진종의 교지(教旨)를 넓히는 데 아주 편리하다. '귀승(貴僧)들은 오직 욀 뿐이다. 우리 종파는 오직 욀 뿐만 아니라, 미타의 본원을 믿고 받아 외운다.'고 가르치면 곧 믿음에 이르게 된다."라고 한국 포교의 경험을 말한 기록도 있다.[47] 이들을 종합해 보면, 조선 후기의 불교는 선종 중심이라고 보기에는 어려운 상황이었던 것으로 보인다.[48]

따라서 조계종이라는 종명과 종지는 당시 한국 불교 전체를 아우르는 보편적 명칭으로 보기 어려운 측면이 있다. 특히 조계종에 비해 당시 통불교 담론이 매우 유행하고 있었던 점을 감안하면 선종이 어떻게 주류를 형성하게 되었는지 여전히 궁금하지 않을 수 없다. 물론 여기에는 1900년부터 시작된 경허(鏡虛) 선사의 선종결사와 선수행의 기풍, 1921년 그 선법을 계승한 백용성·송만공(宋滿空) 등의 선학원(禪學院) 설립, 그리고 1930년대 조선 선종의 정통성과 정체성을 확립하려는 교단과 학계의 노력이 작용했을 것이다.[49] 어쨌든 당시 한국 불교의 성격론은 선(禪) 우위의 규범적 가치관을 통해 한국 불교의 본질과 원형을 찾는 방향으로 정리되어 간 것이다. 이런 조계종의 종명과 성격 규정은 당시 현실과 부합하지 않는 부분이 많았고 또 일반적 합의에 의해 이루어진 것이 아니었던 만큼 이후에 조계종, 태고종 등 다양한 종파가 분립하게 된 원인이 되었다는 지적도 있다.[50] 하지만 결과적으로 근대 한국 불교가 선종 전통의 재발견을 통해 1941년 '조선불교조계종'이라는 종명을 탄생시킴으로써 중국 불교나 일본 불교와 구별되는 독자적 정체성을 모색했다는 것은 커다란 역사적 의미가 있다고 할 수 있다.

근대에 '한국 불교=조계종' 등식의 성립은 신라·고려 시대처럼 불교의 여러 학파·종파가 각각의 지역을 기반으로 종풍(宗風)을 닦으며 공존했던 불교가 아니라, 전 국토의 사찰을 하나의 종명·종지(宗旨)·종조(宗祖)로 통일하는 새로운 관념과 체계의 탄생이었다. 이와 같이 다양한 종파와 학파가 사라지고 모든 사찰이 하나의 '조계종'이라는 하나의 종단명을 공유하게 된 것은 한국 불교사에서 독특한 현상이다. 물론 이러한 단일 종단의 탄생이 총독부의 비호 아래 이뤄진 것이라는 점에서 '조계종'의 성립에 대해 비판적 시각도 있다. 또 대한불교조계종 교육원에서 발간한 『조계종사(曹溪宗史): 근현대편』처럼 이 사건을 '고려 이후 최초로 선종 중심의 단일 종단을 이룩'한 것으로 의미 있게 평가하는 시각도 있다.[51] 이처럼 조계종의 성립과 그것의 역사적·정치적 의의에 대해서는 여러 시각이 공존하고 있음에 유의해야 할 것이다.

결론적으로 선종으로서의 조계종 성립의 배후에는 근대에 유입된 '종교' 개념과 '불교' 개념의 성립·정착에 따른 종교 지형의 재편 과정이 관련되어 있음에 주목할 필요가 있다. 불교가 '세계종교'의 하나로서 자연스럽게 '종교' 범주에 포함되며 세계적인 보편 개념으로 성립되는 상황 속에서, 한국 불교는 자신을 불교라는 '보편'의 '개별'로서 인식하면서 근대 종교로서의 정체성을 갖추게 된 것이다. 여기에는 일본의 종파불교로부터 받은 영향과 일

본 불교와 구별하려는 민족주의적 의식이 함께 작용했던 것으로 보인다.[52]

5. 선종의 정체성과 보편적 근대성의 관련성

그렇다면 한국 불교는 근대불교의 세계적 현상과 비교해 어떤 특성이 있는 것일까? 그리고 조계종의 역사적 성립이 지니는 근대적 의미, 즉 근대성이 있다면 어떤 것일까?

먼저, 서구 근대불교와 일본 근대불교의 성격에 대한 도널드 로페즈와 스에키 후미히코의 견해는 우리에게 많은 것을 시사한다. 로페즈에 의하면 서구의 근대불교는 동양의 근대불교보다 종파적 차이를 초월한 보편적 불교(universal Buddhism)를 추구하는 경향이 강하고, 개인의 영혼의 구원과 같은 철학적·개인주의적 문제에 관심을 더 집중한다.[53] 로페즈가 말하는 서구의 근대불교는 아시아의 전통적 불교로부터 벗어나 서구 세계가 지향하는 나름의 이상(ideal)을 불교에 투영하여 재구성한 것이었다. 반면에 스에키 후미히코가 말하는 일본의 근대불교는 개별적 종파불교 전통으로의 회귀, 또는 복귀의 경향을 보였다. 서구 근대불교학이 발견한 '이상적 불교'는 일본의 경우 점차 아카데미즘의 영역에 국한해 영향을 미치고, 현실 불교와는 점점 더 심한 괴리를 형성했다.[54] 즉 일본 불교는 메이지 초기 잠깐 동안 '통일불교' 열망이 지나가자 학문 불교의 이상적 불교관에서 점점 벗어나게 되었고, 곧 종파불교의 원점 즉 자신들의 종조와 전통에 몰두하는 경향성으로 이어졌다. 근대불교는 서양과 일본에서 각각 다르게 전개되었던 것이다.

한국의 경우, 근대불교 전반기에 한용운의『조선불교유신론』등 여러 불교 개혁론들이 현실 불교를 비판하면서 미래의 이상적 불교를 지향하는 논의를 활발하게 전개하기도 했다. 그러나 '조계종'의 성립과 더불어 과거 전통을 향한 관심이 미래의 새로운 개혁적 불교에 대한 관심을 대체하게 되었던 것으로 보인다. 이런 점에서 근대 일본 불교와 한국 불교의 전개 과정은 매우 유사했다고 할 수 있다. 바로 이 점에서 서구의 근대불교와 한국 불교의 근대성을 비교해 보는 것이 필요하게 된다. 예를 들어 서구 근대불교는 출가와 재가의 위계적 구조와 승단의 가부장적 문화를 전근대적인 것으로 규정하고 비판하는 경향이 강하다.[55] 이런 문제에 대해 근대 한국 불교는 어떤 입장이었는지 조명해 볼 필요가 있다.

또한 조선 불교가 근대에 자신의 정체성을 '통불교적 선종'으로 규정함으로써 낳은 결과에 대해서도 살펴볼 필요가 있다.[56] 현행 '조계종헌'에는 조계종이 "선불교 중심의 통불교로서 통불교적 수행 방법에 제한을 두지 않으며, 총림에 염불원을 설치한다."라는 규정이 있지만, 2009년 현재 조계종단의 총림에 실제 설치된 염불원은 없다.[57] 이는 조계종이 통불교적 수행 방법을 표방하면서도 사실상 '선종' 중심으로 발전해 왔으며, '정토계' 수행은 도외시해 왔음을 의미한다.

그런데 '조계종'이 선수행 중심의 교단을 발전시킨 것은 서구 불교의 보편적 근대성의 흐름과 부합하는 점이 있어 흥미롭다. 명상(meditation)이 근대 불교의 핵심의 하나라는 것은 명확하다. 하인츠 베케르트(Heinz Bechert)는 초기 불교 근대주의의 핵심 요소가 '탈신화화(demythologization)'[58]·'불교의 철학성'·'낙관성(optimism)'·'민주주의'·'평등의 철학'이라고 하면서, 그에 덧붙여 매우 중요한 것이 '명상(meditation)의 강조'라고 설명했다. 근대불교는 불교 경전에 근거한 명상 방법들을 부흥시켰을 뿐만 아니라 대중화·민주화시켰으며, 그것들을 근대의 '명상센터들'에서 누구에게나 가능한 것으로 만들었다.[59] 로페즈도 근대불교의 핵심이 명상(meditation)을 중시하는 점이라고 말했다.

> 근대불교의 본질적 실천은 명상이다. 근대불교의 기원의 추구는 전통의 핵심적 이미지, 즉 우주의 궁극적 본성을 응시하며 한 나무 아래 고요한 명상 속에 앉아 있는 부처를 되돌아보는 것이다. 이 고요한 수행은 근대불교로 하여금 희생, 정화, 악령 퇴치, 주술 등의 의례들을 추방하도록 했다. 그리고 그것들을 전통 속에 기어들어 온 불교의 비본질적인 것으로 보았다. 고요한 명상은 다시 한 번 근대불교로 하여금 형상과 언어를 요구하는 지역적 표현을 초월하도록 했다. 그리고 그 고요함은 불교를 무엇보다도 하나의 경험(an experience)으로 만듦으로써, 제도적이며 교리적 형식이라는 종파적 관심(sectarian concerns)을 뛰어넘어 움직이게 하는 매체(medium)가 되었다. 대부분의 근대불교에서 발견되긴 하지만, 특히 선(Zen)이 가장 강력한 경험을 제공한다. 선은 불교, 심지어 종교라는 넓은 카테고리를 넘어서 세속 속에서의 성스러움이라는 보편적 감각으로 그 경험을 밀고 나아간다. 명상을 불교의 가장 중요한 실천으로 보며 강조하는 것은 근대불교가 그 이전의 형태와 가장 극단적으로 구별되는 하나의 표시이다.[60]

그런데 바로 이 명상의 실천은 여러 측면에서 근대의 지배적 정신에 부합한다. 우선, 명상은 근대 종교의 표준이라고 여겨진 개신교(Protestantism)의 '내면의 경건함'에 대한 신앙과 상통하는 부분이 있다. 개신교는 '개인과 종교적 목표 사이에 있는 성직자(매개자)에 대한 거절, 영적 평등주의, 개인의 책임과 자성(自省, self-scrutiny)의 강조, 마음 또는 영혼의 경험이 중요하다는 신념' 등을 특징으로 한다. 프로테스탄티즘은 무엇보다 귀중한 가치를 '내적 성찰'과 '신에 대한 내면적 경험'에 부여했다.[61] 불교의 명상도 수행자의 마음 안에서 일어나는 경험과 확신에 의존하며, 그 자신 이외의 어떤 외부적 권위에 대해서도 거절하는 태도에서 개신교의 특징과 상통한다.

또한 명상은 근대성이 지향하는 일반적인 시대사조와도 부합한다. 맥마한에 따르면 근대의 사상이 대답해야 할 몇 개의 테마들이 있었다. 그것은 다음과 같다.

> 개인주의, 평등주의, 자유주의, 민주적 이상, 그리고 사회개혁의 충동 …
> 두 개의 테마가 중요하다. 첫째, 근대적인 세계-긍정의 자세(world-affirming
> stance)로서, 의미 있는 삶의 장소는 이 삶, 매일의 삶이 영위되고 있는 이
> 세상이지 다른 영역이 아니라는 느낌이다. 둘째, 내면성(interiority), 성찰
> (reflexivity), 내성(self-scrutiny)을 향한 방향 전환(shift)이다. … 이러한 근대성의
> 다양한 내적 지향성(inwardness)은 점차 다른 후기의 담론들로 응결되었고,
> 그것은 이후 불교 근대주의에 어마어마한 영향을 미쳤다.[62]

이와 같은 '개인주의'[63]·'평등주의'·바로 '지금 여기'에서의 깨달음·'내면으로의 방향 전환' 등은 모두 근대사회가 요구하는 사상의 특징들이며, 이러한 특징들은 명상과 잘 부합되는 것이다. 이처럼 '선'이 근대 종교의 핵심과 맞닿음으로써 근대불교에서 '선'은 그 본질에서 확장력과 생존력을 지니고 있었다고 볼 수 있다.

반면에 밀교(密敎)와 정토(淨土)는 각각 주술성과 신화적 우주론으로 인해

근대 세계에서 발전하기 어려운 부분이 있었다. 일본 근대불교에서 밀교를 주술적이며 전근대적인 것으로서 부정적으로 보는 것은 일본의 근대불교 연구자들에게 거의 암묵적인 공통의 전제가 되었다.[64] 또한 정토(극락)의 실재 여부가 논쟁이 되는 등 정토의 신화적 세계관은 근대 일본 불교에서 커다란 논란을 불러일으키기도 했다.[65]

이렇게 볼 때 명상수행을 중심으로 하는 선종은 합리적 성격을 지향하는 근대사회에 적합한 특성을 지니고 있는 것으로 볼 수 있다. 맥마한은 그 것을 '모더니티 자체의 중력(gravitation)'이라고 표현했다. 즉 근대성은 불교 전통으로부터 '명상(meditation)·내적 경험(internal experience)·개인의 권위(individual authority)'의 측면을 중력의 힘으로 끌어당기고, 반면에 불교의 다른 요소들은 배제하면서 근대불교를 구성했다는 것이다.[66]

근대 한국 불교가 선종을 중심으로 조계종의 불교 전통을 수립한 것은 한편으로는 전통회귀적 성격을 띠고 있었지만, 다른 한편 근대성과 가장 친밀한 불교 전통을 수립한 결과를 낳은 것이기도 하다. 바로 이런 면에서 오늘날 현대의 조계종이 '종헌'과 '종법'을 통해 총림(叢林)에 염불원을 설치하도록 하였지만, 실제는 전혀 실행이 되지 않은 사실도 이해할 수 있다.[67] 근대 사회가 정토불교사상에 대해 실제 수요가 많지 않다는 사실을 보여주는 것이다.[68]

6. 근대와 전근대·탈근대의 혼종성으로서 조계종

사회의 다른 부분과 마찬가지로 근대 시기 한국 불교는 근대적 이상을 추구하려는 경향과 전통으로 회귀하려는 경향이 혼재해 있었다. 한국 불교는 이 둘의 경쟁과 공존에 의해 조계종이라는 한국 불교의 정체성을 형성해 왔다. 그것을 앞에서 이미 근대와 탈근대의 혼종성으로 표현한 바 있다. 근대불교가 전근대로부터 근대로 전개되는 단일한 움직임이 아니라 전근대(premodern)와 근대(modern), 그리고 탈근대 혹은 포스트모던(postmodern)의 흐름이 동시에 공존·혼재하며 각축·전개하는 중층성(multilayer)을 이루고 있다는 것이다. 스에키 후미히코는 근대의 일본 불교가 '일본의 근대가 부과했던 세 개의 과제, 즉 전근대적·전통적임과 함께 근대적이며 동시에 포스트 근대적이라는 삼중성을 담당할 수 있는 사상으로서 등장'했다고 말했다.[69] 즉 동양의 여러 나라들은 서구와 같이 전근대 → 근대 → 탈근대로 전개하는 역사를 갖지 못하고, 서구의 사조들이 동시적으로 유입되어 전근대와 근대, 탈근대가 동시에 공존하게 되었다는 것이다. 이런 사정은 한국 역시 마찬가지였다고 할 수 있다. 중일전쟁에서 태평양전쟁에 이르는 일제 후반기에 일본과 조선의 지성계에서는 근대 비판 담론이 유행했으며 그것은 탈근대론의 성격을 띠고 있었다. 그것은 '근대의 초극'이라 불렸으며, 서구의 자연주의·자본주의·과학주의를 근대의 본질로 지목했다. 또 근대의 역사주의적 시간 개념을 비판하고 '전통'의 의미를 새롭게 부각시키기도 했다.[70]

이렇게 근대와 탈근대의 중층적 관점에서 볼 때, 1941년 '조선불교조계종' 전통의 수립은 근대불교가 불교개혁운동에서 보여주는 미래 지향적 진보사관만이 아니라 과거 지향적 전통 중심의 역사관을 동시에 가지고 있었음을 보여주는 상징적 사건이라고 해석할 수 있다. '근대'가 전근대로부터의 탈피를 강조하고 '전통'을 개조하려고 한다면, 다시 전통을 강조하고 복원하려고 하는 것은 '전근대로의 회귀'일 수 있다. 그러나 그것은 '근대'에 대한 저항이라는 면에서 또한 '탈근대적 현상'[71]이라고 볼 수도 있다. 근대에 조계종이 수립하고자 했던 전통은 문자 그대로 '과거에 존재했던 역사의 재현'이 아니라 '근대의 관점에서 이상화되고 재구성된 전통' 즉 '창조된 전통'이라는 점에서 단순히 전근대적 전통이라고 볼 수는 없을 것이다.

맥마한은 탈근대불교의 특징을 크게 두 가지로 설명했다. 하나는 '극단적 탈전통화(radical detraditionalization)'이다. 그것은 출가와 재가의 위계질서의 구분을 거부하는 근대불교에서 한 걸음 더 나아가, 불교를 믿음(belief) 체계라기보다 '실존적이고 치유적이며 자유로운 불가지론(agnosticism)'으로 보려고 한다. 무엇보다 이들은 명상체험에 가치를 두며, 그들을 가르치는 스승으로서의 승려나 교단 제도를 중요하다고 생각하지 않는다.[72]

다른 하나는 '재전통화(retraditionalization)'이다. 그것은 불교 근대주의의 주요 특징을 포기하면서 전통을 재전유(reappropriate)하거나, 불법(佛法)의 좀 더 관습적인 견해를 '재강조'하고자 하는 수많은 운동들에서 나타난다. 이들은 아시아에서 전통을 다시 주장하는 것으로 나타났다. 1980년대 버마의 불교는 승가의 위계 구조를 복원했으며, 스리랑카와 동남아시아에서는 숲속에 거주하는 승려의 전통을 부흥시켰다. 1950년 중국의 점령하에서 티벳의 문화와 종교는 더욱 보수화되었다. 서구에서도 미국 내 대만 불교에 몸담은 백인들처럼 더 엄격한 수도원 생활을 선호하는 사람들이 있는가 하면, 아시아에서 온 스승들이 수도원을 세우고 자신들의 불교 전통과 관계를 강화하는 경향도 강해지고 있다.[73]

그런데 맥마한은 그러한 전통으로의 '회귀들(returns)' 역시 그 자체가 근대의 산물이라고 보았다. 왜냐하면 그들은 고대의 과거(ancient past) 속에서 근대성의 물음에 대한 응답을 발견하고 전통을 재구축(reconstruct)하기 때문이다. 따라서 그것들은 단순히 불교의 전통적 형태(traditional forms)가 아니라 재전통화된 형태들(retraditionalized forms)이다. 동시에 그들은 근대성을 완전히 포기하지는 않으며, 오히려 근대의 기술과 불교 근대주의의 언어에 의지하려 한다는 것이다.[74] 이와 같이 전통에 대한 다양한 해석과 다원주의의 경향, 근대성과 전통의 다양한 결합이야말로 탈근대성(postmodernity)이라고 그는 말했다. 또한 우리가 통상 알고 있는 서구 근대불교의 이미지, 즉 의례와 도그마, 비과학적 세계관, 초자연적 존재에 대한 믿음 등에서 자유로운 불교라는 이미지도 점점 설득력을 잃어 가고 있다고 말했다.[75]

이렇게 볼 때 조선불교조계종은 바로 맥마한이 말하는 근대성과 탈근대성의 혼종적 성격을 지니고 있다고 볼 수 있다. 그가 지적했듯이 불교의 '재전통화'는 근대불교의 역사적 전개 과정 속에서 흔히 나타나는 현상의 하나이다. 세계의 많은 전통적 불교 국가들은 불교의 근대화 과정에서 '재전통화'를 모색하는 특징들을 보여주었다. '재전통화'는 지나간 과거의 어느 시기에 불교의 완벽한 이상(혹은 원형)이 완성되어 있었다고 보며, 그 과거의 이상을 '지금 여기에' 다시 구현하고자 하는 전통 지향성을 지닌다. 근대 한국 불교 역시 과거에서 한국 불교의 원형을 찾는 전통복고적 성향을 보여왔으며, 그것은 일제강점기 '한국 불교 성격 논쟁'을 거쳐 '조계종 종단 성립'에서 한 정점을 이루었다고 생각한다. 그리고 그것은 해방 후 성철과 청담이 주도하는 봉암사결사(1947-1950)[76]와 1954년 시작된 불교정화운동(1954)에 의해 더욱 강화되어 오늘날 한국 불교의 복고적 성격의 한 단면을 주조하기에 이르렀다고 생각한다.

그러나 '조선불교조계종'은 '근대불교'의 더 큰 보편적 흐름 위에서, 그리고 그 흐름의 하나로서 전개된 것이기에 단지 복고적이거나 전통회귀적인 것이었다고 볼 수만은 없다. 앞에서 언급했듯이 '재전통화'는 많은 불교 국가들의 근대화 흐름 가운데 등장하는 공통점 중의 하나이다. 조계종은 어쨌든 한국 근대불교의 산물이다. 조계종 성립 이전에 존재했던 조선 후기 불교와 조계종 성립 이후 전개된 현대 한국 불교의 현상을 대조해 보면, 현대 한국 불교의 성격을 형성하는 데 미친 '조계종'의 영향력을 실감할 수 있다. 조계종은 단지 과거 조선 시대 불교 전통을 완전하게 계승하거나 재현하는 것을 목표로 한 것이 아니었고, 그 시대의 필요에 의해 자신의 과거를 재구성(reconstitute)했던 것이다.

따라서 조계종 전통의 창조는 전근대와 근대, 탈근대가 서로 공존하면서 생성해 낸 혼종성의 결과이며, 그것 자체가 한국 근대불교가 지닌 근대성의 현실(reality)이었다고 볼 수 있다. 불교는 조계종 전통의 창조를 통해 서구에서 발전한 '불교(Buddhism)'의 '보편'에 대한 '특수(개별)'로서의 정체성을 수립했다. 또한 근대의 지평에서 전근대와 탈근대의 혼종적 성격을 지닌 '전통'을 창조했다. 오늘날 '조선불교조계종'을 계승한 '대한불교조계종'이 지닌 여러 복합적 성격은 그 혼종성의 구체적 예증이 될 수 있다. 한편으로는 '개인주의·평등주의·내면의 발견과 성찰'이라는 과제에 부합할 수 있는 선수행의 강화와 대중화, 그리고 교리에 대한 합리적 이해를 도모함으로써 이성적·지성적 불교를 추구하는 서구 근대불교의 보편적 근대성의 흐름과 일치한다. 그러나 승가와 재가, 남녀 출가승의 엄격한 위계질서와 신분상의 구분은 여전히 존재하는 듯 보이며, 현세구복적인 일종의 '주술적' 신행의 공존은 서구 불교의 보편적 근대성과 차이가 있다.[77]

한편, 1941년 당시 조계종은 일본 총독부의 종교 정책과 일본 불교의 영향으로 일본 불교와의 문화적 혼종성도 지니고 있었다. 이것은 여러 차원에서 설명이 가능하지만 일단 31본산의 본말사 체제, 1926년 이후 대처승의 주지 직 허용 등을 일본 불교와 한국 불교의 혼종성의 예로 들 수 있다. 또 "1941 년의 조계종은 당시 한국 불교계의 여망에 부응하면서 조선총독부의 필요 성에 의해 새로 창립된 신흥 종단이었으며, 어용적이며 친일적인 성격의 식 민지 불교였다."라는 평가도 있다.[78] 바로 여기에 근대 한국 불교의 '식민지 근대성'의 측면이 있다.

이 글은 조계종의 성립이 한국 근대불교의 역사에서 지니는 의미를 조명 함으로써 한국 불교의 근대성 논의의 지평을 확대하는 데 의의를 두고자 하 였다. 이 글에서 더 상세히 다루지 못한 부분, 즉 문헌과 사례 분석을 통해 구체적으로 조계종의 전근대성과 탈근대성의 혼종성, 일본 불교와의 혼종 성(식민지 근대성)을 밝히는 것은 후속 연구 과제로 삼고자 한다.

1910년대 식민지 조선의 불교 근대화와 잡지 미디어*

조명제

* 이 글은 「1910년대 식민지조선의 불교 근대화와 잡지 미디어」, 『종교문화비평』 30, 2016, 86-115을 수정 보완한 것이다.

1. 머리말

종래 근대불교는 중화주의나 근대주의라는 편견으로 인해 무시되거나 저평가되었다. 그러나 불교는 서구 근대와 대응하는 전통의 축이었고, 나아가 근대불교는 전통적인 불교를 단순히 계승한 것이 아니라 근대에 새롭게 재구축된 종교·사상이었다. 근대불교는 동아시아에서 세계 인식을 형성하는 데 중요한 역할을 수행하였으며, 근대 종교·사상사의 주요한 연구 주제라고 할 수 있다.

그럼에도 불구하고 근대불교에 관한 연구는 한국 학계에서 소외되거나 연구자의 관심을 받지 못하였다. 1990년대 이후 근대불교 연구가 점차 제시되고 있지만, 인물이나 교단 중심으로 이루어진 한계를 지니고 있다. 또한 기존 연구는 이른바 민족불교론에 입각한 일국사적 시각과 방법이라는 한계를 벗어나지 못했다. 더욱이 대부분의 연구는 근대기의 불교를 다룬 것에 지나지 않고, 근대불교의 개념, 근대 종교·사상사에서 근대불교의 위상을 어떻게 볼 것인지에 대해 문제의식이 뚜렷하지 않다.[1]

이러한 한계를 탈피하기 위해서는 서구 근대가 주도하는 세계사의 격류에 휩싸인 불교가 근대화라는 시대적인 과제를 어떻게 모색하였는지에 대해 검토할 필요가 있다. 나아가 이러한 과정은 일국사 차원에서만 진행된 것이 아니라 동아시아 불교계, 나아가 사상계 전체의 흐름과 밀접한 관계가 있으므로 연구 시각과 범위를 확대하여 접근하여야 할 것이다.[2]

이러한 문제의식과 관련하여 이 글에서는 1910년대 식민지 조선에서 발간된 잡지 미디어를 통해 근대불교가 어떻게 모색되는지에 대해 검토하고자 한다.[3] 잡지 매체는 담론 생산의 장을 제공하고, 한글로 발간되어 상대적으로 다수의 대중을 대상으로 한다는 점에서 전근대의 출판물과 질적인 차이가 있다. 그럼에도 불구하고 기존 연구는 대부분 잡지를 단순히 자료로서만 이용하고, 불교의 근대화와 연관된 매체라는 관점에서 주목하지 않았다.

이에 비해 근래 근대문학 연구에서 잡지 매체에 주목한 연구 성과가 제시되고 있다.[4] 근대 계몽기에 신문과 잡지는 서구 근대의 문명과 지식을 수용하는 통로였다. 특히 잡지는 신문에 비해 근대의 지식 체계와 내용을 구체화하고 이를 당시 시대 상황에 적용시키는 역할을 깊이 있게 진행하였다. 신문의 독자층이 일반 대중이라면, 잡지는 대중보다는 동일한 이데올로기를 공유하는 지식인층 내부에서 근대 지식을 소통하는 성격이 있다.

이 글에서는 먼저 1910년대에 불교 잡지가 출현할 수 있었던 배경에 대해 구한말 이래의 잡지 발간의 흐름과 함께 일본 근대불교의 잡지 간행을 중심으로 살펴보고자 한다. 이어 불교 잡지의 편집 구성과 내용에 대해 검토하면서 불교 근대화의 언설이 어떻게 드러나며, 잡지 미디어를 통해 근대불교가 어떻게 수용·이해되는지, 공유된 근대불교의 내용·관심 등이 무엇인지에 대해 검토하고자 한다. 나아가 불교 잡지에 드러난 주요한 언설이 일본 근대불교에서 어떠한 영향을 받았으며, 근대적 매체로서의 불교 잡지가 지니는 한계가 무엇인지를 살펴보고자 한다.

2. 불교 잡지의 출현 배경

국민국가의 형성은 평등한 권리와 의무가 있는 인간이 국가를 담당한다는 의식을 갖고, 국민으로서의 일체성의 자각을 통해 국가를 형성하는 과정이라고 할 수 있다. 물론 국민국가라는 개념 자체가 19세기에 확립된 서구 근대의 특수한 소산이고 의제에 지나지 않는 것이지만, 국민이 다른 누구의 지배가 아니라 스스로의 지배에만 복종하고, 그를 위해 국가를 형성하는 것이라는 픽션이야말로 인권과 입헌주의를 비롯한 근대사상을 전개하는 데 불가피한 것이었다.

그런데 국민국가를 형성하기 위해서는 국민 형성과 국가 형성이라는 두 측면을 동시에 진행해야 한다. 스스로가 국민으로서 그 국가의 독자성을 인정하고 거기에 귀속감을 갖기 위해서는 다른 국민과의 차이를 인식하고 자각하지 않으면 안 된다. 바꾸어 말하면 다른 국민과의 이질성을 전제로 국민의 동일성이 확보되고 국민 통합이 달성된다. 이러한 국민 형성에서 다양한 미디어는 서로 모르는 국민 간에 자기와 공통의 언어와 문화를 가진 사람들 사이의 연결을 의식하고, 생활공간의 동일성을 획득하고, 그것에 의해 이국·외국을 식별하게 되는 데에 커다란 기능을 하였다.[5]

이러한 미디어 가운데 잡지는 근대 지식의 수용과 전달에 중요한 기능을 하였다. 잡지의 구성 및 배열법은 전근대사회의 지식 전달 방법과는 근본적으로 차이가 있다. 그러한 차이의 핵심은 각종 지식 상호 간의 사회적 위계질서가 철폐되었다는 것이다. 하나의 미디어 안에서 각 요소가 균질화되어 요소 간의 상대적 중요성의 표지 자체가 사라질 수밖에 없게 된 것이다. 이와 같이 잡지가 취한 지식의 배열 방식은 기본적으로 지식의 평등이라는 관점 위에서 성립된 것이다. 지식의 평등이라는 근대 초기 잡지의 기본 디자인은 근대적 교양의 촉진에 기여하였고, 이는 다시 근대 국민의 형성이라는 시대 요구에 수렴되었다.[6]

근대기 잡지의 효시는 1895년에 재일본동경대조선유학생(在日本東京大朝鮮留學生) 친목회의 기관지로 창간된 『친목회회보』이며, 1910년 8월까지 40여 종의 잡지가 창간되었다. 이 시기의 잡지는 구한말이라는 시대 상황을 반영하여 계몽운동과 관련된 단체가 간행한 기관지가 많았다. 문체는 한문이나 국한문체가 많았으며, 기사 내용은 번역 또는 번안으로 이루어졌으며, 인쇄 수준이나 지면 등에서 본격적인 수준을 보이지는 못했다.[7] 이 시기에 『그리스도인회보』(1905년 7월 창간), 『천도교회월보』(1910년 8월 창간) 등이 창간되기 시작했지만 종교 잡지는 적은 편이었다.

이후 1910년대에 식민지 조선에서 간행된 잡지는 40여 종 정도이며, 이 가운데 24종이 종교 잡지이다. 당시 종교 잡지의 비중이 컸던 이유는 식민지 지배 방식과 밀접한 관계가 있다. 1910년대 초반에 출판 관련 법령들과 신문지법, 교육법 등이 새로 만들어지면서 언론 통제와 억압이 심해졌다. 이에 따라 애국 계몽을 주제로 한 정치적·민족적 성격의 출판물들이 폐간되거나 압수되었고, 그 대신 종교 잡지가 부상하게 되었다. 당시 종교 잡지는 유교 1종, 기독교 7종, 천도교 7종, 시천교 3종, 불교 7종 등이며, 주로 기독교와 천도교 계통에 의해 주도되었다.

불교계는 문명개화라는 시대 분위기와 함께 기독교의 도전과 천도교의 약진에 자극을 받아 불교의 근대화를 모색하였다.[8] 그러한 과정에서 불교계는 식민지 조선에서 종교 잡지가 점차 간행되던 상황에 자극을 받았으며, 나아가 일본 불교 잡지의 영향을 받아 잡지를 발간하게 되었던 것으로 보인다.

잡지가 일본에서 처음 등장한 것은 1867년 10월에 창간된 『서양잡지(西洋雜誌)』이며, 메이지 10년까지 『명륙잡지(明六雜誌)』를 비롯하여 180여 종의 잡지가 창간되었다.[9] 이후 활판인쇄 기술, 출판 유통망이 발달하면서 활자 미디어에 의한 문화 구조로의 전환이 촉진되고, 독서층의 증가와 함께 잡지 문화가 출현하였다. 잡지라는 미디어가 지방에까지 널리 유통되기 시작한 것은 하쿠분칸(博文館)이 등장한 메이지 20년대 이후였다.[10]

근대 일본에서 서구 근대 문명과 지식의 수용은 신문과 잡지의 등장과 밀접한 관계가 있다. 특히 1890년대 이후 신문과 잡지로 대표되는 출판자본주의가 국민국가를 형성하는 데 크게 기여하였다. 대량 인쇄, 대량 전달, 속보성을 최대의 특징으로 하는 활자 미디어의 발달은 에도 시대의 계층 질서에 바탕을 둔 커뮤니케이션 체계를 해체시키고 국민국가를 형성하는 토대로 작용하였다. 한편, 이러한 근대 미디어의 확대는 철도 간선망의 부설이 전국적으로 완료된 시기와 일치한다. 철도망이 일본 전역으로 확대됨으로써 전국 유통망을 가진 신문이 출현할 수 있었던 것이다.[11]

이와 같이 일본에서 근대 미디어의 성행은 불교 잡지의 경우에도 마찬가지였다. 메이지 초기에서 메이지 10년대까지 불교 계몽운동이 발전하면서 결사운동과 새로운 잡지의 발행이 확산되었다. 오우치 세이란(大內靑巒)은 이러한 흐름을 주도하였으며, 1874년에 최초의 불교 잡지인 『보사총담(報四叢談)』을 창간하여 불교계만이 아니라 일반 사상계에도 영향을 미쳤다.

이와 같이 불교계가 미디어에 주목하면서 불교 신문과 잡지의 창간이 메이지 초기에 37종, 메이지 10년대에 64종, 메이지 20년대에 237종, 메이지 30년대에 66종 등 비약적으로 증가하였다.[12] 더욱이 메이지 30년대에 불교

학술 잡지가 창간되었고, 다이쇼 중기에 이르면 학술 논문의 형식과 질이 향상되었다.[13]

이러한 불교 잡지 가운데 『반성회잡지』(1887)와 『불교』(1889)가 주목된다. 전자는 1899년에 『중앙공론』으로 이름을 바꿔 상업적인 종합잡지로 전환되었으며, 당시 대표적인 잡지인 『태양』에 맞설 정도로 근대 일본을 대표하는 잡지로 성장하였다. 한편, 후자는 불교청도동지회(佛敎淸徒同志會, 이하 동지회)의 『신불교』(1900-1915년 간행)로 이어졌다.

동지회는 전통 불교를 구불교라고 비판하고 내면적인 신앙을 중시하고, 사회 개선을 지향하며 종교의 미신성과 전통 불교의 제도와 의례를 부정하고 정치권력으로부터의 자립 등을 주장하면서 신불교운동을 전개하였다.[14] 이러한 신불교운동은 특히 '자유토구(自由討究)'라는 이성에 기반한 회의적, 비판적 태도와 방법이라는 특징이 있다.[15] 『신불교』의 기사는 불교사, 교리, 미술, 종교학에서 불교계에 대한 시평, 인물평, 신불교 사상, 사회문제, 사회주의와 니체 사상 소개, 외부자의 기고, 에세이, 문예, 서평, 연설회 관련, 회원 근황 등 대단히 다양하다.

이러한 신불교운동과 『신불교』가 불교계에 미친 영향은 일본뿐만 아니라 중국, 한국까지 확대되었다.[16] 일본의 불교 잡지는 식민지 조선의 지식인과 승려들을 중심으로 불교의 근대화 언설을 수용하는 매체이자 근대화의 롤모델로서 수용되었다. 한편, 후술하듯이 식민지 조선에 진출한 일본인들의 일반 잡지나 불교 잡지가 적지 않게 간행되어, 그러한 매체를 통해 근대불교에 대한 다양한 정보를 수용할 수 있었고, 잡지 편집에 미친 영향도 적지 않았다.[17]

3. 불교 잡지의 편집 구성과 언설

개항 이후 불교는 서구 문명의 도전, 기독교와 일본 불교의 진출 등 새로운 상황에 직면하였다. 이러한 상황에서 당시 불교 지식인들은 낡은 전통의 틀에 안주한 불교를 어떻게 개혁할지, 그리고 불교의 근대화를 어떻게 이룰 것인지에 대해 고민하게 되었다. 불교 잡지는 이러한 불교 근대화의 모색과 관련하여 등장한 대표적인 미디어였다.

최초의 불교 잡지는 1910년 2월에 간행된 『원종』이다. 이 잡지는 원종의 기관지로 2호까지 간행되었지만, 현재 남아 있지 않다. 이후 1910년대에 창간된 잡지는 『조선불교월보』(1912.2-1913.8, 통권 19호), 『해동불보』(1913.11-1914.6, 통권 8호), 『불교진흥회월보』(1915.3-1915.12, 통권 9호), 『조선불교계』(1916.4-1916.6, 통권 3호), 『조선불교총보』(1917.3-1921.1, 통권 22호), 『유심』(1918.9-1918.12, 통권 3호) 등이다.

이 가운데 『유심』을 제외한 잡지는 모두 발행 주체의 이름이 다를 뿐 사실상 당시 교단의 기관지였다. 또한 간행 시기에서 알 수 있듯이 발간과 폐간이 이어져 있으므로 실질적으로는 하나의 기관지가 지속되었다고 볼 수 있다. 이들 잡지의 편집은 권상로가 『조선불교월보』를, 박한영이 『해동불보』를, 이능화가 『불교진흥회월보』·『조선불교계』·『조선불교총보』를, 한용운이 『유심』을 각각 담당하였다. 이들은 당시 대표적인 불교 지식인이었으며, 잡지 구성과 편집 방향을 결정하였다.

그러면 1910년대 불교 잡지의 편집 방향과 내용은 어떠했으며, 어디에서 영향을 받았을까? 당시 불교계는 잡지를 발간한 경험이 없었기 때문에 잡지 편찬에 당시 국내에서 발간된 근대 잡지와 일본 불교 잡지를 참고하지 않을 수 없었다. 이러한 잡지의 편집 방향과 구성이 불교 잡지에 미친 영향이 어떠한지를 살펴보기로 한다.

1900년대 잡지들은 몇 개의 범주를 설정하여 잡지 내용을 배치하는 편집 방식을 선택하였다. 최초의 국문 잡지인 『친목회회보』의 내용은 사설, 논문, 기부서(寄附書), 문원(文苑), 강연, 내외보, 잡보, 회중 기사, 본회 규칙 등의 범주로 구성되었다. 최초의 종합지적 성격을 지닌 잡지인 『조양보』의 편집 체제는 기본적으로 논설·교육·실업·총담(叢談)·내지 잡보·해외 잡보·사조(詞藻)·소설·광고란으로 이루어졌고, 독자 투고로 이루어지는 기서·확청란(廓淸欄) 등이 있었다. 이후 몇몇 범주들이 고정되면서 잡지 내용에서 중심적인 내용을 차지하게 되었다.[18] 이러한 범주가 설정된 것은 당시 일본 잡지의 영향에서 비롯되었다. 메이지 시기 잡지를 대표하는 『태양』은 창간호부터 기사의 범주가 설정되었다. 기사의 범주를 설정함으로써 편집자는 잡지 내용의 면모를 손쉽게 과시할 수 있고, 독자는 다양한 내용을 좀 더 빠르게 파악할 수 있으므로 생산자와 소비자 모두를 만족시켰다.

이와 같이 구한말에 발간된 근대 잡지의 편집 구성은 불교 잡지의 편집 방식에 영향을 미쳤다.[19] 『조선불교총보』를 제외한 나머지 잡지는 모두 1900년대 잡지 편집 방식의 영향을 받았다. 『조선불교월보』는 축사, 논설, 문원, 교사(敎史), 전기, 사림(詞林), 잡저, 소설, 언문란, 관보, 잡보 등의 범주로 편집되었다. 『해동불보』는 논설부, 학술부, 전기부, 사림부 등의 범주 아래 기사가 배치되었다. 『불교진흥회월보』는 논설·교리·사전(史傳)·학술·문예·잡조(雜俎)·소설·관보·휘보 등을, 『조선불교계』는 논설·강연·교리·사전·문예·잡찬(雜纂)·연구·소설·관보·휘보 등으로 구성되었다.

그러나 『조선불교월보』는 범주를 해체한 편집 양식을 수용하였고, 이후

이 양식에 준해 불교 잡지가 발행되었다. 간행 주체들은 편집 양식의 변화가 필요하다는 것을 『조선불교계』의 종간과 『조선불교총보』의 창간 시기 사이에 진지하게 인식하였던 것으로 보인다. 그들은 1900년대 잡지들의 방식대로 문예물을 운영하지 않았을 뿐만 아니라 근대적인 문학 개념을 무시하지 않았다. 『유심』은 보통문, 단편소설, 신체시가, 한시를 모집하였던 현상 문예를 창간 때부터 매우 중시하였다.

『조선불교월보』는 순국문의 기사들을 한군데로 모아 아예 언문란을 설정하였다. 3호에서 처음 등장한 언문란은 논설(4호), 강단(12호)으로 바뀌었다가 13호부터 언문부로 고정되었다. 이후 불교적인 색채가 강화되어 기사 범주의 명칭이 장광설 등으로 바뀌었지만 국문란은 그 명칭을 유지하였다. 1900년대 잡지에서 국문 기사를 찾아보기 쉽지만 『조선불교월보』처럼 국문 기사들을 독립된 범주로 묶은 잡지는 찾아보기 어렵다.[20]

천도교 잡지에 게재된 소설은 표기 수단에서 부분적으로 한자를 선택했지만 의식적으로 국문을 지향하였다. 그러나 이러한 소설은 교조의 출생이나 종교적 기적과 관련된 설화식의 이야기가 대부분이다. 이 소설들은 포교를 앞세워 대중에게 쉽게 접근하기 위하여 국문을 의식적으로 사용했지만 대체로 가사체 율문의 형식을 보이기도 하고 조선 후기 국문소설 가운데 문어(장)체 소설의 상투적인 수사 체계를 답습하였다.[21]

이러한 경향은 불교 잡지에서도 비슷하게 나타난다. 『조선불교월보』에 게재된 소설들은 포교를 목적으로 대중이 쉽게 접근할 수 있는 국문을 선택했다. 그러나 이러한 소설은 대부분 불교에 입문하거나 도를 깨닫는 개인의 이야기를 다루는 것이므로 근대소설의 형성과 거리가 멀다. 다만, 불교적 전통과 소양을 배경으로 새로운 근대적 지식을 수용한 지식인들이 불교 잡지에 관여하면서 근대적 소설을 모색하였다.

양건식의 「석사자상」[22]은 국문소설로 종래 종교 잡지에 실린 문어체 소설의 국문체를 탈피하였으며, 『청춘』에서 등장한 현재형과 과거형 시제를 적극적으로 수용하였다.[23] 이 소설은 일상에서 겪는 사소한 소재를 통해 종교적 메시지를 전달하며, 소설의 결말도 교훈의 톤을 낮추어 상징적으로 처리했다. 양건식의 소설은 1910년대 초기에 대중 포교를 목적으로 한 종교 잡지 소설의 국문체가 1910년대 중반에 등장한 유학생을 비롯한 신지식인의 국문체와 상호 작용하면서 새로운 근대적 문체로 변화를 모색하던 경향을 보여준다.

이능화의 「목우가」[24]는 자전적 체험을 그린 것이며, 한학·불교·서구 문명을 가로지르는 다채로운 상상력을 보여준다. 이 작품은 당시 잡지의 단편소설이 지니고 있는 교훈조의 진지함 또는 우울한 정조에서 벗어나 삶의 과정을 해학적, 풍자적으로 그려 냈다. 표기 방식에서도 국문의 통사 체계를 기본으로 하면서 한자 성어, 경전, 게송, 한시 등을 자유롭게 활용하였다. 그는 불교의 법문을 일화와 함께 우리말로 쉽게 번역하였으며, 특히 그의 글에는 당시 지식인을 지배하던 일본식 문체의 흔적이 발견되지 않는다. 다만 그는 1910년대 주류 문단에서 주변적인 위치에 있었기 때문에 이 시기 소설사에서 그의 방식이 확산, 발전되지 못하였다.[25]

1910년대에 『청춘』, 『학지광』에 내면을 그리기 시작한 단편 소설들이 이야기식 서술 구조를 벗어나 장면 중심의 묘사를 강화하고, 구성의 단일성을 추구하였다. 이와 같이 독자적이고 고립된 내면을 표현한 의도는 자국어 글쓰기와 함께 근대문학을 형성하는 데 중요한 성과였다.[26]

근대소설에서 내면이 등장하기 시작한 것은 1900년대 후반 일본 유학생들이 발간한 잡지에서 비롯되었다. 러일전쟁 이후 일본에서 국가와 사회보다 개인에 관심을 갖고 정신의 내면적 풍부함을 추구하는 경향이 강해졌다. 개인주의적, 자아주의적 근대사상에 기울어지는 경향은 1910년대에 다이쇼 데모크라시가 전개되면서 더욱 확산되었다. 일본 근대문학에서 자아를 강조하는 시라카바(白樺)파의 등장은 그것을 상징한다.

식민지 조선의 유학생들은 일본에서 전개된 시대적 분위기와 함께 국권 상실이 현실로 다가오면서 정치적 무력감을 느낄 수밖에 없었다. 그리하여 유학생에게 순문예 작가의 일이란 사회, 정치에 대한 관심을 배제하고 고립된 개인의 내면에 몰두하는 것이었다. 이러한 내면의 관심은 1910년 합방 직후에 한동안 진전을 보이지 않았다. 1910년 직후 학회지 등의 잡지 매체가 모두 폐간되고 유일하게 남은 『매일신보』에서는 이야기 중심의 신소설이 성행하였기 때문이다. 내면이 소설 양식 안에서 다시 전면화된 것은 유학 경험이 있는 이들에 의해 『학지광』, 『청춘』 등의 잡지가 등장하면서부터였다.[27]

그런데 1910년대 작가들은 순국문체 또는 구어체를 그들이 부정적으로 생각하였던 고대소설이나 신소설 따위의 이야기 형태의 소설을 기술하는 데 적합한 것으로 생각하였다. 곧 오락적이고 경박한 성격을 띤 줄거리, 사건 중심의 고소설이나 신소설의 기술은 순국문체로 가능하나, 내면화된 생을 중시하는 근대소설을 기술할 때는 순국문체가 사색적인 진지함을 담을 수 있는 것으로 생각하지 않았다. 그리하여 그들은 순국문 대신 국한문혼용체를 선호하였는데, 이러한 경향은 일본 지식인들이 서구 문명에 맹목적으로 추수한 것과 관련된다.[28] 일본 지식인들은 서구의 것은 선진 문명을 배후로 한 상등의 것이므로 서구 저작을 번역할 때는 일상어와는 격이 다른 막

연하고 모호하기까지 한 한자의 조어를 사용하여 표현하고자 하였다.[29]

이상에서 불교 잡지의 편집 구성이 근대 잡지로부터 어떠한 영향을 받았는지에 대해 살펴보았다. 그러면 불교 잡지의 내용과 주요한 언설에 대해 살펴보기로 한다. 불교 잡지의 주요 내용은 한국 불교사의 자료 소개와 서술, 근대불교학의 소개와 번역, 사회진화론, 문명개화론에 입각한 현실 인식, 기독교에 대응하는 문제를 중심으로 한 종교 언설, 불교계 개혁과 근대불교 담론 등이다. 이러한 언설은 당시 불교계의 관심이 반영된 것이며, 불교 근대화의 방향 모색과 관련된 것이다.

먼저 잡지 내용 가운데 가장 많은 분량을 차지하는 것이 불교사 자료의 소개와 연구 성과, 전통적인 불교 교학을 소개하는 글이다. 이러한 경향은 조선 후기에 형성된 전통적인 불교학이 근대기에도 하나의 전통으로서 계승되고 있음을 보여준다.[30] 아울러 한국 불교사에 대한 관심이 높아진 것은 현실적으로 타자로서의 일본 불교의 영향력이 강화되면서 한국 불교의 아이덴티티 구축이라는 시대적 과제와 깊이 관련된다. 다만 근대 학문 방법론에 따른 불교사 연구가 이루어지지 못하였기 때문에 전통 불교의 정통성을 강조하거나 고승들의 전기와 저술, 비문과 미술사 자료, 불교사서와 불교사 연구 등을 소개하는 수준에 머물렀다. 나아가 인도, 중국, 일본 등 불교사의 흐름을 의식하면서 한국불교사의 흐름을 개략적으로 서술하는 글이 제시되었다.[31]

구한말 이래 유행하였던 사회진화론과 문명론은 불교계에도 크게 영향을 미쳤으며, 불교 잡지에도 이러한 언설이 폭넓게 반영되었다.[32] 나아가 이러한 현실 인식을 바탕으로 세계 종교에 대한 현황과 이해,[33] 불교가 기독교에 대해 우월하다는 주장[34]과 그에 대한 근거로서 불교가 철학이라는 것을 강조하는 언설이 제시되었다.[35] 나아가 정체된 불교계에 대한 문제 인식과 함께 다양한 불교 개혁론이 제시되었다.[36]

그러면 잡지의 유통은 어떻게 이루어졌을까? 불교 잡지의 판매, 유통, 경영과 관련된 자료가 거의 없기 때문에 구체적인 상황은 알 수 없다. 1910년대에 불교 잡지는 기본적으로 본사 사찰을 통해 배포되거나 일반 잡지와 마찬가지로 우편 판매를 위주로 하였으며,[37] 서점 판매가 거의 이루어지지 못하였다.[38] 이러한 잡지 판매는 단기간에 광범위한 지역에 정기적 배송이 가능하며, 잡지를 통해 교화의 효율을 높일 수 있었다. 또한 불교 잡지는 대부분 10전 정도의 염가였으므로 다른 서적보다 낮은 가격에 정보를 공급하여 독자에게 편리하고 효율적으로 지식 정보를 제공할 수 있었다. 아울러 잡지사의 입장에서는 독자를 확보하여 재정적인 도움을 받을 수 있었다.

그러나 불교 잡지의 경영에는 재정적인 한계가 뚜렷하였다. 불교 잡지는 기본적으로 판매 부수가 적었고, 게다가 일반 독자층을 확보하는 데 한계가 있어 판매 수입의 증가를 기대할 수 없었다. 나아가 광고료 수입이 거의 없었으며, 잡지의 생산과 판매의 분업이 이루어지지 못하였기 때문에 근대적인 경영을 기대하기 어려웠다.

당시 지방 독자들은 대부분 우편통신판매 방식을 통해 서적을 구입하였는데, 출판사들은 이들 독자 명부를 만들어 주소와 이름을 관리하며 서적 마케팅에 활용하였다. 출판사들은 판매 도서 목록을 제작하여, 독자들이 우편료만 부담하면 무료로 보내 주는 서비스를 시행하거나 북데이·특매·단체판매 등과 같은 적극적인 마케팅을 벌이기도 하였다.[39] 이에 비해 불교 잡지는 판매를 늘리기 위한 노력이나 적극적인 마케팅이 이루어지지 않았던 것으로 보이며, 일반 독자층의 확장에 일정한 한계가 있었던 것으로 보인다.

4. 일본 근대불교의 영향과 불교 잡지의 한계

종래 근대 미디어에 관한 연구는 대부분 민족운동과 관련된 언론사 차원에서 이루어졌기 때문에 재조 일본 미디어에 별로 주목하지 않았다. 그러나 1881년에서 1945년까지 조선에서 발행된 일본인 경영 신문이 연 100지에 이를 정도로 일본 미디어의 위상이 대단히 컸으며,[40] 식민지 조선에서 근대 미디어의 보급 및 확산에 미친 영향이 적지 않았다.[41]

아베 미쓰이에(阿部充家)는 1910년대에 재조 언론계를 대표하는 인물이며, 경성일보와 매일신보 사장으로 역임하였다.[42] 그는 조선 총독 사이토 마코토(齋藤實)의 문화통치 정책 참모로 활약하였으며, 이광수와 최남선을 비롯한 조선의 작가·언론인·정계·종교계 등 광범위한 범위의 인물들과 교류했다. 또한 그는 불교에 깊은 이해를 갖고 있었으며, 식민지 조선의 불교계에 미친 영향도 적지 않다.[43] 그가 사장으로 재임했던 경성일보, 매일신보의 1910년대 중후반 기사에는 이상할 만큼 불교 관계 기사가 많았으며, 불교를 가장 우대하는 편집 방침을 갖고 있었다.[44]

한편, 1910년대에 재조 일본인이 발행한 잡지도 적지 않았다. 1910년대 잡지계는 최남선과 함께 다케우치 로쿠노스케(竹內錄之助)가 주도했는데, 『신문계』, 『반도시론』 등을 발간하였다. 또한 일본어 종합잡지인 『조선』(1908.3-1911.11)과 그것을 개칭한 『조선급만주(朝鮮及滿洲)』(1912.1-1941.1), 『조선공론』(1913.4-1944.11) 등이 장기간 발간되었다.[45]

이러한 재조 일본 미디어는 식민지 조선의 미디어에 적지 않은 영향을 미쳤다. 이러한 경향은 식민지 조선의 불교 잡지도 마찬가지였다. 또한 이러한 영향은 앞서 살펴본 바와 같이 잡지의 편집 방향이나 구성을 통해 잘 드러난다. 불교 잡지의 주요한 언설은 일본의 근대불교 언설을 그대로 번역, 번안하거나 수용한 것이 대부분이었다. 예를 들어 이지광은 서구에서 불교가 어떻게 확산되는지를 일본의 『진여보(眞如報)』에서 번역하여 소개하였다.[46] 그는 조동종의 오카다 다이호(岡田大豊)[47]가 영미 종교계를 시찰한 경험을 담은 「구인의 불교 연구(歐人の佛敎硏究)」를 토대로 하면서 오카다와 만나 직접 들은 내용을 소개하였다.[48]

나아가 번역보다는 직접 일본 체험을 통해 일본 불교에 대한 이해나 불교 근대화를 모색하고자 하는 움직임이 확산되었다.[49] 이능화는 일본 시찰단의 출발에 즈음하여 일본 불교가 어떻게 세계 제일이 되었는지를 연구할 필요가 있다고 역설하였다.[50] 『조선불교총보』 7호는 불교 시찰 기념호로서, 시찰 관련 일지, 일본 불교의 현황과 소감을 소개하였다. 또한 일본 불교에 대한 관심은 식민지 조선에 진출해 있는 일본 불교의 동향을 소개하는 글에서도 잘 드러난다. 예를 들어 조동종 포교사의 원산 포교의 성과와 포교 방법 등을 소개한 글에서는 조선 불교의 근대화를 모색하는 구체적인 방법으로 참고하기 위한 의도가 드러난다.[51]

근대불교의 언설이 1910년대 초기에 번역 위주로 소개되었다면, 유학생이 점차 늘어나면서 인명학·논리학·심리학 등 다양한 분야를 다루는 글이 나타났다.[52] 인명학은 불교의 전통적인 논리학이라 할 수 있지만, 메이지 일본에서는 키라 코요(雲英晃耀)가 인명 연구에서 주목되는 성과를 제시하였으며, 무라카미 센쇼(村上專精)를 비롯한 불교학자들이 서양 논리학을 수용하면서 불교논리학의 독자적인 영역을 개척하였다.[53] 유학생들의 글은 일본 불교학계에서 이루어진 성과를 그대로 수용하거나 모방하는 수준에 그쳤지만, 근대불교학에 대한 이해가 확산되는 양상을 보여준다.

이러한 경향은 이종천[54]의 「불교와 철학」에서 잘 드러난다. 이 글에서 그는 불교에 철학과 종교라는 가치가 있다고 제시하고, 철학에서는 순정철학의 위치와 물·심·리의 관계를 중심으로 논하였다. 나아가 그는 불교 중의 철학과 종교의 분류, 대승과 소승의 구별, 각 종파의 사리관(事理觀)의 차이, 『대승기신론』의 진여와 무명의 관계 등을 서술하였다.[55]

그런데 이종천이 불교를 철학, 종교와 관련시켜 논한 것은 이노우에 엔료가 일관되게 제기한 주제이며, 구체적인 내용도 대부분 엔료의 저작을 참고하여 서술했다. 이종천은 엔료의 저작 가운데 『불교대의(佛教大意)』(1899), 불교통관(佛教通觀)』(1904) 등 분량이 짧고 이해하기 쉬운 저작과 함께 『순정철학강의(純正哲學講義)』(1888), 『불교활론본론(佛教活論本論), 현정활론(顯正活論)』(1890)에서 제시된 내용을 정리했다.[56]

한편 일본 불교에 대한 관심은 아메노모리 호슈(雨森芳洲, 1688-1755)[57]의 삼교일치론,[58] 아네자키 마사하루(姉崎正治)의 「종교사」[59]와 같이 다양하게 나타났는데, 무라카미 센쇼의 『불교통일론』이 번역되었던 것이 특히 주목된다.[60] 센쇼는 1917년에 오타니 코즈이(大谷光演), 난죠분유(南條文雄)와 함께 조선을 방문하였으며, 4월 27일 연수회 강연에서 일본 불교와 국가와의 관계를 강조하였다.[61]

센쇼는 일본 불교의 역사적 연구를 확립하여 근대기에 처음으로 일본 불교사를 제시하였다. 그는 1894년에 와시오 준코(鷲尾順敬), 사카이노 코요(境野黃洋)와 함께 『불교사림(佛教史林)』을 창간하여 불교사 연구를 지향하였고, 1897년에 『대일본불교사』를 함께 저술하였다. 그런데 센쇼는 서구 근대불교학의 학문적 세례를 받지 못하였기 때문에 전통적인 한문 문헌을 위주로 불교사 연구를 추진할 수밖에 없었고, 불교 일반이 아니라 일본 불교에 주목하였다.[62] 아울러 그의 「일본불교」 언설은 비교적 자유로운 언설에서 현존 종문을 강조하는 것으로 변화하였고, 러일전쟁 이후에는 가족·정신 등의 언설과 관련되었다. 이러한 변화는 1890년대에 교육칙어, 우치무라 간조의 불경 사건에 따라 국민과 종교를 둘러싼 논의가 심화된 이후에 불교를 일본의 국체와 모순되지 않는 종교로서 주장하는 경향이 더욱 심화된 흐름과 궤를 같이한다.[63]

한편, 센쇼는 불교의 역사는 '종파에 제한된 교리사가 아니라, 각 종파가 상호 발달한 경황, 즉 보통의 교리사'라고 강조하였다. 센쇼는 이러한 통종파적 교리사를 실현하고, '불교 각 종파의 합동을 기도하는'[64] 실천적인 의도를 갖고 『불교통일론』을 제시하였다. 아울러 그는 『불교통일론』 제1편 대강론 여론(餘論)에서 대승비불설론을 제기하여 진종 내에 파란을 일으켜 승적이 박탈되었다.[65] 다만, 센쇼는 대승비불설론을 주장하였지만 대승 경전이 불설이 아니라고 하더라도 그것이 비불교를 의미한다고 생각하지 않았다. 불타의 진의는 대승에 이르러 드러나고 있다고 말한 것처럼[66] 센쇼의 역사적 불교 연구는 신앙을 확립하기 위한 것이고, 실용적 포교를 위한 것이었다.[67]

이러한 센쇼의 통불교 담론은 개인적인 차원이 아니라 메이지 시기에 전개된 일본 불교의 흐름과 깊은 관계가 있다. 메이지 시기에 일본 불교에서는 종파 단위의 불교 이해를 탈피하여 불교 전체를 통일적으로 파악하고자 하는 경향이 나타났다.[68] 1879년에 오우치 세이란이 시마치 모쿠라이와 함께 불교계의 단결을 강화하고자 통불교적인 결사인 화경회(和敬會)를 조직하였고, 이어 1884년에 시마치와 엔료 등이 영지회(令知會)를 결성하였다.[69] 이와 같이 통불교를 지향하는 움직임은 통불교연구회를 결성한 이노우에

세이쿄(井上政共), 법왕교(法王教)를 제기한 다카다 도겐(高田道見),[70] 신불교 운동을 주도한 가토 도쓰도(加藤咄堂)[71] 등에 의해 더욱 확산되었다.[72]

한편, 오우치는 1875년에 『명교신지(明敎新誌)』를 창간하였는데, 통종파의 입장에서 널리 불교계의 정보와 언론을 게재하는 미디어로서 불교계 정보, 언론 공간을 실현하였다. 또한 1889년에 창간된 『불교』는 통불교의 입장에 선 대표적인 잡지 매체였다. 이와 같이 메이지 불교운동의 대세가 통불교의 견지에서 종파불교의 폐습을 개혁하고자 하는 현실 인식이 확산되었고, 통종파적인 불교는 당시 '통일불교'·'석가종'·'대승불교'·'동방불교' 등으로 불렸다.

이러한 통종파적인 불교를 구축하는 과정에서 '일본 불교사'를 편찬하는 작업도 진행되었다. '일본 불교사'의 편찬은 불교 교단과 교리의 정치적·사회적 틀을 근대적인 불교라는 독립된 이미지에 공헌하기 위해, 불교가 인도에서 발생하고 중국에서 변용되어 진화를 이루었으며 일본에서 정점에 섰다고 하는 역사를 따라가고자 하는 시도였다. 앞서 언급한 바와 같이 센쇼의 일본 불교사 연구에는 그러한 시각이 잘 드러난다.

한편, 메이지 시기에 교넨(凝然)의 『팔종강요(八宗綱要)』와 『대승기신론(大乘起信論)』이 주목되고, 그와 관련된 저작이 유행하였던 것도 통불교와 관련된다.[73] 통불교론자인 다카다는 통불교의 근본의(根本義)를 『대승기신론』의 일심이문(一心二門)에 따라 설명하였고, 그의 저서인 『대승기신론강의』(1913)에서 통불교의 근거로서 강조하였다. 또한 가토의 경우에도 『대승불교대강(大乘佛敎大綱)』(1903) 10장 「통불교의 원리」에서 현상즉실재론(現象卽實在論)을 강조하면서 『대승기신론』을 들었다.[74]

이상에서 메이지 시기에 대두한 통불교 언설이 1900년대에 성행하였던 양상에 대해 간략하게 살펴보았다. 그러면 1910년대 불교 잡지에서 센쇼의 『불교통일론』과 함께 이노우에 세이쿄의 통불교 담론[75]이 번역, 소개되었던 이유는 무엇일까? 그것은 기본적으로 식민지 조선의 불교계에서 통불교 담론에 공감하였기 때문이라고 할 수 있다. 아울러 그러한 공감은 불교 지식인들에게 한국 불교의 아이덴티티를 확립하기 위한 언설로서 통불교 담론이 주목되었기 때문인 것으로 보인다.

당시 불교 지식인들은 타자인 일본 불교를 통해 한국 불교의 아이덴티티를 형성하고자 하였다. 아울러 한국 불교의 자기 정체성에 대한 탐색은 한국 불교사에 대한 이해, 나아가 특징을 거론하는 언설로 드러났다. 앞서 살펴본 바와 같이 한국 불교사에 대한 내용이 1910년대 불교 잡지에서 가장 많은 분량을 차지할 정도로 당시 불교인들에게 한국 불교사라는 주제는 불교계의 현실 인식과 깊이 관련되어 있었다.[76]

식민지 조선의 불교계에서 통불교 담론은 한국 불교의 역사상을 강조하는 대표적인 언설로 널리 확산되었다. 곧 통불교 담론에 따르면 불교는 인도·중국을 거쳐 조선에 이르는 발전 과정을 거치며, 종파주의를 뛰어넘은 통불교가 한국 불교에서 완성되었다고 강조된다. 아울러 한국 불교의 독자성과 특징을 보여주는 통불교를 대표하는 인물로 원효가 주목되었다. 지금까지 이러한 통불교 담론은 1930년에 최남선이 본격적으로 제기하면서 널리 확산된 것으로 이해되고 있다.[77]

그러나 통불교 담론은 식민지 조선의 불교계에서 독창적으로 제기된 것이 아니라 일본 불교에서 제기된 통불교론과 무관하지 않다.[78] 앞서 살펴본 바와 같이 통불교 담론은 1910년대 불교 잡지에 소개될 만큼 주목을 받았다. 또한 1910년대 후반에 이르면 불교 잡지에서 원효의 저작에 관한 소개와 연구가 이어지면서 종래 거의 주목받지 못했던 원효가 통불교 담론의 대표적인 인물로서 근대적으로 재발견되었다.[79] 그러므로 1910년대 불교 잡지에서 통불교 담론이 주목을 받으면서 한국 불교의 아이덴티티 형성에 적지 않은 영향을 미쳤으며, 이후 최남선·허영호·조명기 등에 의해 원효불교를 중심으로 한 통불교론이 자리를 잡게 된 것이다.

이상에서 살펴본 바와 같이 1910년대 불교 잡지의 주요 언설은 일본 근대불교의 영향을 적지 않게 받았다. 이러한 양상은 식민지 조선의 불교계가 일본의 근대불교를 불교 근대화의 롤 모델로 삼았던 것에서 비롯되었다. 아울러 낡은 전통 불교의 유산과 함께 인적, 물적 자산을 충분히 갖추지 못한 불교계의 현실 상황을 감안하면 불교 근대화의 과정에서 어쩔 수 없는 현상이라고 할 수 있다.

그렇지만 잡지 미디어의 등장은 불교가 낡은 종교라는 편견을 없애고, 불교의 근대화가 어떻게 이루어졌는지를 보여주는 지표이다. 더욱이 잡지는 전근대 승려나 소수 엘리트 중심으로 불교 지식이 생산·유통되던 단계에서 재가 불교인과 지식인을 포괄하는 불교 지식의 생산·유통으로 변화하였던 근대적 양상을 보여준다. 잡지 미디어는 근대지의 생산과 유통의 매개이자 매체였으므로 불교 잡지도 그러한 미디어로서의 기능을 일정하게 수행하였다는 점에서 의미가 적지 않다. 다만 불교 잡지는 여전히 독자를 교화·계몽의 대상으로 설정하고 있으며, 독자의 적극적인 참여가 거의 보이지 않는다. 이러한 한계는 당시 불교에 관심을 가진 지식인층이 많지 않고, 불교계 내부에서 근대화가 확산되지 못했다는 한계와 관련된다.

5. 맺음말

1910년대에 식민지 조선에서 종교 잡지를 중심으로 잡지가 확산되고 있었고, 일본의 불교 잡지가 비약적으로 증가하면서 불교의 근대화에 커다란 영향력을 미치고 있었다. 이와 같이 국내외에서 잡지 매체가 주목되면서 식민지 조선의 불교계도 잡지에 주목하게 되었고 1910년대에 7종의 불교 잡지를 발간하였다.

이러한 영향은 불교 잡지의 편집 구성과 언설에서도 잘 드러난다. 불교 잡지의 편집 구성은 구한말의 일반 잡지와 비슷한 경향을 보인다. 편집 구성은 대부분 1900년대의 잡지 편집 양식에 영향을 받아 몇 가지 범주로 이루어졌다. 그러나 『조선불교월보』에 국문 기사들을 독립된 범주로 묶는 등 독자적인 편집 방향이 보인다. 아울러 『조선불교총보』에서는 내용 자체가 크게 바뀌지는 않지만 종래 편집 방침에서 변화하게 된다.

불교 잡지의 주요 언설은 한국 불교사, 근대불교학·사회진화론·문명개화론에 입각한 현실 인식과 유교·기독교에 대응하는 문제를 중심으로 한 종교 언설, 불교계 개혁과 근대불교 담론 등이다. 이러한 언설은 당시 불교계의 관심이 반영된 것이며, 불교 근대화의 방향 모색과 관련된다. 이 가운데 한국 불교사에 관한 자료의 소개와 불교사 서술이 가장 많은 분량을 차지하며, 이러한 언설은 타자인 일본 불교를 의식하면서 조선 불교의 아이덴티티를 형성하는 현실적인 과제와 깊이 관련된다.

구한말 이래 당대 사회에 유행했던 사회진화론, 문명론에 입각한 언설은 서구 근대문명과 기독교의 도전에 대한 대응, 조선불교개혁론과 관련되어 불교 잡지에 지속적으로 등장했다. 또한 전통 사회와 달리 세계 종교의 다양한 양상을 이해하게 되면서 다른 종교와 비교하고 불교 우위를 주장하는 언설이 다양하게 제시되었다. 특히 그러한 언설에서는 불교가 다른 종교와 달리 철학이라는 주장이 강조되었다.

불교 잡지의 유통은 기본적으로 본사 사찰을 통한 판매나 우편 배송 방식을 이용했으며, 전국에 정기적 배송을 통해 불교 교화의 효율을 높일 수 있는 장점이 있었다. 그러나 광고료 수입이 거의 없고, 잡지 판매의 제한 등으로 인해 재정적인 부담이 적지 않고, 불교계 이외에 일반 독자층을 확대하지 못하였던 한계 등은 불교 잡지의 현실적인 위상을 보여준다.

한편 식민지 조선의 불교 잡지는 일본의 근대불교로부터 적지 않은 영향을 받았다. 그것은 식민지 조선의 불교계가 불교 근대화의 롤 모델로 일본 불교를 상정한 데다가 당시 근대불교를 포함한 근대지 일반을 수용하는 주요 루트가 일본이었기 때문이다. 초창기 번역 위주에서 직접 유학을 통해 근대불교의 수용이 확대되는 과정에서 일본 근대불교의 다양한 지식 정보가 소개되었다. 특히 무라카미 센쇼의『불교통일론』, 메이지 시기의 통불교 담론 등이 번역·소개되면서 조선 불교의 통불교 담론의 형성에 커다란 영향을 미쳤던 사실은 주목된다.

이러한 양상은 식민지 조선의 불교가 근대화를 추진할 수 있는 제도적 기반이 제대로 구축되지 못하였던 현실적인 한계와 함께 불교 근대화의 모색이 대체로 일본 근대불교를 모방하였던 한계와 관련된다. 물론 식민지로 전락한 현실에서 불교계가 자생적인 기반을 구축할 수 없는 여건이었다는 점도 무시할 수 없다.

근대기 경산화파
화승 예운 상규(禮雲尙奎) 불화 연구*

최성규

*   이 글은 「근대기의 경산화파 예운불화 연구」, 『종교문화비평』 30, 2016, 157-191을 수
    정 보완한 것이다.

1. 서론

  예운 상규는 경산화파의 화맥 안에서 전승되는 불화의 형식으로 작업에 임했으며 또한 전승시킨 불모(佛母)이다. 19세기 중반부터 전하고 있는 그의 불화는 1930년에까지 이르고 있다. 경산화파는 불모들의 계보 가운데 비교적 화맥이 잘 밝혀져 있고 전해지는 불화의 소재가 어느 정도 파악되어 그 특징을 살펴볼 수 있다. 이는 현대에까지 생존하면서 작업과 계보를 구술(口述)로 밝혀 준 만봉 스님[1]에 의해서다.

  조선 후기에는 대부분 사찰 불화의 수요가 그 지방 승려들에 의해 충족되었고 이에 따라서 다양한 승려가 많이 모이는 대사찰 중심으로 화사·목장·칠장 등 불사에 관계할 전문 인력이 도제식으로 양성되었고, 여기에서 배출된 화승들은 자신의 출신 사찰을 중심으로 인근 지역 안에서 활동함으로써 지역에 따라 화사(畵師) 집단이 형성되었다. 이와 같은 화사 집단 가운데 서울·경기 지역에서 활동한 화사들을 경성화파 또는 경산화파라 부른다.

  화승들의 화적은 불화를 연구하는 데 매우 중요하다. 화승들의 구체적인 화적을 알게 되면 화승 계보에 관해 이해의 폭이 넓어지고 타지에 봉안한 불화까지도 같은 지역 불화의 범주 안에 넣을 수 있기 때문이다. 또한 이를 통해 화승과 그가 속해 있는 유파의 위상도 전체적으로 고찰해 볼 수 있는 기회가 된다.

예운 불화는 조선 후기 서울·경기 지역 불화와 같이 시대와 양식에 따라 분류할 수 있다. 18세기 초와 18세기 말~19세기 초, 19세기 말로 분류하는데, 현존하는 18세기 초의 불화는 적고, 18세기 말~19세기 초의 불화는 다소 남아 있으며, 시대적 성격이 잘 드러나 있다. 또한 화적과 관련 기록이 화기(畵記), 불사 관련 기록, 공역의궤류(工役儀軌類) 등에 비교적 잘 남아 있어서 당시의 공역과 화업의 성격, 화연 관계, 공동 작업의 형태 등을 조명해 볼 수 있다.

현존하는 근대기 예운의 불화는 도상과 표현 기법 면에서 다양한 경향을 보이며, 새로운 문물을 유입하여 신경향의 불화를 남겼다. 또한 19세기 중엽부터 불사에 대한 후원이 활발해짐에 따라 전국적으로 사찰 건축과 불화 불사에 참여하였다.

근대기 예운은 상당수의 불화에 서양화의 명암법을 도입했으며 응석의 맥을 이어 새로운 도상과 구도법을 창안하였다. 서양화의 명암법을 적용해 그린 그의 불화들은 당시 후원자들에게 상당히 인기가 있었던 듯하며 현재 전국에 그의 불화가 남아 전한다. 이에 따라 본고에서는 근대기 예운이 그린 불화의 시대적 성과와 양상을 정리하고 화풍의 특징과 그 의의를 살펴보고자 한다.

2. 예운 이전의 경산화파 계보

1) 학송당 각총

조선 후기 서울·경기 지역 화승들은 18세기 말의 국가적 공역을 비롯하여 이 시기에 들어 본격화된 서울·경기 지역 불화불사의 일정 부분을 담당하였다. 이들의 화풍은 전통적인 요소를 받아들이면서도 당시 서울·경기 지역을 중심으로 일기 시작하던 현실화·구상화·다양화라는 새로운 경향에 맞추어져 있었다. 19세기 초에는 이러한 화풍이 주류를 이루며 가속화되는 양상을 보여준다. 19세기 말~20세기 초에 이르러서는 수많은 왕실 발원 불사가 이루어졌는데, 이에 따라 동일 초본의 사용과 금니(金尼; 金箔)의 사용이 많아지고 화려한 장식성을 추구하는 다양한 구도와 형식의 불화가 등장하였다.

남양주의 봉선사는 서울·경기 지역 불화의 성격을 대표하는 곳이지만, 화사들에 관한 정보는 거의 없다. 그러나 1735년 봉선사 〈괘불도〉[2]를 조성한 봉선사의 수화승 학송당 각총에 의해 그 시발점을 맞는다. 각총이 조성한 괘불을 화본으로 한 수많은 괘불이 19세기에 조성되었다. 이 괘불은 조선 후기 경기 지역 불화의 본격적인 시작을 알리는 동시에 역동성을 상징하는 기념비적인 성격을 띠고 있다. 하늘에 거대한 장육신의 비로자나불·노사나불·석가모니불이 현현한 가운데 그 아래로는 문수·보현·관음·세지·미륵·제화갈라 보살이 시립하고 주위에는 수많은 성중들이 에워싸고 있다. 세 분의 부처님은 18세기 의겸(義謙) 화풍에서 볼 수 있는 부드럽고 원만한 상호를 지니고 있지만 연분홍의 발그스름한 볼 빛에서 우러나오는 따뜻한 시선은 자애롭다. 기품 있는 밝은 황토색 대의(大衣)는 완숙한 묵선의 옷 주름으로 가볍게 날리고, 담채의 짙고 엷은 벽청색들로 층을 이루며 흩날리는 내의는 상쾌함까지 준다. 보살들의 광배는 담청색과 뇌록색으로 차분한 색 대비를 이루고 있다. 이러한 새로운 감각과 기량으로 볼 때, 각총은 불화뿐만 아니라 서화에도 능하였을 것으로 보인다. 바탕 재질이 종이인 것도 이와 관련하여 눈길을 끈다.

각총의 불화 중 현존하는 것은 봉선사 〈괘불도〉(1735)와 신륵사 〈삼장보살도〉(1758) 두 작품뿐이며, 그의 문하에는 신륵사 〈삼장보살도〉를 함께 조성한 서울·경기 지역 최고의 화승 관허당 설훈이 있었다.

각총의 행적이 전해지지는 않지만 1688년 정시한(丁時翰)의 『산중일기』 상권 4월 7일 내용 중에 다음과 같은 짧은 기록이 있다.

> 혼자서 백련암에 올라가니 암자가 가야산 중턱에 있었는데 잘 보이지 않았다. 종장인 혜능은 나이가 72세였는데 반갑게 맞아 주었다. 학도인 태보, 각총, 보헌이 모두 재주가 있는 듯하여 사랑스러웠다. 또 백억달이란 자가 있었는데 나이는 17세였고 침착하여 마음에 들었다. 밤에 종사와 억달과 함께 유숙하였다.[3]

이 글에서는 우담이 해인사 백련암을 방문한 이야기를 서술하고 있는데, 이때 학도인 각총을 만난 것을 말하면서, 각총에 대해서 "재주가 있는 듯하여 사랑스러웠다."라고 묘사한 것으로 보아 당시 각총의 나이는 17세인 백억달보다 어렸던 것으로 생각된다.[4]

각총에 대한 또 다른 기록은 1727년 김도수의 문집인 『춘주집』과 그의 저서 『창선감의록(倡善感義錄)』 등에 실려 있다.[5] 이와 함께 자신의 유랑 이야기를 기록한 기행문 『남유기』가 있다. 『남유기』에는 다음과 같은 기록이 있다.

> 백련암에 오르니, 의눌 대사가 나와서 맞이하였다. 내가 먼저 각총의 소식을 물으니 용흥사에 가서 돌아오지 않았다고 한다. 의눌이, "전에 각총에게서 그대가 이 암자에 와서 머물고 싶다는 소식을 들은 지 오래되었다."

여기서 나타나는 해인사 백련암의 각총과 '산중일기'의 각총은 같은 인물로 추정되며 '산중일기'의 39년 후의 기록에서도 그가 백련암에 머물렀음을 알 수 있다. 『남유기』 기록 2년 뒤인 1729년에 의겸은 해인사에서 〈영산회상도〉와 〈삼신탱〉, 〈지장탱〉을 조성했다. 이 중에서 현존하는 작품은 〈영산회상도〉 하나뿐인데 『남유기』에서 해인사 주지로 등장하는 철묵은 통정의 소임으로 나타나고 김도수와 이야기하던 두혜는 산중대덕으로 기록되어 있어 『남유기』의 내용과 유물의 기록이 일치한다. 각총이 이 시기에 해인사 불사를 위해 초청된 의겸을 만나 영향을 받은 것으로 가정한다면, 「전법계」의 〈조맥도(祖脈圖)〉[6]에 따라 각총이 이미 의겸과 인연이 있어 해인사 불사때 의겸을 초빙했을 가능성도 있다.

2) 관허당 설훈

관허당 설훈은 18세기 후반 서울·경기 지역을 중심으로 활동한 대표적인 화승으로 봉선사의 수화승 각총[7]의 문하에서 불화 수업을 받았고,[8] 35년 이상의 화력을 지닌 인물로 각종 불상도 활발히 조성하였으며, 당시 본격화되던 서울·경기 지역 불화의 정체성을 확립하는 데 일익을 담당하였다. 설훈은 각총의 영향 아래 있었지만 그의 초기 화풍은 청계사 극락보전 〈아미타후불도〉(18세기 후기)나 홍천 수타사 〈지장보살도〉(1776)에서 볼 수 있는 것처럼 세밀하고도 탄력적인 필선, 명징한 색감의 대비, 화려하고도 섬세한 문양을 특징으로 한다.[9] 그는 여러 가지 실험적이고 창조적인 화풍의 불화를 남겼는데 특히 수타사 〈지장보살도〉와 같은 조선 시대에 드물게 표현되는 횡렬 구도 형식이 그것이다. 이러한 형식의 불화는 고려 후기나 조선 전기에는 비슷한 예를 찾아볼 수 있으나, 조선 후기에는 잘 나타나지 않는다. 또한 설훈이 조성한 불화는 서울·경기 지역뿐만 아니라 경상도에서 평안도까지 폭넓게 나타나며, 양식 변화가 뚜렷하여 조선 후기 서울·경기 지역을 대표하는 화승으로 연구되어 왔다.

설훈은 18세기 후반에 활동한 화승으로 조선 후기 화승처럼 생몰 연대나 출신 지역 및 소속 사찰 등에 관한 기록이 남아 있지 않지만, 당시 그의 명성에 관하여 해붕 전령(?-1826)의 문집 『해붕집』에 경찬이 남아 있다.[10] 이 기록을 통해 볼 때 설훈은 당시 화명이 널리 알려져 있을 뿐만 아니라 무위무사(無爲無事)의 경지를 깨달은 선승이었음을 알 수 있다. 이 기록을 남긴 해붕은 당시 선·교종에 대한 날카로운 안목과 유려한 글솜씨, 그리고 덕은 총림에 으뜸이라고 칭송받던 승려로서 19세기 대표적인 선승인 초의선사의 스승이기도 하다.[11]

설훈은 1758년 스승 각총과 함께한 여주 신륵사 〈삼장보살도〉를 시작으로 1794년까지 36년 동안 화적을 남겼다. 18세기 전라도와 경상도 남쪽의 화풍이 각총을 통해 서울·경기 지역에서 나타나며 이를 설훈이 더욱 발전시켜 서울·경기 지역에서 새로운 경향의 화풍을 형성하게 된다.

설훈이 그린 유일한 진영인 해인사 국일암 소장 〈화적당두일선사진영(和寂堂斗日禪師眞影)〉(1784) 뒷면 화기에는[12] 농산의 제자인 몽은당 영우가 남긴 글로서 설훈이 진영을 조성하게 된 경위와 연대가 남아 있다. 설훈이 원래 그려진 복식에 개채를 하였고, 이를 농산의 문인 몽은영우가 직접 기록하였다.

설훈 화풍의 특징은 주존상을 크게 강조하여 표현하다가 후반기에는 주존과 권속의 크기가 동일해지고 구도의 흐름에 맞춰 자유분방한 구도로 조성된다는 것이다. 옷 끝단의 금 문양은 간단하게 하고 색 문양과 영락 장식 등의 색채적인 부분을 화려하게 장식하는 등 그 패턴이 상겸의 작품에서도 동일하게 나타나 두 화승 간에 직접적인 영향이 있었음을 추측할 수 있다.

설훈은 18세기 말 서울·경기 지역 화승 가운데 대표적인 선임 수화승의 지위에 오르게 되었다. 그러나 그는 스승 각총의 화법을 전승하고 화풍의 정립을 모색하는 시기에는 각총 아래에서 보조 화승으로 조성한 신륵사 〈삼장보살도〉(1758)가 있으며, 의성 고운사 〈사천왕도〉(1758)[13]는 벽하와 함께 조성하였다. 그리고 1765년 봉은사 〈삼세불좌상개금(三世佛坐像改金)〉 불사는 현재까지 나와 있는 그의 개금불사 기록 중 가장 빠른 기록이며 수화승 긍유와 함께하였다. 그 후 8년 뒤인 1773년에는 해인사 장경각의 〈삼존불상〉을 단독으로 개금하였다.[14] 서산 문수사 청련암 〈지장보살도〉(1774)[15]의 복장에서는 원문과 함께 5개의 한문과 한글로 된 서간이 발견되어 당시에 그는 이미 화사 집단의 수장으로서 문수사뿐만 아니라 공주 마곡사에서도 불사를 동시 진행했음을 알 수 있다.[16]

또한 설훈은 수화승으로 1776년에 홍천 수타사 〈지장보살도〉를 조성하였고, 1790년에는 용봉당 경환과 함께 가평 현등사 〈지장보살상〉과 〈신중도〉를 조성하였으며, 여러 화승들과 화연 관계를 맺고 있었다.

그는 조각승으로도 명성이 있었다. 1780년에는 경환·상겸과 함께 양주 〈봉선사대웅전불상중수개금〉 불사에 수화승으로 참여하였고,[17] 1783년에는 양주 불암사 〈종수보(鐘修補)〉에 증사로 참여하였으며,[18] 1788년에는 수양공으로 참여하여 함경도 복흥사의 〈삼존불상〉·〈영산회상도〉·〈신중도〉·〈감로도〉를 동시에 조성했는데,[19] 복흥사의 대불사는 아쉽게도 기록만 전해진다. 1790년 용주사의 〈관세음보살상〉을 조성하고,[20] 같은 해 현등사 〈지장보살상〉을 용봉당 경환과 함께 조성하는 등, 이 분야에서 뚜렷한 족적을 남겼다.

설훈은 1790년에는 주로 조각을 맡았는데, 용주사 화역(畵役)에서도 그를 제외한 대부분의 양주 지역 화승들이 화역을 담당하였던 것을 보면 조각 분야에서도 상당히 명성이 있었던 것으로 보인다.

3) 용봉당 경환

용봉당 경환은 상주 남장사 〈괘불도〉(1788)와 가평 현등사 〈신중도〉·〈지장보살상〉(1790)과 의왕시 청계사 극락보전 〈아미타후불도〉(18세기 후기) 조성에 참여하였으며, 〈봉선사대웅전불상중수개금〉(1780) 등의 불사에도 참여하였다. 이 중에 도화사 상겸과 함께 조성한 남장사 〈괘불도〉(1788)를 제외한 나머지 네 불사에 설훈이 수화승으로 참여하였고, 1780년 〈봉선사대웅전불상중수개금〉은 설훈을 수화승으로 하고 경환과 상겸이 함께 참여하여 그들과 설훈의 사승 관계를 대변하는 것이어서 주목된다.

경환의 구체적인 화적은 알 수 없지만, 한때 그가 '경성양공'으로 불리어졌고 이들 화승과도 지속적인 화연 관계에 있었던 점을 고려한다면 양주 지역 화승으로 보아도 무리가 없을 것이다. 한편으로 「봉선사대웅전불상중수개금원문」(1780) 연화질에는 그가 금어 겸 봉선사 묘적암 화주로 나타나고 있어서[21] 이 지역 일대 사찰과도 인연이 깊었음을 보여준다.

경환은 『화성성역의궤(華城城役儀軌)』 화공조(畵工條)(1801)에 수원부 수화승으로 나타나는데, 이는 용주사 불사 이후 수원 지역 공역을 위해 일정 부분 이동한 것으로 보이며, 용주사의 화승 유선과 신선에게 영향을 주었으나[22] 그 화맥은 홍국사를 중심으로 이어진다.

경환의 화풍은 현존하는 불화가 적어서 뚜렷하게 말할 수는 없지만, 상겸의 선임 화승으로서 그의 전통적이고도 실험적인 화풍에 영향을 끼쳤을 것으로 보인다. 이는 조각과 불화의 두 영역에 걸쳐 활동하였던 설훈과 긴밀한 사승 관계에 있었던 것에 어느 정도 기인하는 것 같다. 18세기 말 경기도 양주를 기반으로 활동한 수화승으로는 조각·불화의 영역에 뚜렷한 족적을 남긴 설훈과 경환이 있으며, 이후는 조선 후기 상겸을 필두로 하여 민관·연홍·경옥 등이 활약했다.

4) 도화서 화원 상겸

상겸은 18세기 말~19세기 초에 활동한 화사로 영조·정조 시대의 도화서 화원이었던 것으로 알려져 있지만[23] 구체적인 행적은 알 수 없다. 다만 봉선사와 용주사에 그의 행적이 있어[24] 서울·경기 지역에서 활동했던 것으로 짐작되며, 『화성성역의궤』와 『불사성공록』에 서울·경기 지역 화사로 소개된 내용은 좀 더 확실한 근거를 제시한다.

그는 남양주 봉선사 〈대웅전불상중수개금〉(1780), 예산 향천사 〈지장보살도〉(1782) · 〈문효세자묘소도감의궤〉(1786), 상주 황령사 〈아미타여래도〉 · 〈신중도〉(1786)와 남장사 〈괘불도〉(1788) · 〈장조현융원원소도감의궤(莊祖顯隆園園所都監儀軌)〉(1789), 용주사 〈감로도〉(1790) 등의 조성에 참여하였다. 특히 1789년과 1790년의 세 공역[25]은 상겸이 사도세자 능의 천봉(薦奉)에서 그 재궁(齋宮)인 용주사 화역에 이르기까지 지속적으로 동원되었음을 보여준다. 상겸의 화적이 비록 수적으로 열세하지만 현존하는 불화나, 1790년 용주사 불사 시 화사를 모집할 때 우두머리 격으로 활약했던 사실은 그가 실력을 인정받고 있었음을 짐작케 한다.

언급하였듯이 상겸은 『불사성공록』(1788)에 '경성양공'으로 기록되어 있고, 경환이 수화승으로 나타나 있으므로 그도 경환의 화맥을 계승하였을 가능성이 높다. 또한 상겸이 양주 지역 화승들과 가장 지속적인 화연 관계를 맺었던 것을 염두에 둔다면, 그를 양주 지역 수화승으로 보는 것이 자연스러울 것이다.

한편, 18세기 말 서울 · 경기 지역 불사와 관련하여 주목되는 점은 사도세자의 재궁인 용주사 공역(1790)에 상겸을 중심으로 한 양주 지역의 주요 수화승들이 화역으로 동원되었다는 점이다. 선임 화승인 설훈은 조각의 소임을 맡았지만, 상겸은 이 공역에서 승편수를 맡아 명실상부하게 양주 지역 수화승으로서의 입지가 인정되고 있다.[26] 또한 대웅보전의 〈삼세불도〉(1790)는 당대 최고의 화원 김홍도가 불화의 주관감동(主管監董)을 맡았고, 김득신 · 이명기가 동원되었는데,[27] 이것은 불화를 조성할 때 상겸을 중심으로 한 양주 지역 화승들과 이 화원들 간에 최소한의 인적 · 화적 교류 관계가 있었음을 입증하는 것이다.

　상겸의 대표작이라 할 수 있는 상주의 황령사 〈아미타후불도〉(1786)와 남
장사 〈괘불도〉(1788), 〈십육나한도〉(1790)를 통해 그의 화풍을 살펴볼 수 있
다. 상겸 화풍의 하나는 전대의 전통적인 화풍을 발전적으로 계승한 것이
고, 또 다른 하나는 실험적인 작업을 병행하면서 끊임없이 변화를 모색한
것이다. 상겸은 용봉당 경환을 모시고 도화사로 참여한 남장사 〈괘불도〉[28]
에서 전대의 전통적인 화풍을 계승하면서도 색·선·형태·구도에 미묘한 변
화를 주었으며, 예천 향천사 〈지장보살도〉(1782)·상주 황령사 〈아미타여래
도〉와 〈신중도〉에는 이후 서울·경기 지역을 중심으로 유행하게 되는 그의
실험적인 작풍이 잘 드러나 있다. 그리고 용주사 〈감로도〉(1790)에서는 일
부 인물들을 중심으로 불화에 음영법을 도입하는 등 새로운 시도를 엿볼 수
가 있다. 황령사의 〈아미타후불도〉(1786)는 상겸 이외에 창은·성윤·쾌전·
법성·유홍이 그린 것으로서 지금은 어둡게 변질되었지만 상겸의 치밀하고
섬세한 필치가 돋보이고, 사실적이면서 단아한 인물묘사와 세장한 신체 표
현이 잘 나타나 있으며, 차분하고 안정된 색을 유지하고 있다. 불·보살의 크
기를 차별시켜서 안정된 삼각형 포치를 이루었다. 전면적으로 문양이 다양
하고 화려하여 장식성이 물씬 풍기고 장엄한데, 인물 사이의 구획 수단으로
표현된 구름은 더욱 현란한 화면을 연출하였다. 그럼에도 인물 표현은 단정
하고 깔끔하면서 실재감이 있으며 산만한 느낌은 전혀 없다. 또한 문양을
범자로 구성하고 하늘을 적색으로 채색을 올리는 것 등으로 미루어 보아 교
학, 특히 밀교에 대해 이해가 깊었던 것으로 보인다. 향천사의 〈지장보살
도〉(1782)에서는 안면을 이전보다 더욱 가늘고 길게 표현하고 양쪽 뺨이 부
풀어 나오도록 변화를 준 다음 이목구비가 안쪽으로 비스듬히 모여들게 그

렸는데, 이는 19세기까지 화승들의 활동 지역과 영향 관계가 있는 지역을 중심으로 유행하였다.

남장사 〈괘불도〉(1788)는 황령사의 〈아미타후불도〉를 그리고 2년 후에 조성한 것으로 상겸의 화풍이 다분히 반영되어 있어서 그의 작품 성향을 파악할 수 있다. 영산회상을 묘사한 이 불화는 거신의 키형 두광과 신광을 지고 있는 여래가 줄기가 짧게 꺾인 연화를 든 염화 장면으로, 협시보살과 기타 인물들의 크기는 본존과 현격한 차이를 두었다. 인물들의 구성은 8보살과 6제자, 사천왕과 타방 2불, 화불로 이루어져 있다.

이 화불의 형태는 마치 황령사 〈아미타후불도〉를 축소하여 옮긴 듯하다. 협시보살의 형태도 세부 인물 표현과 전체적인 자태에서 앞의 작품과 동질감을 준다. 그러나 구름과 의습의 선염 처리는 황령사 〈아미타후불도〉보다 훨씬 양감을 높였다.

남장사 〈십육나한도〉(1790)는 상겸이 그린 불화에서 볼 수 있는 섬세한 필치로 인물을 묘사했으며, 화면의 여백을 충분히 살려 인물과 자연경관을 자연스럽게 배치하였다. 특히 소나무와 바위와 구름 표현은 일반 산수화를 연상시킬 정도로 필력과 기량이 매우 뛰어나다.[29]

용주사의 〈감로도〉(1790)는 용주사 창건 무렵에 상경하여 조성한 것으로서 가로 313센티미터, 세로 156센티미터의 횡으로 긴 화면이다. 하단 인물들의 의관은 대체로 중국식인데 방랑하는 가족들과 남사당의 묘기를 구경하는 무리들만이 한복을 입고 있어서 부분적이나마 이 감로도에서 처음으로 치마, 저고리, 갓, 두루마기가 등장하기 시작한다.[30] 또한 벽련대좌를 받들고 가는 천녀들의 모습을 강조하여 천도재에 의한 영혼의 구원 장면을 상당히 크게 강조하였다. 용주사는 정조가 비명에 간 아버지 사도세자를 기리기 위하여 중창한 원찰이었기 때문에 이 감로도는 왕명에 의해 특수하게 조성되었을 가능성이 있다. 그림 하단의 화기도 다른 예에서 볼 수 없는 금분으로 쓰여 왕실의 발원으로 조성되었음을 알 수 있다.[31]

상겸이 이끄는 서울·경기 지역 화승 집단은 상주에서 활동하면서 경상북도 북부 지역에서 주로 활동하였던 몇몇 화사들과 작업을 함께하게 되었고, 이 과정에서 자연스럽게 영향을 주었다.

5) 경선당 응석

경선당 응석 역시 정확한 생몰년은 알기 어려우나 서울·경기 지역 화승 집단의 근거지인 수락산 흥국사에 다수의 불화를 남겼다. 흥국사는 선조의 부친인 덕흥 대원군의 능침(陵寢)사찰로 정조 대 이후 왕실의 후원을 많이 받은 '덕절'로 일컬어지는데 18세기 말~19세기 초에 걸쳐 걸출한 화승을 배출하기도 한 사찰이다. 이곳에서의 활동은 경선 응석의 활동 범위와 밀접한 관련이 있을 것으로 생각한다.

그가 남긴 불화는 괘불 5점을 비롯하여 총 80여 점에 이르며, 그중 개운사의 〈괘불도〉(1879)와 〈지장보살도〉(1870), 〈신중도〉(1870), 〈칠성도〉(1874) 등은 19세기 후반 서울·경기 지역에서 대유행했다. 그의 활동 시기는 1853년에서 1912년 무렵까지 무려 60년이나 되며, 현재 불화의 소재는 파악되지 않았으나 천축사에서 1912년에 신중도·현왕도·관음도 등을 조성했다는 기록으로 미루어 그의 졸년을 1912년 이후로 추정한다.[32]

흥국사에는 응석이 조성한 불화 중 가장 많은 수(9점)가 봉안되어 있기 때문에 응석과 인연이 깊은 사찰임을 짐작할 수 있다. 그의 은사 은봉당 신경이 흥국사 소속 승려라는 근거는 여러 곳에서 찾을 수 있다. 즉, 신경은 흥국사 대웅전 법당 중수의 도감을 맡았으며, 흥국사 〈현왕도〉(1846)의 화주·〈괘불도〉(1858)의 본사질 주관·〈팔상도〉(1869)의 산중질 시 주관 등을 역임하였다고 한다. 그리고 응석은 은사가 주석해 있던 흥국사에서 출가하여 화업을 시작하였고, 신경이 주관한 왕실이 발원한 〈괘불도〉(1858년)를 조성할 때는 탱편수(幀片手) 소임과 〈팔상도〉(1869) 조성에 수화사로 참여하였으며, 금어출초를 거쳐 당시 많은 화승을 배출했던 남양주 흥국사를 주 근거지로 삼았을 것으로 추측할 수 있다.

응석은 초기 무렵에는 보조 화사로서 인원당 체정과 월하당 세원, 송암당 대원의 영향을 받아 화면 구성과 구도 등을 활용하였다. 그는 체정·세원·대원 등이 참여하였던 봉은사 〈신중도〉(1844)를 화본으로 삼아 흥국사 〈신중도〉(1868)를 조성하였고, 또한 봉은사 〈신중도〉와 〈현왕도〉에서 보여준 대원의 독특한 점 문양을 흥국사 〈십육나한도〉(1892)에서 시문하였다. 이러한 것은 응석이 화담문중의 계맥으로 서로 연결되는 문중의 화연 관계에 있다는 점이 어느 정도 작용하였을 것으로 보인다. 그리고 응석의 초기 작품들이 기존의 화본이나 초본을 바탕으로 이루어진 것을 볼 때 한 분의 스승에게 사사받았다기보다는 자신의 기량을 바탕으로 끊임없이 연마하였을 가능성이 크다.[33]

그리고 1860~1870년대에는 응석이 수화사로 활동하며 대규모의 불화를 조성하였다. 이때에는 화면 분할 형식의 십육나한도를 집중 조성했는데, 흥국사 〈십육나한도〉(1892)·봉은사 〈십육나한도〉(1895)·불암사 〈십육나한도〉(1897)가 있다. 또한 흥국사의 각 존자 도상을 모본으로 그린 봉화의 해인사 고상암 〈십육나한도〉(1893), 보암 긍법의 수국사 〈십육나한도〉(1907)가 있다.

응석이 조성한 불화의 특징은 특정 존상을 부각시키거나 강조하고, 십육 나한도에 분할 형식을 적극 활용한 것이며, 그가 출초[34]한 작품이 많다는 것이다. 응석의 활동 시기는 왕실과 관련된 불사가 많았고, 또한 그가 출초한 작품 대부분이 왕실의 성수를 위한 발원이나 그와 관련된 불화이기 때문에 그는 자신의 역량을 유감없이 발휘했을 것이다.

응석은 불화의 정형이 되는 출초를 7점 남겼다. 그리고 출초를 통해 새로운 화면 구성을 시도하면서 시대의 일면을 불화에 적극 반영하였다. 그가 출초한 신중도 초본(1858, 동국대학교 소장)은 이후 그가 수화사로 참여한 예천 반야암 〈신중도〉(1859)뿐 아니라 다른 사찰의 신중도를 조성하는 데도 모본이 되었고, 개운사 〈지장십왕도〉(1870)·미타사 〈신중도〉(1873)의 초본도 다른 사찰의 불화 조성 시에 사용되었으며, 또한 1858년에 조성된 흥국사 〈괘불도〉 초본은 동 시기에 서울·경기 지역에서 활동하던 화승들에 의해 많이 그려졌다. 따라서 서울·경기 지역에서 유사하게 되풀이되는 몇몇 도상은 응석에 의해 시작되었을 가능성이 높다.[35]

응석은 80여 점의 불화를 조성하며 예운 상규를 비롯하여 함께한 화사는 40여 명이나 된다. 19세기 후반 서울 경기지역 화승들은 특정 유파를 찾을 수 없을 정도로 화사들 간의 교류가 빈번하였으며, 특히 응석의 경우는 그러한 경향이 두드러진다.

응석은 예운당 상규와 더불어 1892년에 흥국사의 〈영산회상도〉와 〈신중도〉를 조성하였고, 1895년에는 봉은사의 〈십육나한도〉, 1898년에는 보광사의 〈영산회상도〉를 비롯하여 고종이 50세 되던 해인 1901년에는 남도관찰사 윤웅렬과 해남군수 이용우의 발원으로 왕실의 성수를 기원하는 대불사를 해남 대둔사에 내려가서 함께한다. 이때 응석은 〈삼세불도(약사)〉와 〈지장보살도〉를 조성하고, 상규는 〈삼세불도(아미타)〉, 〈삼장도〉, 〈신중도〉, 〈감로도〉, 〈칠성도〉를 조성한다.

응석은 19세기 말 불화의 활성기였던 고종 재위 무렵에 한성 인근의 왕실 발원 사찰을 중심으로 활동했던 가장 대표적인 화승이며, 이후 다른 지역 화사들에 의해 초본이 적극 활용되는 과정에서 서울·경기지역만이 아니라 다른 지역에서 더 많은 응석의 영향을 찾을 수 있다. 응석의 불화는 19세기 말 불화연구에서 반드시 필요한 부분이며 비교적 많은 불화가 전한다.

3. 근대기의 예운당 상규

1) 현존 예운 불화의 작례

예운당 상규의 속성은 김씨로[36] 봉원사에서 불화 수업을 하였다고 전하며, 경선당 응석의 경산화맥을 이었다. 상겸 이후 예운 상규는 경산화파라고 확인할 수 있는 대표적인 경우로서 2006년 타계한 봉원사 만봉 자성에게로 그 맥이 이어져 현재에 이르고 있다. 그는 광범한 활약으로 화려한 이력을 쌓았는데, 최초 화작은 의왕시 청계사의 〈신중도〉(1844)이고, 마지막 작품은 표충사의 〈삼세불도(아미타불)〉와 〈삼세불도(약사여래불)〉(1930)이다. 이로 보아 예운은 상당히 긴 시간을 화업에 종사한 드문 경우라 하겠다. 표충사의 불화는 제자 만봉 자성과 함께하였으며, 출초와 동시에 화주[37]로도 참여한 것이 마지막 자취이다. 상규는 출초를 하는 작업도 대단히 빠르고,

입채(入彩) 완성하는 시간도 아주 빠른 것이 특징이라 하였다.[38] 그는 1844년 봉은사에 화적을 남긴 후, 다시 1885년 해인사 화적을 보이기까지 오랜 동안 공백이 있었다. 이 공백기의 행적은 알 수 없으나 그의 주요 활동지는 서울·경기 지역이었으며, 경상도·강원도·전라도에도 그의 행적이 미쳤다. 서울·경기 지역에서 활동했던 그가 후반에는 경상도와 전라도 등지로 활동 지역을 넓혔다.[39] 그 후 다시 서울·경기 지역으로 돌아온 그는 서울·경기 지역 외에 여러 곳을 왕래하며 불화를 조성했다. 이렇게 활동 범위가 확대된 것은 1880년대 경상도 지역에서의 활동을 계기로 그의 명성이 높아져 여러 지역 사찰에서 그를 초빙하는 일이 많았기 때문이다. 1901년에는 전라도 해남 대둔사(현재의 대흥사)의 불화 조성[40]을 경선당 응석과 함께하였고, 그는 〈삼세불도-아미타〉·〈삼장도〉·〈신중도〉·〈감로도〉·〈칠성도〉를 그렸다. 현존하는 예운의 작례는 아래의 표와 같다.

〈표 1〉 예운당 상규의 작례표

년도	사찰	불화	동참화승
1844	청계사 의왕시	신중도	금어 비구증봉당세호 계심 비구지선 상규
1858	송광사 홍익대 소장		금어 도순 준언 봉은 영진 송주예운 성화
1885	해인사	구품도	금어 상규...
1887	대광명사 대구	아미타후불도	금어 상규...
	동화사	신중도	금어비구혜고지한 동호진철 편수 호운부일 덕화 상규 천규 경삼 창원 찬규 계행
1888	칠장사 명부전 안성시	지장보살도	금어 금곡영환 한봉창엽 영성엄석 영명천기 취암승의 덕월응륜 덕 송치형 명응환감 허곡긍순 동호진철 화암묘협 비구장전 봉석봉순 봉법 창수 혁만돈조 돈하 지명 축담 묘관 혜관 등한 상규 학성 성운

1892	청련암 수원시	신중도	금어 취암승의 명응환감 의암현조 편수 긍조 비구 창수 상규 신오 창오 윤지
	흥국사 남양주	영산회상도	금어비구 금곡영환 비구 한봉창엽 편수비구 경선응석 비구 明應允?감 비구 금화기경 비구허곡긍순 비구동운명규 비구선암긍법 비구의암현조 비구용담규상 비구범화윤익 비구긍조 비구창인 비구재오 비구계현 비구창오 비구혜관 비구성원 비구충현 비구상규 비구충림 사미영욱 사미치연 사미봉안 사미태협
		신중도	금어 ○○○○ ○○○석 비구 ○○○형 허곡긍순 동운명규 상규
1895	봉은사 영산전 강남구	영산회상도	금어 덕월응륜 편수 비구상규 비구선명 비구완근
		신중도	편수상규 금어 범화 상선 운조
		십육나한도	금어편수 상규 경선응석 비구종선 사미창민
			편수비구만봉 금어비구석성
			금어편수상규 비구성전 비구경협 사미재겸
			각부 합7축 개금 개채 편수비구 상규 금어 금하기형 비구운조 품호 금어질 금곡영환 비구영명천기 비구한봉창엽 비구경선응석 비구덕월응륜 비구허곡긍순 비구금하기형 비구금성성전 비구범화윤익 비구상규 비구선명
		사자도	금어편수상규 비구창엽 비구재겸 비구재협
1896	동화사 대웅전	영산회상도	금어 비구동호진철 편수 봉화상조 용주 성연 본산중노덕질.......상규.......
1898	보광사 파주시	영산회상도	금어 예운상규 편수 경선응석 금화기경 비구재겸 비구영욱 사미경환 사미민호 비구봉안
	봉국사 성북구	십왕도 (제2,4대왕)	금어 금곡영환 예운상규 비구영욱 비구민호
1900	수타사 홍천	독성도	금어 예운상규 민호
	신륵사 여주	영산회상도	양공 환명용화 증명홍명월화 예운상규 비구경협 사미윤하 편수 금화기형 청암운조 비구긍업 사미두정
		감로도	편수 비구금화기형 금어 비구수경승호 비구한곡돈법 예운상규 비구윤택 비구민호 사미경환 사미두정

1901	대둔사 전남 해남	삼세불도 (아미타불)	금어편수비구 예운상규 편수비구 명응환감 편수비구 범화윤익 종현 민호 윤하 상오
		삼장도	금어비구편수 명응환감 편수 범화윤익 편수 예운상규 상오 윤하 민호 종현
		신중도	금어비구 명응환감 묘화비구 범화윤익 편수비구 예운상규 종현 민호 윤하 상오
		감로도	금어비구 명응환감 편수비구 예운상규 모화비구 범화윤익 민호 윤하 상오
		칠성도	금어비구 명응환감 모화비구 범화윤익 편수출초 예운상규 비구종현 민호 윤하 상오
1902	청용사 심검당 종로구	가사도	금어 한봉응작 명응윤감 계은봉법 보산복주 금운정기 예운상규 비구재겸
1903	원흥사 남양주	칠성도	화사편수 예운상규 출초 범선원하
		산신도	금어비구출초 예운상규
1918	칠장사 안성시	칠성도	금어편수 예운상규 비구광흔
	쌍계사 안산시	지장도	금어비구 김예운
1927	청용사 강원도 백담사	오백나한도	편수 범화정운 금어 예운상규 벽담재원
1930	표충사 경남 밀양시	삼세불도 (아미타)	금어 출초김예운 편장한동운 김청암 이자성
		삼세불도 (약사여래)	금어출 김예운 편장김청암 한동운 이자성 화주김보응문성 김예운상규 김청암현성 비구니혜오

2) 예운 불화의 특징과 분석

(1) 표충사 삼세불도의 도상적 특징과 표현의 신경향

언급하였듯이 불모 예운의 현존하는 최초의 불화는 의왕시 청계사의 〈신중도〉(1844)이고, 마지막 작품은 표충사의 〈삼세불도(아미타불)〉와 〈삼세불도(약사여래불)〉(1930)이다. 표충사의 불화는 제자 만봉 자성과 함께하였으며, 출초와 동시에 화주[41]로도 참여한 마지막 불화이다.

일반적으로 화사들의 불화 작업은 의궤의 전승에 의해 작업을 하기 때문에 보수성이 짙을 수밖에 없고 새로운 변화를 모색하기는 쉬운 일이 아니다. 그러나 예운은 스승의 감화도 있었겠지만 그의 화작 초기인 19세기 중후반에는 전통성을 추구하면서도 새로운 요소들을 수용하는 경향을 보이다가 20세기 전반기에 이르게 되면 새로운 도상이나 색상의 표현이 이전 시기에 비해 훨씬 다양해지는 것을 확인할 수 있다. 도상과 표현 기법에서 이와 같이 시도한 데는 스승의 감화와 함께 외부 문물의 새로운 자극을 받아들이고 수용한 예운 자신의 태도가 한 요인이 되었을 것이다.

당시에는 중국 청대의 불교판화 도상이 다수 도입되었고 아울러 근대 중국의 회화 혹은 명화 탁본 등이 근대기 불교 잡지들을 통해 소개되기도 하여 중국 미술의 근대화 영향을 받았음을 엿볼 수 있다. 다음으로 서양 문물의 전래와 관련해서 먼저 주목되는 사건은 기독교의 전래이다. 19세기 말 기독교가 전래되고 관련된 상본화[42]가 들어오면서 문화적 종교적 세력으

표충사 〈삼세불도〉(1930년 면본채색 298×311cm)

로 상당히 전파되어 불교 쪽에서 위기감을 느낄 정도였다. 그리고 청일전쟁 (1894-1895) 이후 본격적으로 한국에 이주하는 일본 상인들의 수가 증가하면서 특히 도시를 중심으로 일본인들의 수가 증가해 그들의 신앙이나 문화를 접하기 용이했던 것도 하나의 요인이었다.

이러한 상황에서 당시 불교미술계는 일제강점기가 시작되는 1910년 이후의 불화들에 일본 불교 도상은 물론 일본을 통해 들어온 문화의 영향을 보이기 시작했으며 예운 역시 예외가 아니었다. 특히 일본의 진언밀교 도상은 우리의 불교 도상과 달리 다면다비의 분노형 신장상과 부동명왕의 도상은 한눈에 보아도 매우 인상적이다.[43] 특히 부동명왕은 일본에서 재물신으로 인기가 높아 일본 가옥 내의 도코노마(床の間)에 조상(彫像) 혹은 축 그림 형태로 모시고 예배하기도 하고, 마애불로 조성하여 신앙하기도 한 도상이다. 이런 시대적 상황을 폭넓게 반영하고 있는 것이 〈삼세불도〉이다.

〈삼세불도〉는 세 폭으로 나뉘어져 있지만 하나의 화면을 의도하여 구성하였으며, 세 폭으로 나뉜 그림은 석가모니 설법 장면을 좌우의 여래가 정삼각형을 이루는 정연한 구도를 취하였다. 약함을 든 약사여래를 중심으로 한 약사회상은 사천왕과 권속의 공간을 배려하여 좌측 공간을 남김으로써, 일광보살과 월광보살이 무릎 바로 아래 밀착되게 묘사하였다. 여기에 이들을 마주보게 함으로써 친밀감을 주었다. 약사여래와 아미타여래의 양 가장자리에 사천왕을 배치하고, 권속 역시 화면 양단에 몰리도록 하였다. 그리고 인물도 소형 액자 화면에나 적합할 듯한 축약된 구성인데, 넓은 화면은 단지 전각의 규모를 의식한 듯하다. 형태는 둥글고 뭉툭하며 몸을 감싸고 있는 부푼 듯한 천의는 음영법에 의한 볼륨감을 드러내고 있다. 다홍색·녹색·양록색·남색이 주류를 이루며, 주색과 청색의 색감은 비교적 강한 농담

(濃淡)을 보인다. 그 위에 굵고 짙은 필선으로 윤곽과 주름을 표현하여 의습의 굴곡을 크게 표현했다. 여기에 천의의 원화문을 비롯하여 각 지물과 장신구에 부분적으로 금채를 화사하게 넣어 장식하였다.

이러한 형식의 규모와 불화는 당시 소폭이 주류를 이루던 전라도에서는 볼 수 없었으며, 구도와 채색에서도 상당히 파격적이었다. 특히 불화의 존상을 본존과 협시의 삼각 구도로 배치한 것은 이 시기에 정형화된 것으로 스승인 응석의 작화 태도에서 영향을 받은 것으로 볼 수 있다.

그러면서도 예운은 근대기에 새로운 특징을 보이며 더욱 적극적으로 변화를 모색한 불화들을 조성하였다. 예를 들어 전체 화면 구성에 변화를 줌으로써 주제를 명확히 하고 주제에 대해 집중도를 높이는 구도와 주요 도상을 첨삭하여 주제를 부각시키면서 내용을 더욱 풍부하게 만들어 보는 사람이 주제를 쉽게 이해할 수 있게 한 불화들을 들 수 있다.

이렇게 근대기 화사들은 전통 불화의 기반 위에서 화면 구성에 변화를 시도하고자 노력하였다. 그러한 노력 중 하나로 전체 화면을 원형으로 구획하여 다불을 배치하는 형식을 들 수 있다. 이 같은 원형의 구획 형식을 보여주는 대표적인 불화로 1907년에 그려진 순천 선암사 소장 〈천불도〉를 들 수 있다. 이 작품은 한눈에 보아도 기존의 불화들과는 구성이 다른 것을 알 수 있는데, 중앙의 원형 구획에 아미타여래를 중심으로 6여래를 둥글게 배치하고 그 밖으로 다시 각 100분씩 천불을 그린 10개의 원을 배치하였다. 원형을 이루는 붉은 구름과 오색 채운이 이를 다시 감싸고 네 귀퉁이에는 사천왕을 그렸다. 또한 상단 천불의 외곽으로 관음과 지장보살을 배치하여 주존이 아미타여래임을 명확히 하였다. 이 그림은 원을 이용하여 천불을 화면 내에 균형 있게 배치하였으며, 시선을 집중시킬 수 있게 동심원을 사용하고 있어 주목된다. 이처럼 큰 원이 화면을 꽉 채우는 구성은 치성광여래도에서도 찾아볼 수 있다. 1854년에 제작된 순천 선암사 소장 〈치성광여래도〉는 큰 원형의 구획 안에 치성광여래 삼존과 칠여래, 그리고 칠원성군을 둥글게 둘러싸듯 배치하였다.

근대기의 예운의 불화는 명암법과 그림자의 표현에서 몇 가지 특징을 보인다. 첫 번째로 명암의 표현 기법이 1920년대를 중심으로 상당히 진전되는 모습을 보인다. 예를 들어 유화를 연상시킬 정도의 구름 표현이 표현주의적이며 전통적으로 절대시했던 선묘는 전혀 없고 덧칠하여 구름의 분위기를 표현하였다. 존상의 안면은 윤곽선을 위주로 하여 가는 선을 길게 덧대어 이어 가는 방식으로 질감과 요철을 표현하였다.

이 같은 명암법은 1920년대에 서양화가 본격적으로 국내에 소개되고 서

대흥사 〈신중도〉(1901년 면본채색 215.6×182.7cm)

양화가들이 양성되면서 점차 진전되어 예운도 더욱 발전된 기법을 구사하게 되었을 것으로 생각된다. 물론 명암법이나 청색의 과다한 사용은 하나의 시대적 유행처럼 수용되었다.

밀양 표충사 〈삼세불도〉도 위의 선암사 〈천불도〉나 〈치성광여래도〉처럼 여러 개의 원형으로 화면을 구획한 사례이다. 이 그림 중 아미타여래와 약사여래를 그린 두 폭은 중앙에 주존을 두고 화면 하단에 권속들을 배치하고, 상단에는 6개의 원 안에 천불을 배치하였다. 표충사 〈삼세불도〉는 전형적인 설법도의 구성에 천불을 추가한 것으로, 화면을 여러 개의 원형으로 구획함으로써 천불을 효과적으로 배치하여 안정적인 느낌을 준다.

전통 불화의 일부 요소를 근대적 성격을 띠는 구도로 변환하여 불화의 화면 구성에 변화를 시도하는 것이 불화 제작자에게는 결코 쉽지 않은 일이었을 것이라 생각한다. 그러나 예운과 같이 기존의 불화들과는 다른 새로운 불화를 그려 내기 위해 화면을 구성하는 데 새로운 시도를 하여 이룬 성과는 중요한 의미로 주목할 만하다.

(2) 대둔사 대웅보전의 신중탱

예운의 불화에는 일관되게 음영이 들어가 있다. 그가 사용한 음영 표현은 입체적인 농채보다는 윤곽을 구획하는 선묘를 따라 엷게 선염을 넣는 방식을 취하였다. 그리고 안면과 나신 부분에는 사실감 있는 육색과 더불어 돌출 부위에 백색으로 하이라이트를 넣어 양감과 실재감을 나타내었다. 이 시기에는 서양화법이 전래되어 불화에도 서양화법을 적용한 작품들이 인기를 끌었는데, 이러한 상황 역시 사찰이 기존의 불화를 대신해 새로운 불화를 제작하는 이유가 되었던 것으로 보인다.

이와 같이 예운은 근대기 서양화의 명암법을 수용하여 구사했는데, 입체감을 표현하려는 의도는 확실했던 것으로 보이나 실재감을 고려하기보다는 어느 정도 관습적인 표현을 보이는 경우도 있으며 실물과 닮게 그리려는 의지가 강하게 보이는 불화도 남아 있다.

우리나라에서 서양화법의 표현이 능숙해지는 시기가 대체적으로 1920년 대부터라고 생각되는데, 예운은 이미 19세기 말부터 능숙한 입체감을 구사했으며 〈대둔사 신중탱〉도 그러하다

그는 전통 불화를 계승하면서도 세련되고 화려한 화풍을 형성하여 동시대 다른 화사들에게 영향을 미쳤다. 1900년대를 지나 1910년대가 되면서 새로운 다수의 불화를 제작하였다. 이 시기에도 전통 기법의 불화들과 신경향의 불화들이 계속해서 함께 조성되었는데, 당시 신경향의 불화들이 더 선호되어 각광받은 것으로 생각된다. 서양화법의 명암법과 함께 전통 기법을 적절히 혼용한 19세기 말 그의 스승인 경선 응석에 의해 공유되어 확산되었던

대흥사 〈감로도〉(1901년 면본채색 209×209cm)

도상과 전통적 기법의 불화보다 새로운 시대의 요구에 부응한 불화들이 활발하게 그려진 당시의 불화계 상황을 여실하게 보여준다 하겠다.

(3) 대둔사 대웅보전의 감로탱

위의 〈대둔사 신중탱〉과는 달리 〈대둔사 감로탱〉에서는 명암법이 전면적으로 사용되지 않고 전체 화면 내에서 특정 부분에만 사용되었다. 특히 명암법은 구름이나 신장상의 안면·신체·특정 기물 등에 주로 사용되는데, 이런 경우 주변의 전통적 기법과 조화되지 않아 생경하고 어색한 느낌을 주는 경우도 있다. 그러나 〈대둔사 감로탱〉에서는 갈필 느낌으로 청색 채색을 올려서 화면의 통일감을 높여 주면서 독특한 분위기를 조성하기도 했다. 명암법과 원근법의 표현은 불모 예운의 개인적 취향에 따라, 혹은 요구에 의해 취사선택되었던 것으로 보인다.

이와 같이 명암법은 수용 초기부터 한 화면 전체에 걸쳐 사용되지 않고 특정 부분에만 적용되었음을 알 수 있다. 이러한 사실은 다른 예들에서도 찾아볼 수 있는데, 명암법은 주로 입체적인 구름이나 신장상의 안면에서 두드러지게 사용하였다. 과감한 청색의 사용과 갈필인 듯한 회화적 표현은 화면의 안정감을 높여 주는 예운 불화의 특징이라 볼 수 있다.

4. 결론

서울·경기 지역에서 활동하면서 불화를 조성하고 또한 그 화맥이 유일하게 전승된 경산화파 계보는 상겸 이후 왕실과 상궁 그리고 세도가들의 후원을 바탕으로 활발하게 조성되었고, 이와 같은 다수의 불사가 가능할 수 있었던 데에는 응석의 초본 정형화 작업과 확산이 큰 역할을 하였다. 이러한 맥을 이은 화사 예운 상규는 당시 재료 중 양청이 수입되어 녹청 계통의 채색을 대신하면서 대작이나 다작이 가능하게 되었고, 필선도 굵고 대범하게 구사하면서 근대성을 보였다. 또한 서양화법을 적극적으로 수용하여 표현 기법은 물론 도상도 다양해졌다. 물론 서양의 명암법을 불화에 폭넓게 적용하지는 않았지만, 한 화면에 여러 장면을 나누어 그리는 화면 분할 방식이 19세기 말에 등장하여 조선 말 불화 조성에 새로운 바람을 일으켰다. 그 이전 불화에서 볼 수 없었던 이와 같은 화면 분할 방식은 하나의 화면에 다양한 존상이나 이야기를 담을 수 있기 때문에 주로 여러 폭으로 제작되는 십육나한도·팔상도·구품도 등에서 사용되었으며, 응석과 그의 제자인 예운이 선도하였다. 아마도 19세기 후반에 중국 문물이 빠르게 수용되면서 청나라에서 유행한 화면 분할 방식도 유입되었을 것이다. 이처럼 19세기 말과 20세기 초에 문물의 개방과 함께 새로운 문화가 유입되었고, 이는 불화 조성에도 영향을 끼쳐 새로운 표현과 변화를 이끌어내는 계기가 되었다.

이러한 경산화파의 불화는 근대기 예운을 중심으로 서울·경기 지역 경향의 화풍이나 기법에 외래의 사조를 반영하였으며 재료의 도입에도 적극적이었다. 그리고 사찰 내외의 상황에서 불화의 도상을 새롭게 창출하고 불교미술을 일반에 확산하는 데에도 기여하였다.

근대기 예운 불화는 당시 고위층이나 상궁 그리고 1910년 이후 주지의 역할이 커지면서 그 어느 때보다도 제작이 활발히 이루어져 전국에서 불사를 주도하였고 이에 따라 상당 수량이 현존한다. 그뿐만 아니라 시기적 상황에 의해 물밀듯 밀려오는 외래 문물에 의한 새로운 자극은 이전 시기에 비해 불화의 도상이 눈에 띄게 다양해지는 원동력이 되었다. 불모 예운은 전통 도상을 기반으로 일반 회화나 민화와 같은 각종의 회화 자료, 그리고 새로 유입된 외국의 인쇄물 등의 시각적 체험과 자료들, 당시의 풍물 풍속 등 새로운 요소들을 수용하기 시작하는 등 끊임없이 변화를 주기 위한 시도를 하였으며, 표충사 〈삼세불도〉의 경우처럼 때로는 이전 시기에는 볼 수 없었던 화면 구성을 추구하거나 새로운 주제를 창안하기도 하였다.

표충사 〈삼세불도〉처럼 원과 같은 기하학적 도형을 사용해 화면에 집중감을 주면서도 때로는 수많은 권속들을 적절히 분류하고 구획하여 시각적 효과를 살린 불화들과, 기존 불화의 구성 요소들을 새롭게 재구성하거나 일부를 첨삭하는 등의 방법으로 주제를 강조한 불화들을 시도하였다. 화면 분할식 불화들에 비해 새로운 불화를 시도하려 했던 그의 창작 의도가 더욱 명확하였다고 할 수 있다.

근대기 예운 불화의 의미 중 하나는 화사의 창의성이 발현된 점이라고 할 수 있다. 창의성이 발현된 불화는, 일반 미술의 경우처럼 화사가 의도적으로 다른 불화들과 차별성을 두기 위해 혹은 자신의 생각이나 취향을 담아 그린 작품을 말한다. 물론 그러한 불화들은 앞서 분류한 도상의 첨삭과 주제의 극대화라는 항목에서 설명할 수도 있지만, 여기서는 다른 불화와 차별되는 일정한 특징이 반복됨으로써 화사 개인의 창의성으로 규정할 만한 독창적이고 개성적인 화풍이 드러나는 작품으로 평가할 수 있다. 이후 그의 제자 만봉에 의해 새롭게 전승되어 현재에까지 이어지면서 하나의 화파를 이루었다는 점이 또한 중요하게 평가될 수 있는 것이다.

근대 전환기 민간 불교경험의 양태와 유산*
—대한불교진각종과 대한불교천태종을 중심으로

민순의

* 이 글은 「근대 전환기 민간 불교경험의 양태와 유산: 대한불교진각종과 대한불교천태종을 중심으로」, 『종교문화비평』 30, 2016, 50-85을 수정 보완한 것이다.

1. 서론

현대 한국 불교의 대표 종단으로 대한불교조계종을 꼽는 데에 주저하는 이는 없을 것이다. 조계종은 일제강점기와 해방 이후의 시기를 거치며 비구승이 중심이 되어 전통을 전유한 근대 종교로서 스스로를 재정립하였다. 그러나 2016년 현재 한국불교종단협의회에는 대한불교조계종, 한국불교태고종, 대한불교천태종, 대한불교진각종 등 29개의 불교 종단이 소속되어 있다.[1] 그뿐만 아니라 문화체육관광부가 2011년 연구용역을 수주하여 2012년에 발간한 『한국의 종교 현황』에는 총 265개의 불교계 교단(종단)이 보고되어 있다.[2]

한국 불교는 조선 세종 6년(1424)에 기존 종단들이 국가권력에 의해 선종과 교종의 두 개 종단으로 통합된 이래, 조선 중기에 승과(僧科)가 폐지되면서 무종단의 산중불교로 존재해 오고 있었다. 상기 종단은 모두 해방 이후에 종교 단체로 국가에 등록한 것이지만, 조계종과 태고종은 명백히 전통 시대의 불교 종단을 계승하였다고 말할 수 있다. 그 외의 종단들은 사실상 불교계 신종교에 해당하는 것이다.[3] 하지만 그렇다고 할지라도 그들이 창종된 계기를 가늠하는 데 창종자 1인의 종교적 각성뿐 아니라, 그 각성을 가능하게 하고 또 이를 지지하고 추종하기도 했던 당대의 종교 지형을 살피지 않을 수 없다. 신종교가 해당 문화의 기존 종교경험을 수용·계승·발전시키면서 등장하는 것은 종교문화의 역사에서 보편적인 현상 중 하나이거니와, 현대 한국 불교에서 전통 승단을 계승하는 종단이 조계종과 태고종뿐이라면 기타 신종단의 탄생은, 특히 그것이 한국 자생의 것일 경우 두말할 나위 없이, 전통 승단으로부터 어느 정도 벗어나 있는 곳 즉 승단 밖 민간의 종교경험으로부터 비롯되었다고 할 수 있다. 따라서 현재 다양하게 분립해 있는 이 불교 신종단들은, 그 대부분이 외래 종교/종단이 아닐진대, 근대로의 전환기 한국 민간 불교의 유산이라 단언할 수 있을 것이다.

해방 이후 돌연한 불교 신종단들 출현의 분위기는 어디에서 기인하는 것이며, 그것을 지지하고 가능케 했던 민간의 불교신행은 어떠한 것이었을까? 본 연구는 이러한 문제의식으로부터 시작한다. 현존하는 여러 불교 종단 중 진각종과 천태종에 주목한 것은 그 둘이 조계종이나 태고종과 달리 전통 승단과 무관하게 해방 후 전적으로 새롭게 창립된 종단일 뿐 아니라, 대중적 교세 확장에 성공하여 2016년 현재 불교계 내에서 조계종과 태고종에 이어 3~4위의 종세를 자랑하며―천태종이 3위, 진각종이 4위― 그 위상을 확고히 하고 있기 때문이다. 이들은 생활불교를 표방하는 점에서 공통점이 있지만, 많은 부분에서 선명한 차이를 노정하는 것도 사실이다. 과연 진각종과 천태종은 이전 시기 한국의 종교문화, 특히 민간의 불교경험으로부터 어떠한 양태를 계승하기에 이 같은 공통점 또는 차이점이 있는 것일까?

본고는 먼저 조선 후기 특히 17세기 후반부터 개항기까지의 사이에 민간에서 유행하던 불교신행의 경향을 살피고 그 주된 불교경험들을 양태화하고자 한다. 또한 개항기와 일제강점기에 근대적인 방식으로 작동하기 시작한 국가권력의 종교(또는 불교 교단) 관리 실태와 이후의 계승 과정을 개관하여, 조선 중기 이래 오랫동안 통불교 상태를 유지하였던 한국 불교가 해방 후 다시금 급격히 종파불교의 양상을 띠게 되는 제도적 근거를 확인하고자 한다. 다음으로 창종된 순서에 따라 먼저 진각종과 그 뒤로 천태종에 대하여, 각각의 창종자의 생애와 창종 경위 및 양 종단 초기의 종교적 특징과 현재의 정체성 확립 시도를 살펴봄으로써, 현대 한국 불교에서 상대적 소수층이라고 할 수 있는 이들에게 이전 시기 민간의 불교경험 양태가 계승되는 면모를 밝히고자 한다.[4]

2. 조선 후기 민간의 불교신행 동향

조선 중기 이후 무종단의 산중불교 시기가 계속되어 승단의 사회적 입지가 예전 같지 않게 되자, 조선 후기에 들어서는 재가신도의 비중 및 참여가 두드러지거나 심지어 민간 중심적으로 진행되는 신행 양상이 불교계 안팎에서 전개되었다. 여기에는 사찰의 승려들이 주도하는 불사에 신도들이 적극적으로 호응하거나 더 나아가 사찰에서 신도 대중의 관심을 반영하여 불사를 개진한 경우가 다수를 차지하지만, 승려의 개입 없이 재가신도들이 주축이 되어 전개한 신앙 활동이나 또는 승려라 할지라도 승단의 영향으로부터 자유로운 이들을 중심으로 민간에서 새롭게 흥기한 움직임도 있었다. 조선 후기 불교신행의 특징을 드러내는 대표적인 양상으로 다음의 사례들을 꼽을 수 있다.

1) 서방정토 중심 염불수행의 확산

조선 후기 불교계의 큰 특징 중 하나는 염불지송(念佛持誦) 수행의 확산이다. 극락정토에의 왕생을 희구하여 아미타불의 명호를 외는 염불은 승속을 막론하고 신라 시대부터 줄곧 신자들의 지지를 받아 온 수행 방식이지만, 임진·병자 양란 이후 민중의 피폐한 삶과 죽음에 대한 공포를 위무하며 크게 유행하게 된 것으로 보인다. 종래 승려들은 정토에 대하여 '마음 밖에는 다른 세상이 없으므로 극락정토 역시 마음속의 한 경지일 뿐'이라고 해석하며 '유심정토(唯心淨土)'를 중시하는 경향이 강했지만, 조선 후기에는 승단에서도 '서방세계에 아미타불이 다스리는 국토로서 실존하는 것'으로 간주되는 '서방정토(西方淨土)'를 유심정토와 함께 인정하였다. 이는 당시 간행된 정토 관련 서적을 통해서도 확인된다. 『한국불교전서』에는 17세기 이후 총 8편의 정토 관련 서적이 수록되어 있는데, 이들은 대부분 서방정토의 실재를 승인한 위에 서술되었다는 특징이 있다.[5] 정토라는 개념에 대해 마음의 상징으로 보는 기존의 사변적 태도에서 비록 상상의 수준에서나마 그것이 실재한다고 여기는 쪽으로 강조점이 전환된 것은, 이에 대한 신앙이 승단 내 엘리트 승려층을 넘어 민간의 차원에서도 크게 각광받고 지지되었음을 말해 준다.

당시 염불수행의 유행은 염불계(念佛契)가 전국적으로 실행되었다는 사실에서도 확인된다. 염불계는 염불수행에 뜻을 둔 사람들이 함께 모여 정해진 계획과 일정에 따라 염불과 기타 독송·청강 등을 진행하는 사찰계의 일종으로서, 승속의 구별 없이 누구나 참여할 수 있는 타력이행(他力易行)의 수행이라는 이 점 때문에 기층 사회에서 널리 행해졌다. 조선 후기의 염불계는

35건이 보고되었는데, 이 중 18세기에 4건, 19세기에 22건, 20세기 초에 9건이 실행된 것으로 알려져 있다. 염불계 중에서도 10,000일 동안 매일 10,000번씩 총 100,000,000번 아미타불 염송을 기약하는 만일회(萬日會)는 18세기에 1건, 19세기에 15건으로 모두 16건이 보고되어 있으며, 특히 금강산 건봉사의 만일회는 19세기 동안에만 무려 3회에 걸쳐 시행되어 전국적으로 주목을 받았다. 대체로 조선 후기의 염불계는 19세기에 절정에 달했으며, 특히 만일회가 전국적으로 대중적인 지지세를 얻고 있었음을 알 수 있다.[6]

2) 다라니·진언집의 간행과 관음 신앙의 유행

다라니와 진언집의 간행은 조선 후기 불교의 민간 신행을 보여주는 또 하나의 특징이다. 이미 16세기부터 지방 사찰을 중심으로 대두된 경전의 사찬(私撰) 간행 경향은 양란 이후 더욱 가속화되었는데, 특히 관음 관련 다라니의 간행이 두드러졌다. 조선 시대 전 시기를 통하여 관음 관련 다라니·진언집은 총 15종 80여 개의 판본이 편찬된 것으로 보고된다. 그중 판본 수가 가장 많은 3개 종인 『관세음보살대다라니경(觀世音菩薩大陀羅尼經)』 계통(27개 판본)·『천수경(千手經)』 계통(22개 판본)·『육자대명왕다라니(六字大明王陀羅尼)』 계통(13개 판본)은 그중 각각 12개·10개·9개 판본이 17세기~1910년 사이에 간행된 것으로 연대가 확인된다.

『관세음보살대다라니경』은 이 경을 수지·독송하면 재앙을 피할 수 있다고 알려져 널리 유통되었다. 『천수경』은 오늘날에도 사찰에서 가장 많이 독송되는 기본 경전으로, 관세음보살이 모든 중생을 온갖 고통과 악업·장애로부터 해방시켜 주며 일체의 청정법과 모든 일을 이루어 준다는 내용을 담고 있다. 통일신라 초 의상(義湘, 625-702)에 의해 처음 한국에 도입된 이래 고려와 조선 초를 거쳐 꾸준히 신앙되어 오다가, 이 시기에 이르러 전폭적인 대중적 지지를 얻게 되었다. 이 다라니 역시 수지·독송할 경우 업장이 소멸되고 악귀를 물리칠 수 있다고 한다. 『육자대명왕다라니』는 관세음보살의 자비심을 음성으로 형상화한 경전이다. 관세음보살의 미묘한 본심이라고 하는 여섯 글자 '옴마니반메훔(oṃ mani padme hūṃ)'을 암송함으로써 그 본심에 감응하여 일체 소원을 이루고 깨달음을 얻게 된다고 한다.[7] 본디 고려 말 원간섭기에 티벳 불교의 영향으로 도입된 신앙이었으며, 19세기 말 이후 폭발적으로 유행하기에 이르렀다. 특히 이 경전류는 13개 판본 중 7개가 1908년에 간행된 것으로 파악된다.[8]

3) 재가신도 결사의 대두와 거사불교의 양상

이상의 신행 양상이 승속을 아우르는 것이었다면, 1872년(고종 8년)에 결성된 묘련사(妙連社) 결사는 순수한 재가자 중심의 모임이었다는 특징이 있다. 이 결사는 1872년 11월 『법화경』을 신앙하는 재가자들이 삼각산 감로암(甘露庵)에서 정진법회를 열고 관음보살을 염하며 그 감응을 기다린 것을 시작으로, 1875년까지 4년(만 3년) 동안 삼각산 일대 일곱 개의 사찰에서 11차례의 설법을 개최하였다. 당시 설법들의 내용은 1877년 『관세음보살묘응시현제중감로(觀世音菩薩妙應示現濟衆甘露)』라는 책으로 편집되어 전한다. 이 책의 편집자 중의 한 사람인 보광거사(葆光居士) 유운(劉雲, 1821-1884)은 이보다 앞서 1869년(고종 5년) 경기도 양주군(현 파주시) 고령산에 위치한 보광사(普光寺)의 정원사(淨願社) 결사에도 동참했던 인물이다.[9] 그는 보광사의 정원사 결사에 지속적으로 관여하면서 동시에 삼각산의 묘련사 결사에도 함께했던 것으로 보이는데,[10] 정원사가 환공치조(幻空治兆)라는 승려를 중심으로 승속이 연대하여 결성한 결사였던 데 비해 묘련사는 철저히 재가신도만을 중심으로 운영되었던 것이 양자의 결정적인 차이점이었다.

사실 묘련사 이전에는 결사의 결성과 운영을 승려가 주도하는 것이 일반적이었다. 19세기에 들어 불교의 가치를 재평가하고 나선 정약용, 김정희 등의 재가거사(在家居士)가 다수 출현하여 선승(禪僧)들이 주류를 점했던 승단과의 관계 속에서 불교를 수용하는 경향이 나타났다. 이러한 당대 지식교양인들의 불교 참여 경향을 '거사불교(居士佛教)'라 명명하기도 하거니와, 묘련사 결사 역시 그 같은 거사불교의 연장이라고 할 수 있다. 다만 묘련사는 이전의 결사 또는 거사불교 활동에 비해 명백히 재가신도/재가거사 중심이며, 그 신앙적 지향도 선불교보다는 『법화경』의 관음 신앙을 내세운다는 점에서 한층 민간 주도적인 신행 양상을 보인다고 할 수 있다. 이들은 오직 재가자만으로 구성되었으며, 재가거사인 보월거사(普月居士) 정관(正觀)을 법주(法主)로 하여 설법연찬을 진행하였고, 심지어 자력으로 그 결과를 10품의 책자로 정리 발간했다는 점에서 재가불교 또는 거사불교의 성격을 더욱 뚜렷이 한다. 『제중감로』에는 『법화경』의 관음 사상 이외에도 화엄·선·반야·정토 사상 등이 다양하게 혼합되어 있으며, 또한 중생 구제를 중시하여 그 실현을 위해 노력하는 강한 실천성이 있다는 특징이 있다.[11]

4) 생불 신앙과 도참사상, 그리고 치병 능력의 강조

그런데 17세기 말 이래로 민간의 좀 더 기층적인 차원에서 벌어지고 있던 불교신행의 현장을 또한 주목하지 않을 수 없다. 바로 미륵하생의 메시아적 사상과 결합된 구원의 논리였다. 일찍이 숙종 2년(1676) 강원도 평해 출신의 처경(處瓊, 1652-1676)이라는 승려가 치유력과 영통력을 지닌 옥불(玉佛)이자 '살아 있는 부처[생불(生佛)]'라고 찬사를 받으며 강원도에서 경기도 내륙을 거쳐 서울에 이르기까지 추종자들을 거느리고 세력을 과시한 일이 있었다. 결국 그는 소현세자의 유복자로 자칭했던 경력이 발각되어 역모로 치죄되어 사형에 처해졌지만, 그의 처형 후 11년이 지난 숙종 13년(1687) 그의 경력과 아무 관련이 없는 황해도 해주 지역에서 무당의 제사를 받고 신령으로 소환되었다. 한편 숙종 14년(1688)에는 강원도 통천 출신의 여환(呂還, 1663?-1688)이라는 자가 김화 천불사(千佛寺)에서 출가한 후 다양한 신비체험을 겪은 끝에, 칠성·선인·서기·미륵·미륵존불·노승·노인·북방의 물 등으로 불리며 무리를 이끌고 역모의 핵심 주동자가 되어 도성을 침입하려다 처형당하기도 하였다. 당시 여환의 무리는 "석가가 다하고 미륵이 세상을 차지한다."라고 주장하며 메시아적 미래 대망 사상을 자신들의 신념으로 삼았다. 또한 여환의 처였던 원향(元香)은 황해도 은율에서 치병(治病) 능력을 인정받은 이름난 무당이었으며, 여환의 옥사에서 능지처사를 당한 죄인 대부분이 무당에 속하는 부류였다.

숙종 17년(1691)에는 황해도 재령의 한 무당이 죽은 자에 대한 추숭이 아닌, 미지의 신화적 존재로서의 생불을 대망하는 독특한 의례를 주관하였다. 그뿐만 아니라 이들은 단순한 무속 신앙의 차원을 넘어, 한양이 곧 망할 것이며 새로운 정씨의 땅을 예고해야 한다는 도참 신앙을 강하게 견지하고 있었다. 이에 이씨를 대신할 정씨의 생불을 대망하도록 지지자들을 설득하였던 것이다. 불교의 메시아적 생불 신앙과 민간의 도참 사상이 상승작용을 일으킨 예였다. 이로부터 60~70여 년이 지난 영조 24년(1748)과 34년(1758)에 또다시 황해도 지역에서 생불과 무당이 조합된 사건이 일어났다. 특히 후자는 양인(良人) 출신의 생불이 출현하여 민간의 무속 신앙을 흡수하는 카리스마(charisma) 역전의 양상을 나타내었다. 그런데 그들의 카리스마의 근거는 어디까지나 일차적으로 치병(治病)의 기술과 능력에 있었다. 그리하여 치유 능력을 지닌 신승(神僧)/성승(聖僧)을 자칭하는 것을 넘어 생불(生佛)이라고 하는 세상의 변혁을 몰고 올 불교 메시아적 이미지를 갖게 되었던 것이다. 자연스럽게 그들은 용녀부인(龍女夫人) 또는 미륵의 화신으로 간주되었다. 이러한 종교적 분위기는 민란의 시대라 일컬어지는 다음 세기에 전국 각지에서 일어난 다양한 농민운동과 민족종교계 신종교 운동에서 확인되는 것이기도 하다.[12]

이처럼 17~18세기 민간 불교신행의 현장에서 활발한 모습을 보인 변혁적 카리스마는 19세기에 동학·증산교 등 후천개벽의 자생적 한국 신종교 형성에 조력하거나, 최소한 『정감록』 신앙과 결부되어 그 변혁적 성격을 유지했던 것으로 보인다. 후천개벽의 한국 신종교 형성 경향 속에서, 일각에서는 진인(眞人) 사상을 매개로 전통적 선도(仙道) 계열의 수행자들과 결합되었을 가능성도 없지 않다. 물론 민간에서 위세를 떨친 이들 불교 카리스마가 예외 없이 강력한 치병 능력을 구비하였다는 사실을 잊어서는 안 된다.

3. 일제강점기와 해방 이후의 불교 정책

조선이 외세에 문호를 개방한 1876년 강화도조약 이후 일본 불교의 포교 활동에 노출되어 있던 조선 불교는, 1895년 일본 일련종(日蓮宗) 승려 사노 젠레이(佐野前勵)의 청원 후 조선 승려들의 숙원이던 도성출입금지 해제가 이루어지는 경험 등을 통하여, 일본 불교에 호의적 태도를 보이며 본격적으로 근대성을 경험할 기회를 맞이하였다.[13] 한국 불교의 개혁적 지식인들은 사회적 활동의 필요성을 자각하는 한편, 당대 지식사회를 지배한 사회진화론의 영향을 받아 한국 불교의 개혁을 위해 궁리하였다. 불교유신론(佛敎維新論)이나 대중불교운동(大衆佛敎運動)은 그 구체적인 결과물이었다. 그러나 그 과정에서 일본 불교의 한국 침략 의도를 간파하지 못한 채 그들의 제안을 무비판적으로 수용하였고, 이러한 경향은 한일강제병합 이후에도 지속되어 많은 불교 지식인들이 친일의 경향을 띠게 되었다.

한편 대한제국(1897.10.12-1910.8.29) 정부에서는 새로운 법령에 의거하여 불교 교단을 관리하려는 목적으로 1899년 동대문 밖에 원홍사(元興寺)를 건립하고, 1902년에는 원홍사 안에 궁내부 소속의 사사관리서(寺社管理署)를 두어 '사사관리세칙(寺社管理細則)' 36조를 반포하고 전국 사찰을 통할하였다. 이로써 조선 중기 도첩제도와 승과제도가 폐지된 이후 처음으로 불교는 국가의 공인을 받아 다시금 국가행정의 범위 안에 놓이게 되었다. 그러나 정치적 혼란으로 말미암아 이 시도는 아무런 실효를 거두지 못한 채 1904년 폐지되었고, 1908년 전국 승려 대표자 52인이 회동하여 한국 불교의 자치적 중앙기관으로서 원홍사에 원종(圓宗) 종무원을 세우고, 다시 1910년 종로구 수송동에 각황사(覺皇寺)를 창건하여(오늘날의 조계사) 종무원을 이전한 뒤 불교중앙회무소 겸 중앙포교소로 삼았다. 그런데 원종의 종정인 이회광이 일본의 조동종(曹洞宗)과 연합동맹 7개 조약을 체결한 사실이 밝혀지면서, 1911년 1월 이에 반대하는 지리산 일대의 승려들이 송광사에 모여 임제종(臨濟宗)을 세우고 그해 가을 임제종 종무원을 동래 범어사로 이전하였다. 이리하여 한국 불교계는 원종과 임제종이 남북에서 대립하며 친일 불교 대 민족불교의 구도를 이루는 듯 했으나, 1911년 6월 3일 일제가 '사찰령(寺刹 令)'을 시행하며 '선교양종'이라는 이름의 단일한 종단으로 한국 불교를 통일 한 이후 변환의 국면을 맞이하였다.

'사찰령'은 전문 7조와 부칙으로 제정·반포되었으며, 그해 7월 8일에는 '사 찰령시행규칙(寺刹令施行規則)'이 전문 8조와 부칙으로 공포되었다. '사찰령' 의 주요 내용은 다음과 같다.

제1조 사찰을 병합·이전 또는 폐지하고자 하는 때에는 조선 총독의 허가를 받아야 하고, 그 터 또는 명칭을 변경하고자 하는 때에도 같다.

제2조 사찰의 터 및 가람은 지방장관의 허가를 받지 아니하면 전법·포교·법 요 집행 및 승니 거주의 목적 이외에 사용하거나 사용하게 할 수 없다.

제3조 사찰의 본말 관계·승규·법식 기타 필요한 사법(寺法)은 각 본사(本寺) 에서 정하여 조선 총독의 인가를 받아야 한다.

제4조 ①사찰에는 주지를 두어야 한다. ②주지는 사찰에 속하는 일체의 재 산을 관리하고 사무 및 법요 집행의 책임을 지며 사찰을 대표한다.

제5조 사찰에 속하는 토지·삼림·건물·불상·석물·고문서·고서화·기타 귀 중품은 조선 총독의 허가를 받지 아니하면 처분할 수 없다.

제6조 전조의 규정에 위반한 자는 2년 이하의 징역 또는 500원 이하의 벌금 에 처한다.

제7조 이 영에 규정하는 것 외에 사찰에 관하여 필요한 사항은 조선 총독이 정한다.

부칙 이 영의 시행 기일은 조선 총독이 정한다.[14]

　'사찰령시행규칙'은 주지의 선발 방법, 교체 절차 및 임기 등을 규정하는 구체적 조치이다. '사찰령'은 주지 임면을 포함한 일체의 사찰 업무에 대해 총독부의 인가를 거치게 함으로써 일제가 용이하게 한국 불교를 통제할 수 있는 계기가 되었다. 한편으로는 '사찰령'의 존재를 통해 총독부가 불교를 국가권력의 관리를 받는 정식 종교로 인정했다는 점에서, 불교가 스스로를 미신과 다른 지점에서 각인하고 또한 이로 인해 일제에 더욱 종속될 여지가 생겼다는 사실도 주목할 필요가 있다. 이는 달리 말하면 '사찰령'하에서 불교신행의 주변화된 양상 또는 재가/민간 주도적 측면의 불교신행은 정통이 아닌 것 즉 미신으로 지목될 수 있었음을 의미한다.

　일제의 '사찰령' 정책에 따라 사찰을 운영하였던 소위 사판승(事判僧)들은 '사찰령' 자체가 지닌 내적 한계로 인해 친일적 경향을 띠며, 그중 다수가 대처(帶妻) 등 일본 불교의 습속을 답습하게 되었다. 한편 경허(鏡虛, 1849-1912) 이후 선수행의 전통을 확립하려는 소수의 이판승(理判僧)들은 비구승단의 전통을 고수하며 산중 깊은 선방에서 참선정진에 몰입하는 경향이 있었다. 이들의 대립적 행보는 해방 이후 본격적으로 갈등을 빚게 되었고, 특히 이승만 정권이 정치적 계산에 따라 1954년 5월부터 1955년 12월까지 8차에 걸쳐 '불교유시'를 발표하는 등 외부적 개입이 가해지자 양자 간의 갈등은 점점 극으로 치달았다. 결국 비구승을 중심으로 1954년부터 전개된 '불교정화운동'의 결과 1960년에 이르러 전국의 주요 사찰들에 대해 비구승이 운영권을 확보하게 되었고, 마침내 비구-대처 양 지도부의 통합 논의 끝에 1962년 4월 12일 '대한불교조계종'이 창종되었다. 그러나 대처승들은 다시 이에 불복하여 1970년 '한국불교태고종'이라는 종명을 내세우며 독자적으로 창종하였다.

한편 1962년 5·16 군사 쿠데타 직후인 동년 5월 31일 국가재건최고회의에서 '불교재산관리법(佛教財産管理法)'이 전문 4장 19조와 3조의 부칙으로 제정·공포되었다. 불교 내부의 비구-대처 간 분규로 말미암아 사찰 환경이 황폐화되고 불교 문화재의 유출이 심각해지자, 이를 방지하려는 취지에서 제정한 것이었다(제1조 목적). 불교의 주요 재산은 고대로부터 형성된 민족의 재산이자 문화유산으로 간주하여 승단의 임의대로 처분할 수 없도록 규정하였다(제11조 허가사항). 그 밖에도 불교 단체의 종류(제3조 종별) 및 문교부 등록(제6조 등록), 주지 또는 대표자 등록(제9조 대표자), 단체의 대표권 및 재산관리권 등을 규정하였다(제10조 주지 등의 재산취득금지; 제11조 허가사항). 불교재산의 국가 규제라는 점에서 일제강점기의 '사찰령'에 뿌리를 두고 있다고 할 수 있다.[15] 특히 제6조에서 "불교 단체는 각령의 정하는 바에 따라 문화공보부에 등록하여야 한다."라고 규정하여, 불교계에서 신종단의 창종이 잇따르는 계기가 되었다.[16] 일제 총독부가 한국 불교의 종단을 오직 '선교양종'으로만 한정했던 것과 달리 '불교재산관리법'에서는 불교 단체의 종류에 대한 조항을 두어 원칙적으로 종파/종단의 분기를 인정하되(제3조 종별) 창종 시 반드시 문교부에 등록하도록 함으로써(제6조 등록), 신종단은 자유롭고 떳떳한 분위기에서 자기 존재를 확인하면서도 동시에 그 존재를 반드시 국가로부터 승인받아야 했던 것이다. 공식적으로 등록되지 않은 종단은 결국 미신으로 취급될 것이라는 점에서 여전히 '사찰령'의 흔적이 남아 있음을 확인할 수 있다. 물론 신종단은 미신이 아닌 종교/불교로 인정받기 위해서라도 지체 없이 국가적 등록을 마쳐야만 했다.

그러나 국가권력으로부터의 종교의 자유라는 근본적인 문제의식이 제기되고 또 여타 종교와의 형평성이 논란이 되면서, 1987년 '불교재산관리법'은 '전통사찰보존법(傳統寺刹保存法)'으로 새로 제정되었다(전문 15조, 부칙 7조). 이는 '민족문화의 유산으로서 역사적 의의를 가진 전통 사찰을 보존함으로써 민족문화의 향상에 이바지'한다는 목적하에(제1조 목적), '역사적 의의를 가진 사찰로서 대통령령이 정하는 사찰'만을 문화공보부에 등록하게 하였다(제3조 전통 사찰의 등록).[17] 이는 원칙적으로 국가에 등록하지 않아도 무관한 종단의 존재를 인정하는 것으로, 따라서 '불교재산관리법' 시절보다 한층 자유로운 신종단의 출현이 가능해졌다. 동시에 불교 신종단에 대한 온전한 실태 파악이 불가능하게 된 것은 그 자연스러운 귀결이었다.

4. 20세기 신불교 종단의 탄생

1) 회당 손규상과 대한불교진각종

대한불교진각종은 1947년 울릉도 출신의 회당(悔堂) 손규상(悔堂 孫圭祥, 1902-1963)에 의해 대구에서 창종된 재가 중심의 밀교(密敎) 종단이다. 불교계 신종교 중 가장 먼저 창종된 것으로 보고되고 있다. 회당은 관세음보살 명호염송과 옴마니반메훔 육자진언의 수행 끝에 득오한 종교적 각성에 기반하여, '밀교 중흥·생활불교·현세 정화·심인(心印)의 현현'이라는 이념으로 진각종을 창종하였다. 한국 밀교 전통의 부흥을 표방하며, 재가 중심·무등상불(無等像佛) 신앙·기복 불교의 지양·의례의 간소화와 현대화 등을 특징으로 한다. 창종 후 탄탄한 재정적 기반을 토대로 성장하여 2016년 현재 한국의 불교 종단 중 4번째의 종세를 자랑한다. 그러나 우리는 창종 이후의 진각종의 자기 정체성 확인보다는, 창종자인 회당 자신의 개인적인 종교적 성장과정을 살펴봄으로써 본교 창종의 시대적 맥락과 계기를 더욱 잘 가늠할 수 있을 것이다.

그는 1902년 경북 울릉군에서 출생하여 7세(1908) 때 서당에서 한문을 공부하는 것으로 학문 이력을 시작하였다. 14~18세(1915-1919) 때 우산공립보통학교에서 근대 교육을 경험하였으며, 졸업 후 집에서 한학·의서·경서 등을 읽으며 지내다가 21세(1922)에 대구 계성학교에 입학하였다. 그러나 학교가 일본 식민 통치에 대항하는 데모 사건으로 휴교하게 되자 곧바로 도일하여 일본 유학을 모색하였으나, 이것도 잠시, 1923년 관동대지진으로 다시 귀국하게 되었다. 귀국 후 얼마간 면사무소에서 근무하기도 했으나, 곧 문구점·잡화·포목·재봉틀 등의 사업을 벌여 울릉도에서 사업가로 크게 성공하였다. 29세(1930) 때 사업의 확장을 위해 포항으로 이사한 뒤에 사업은 더욱 번창하여 많은 식자들과 폭넓은 교류를 하게 되었으며, 자택의 사랑방을 개방하여 그들과 경학을 논하고 심도 높은 담론을 교환하기도 하였다. 그러나 자녀들의 연이은 사망으로 실의에 빠져, 36세(1937) 때 모친의 권유로 포항시 죽림사에서 천도불공에 동참하게 된다. 이때까지 그는 종교에 큰 관심이 없었던 것으로 알려졌으나, 이날 죽림사 승려와 밤을 새우며 토론을 벌인 끝에 불법의 세계 발견하게 된다.(제1기)

죽림사에서 돌아온 그는 이튿날부터 용맹정진에 매진하여 일 년 뒤 회향한다. 이후로는 사업보다 불공과 불법에 주력하여, 사찰과 승려들을 찾아다니며 수행정진과 불법 토론에 몰두하였다. 또 경전의 인쇄와 배포 등 불법의 실천과 포교에 주력하는데, 특히 『법화경』 『지장경』 『고왕관음경(高王觀音經)』 등 불교 신앙이 강조된 불경을 주로 인쇄하였다. 지장보살상, 관음보살상, 대세지보살상 등을 조성하여 여러 사찰의 불사에 동참하기도 했다. 그러나 운영하는 점포에 대화재가 나는 등(1940)의 일로 시련을 겪자, 이후 4년간 전국을 주유하며 대각교(大覺敎) 운동을 펼치던 백용성(白龍城, 1864-1940) 및 원불교의 지도자 등 많은 사람을 만나며 당시 한국 불교의 실태를 체험하게 된다. 이때 식민지 압제에 신음하던 민중의 고초도 알게 되었다고 한다. 전국 주유 이후 다시 수행과 정진, 불법 홍포에 주력하였으나, 44세(1945) 때 해방을 맞이하여 사회적으로 극심한 좌우의 대립과 혼란을 겪자 잠시 '도덕 정치'라는 강령하에 정치에 뜻을 두기도 하였다. 그러나 이내 정치의 혼탁함을 목도하고 심경을 정리한 뒤 다시 불도에 매진하였다. 그런데 그는 수행의 일환으로 행했던 생식으로 얻은 지병이 악화되어, 1946년 경북 달성군(현 대구시)에 정진도량을 마련하고 치병을 위한 수행에 몰두하기로 결심한다. 이때 대구 시내에 있는 '박보살'이라는 노파가 병자들에게 '관심(觀心)'이라는 두 마디를 외우게 하여 병을 고친다는 소문을 듣고,[18] 그 노파의 지시에 따라 49일간 '관세음보살'을 염송한 뒤 병세가 호전되는 이적을 경험했다. 이에 회당은 다시 자신의 결정에 따라 '옴마니반메훔'의 육자진언 염송으로 100일 정진을 시작하였는데, 이때 비슷한 처지의 많은 사람들이 동참하였다. 100일 정진의 날이 더할수록 언어가 끊기고 온몸이 부으며 눈물이 흐르는 등의 신비체험을 겪다가, 정진이 끝나는 회향 날 '도(道)' 자로 말문을 트며 깨달음을 얻었다고 한다. 이와 동시에 주변에서 함께 기도하던 많은 환자들 역시 일제히 치유되는 이적이 속출하였다.(제2기)

오도 직후 약 한 달간 법열의 여운을 누린 끝에, 회당은 1947년 6월 14일

전법을 시작하였다. 이때 그는 자신의 투병 체험을 바탕으로 포항, 경주, 대구 등지에서 육자진언으로 병자들을 치료하고 법문을 들려주는 방식을 취하였다. 이에 따르는 무리가 늘어나자 1948년 경북 지역에서 '교화단체참회원'이라는 이름으로 종교를 등록하고, 포항·대구·경주·부산 등지에 여러 참회원을 개원하여 참회운동을 시작하였다. 한국전쟁이 발발하자 대구도량을 국군병원으로 희사하고 피난도 거부하며 남은 제자들과 진호국가도량에 정진하다가, 서울이 수복되자 국군과 함께 상경하여 서울에 소재도량을 개설한 뒤 국가를 위한 구국정진을 계속하였다. 전쟁 후 이곳은 참회원 포교의 중심으로 자리잡게 되었다. 1952년 참회에 의해 밝혀지는 마음이 바로 심인(心印)이라 주장하며 종단의 명칭을 '심인불교'로 변경하였고, 이듬해인 1953년 다시 심인의 상태이자 깨달음의 목표가 진각(眞覺)이라 하며 '대한불교진각종보살회'로 개명하였다. 이후 1963년 입적에 들 때까지 회당은 종단의 정비와 교세의 확장에 힘썼다(제3기).[19]

진각종으로 개명한 이후 회당은 자신의 교리와 수행의 근거를 밀교에서 찾으며 종단의 정체성 확립을 도모하였다. 하지만 신라 시대 명랑 법사의 심인종에서 진각종의 연원을 구하였음에도 불구하고, 회당은 자신이 창종한 종교가 어디까지나 근대 민주주의의 시대 조류에 맞추어 새롭게 발기한 신불교 종단임을 부인하지 않았다. 그의 사상은 자주정신과 이원주의(二元主義)를 근간으로 한다. 타력이 아닌 인간의 자력에 의해 스스로에게 구비된 불성을 자주적으로 발견하는 것이 자주정신으로서, 모든 종교 중에서도 오직 불교만이 그 특성을 지닌다고 하였다. 또한 불교의 연기설에 입각하여 모든 존재가 현상적으로 다양성을 유지하되 각자의 전문성을 지니고 서로 상보해야 한다는 것이 그가 생각하는 이원주의였기 때문에, 다원주의의 새

시대 조류 속에서 불교도 전통의 출가 위주 현교(顯敎)승단뿐 아니라 자신들과 같은 재가 위주의 밀교승단 및 다른 교리적 전문성을 띤 다양한 종단이 출현하여 공존 협동하여야 한다고 보았다. 자신들의 종단이 새로 만들어진 개혁적 신불교운동 집단임을 부인하지 않았던 것이다.[20]

1957년 회당은 종단 교리의 기조를 밀교에 두고 본격적으로 교학을 체계화하기 시작하여, 신행 대상과 실천을 비로자나불(교주)과 육자진언(본존)으로 정착시켰다. 즉 수행 방식에서 관세음보살 명호염송이나 기타 다라니 등 일체의 주문을 배제하고, 오직 '옴마니반메훔'의 육자진언만이 관세음보살의 진심미묘 설법이라 하여 배타적으로 채택하였다. 또 전통 불교의 기복성을 탈피하고자 무등상불 즉 불상을 두지 않는 의례를 주장하여, 불상 대신 '옴마니반메훔'의 여섯 글자를 불단에 모시고 비로자나불의 상징으로 삼았다. 이념적으로는 그 밖에도 진호국가(鎭護國家)의 불교관을 중시하고, 재물보시를 긍정시하는 현실적인 불공과 불사를 행하여 교세의 확장에 현실적으로 기여하였다. 한편 불교의 현대화를 통해 대중 포교를 활성화하는 데 주력하여, 서원가(찬불가)를 제정하여 대중법회에 활용하고, 신행의 측면에서 다양한 문화 활동을 장려하였다. 그 결과 진각종은 합창단을 운영하며 창작국악 교성곡(交聲曲, 칸타타)을 제작하는 등 기성 불교승단과 기존 불교 신행에서 볼 수 없었던 진일보한 포교 전략을 구사하였다.[21]

이상 회당의 행적에서 무엇보다 중요한 것은 진언염불의 수행과 생활불교의 주장이다. 우선 그는 최종적으로 육자진언으로 수행 방식을 통일했지만, 그가 정각했을 당시 지녔던 수행은 관세음보살 명호염송과 육자진언의 두 가지였다. 특히 박보살이라는 여인이 권유한 관음명호염송을 우선적으로 취한 뒤 육자진언을 그 뒤에 추가로 채택했던 점이 중요하다. 이는 그의 수행의 입문이 조선 후기 번창 일로에 있던 염불수행과 관음 신앙을 배경으로 하고 있었음을 알려 주는 지표이기 때문이다. 또한 그의 최후 정진의 계기가 치병공덕에 있었음을 잊지 말아야 한다. 그가 치병을 위하여 기도당을 마련하여 진언염불수행으로 정진하였을 뿐 아니라 당시 그와 함께 동참한 비슷한 처지의 환자들이 있었다는 사실은, 그의 무리가 당초 치병구복을 기원하는 민간의 염불결사적 성격을 띠고 있었음을 말해 준다. 그의 진언수행 득오에 심대한 영향을 끼친 박보살은 조선 말 민간의 불교 카리스마가 예외 없이 갖추고 있던 치병 능력(자)에 맞춤했다. 기존 승단 세력과 일체 결합하지 않고 오로지 재가신도들만으로 결사를 이루었다는 점에서 19세기의 거사불교 특히 삼각산 일대에서 활동하며 『제중감로』를 편찬한 묘련사 결사의 지방 버전처럼 보인다. 그가 득오하기 전 불교신행에 몰두해 있을 때 근향(近鄕)의 지식인들에게 사랑방을 개방하고 경학에 대해 심도 깊은 담론을 나누었다는 점은 다시금 그의 거사다운 면모를 상기시킨다. 하지만 그와 그를 따르는 무리는 이 다양한 전통의 경험을 기존의 승단 즉 기성 교단에서 승인받고자 하지 않고, 오히려 새 시대의 조류를 따르는 별도의 신종단 창종을 통해 종교적 정체성을 구축하고자 하였다. 이는 그의 행적에 근대 불교 지식인으로서의 면모가 있었던 데에서 기인한다.

그는 한학으로 교육 이력을 시작했지만, 10대 때 보통학교에서 수학하고 20대에는 짧으나마 미션스쿨(대구계성학교)과 일본 유학을 거치며 신학문을 접할 기회를 가졌다. 또한 그는 본인이 일군 재력을 바탕으로 사랑방을 중심으로 일종의 거사불교 문화를 주도하며 인근의 지식인들과 폭넓은 교류를 가졌다. 그뿐만 아니라 청년기와 장년기에 전국을 주유하며 일제시대 불교 지식사회의 면모를 경험할 기회를 누리기도 했다. 그가 접한 불교 지식인은 백용성과 원불교의 인사들로 확인되는바, 그들을 통하여 당대 불교 지식사회의 시대적 고민과 개혁의 몸부림을 접할 수 있었을 것이다. 회당의 불교관이 종내 계율 대신 깨달음의 불교, 의례 대신 실천의 불교, 불상 대신 무상진리(無像眞理)의 불교, 기복 대신 현세 정화의 불교, 타력 대신 자력의 불교, 출가주의 대신 재속주의의 불교를 지향했던 것[22]은 그런 점에서 구한말과 일제시대의 불교유신론 및 대중불교운동과 자연스럽게 궤를 같이한다고 평가할 수 있다. 또한 불상을 배제한 무등상불 신앙과 물질주의를 마다 않는 현실적 자본주의의 경제관은 다분히 원불교의 영향을 받은 것으로 보인다.

요컨대 회당은 조선 후기 이래 민간에서 유행하여 지속되었던 각종 불교 신행—염불지송, 관음 신앙 중심의 다라니 주송(呪誦), 거사불교의 확산—을 자양분으로 하되, 일제시대의 불교 지식사회를 지배한 근대성 이념과 불교 개혁론의 영향을 받아 자신의 진언수행에 내재된 타력적 성격을 탈각하고자 애쓰는 한편, 신상(神象) 거부와 재가 위주라는 신불교 사조를 적극 수용하여 새로운 불교 종단을 개창했던 것이다.

2) 상월 박준동과 대한불교천태종

대한불교천태종은 강원도 삼척 출신의 승려 상월 박준동(上月 朴準東, 1911-1974 또는 1922-1974)이 해방 후에 창종한 종단이다. 천태종단의 공식 입장에 따르면 상월은 1911년 삼척에서 출생하여, 1915년(5세)에 한문서당에 입학한 뒤, 1919년(9세) 조부의 사망으로 인생에 회의를 느낀 나머지, 1925년(15세) 집 뒷산인 삼태산(三台山)에 초막을 짓고 백 일간 천수다라니 비주

(秘呪)를 염송한 끝에 어느 정도의 각성이 있었다고 한다. 이어 1926년(16세) 국내 명찰을 찾아 순례하고, 다시 1930년(20세)에 중국에 들어가 오대산(五臺山)과 천태지의(天台智顗, 538-597)의 유적 등을 탐방한 뒤 입국하였다. 1936년(26세)에 귀국한 뒤에도 9년간 강원도와 소백산을 오가며 수행하다가, 1945년(35세) 현재의 구인사(救仁寺) 터에 소법당을 짓고 교화 활동을 펼쳤다. 1950년(40세) 한국전쟁이 발발하자 공주로 피난을 떠나 중생 구제 활동에 힘썼고, 이듬해인 1951년(41세) 소백산으로 돌아와 '천수천안관세음보살'을 염송하고 관하며 용맹정진하던 중 활연대오하여 관세음보살의 진신을 친견하고 득도하였다고 한다. 득도 직후 3일 밤낮을 쉬지 않고 설법하여 수많은 대중이 운집하였으며, 이후 천수다라니와 관세음보살 명호염송 및 기타 다양한 진언수행을 차차 관세음보살 명호염송만으로 집중하면서 새로운 형태의 수행관을 개시하여, 현재 천태종 구인사의 관음정진 수행법을 제시하였다. 1974년에 64세의 나이로 입적하였다.[23]

이로 보건대 상월 조사가 교단을 구성(1945)하고 전법을 시작한 이후 열반 (1974)에 이르기까지 활동 기간은 약 30년에 해당한다. 교단 측의 학자들은 이를 다시 10년 단위로 구분하여 3기로 나눈다. 첫째, 제1전법기(1945-1955)는 해방 이후 구인사 창건과 함께 초기 교단을 구성하고 천수다라니와 진언을 주송했던 시기이다. 둘째, 제2전법기(1955-1965)는 교단의 발전기이자 천태종을 중창하기 위한 준비기이다. 이 시기에 천수다라니 주송은 물론 각종 진언과 다양한 수행법을 시도하였다. 셋째, 제3전법기(1965-1974)는 천태종 중창과 함께 『법화경』을 소의경전으로 제정한 시기이다. 이 시기에 기존 다라니 중심의 수행이 관세음보살 기도와 주송정진으로 대체되었다.[24]

그러나 최동순은 2008년 발표한 논문에서 상월이 출생하고 유년 시절을 보낸 삼척 지역을 직접 탐방하여 주변 인물들을 인터뷰한 끝에 이상의 공식적인 종단 입장과는 사뭇 다른 보고를 내놓았다. 최동순에 따르면, 상월의 출생 연도는 종단의 공식 입장인 1911년이 아니라 그보다 11년 후인 1922년이라고 한다. 또한 5세 때(1927)의 서당교육 수학과 9세 때(1931)의 조부 사망까지는 사실과 부합하나, 이후 수행이나 출가의 이력이 없이 고향에서 소학교를 이수하고 20세 때(1942) 부친의 사망을 맞이하였다고 한다. 그 뒤로 유지 공장 및 시멘트 회사에 취업하였다가 22세 때(1944) 일제의 강제징용에 징발되었고, 25세 때(1947) 귀국 후 화전 농사를 짓던 중 고향 마을에 출현한 '오선생'이라는 외지인으로부터 처음 종교적 접촉의 기회를 갖게 된다. 오선생은 환자에게 부적을 붙이고 주문을 외우며 기를 불어넣는 방식으로 치유하였는데, 상월은 오선생의 치유 활동을 도우면서 환자의 심신 상태는 기술이 아닌 혜안(慧眼)으로 보아야 한다는 사실을 감지하게 된다. 이에 오선생에게서 받은 『천수경』을 들고 자택 뒷산인 삼태산에 들어가 송경하기 시작하였다. 이 기도의 동기는 신교육과 강제징용으로 세상 경험을 겪은 뒤 전래 신앙에 매몰된 사람들이 스스로 거듭나야 한다는 자각에 있었으며, 『천수경』의 다라니를 독송함으로써 그 경의 내용인 관세음보살의 구원행(救援行)을 관하는 것을 목표로 하였다. 그러나 100일 후 하산하였을 때 오선생은 의료사고로 마을 사람들의 지탄을 받고 자취를 감춘 뒤였고, 이에 상월은 치유에 반드시 혜안이 구족되어야 함을 더욱 절감하게 되었다. 이후 1년간 관음주송을 철야 용맹정진하였고, 낮 시간에는 차력술·둔갑술·축지술 등의 신체 단련과 치유법을 배가하는 동시에 각종 서적을 탐독하였는데 그중에는 『정감록』 등 비기류(秘記類)의 서적도 포함되어 있었다.

상월의 출가는 1948년 가을에 이루어졌다. 출가라고 하지만 승단에 귀의

한 것은 아니었고, 집을 떠나 산중을 돌아다니며 사람들을 치유하는 이력이었다. 이 과정에서 그는 미신적인 전통 신앙에 매몰된 지역민들의 심리를 해방시켜 주려 애썼는데, 당시 지역민들은 그의 침술·부적·주문뿐 아니라 차력술·둔갑술·축지술 등 선도의 진인(眞人)적인 풍모에 매료되었다고 한다. 한편 이 과정에서 어느 소녀의 눈병을 고치면서 대중의 이목을 더욱 집중시켜, 소녀의 부친인 민경덕과 그 아들을 첫 제자로 맞아들이게 된다. 그런데 이들 민씨 부자는 다름 아닌 신선술을 닦는 도교의 일파였다고 한다. 여기에 주변의 사람들까지 결합하여 최초의 교단이 형성되기에 이른다. 이에 상월의 공동체는 『천수경』 독경뿐 아니라 신선술까지도 교단의 행법으로 채택하여, 밤에는 천수경 비주를 주송하고 낮에는 신선술의 연마를 병행하였다. 이는 오늘날 천태종에서 보이는 주경야선(晝經夜禪)의 맹아적 형태라 할 수 있다. 민경덕은 경제력을 바탕으로 상월을 보필하였으며, 이 시기 상원은 제자들과의 관계를 고려하여 자신의 연령을 11세 상향함으로써 오늘날 그의 생년이 공식적으로 1911년으로 기록되는 계기가 되었다.

그러나 1948년 좌우 이념의 대립이 심화되자, 상월 교단은 좌익의 무리로 의심을 받아 이듬해인 1949년 봄 『정감록』의 십승지처(十勝之處) 중 하나인 공주로 이동하였다. 이 공주 공동체 시절 민경덕 가족과 삼척의 교단뿐 아니라, 북한 출신으로 십승지를 추구하여 남하한 사람들까지 합류하여 상월 교단의 교세는 자못 커졌다. 이 시절에도 『천수경』의 비주기도는 지속되었으며, 하루에 216번씩 『천수경』 독송을 반복하였다. 낮에는 쉬면서 차력과 축지술을 연마하였다.

그러나 한국전쟁이 발발하자 상월의 교단은 다시금 연행되어, 3일간 취조를 받은 뒤 교단 해체의 요구를 받았다. 이에 삼척 동향 사람의 연고가 있는 단양으로 향하였으나, 단양에서 결국 상월 혼자 남게 되어 1951년 휴전 후 구인사를 개창하여 교세를 다시금 확장시키고, 1967년 천태종을 중창하였다.[25]

이 연구 보고에서 주목해야 할 점은 그의 신앙이 삼척이라는 고립된 산간 지역을 지역적 배경으로 하고 있다는 점이다. 진각종을 창종한 손규상도 울릉도라는 먼 도서 지역 출신이었지만, 그는 일찍이 대구로 진출하여 신문물을 접하였다. 전통 시대 이래 일제강점기에도 대구는 경북 지역의 거점 도시였다. 그에 비해 삼척 지역은 예로부터 산중 생활 문화가 만들어 낸 신앙들이 잘 보존되어, 지역민들은 주술적 전통 신앙에 깊은 영향을 받아왔으며 자연신과의 교감 속에 살아가고 있었다. 또한 이 지역에서는 불교와 도교가 다양한 신앙과 혼재되어 전형적인 종교 습합의 양상을 보이고 있었다. 다양한 금기와 가내 신앙 및 마을 신앙에서 무당이 활동하였을 뿐 아니라, 인근 강릉의 단오제(端午祭)에서도 보이듯이 불교가 전래 신앙과 혼재된 모습을 나타내었고, 도교도 참위설(讖緯說)과 결합하여 상당한 세를 떨치고 있었으며, 산간 지역의 지형적 특색으로 빚어진 명당(明堂)이나 보신처(保身處)에 대한 관심도 지대한 곳이었다. 이러한 환경 속에서 지역민들은 이상향을 희구하며 용신(龍神)이나 미륵과 같은 새 영웅의 탄생을 염원하기도 했다.[26]

훗날 천태종의 수행법은 오직 관세음보살만을 소리 높여 염송하며 철야 정진하는 것으로 고착되었지만, 1960년대 이전에는 상월의 삼태산 수행 때처럼 『천수경』의 각종 다라니를 응용하거나 심지어 궁궁강강(弓弓降降)·궁궁을을강강(弓弓乙乙降降) 등 비결적인 주문을 방편으로 사용하였으며, 단전 호흡을 수련하기도 했다.[27] 1970년에 국가의 공식적인 등록을 마치고 중창된 '대한불교천태종'은 당시까지 혼재되어 있던 수행법들을 관세음보살 칭

명주송으로 통일하였다. 즉 종단 등록 이전에는 대중들의 운집과 함께 여러 가지 실험적 수행법이 제시되었지만, 『법화경』과 천태지의 사상을 종지로 선택하면서 오직 관음주송만이 이들 주문을 아우르는 유일한 구인사의 행법으로 자리잡았던 것이다. 종단 창립 이후 천태종 중창을 표방하면서 오직 관음주송과 주경야선만을 계승하여 오늘에 이른다.

　이처럼 천태종은 매우 확고하게 관음 신앙을 지향한다. 이는 신도가 되기 위한 구인사 3일 기도와 안거수행(安居修行), 관음정근(觀音精勤), 사찰의 전각과 명칭―구인사의 5층 대법당 위쪽에 옥으로 된 관음보살상을 봉안한 관음전, 말사에 전각이 한 개만 있을 경우 대체로 관음전·원통전·원통보전을 설치―, 기도실의 존재―사찰마다 관음주송 공간인 기도실을 두어 관음 신앙을 지향, 24시간 개방― 등을 통해 확인할 수 있다. 천태종단에서 관음주송은 모든 중생을 관음보살로 화현시키려는 원력으로 이해된다. 이는 명백히 조선 후기에 극성한 관음 신앙과 특히 『천수경』 중심의 다라니 주송 신행의 유흔이라 아니할 수 없다. 그뿐만 아니라 최동순의 연구 보고에 나타난 출가 전후 상월의 행적 및 독서 이력이나 천태종 초기의 수행 이력 등을 볼 때, 상월의 득오와 개종 과정에서 조선 후기 이래 민간에 유행했던 『정감록』 도참 사상 및 선도수행 전통으로부터 영향을 받은 사실이 또한 확인된다. 회당 손규상의 '박보살'이 그러했듯이, 상월 박준동의 '오선생' 역시 민간의 불교 카리스마들이 예외 없이 구비했던 치병 능력(자)의 한 국면이라 보아도 무방하다.

　현재 천태종은 애국불교, 대중불교―가람(伽藍)에서 민중으로, 출가에서 재가로, 염세주의가 아닌 구세주의(救世主義)로의 지향―, 생활불교―기복(祈福)에서 작복(作福)으로, 유한(遊閑)에서 생산으로, 우상에서 실천으로, '생활 즉 불교'로의 지향―의 3대 지표를 기치로 내걸고, 신도회를 중심으로 농장 경영 등의 생산불교에 주력하며 불교의 대중화에도 노력을 경주하고 있다. 애국불교는 국가 체제에 대한 국민의 책무를 명시하고, 종교 생활도 국가의 안위와 병행될 수밖에 없다고 주장한다. 대중불교는 이타 정신을 우선적으로 고려하여 범부의식(凡夫意識)과 중생의 고통 해결을 우선시하는 것이다. 생활불교는 수행과 노동을 일치시켜, 노동 중에도 수행이 이루어질 수 있음을 강조함으로써 생활 그대로가 항상 불법과 연계되어 있다고 설명한다. 이 모두는 이른바 대승불교의 이념으로서, 천태종은 모든 업무를 승려와 재가신도가 함께 결정함으로써 가람불교에서 대중불교로 나아가고 있다고 자부한다.[28] 실제로도 천태종은 신도 대중의 지지 속에서 꾸준히 교세가 성장하여, 2016년 현재 한국의 불교 종단 중 3번째의 종세를 자랑한다.

　그러나 회당의 진각종이 신라 명량 법사의 심인종에서 그 역사적 연원을 찾으면서도 어디까지나 근대 민주주의의 시대 조류에 맞추어 새로 창단한 불교 신종단임을 부인하지 않은 것과 달리, 천태종은 상월의 행적 굽이굽이에서 천태지의의 사상 및 신앙과의 접점을 발굴하며 중국과 고려~조선 시대에 역사상 존재했던 천태종으로 교단 정체성을 소급하고자 노력하고 있다. 그리고 이 같은 정통성 계승 의식은 상월을 수나라 지의(智顗)와 고려 의천(義天)을 계승하는 중창조로 자리매김하며, 중국·북한·일본의 천태종단과의 교류에도 주력하는 양상으로 나타난다.[29] 초기의 다양한 다라니 수행을 관음주송 하나만으로 통일한 것도 그 같은 정체성 확립의 노력과 무관하지 않을 것으로 본다. 하지만 생존 당시 이미 미륵부처님·교주님·종주·종정 등으로 불렸던 상월이 열반 이후 대조사(大祖師)로 추증되고 그 묘역이 적멸보궁으로 지칭되는 데에 이르러서는 마침내 그가 부처와 같은 반열에서 신앙되고 있음을 알게 된다.[30] 여기에서 조선 후기 후천개벽 미륵 신앙 사상의 습합을 감지한다면, 이 또한 크게 무리가 되는 일은 아닐 것이다.

5. 결론: 현대 불교 종단 개념의 변용적 이해를 제안하며

17세기 후반 이후 민간의 불교신자 사이에서는 염불지송과 관음 신앙을 주된 기저로 둔 다라니·진언주송, 거사불교, 치병 능력을 갖춘 신승(神僧)/생불(生佛)에 대한 숭배, 미륵하생 신앙과 도참 사상의 결합, 나아가 선도수행과의 결합 등 다양한 양태의 불교신행이 경험되며 근대로의 전환기를 맞이하고 있었다. 또한 개항 이후 일제강점기를 거치며 근대성의 시대사조 속에서 불교 지식인들이 불교유신(佛敎維新)과 불교 대중화를 고민하는 모습이 목도되기도 하였다. 해방 이후에는 전통 승단을 계승한 비구-대처승 간 분규의 틈바구니에서 일제의 '사찰령'을 일부 계승한 '불교재산관리법'이 제정·반포되어, 조계종과 태고종 이외의 새로운 불교 종단 건립에 제도적 토대가 마련되었다.

회당 손규상의 대한불교진각종과 상월 박준동의 대한불교천태종은 그 같은 역사적 배경 위에서 일종의 불교진흥운동이자 불교계 신종교 현상으로서 새롭게 등장한 종단들이다. 이들은 조선 후기 이래 민간에서 경험된 염불과 다라니·관음 신앙·성인(聖人) 치병 능력 등을 공통의 창종 배경으로 공유하면서도, 각각 거사불교적 성격(진각종) 또는 생불 숭배·미륵 신앙·선도수행의 혼입(천태종)이라는 차별성이 있다. 또 진각종의 발흥지인 대구의 대도시적 성격이 회당으로 하여금 기존 민간의 불교경험 중에서도 염불·다라니주송·거사불교 등 불교 고유의 전통이 살아 있는 양태를 계승하게 했다면, 천태종조의 고향인 삼척의 산간 지역으로서의 고립적 특성은 상월 공동체로 하여금 도참 사상이나 선도 신행과 같이 한층 투박하고 민족적/민속적 성격이 도드라진 종교경험의 수용을 용이하게 한 것이 아닌가 한다. 현재 이 두 종단은 근현대사회에 걸맞은 신종교로서의 면모를 부각하거나(진각종) 전통으로 회귀하며 정통성을 발굴하는(천태종) 등 서로 다른 방향으로 저마다의 종교 정체성을 정립하고 있는 중이다.

본고는 진각종과 천태종의 존재가 20세기 한국 불교의 평이한 풍경 중 하나가 아니라, 전통적인 교단 질서로부터 완전히(또는 거의 완전히) 절연돼 있으되 그 탄생의 동력에서는 오히려 민간의 불교경험을 다분히 계승하였음을 밝힌 점에서 학문적 의의를 찾고자 한다. 여기에서 한 걸음 더 나아가, 동시대 한국 불교의 종단 분파적 존재 양상이 이전 시기의 통불교 이른바 무종단 산중불교의 모습을 완전히 탈각하였으나, 정치제도사적 정황이나 그 등장의 시대적 요청 혹은 과제라는 측면에서 더 먼 과거 전통 시대(삼국~고려)의 종파불교와는 확연하게, 그리고 당연하게, 다른 국면을 맞이하고 있다는 사실 역시 간과하지 않으려 한다. 전통 승단을 이어 내려온 조계종과 태고종 역시 어떤 면에서는 해방 뒤의 창종―구성원의 재집결과 종단의 국가 등록이라는 점에서의 창종―이후 '새로운 전통'을 '발명'하고 있다고 할 수 있겠거니와, 실로 종단 개념의 현대적 변용과 20세기 한국 종단 불교의 시대적 필연성을 천착하는 것은 새롭게 남겨진 과제라 하겠다.

민주화 시대,
불교개혁운동과 그 한계*

윤승용

*   이 글은 "The Movement to Reform Korean Buddhism and the Limits Thereof", *Korea Journal*, Vol.52 No.3 Autumn 2012를 수정 보완한 것이다.

1. 시작하며

한국 불교[1]는 종교인구의 수에 관계없이 한국 종교문화의 근간을 이루고 있다. 2005년 인구센서스 통계에 의하면 불교신도는 1,070만 명에 달하고, 불교적 문화재는 국가 지정 문화재의 60% 이상을 차지하고 있다. 현재 한국 불교는 장자 종단인 '대한불교조계종(이하 조계종단)'과 그 외 천태종, 태고종, 진각종 등 군소 종단까지 합치면 265개로 크게 난립되어 있다.[2] 그렇지만 한국 불교의 자산과 문화를 계승하고 또 한국 불교를 이끌어 가고 있는 종단은 조계종단이다. 그러나 1,700여 년의 한국 불교의 역사를 계승하였다고는 하지만 비교적 최근에 형성된 불교 종단으로 볼 수도 있다. 1954년 정화불사(淨化佛事)[3]를 거쳐 1962년에 이르러서야 겨우 비구종단의 모습으로 출범하였다. 최근 종단 출범 50주년을 맞아 종단 차원의 기념사업회를 구성하고 한국 불교의 역사와 그 정통성 회복을 기념하기 위해 다양한 행사[4]를 펼치고 있다.

이 같은 조계종단의 종지를 보면 다음과 같다. 본종은 신라 도의국사가 창수한 가지산문[5]에서 기원하여 고려 보조국사의 중천(重闡)을 거쳐 태고 보우국사의 제종포섭(諸宗包攝)으로서 조계종이라 공칭하여 이후 종맥이 면면부절(綿綿不絶)하며(종헌 제1조), 석가세존의 자각각타(自覺覺他), 각행원만(覺

行圓滿)한 근본 교리를 봉체(奉體)하여 직지인심(直指人心), 견성성불(見性成佛), 전법도생(傳法度生)함을 종지로 한다.(종헌 제2조) 또 본종의 소의경전은 금강경과 전등법어로 한다. 기타 경전의 연구와 염불 지주(持呪) 등은 제한치 아니한다[6](종헌 제3조)고 하고 있다. 또한 종헌의 이념과 원리에 대한 해설을 보면,[7] 종단의 성격을 아래와 같이 정리하였다. 1) 조계종단은 과거 법맥을 통한 정통 종단이고, 2) 회통불교의 이념을 가지며, 3) 대승불교의 이념을 지향하고, 4) 1954년 정화불사 이념을 계승하며, 5) 1994년 개혁회의[8]의 정신을 이어받아, 6) 종도주권의 이념을 실현하며, 7) 사회 및 정신 선도 이념을 주창한다고 하였다.

이상을 볼 때 조계종단은 최근의 역사적 발자취, 즉 '정화불사'와 '개혁회의'의 정신을 지향하는 신앙을 표방하고 있다. 그러나 종단 출범 반세기를 맞은 현재 종단 종헌의 개혁적 이념과 사회 선도의 정신을 얼마나 충실하게 신앙 현장에서 실천하고 있는지 그리고 종단의 자주화와 민주화를 기치로 등장한 현재 개혁종단이 한국 불교의 발전 나아가 우리 사회에 얼마나 공헌하고 있는지를 냉철하게 생각해 볼 필요가 있다.

정화불사 이후 불교개혁운동의 출발은 한국 사회의 민주화운동 전개 과정과 맞물려 있다. 1980년대 사회 개혁 성향이 강한 민중불교운동으로 출발하여 이후 1990년대 불교계 내부 개혁을 추진한 승가 단체의 실천불교운동을 거쳐 종단 내부 개혁에 초점을 둔 종단개혁운동으로 진행되어 오늘날 개혁종단에 이른다. 사회 개혁 성향에서 종단의 제도 개혁 성향으로, 출가·재가가 함께하던 개혁에서 출가 중심의 개혁으로 전개되었다. 종교운동은 새로운 종교를 탄생시키지 않는 한 종교 내부에서 출발하는 개혁운동이 일반적이나 이 시기의 불교개혁운동은 전혀 다른 경로를 밟았다. 이러한 불교개혁운동의 흐름을 점검해 본다는 것은 현재 개혁종단의 형성 과정과 그 과제를 살펴보는 것과 크게 다르지 않다.

　구한말 이후 만해 한용운을 비롯하여 많은 불교도들이 다양하게 불교 개혁을 외쳐 왔지만 아직도 한국 불교의 개혁 과제가 시원하게 해결된 것은 별로 없다. 한국 불교의 전통 계승과 정체성 확립, 불교 신앙의 생활화와 대중화, 비구 중심의 권위주의적 종단 운영 해소, 종단 재정의 자립화 정도와 비합리적인 운영도 과거와 별반 다르지 않다. 전통이 가져다주는 사회적·문화적 편익에 취하여 종단은 도리어 과거로 회귀하는 듯한 모습을 보일 때가 더 많다. 조계종단의 창립 동기가 친일 불교의 청산과 전통 불교의 회복이라는 정화불사의 이념에 묶여 있는 한, 종단이 전통과 비구에 집착하는 것은 너무도 당연한 일이라고 판단할 수 있다. 그러나 그렇게 판단하면 할수록 한국 불교는 전통과 비구의 틀에 얽매여 낡은 사고와 운영의 틀에서 벗어나기 힘들 것이다. 전통적인 신앙과 전통적인 제도들을 현대적 디지털 기기(器機)로 아무리 잘 포장하더라도 개방과 연대를 추구하는 현대사회 시대정신을 담아 내지 못한다면 현대적 생활종교 혹은대중종교로 자리 잡는 데는 한계가 있을 수밖에 없다.

　이 글은 한국 불교가 낡은 사고와 운영의 틀에 사로잡힌 원인이 무엇인지, 그리고 그것을 벗어날 수 있는 대안은 없는 것인지의 문제의식을 가지고 1980년대 이후 한국 불교를 둘러싸고 진행되었던 불교개혁운동을 중심으로 그 성과와 한계를 살펴보기로 한다. 그리고 그들이 안고 있는 종교적 과제가 무엇이었는지, 그런 개혁운동의 결과로서 등장한 현재의 개혁종단이 다시 과거로 회귀하고 있는 것은 아닌지를 살펴보고자 한다. 요컨대, 먼저 사회 민주화와 한국 불교의 관계를 정리해 보고, 이어 불교개혁운동의 전개

과정을 살펴볼 것이며, 마지막으로 현 개혁종단이 해결하지 못하고 있는 개혁적 과제들을 점검해 보려 한다.

2. 한국 민주화와 한국 불교

한국 사회는 1970년 후반부터 사회 민주화운동이 시작되었지만[9] 1987년 6·10민주항쟁을 정점으로 하여 사회 민주화가 급속히 진행되었다. 당시 사회 민주화는 우리 사회 전반에 변화와 더불어 구조적인 변화도 함께 가져다주었으며, 국가의 권위주의적인 억압과 통제를 벗어나 '자율과 참여'라는 사회의 가치가 한층 중요시되는 사회로 이행하였다. 각 부문의 자율성이 증대되고, 그에 따른 각 부분의 사회적 책임도 동시에 수반되는 시민사회로 나아갔다. 그럼에도 우리 사회의 제도적 수준은 그에 미치지 못하여 일부에서는 시민사회의 민주적 욕구가 무책임하게 노출되는 등 이익집단들이 서로 충돌하는 갈등상황이 연출되기도 하였다. 이에 한국의 각 종교들도 자기 입장에서 새로운 시민사회 환경에 대처하는 방안들을 각기 모색하게 되었다.

1) 사회 민주화와 종교 변동

한국 사회의 민주화는 1990년 문민정부가 들어서면서 제도적으로도 일단 마무리되었다. 과거 권위주의 정권 시절 기독교 진보 측은 민주화운동의 보호자로서 피난처 역할을 하면서 사회적 영향력을 확대할 수 있었던 반면, 기독교 보수 측은 권위주의 정부와 보조를 맞추고 정부로부터 직간접적인 지원을 받아 양적으로 과대 성장을 하게 된다.[10] 정부의 지원을 받은 보수 측은 특히, 대형 종교행사[11]를 통해 자신의 사회적 힘을 과시함으로써 교회의 대형화를 비롯하여 양적 성장을 도모할 수 있었다. 그러나 우리 사회의 민주화가 진행되고 억압받던 시민사회가 활성화되자 사회 이익단체들이 종교에 의지하지 않고 독자적인 자기 발언과 역할을 시작하였다. 그동안 종교에 응집되어 있던 사회운동 인자들이 종교 영역을 이탈해 자신의 활동 장을 찾아 시민사회 회귀하였다. 민주화 이전 시대에 나타났던 종교의 과잉 정치화와 사회 과대 영향력은 대폭 축소되었고 한국 사회에서 종교 영역이 자기자리로 돌아가 정상화가 이루어지기 시작했다.[12]

과거 권위주의 시대 일부 종교들은 한국 사회 민주화라는 일반적 이해를 대변한다고 인식되었기 때문에 국가와 시민, 또는 시민 간의 이해 갈등을 조정하는 역할을 담당할 수 있었다. 그러나 사회 민주화로 인해 각 집단들이 자기 이해의 발언과 투쟁이 가능해지면서 종교가 나서서 사회적 약자나 공동체의 이해를 특별히 대변할 필요가 없게 되었고, 또 그러한 활동 공간이 사회적으로 대폭 축소되었으며, 또한 종교의 사회적 위상도 이전과 달랐다. 이는 종교의 공적 역할이 대폭 축소된 것임은 물론 과거와 같은 사회참여 방법으로는 한계가 있다는 것을 의미한다. 이것을 계기로 하여 한국의 종교계는 그동안 권위주의적 정권으로부터 받았던 종교로서의 다양한 특권[13]들을 누릴 수 없게 되었다. 이후 한국 종교는 사회 조정 기능을 상실하고 사적 이해 당사자로서 그 위상이 달라졌으며, 종교도 자기 이해를 지켜야 하는 종교시장에 노출되고 만 것이다. 말하자면 사회 민주화는 종교로 하여금 공적인 활동 공간을 축소시키고, 종교의 시장화를 재촉하는 결과를 낳았다.[14] 더욱이 민주화 이후 한국 종교의 성장이 멈춘 상황[15]을 고려해 본다면 종교시장에서의 이해 각축은 더욱 치열해질 수밖에 없었다.

한편, 사회 민주화는 일반적으로 종교에 대해 종교의 탈정치화 혹은 종교에 대한 국가의 중립화를 촉진시켰다. 기독교에서 진행된 진보 교단의 보수화 추세[16]는 정치 참여로부터 이탈하는 탈정치화 추세를 잘 보여주는 사례라고 할 수 있다. 그런데, 한국 불교나 개신교 보수 측에서는 탈정치화가 아니라 정치 참여가 오히려 활성화되는 모순적인 형태를 보여주었다.[17] 이는 사회 민주화라는 일반 흐름만으로는 설명될 수 없는 모순된 현상이다. 종교의 탈정치화가 일부 한국 종교에서는 왜 이 같은 재정치화 현상으로 나타나는가? 이는 종교사장의 문제였다. 민주화 이후 사회적 역할이 축소되고 종교의 사회적 위상이 약화되는 과정에서 한국 불교나 개신교 보수 측은 자기 이해를 보호하기 위해 정치 참여를 선택한 것으로 볼 수 있다. 이들이 정치 참여에 다시 뛰어들게 된 것은 민주화의 효과라기보다 앞서 언급한 종교 시장의 치열한 경쟁 상황의 압력이 더 크게 작용했기 때문이었다.

이러한 종교의 정치 활동은 다시 종교시장을 활성화시키는 계기로 작용하였고, 나아가 종교의 재정치화를 더욱 가속화시키는 순환 고리가 되었다.[18] 단지 이전과의 차이라면 정치화의 주체가 진보 측의 종교에서 보수 측의 종교로 달라졌을 뿐이다. 이때 나타난 종교의 재정치화는 이전의 민주화 운동과 같은 정치 참여와는 성격이 전혀 다르다. 얼핏 보기에는 민주화가 국가와 종교 양자의 거리를 더욱 좁히는 것처럼 보이지만 실제로는 민주화 이후 종교와 정치 간의 거리는 대폭 확대되었고 종교 간의 이해 각축이 정치를 끌어들이는 모양새가 되었다. 과거 권위주의 국가는 국가권력의 정당성을 보완하기 위해 종교의 지원이 필요했으나, 이제는 종교가 서로 경쟁하는 시장 상황을 극복하기 위해 민주화된 국가의 지원이 필요하기 때문이다.

여기에 국가의 종교 중립성이 종교시장을 더욱 활성화시켰다. 국가의 중립화는 국가가 종교에 대한 통제를 줄이고, 종교도 다른 영역과 같이 세속적 법에 의해 공평하게 대우함으로써 종교에 개입했던 과거와는 달리 종교시장도 자율 규제에 맡기려 한다. 특히 경쟁이 격심한 다종교 사회에서는 종교시장의 공정성을 확보하기 위해 국가의 종교 중립성을 요구할 수밖에 없다. 최근 논란이 불거진 불교의 환경-개발 논쟁[19]이나 기독교의 세금 논쟁[20]에서 볼 수 있듯이 국가는 세속적인 법을 통해 종교들을 관리하려고 하거나 아니면 종교시장의 자율 규제에 맡기려 한다. 이런 추세가 강화될 수밖에 없는 것은 민주화된 국가는 더 이상 권력의 정당성을 종교에 의지할 필요가 없기 때문이다.[21] 그럼에도 불구하고 민주화 이후 국가와 종교 간의 접촉이 이전보다 더 확장되고 있다는 것은 바로 종교시장에서의 경쟁이 그만큼 격화되고 있음을 말해 준다. 이처럼 국가의 중립화도 결국은 종교의 시장화를 재촉하는 결과를 초래해 종교가 재정치화하는 또 하나의 동인이 되었다. 이같은 종교의 재정치화는 과거처럼 국가와 종교 양자의 대칭적인 힘에 의한 것이 아니라 이제는 시장 상황에 놓여 있는 개별 종교들이 국가와의 협상과 거래를 통하여 국가의 자원 배분에 참여하기 위해 적극적으로 나서기 때문이다.[22] 이때 종교는 국가 개입을 스스로 자초하기도 하고, 나아가 국가를 위협하기도 한다. 이리하여 종교 권력의 문제가 한국 사회에 새롭게 부상하게 되었고, 그에 따른 종교에 대한 비판적인 담론[23]이 동시에 확산되었다. 이것 역시 민주화의 산물이었다. 요컨대 우리 사회의 민주화는 종교의 시장화를 촉진시키고, 그로 인해 일부 종교의 재정치화를 야기하고 있다. 다종교 상황에서 종교 간의 경쟁이 심화될수록 그러한 경향은 더 분명진다. 종교의 입장에서 보면, 여기에 얼마나 잘 대응할 수 있는지가 민주화 시대 종교의 이해(利害)에 있어 핵심적 과제가 된다.

2) 민주화 이후의 한국 불교

한편, 국가의 중립화는 종교에 대한 법적 정치적 규제력의 격차를 줄이기 때문에 자연 종교의 평등화가 진행된다. 그동안 특정 종교가 배타적으로 누려 왔던 사회적 특권들이 재검토되거나 그런 특권이 있었다면 다른 종교에도 공평하게 개방하면서 종교 간의 차별을 재검토하려 든다. 이 때문에 특정 종교가 관행적으로 받아 온 국가의 혜택이나 차별을 사회 정치적으로 재검토하게 되고, 또 그런 과정에서 여러 문제들이 등장한다. 민주화 이전에 국가에 종속되어 왔다는 피해 의식을 가진 불교가 이런 문제들의 쟁점화를 선도하였고, 제도적으로 비교적 많은 혜택을 누렸던 개신교 역시 자신의 위치를 지키기 위해 그에 맞대응하는 과정에서 다른 주제들을 쟁점화하였다. 이것이 국가 중립성에 대한 종교 편향의 논쟁을 불러일으킨 배경이다.[24] 더욱이 권위주의 국가가 오랫동안 종교시장을 왜곡시킨 상황[25]이라면 여러 분야에서 정부의 종교 편향 논쟁은 격화될 가능성이 높을 것이다.

여기에 또한 사회의 민주화는 직접선거를 활성화시켜 종교의 재정치화를 가속시켰다. 종교는 우리 사회에서 최대의 자율 조직을 가지고 있는 만큼 직선제 선거에서 그 영향력은 결코 무시될 수 없다. 더구나 직선제 선거는 대통령 선거만이 아니라 지방 선거와 교육감 선거에 이르기까지 광범위하게 이루어졌다. 종교 집단이 이런 선거를 계기로 하여 자기 이해를 정치권에 강요하는 것이 아닌지 의심스러울 때가 적지 않다. 그런 경우 종교는 또 하나의 사회적 권력으로 비쳐지기까지 한다. 민주화 시대 선거는 경쟁이 치열한 우리 사회에서는 종교의 재정치화와 종교의 사회 권력화를 역설적으로 증대하는 결과를 낳고 말았다.

종교의 시장화와 재정치화 흐름을 타고 불교계에 등장한 세력이 바로 1990년대 현재 개혁종단을 형성한 개혁불교 세력이다. 이 세력은 사회 민주화의 과정을 통해 형성된 것이기는 하지만 한국 불교사에서는 그 이상의 의미가 있다. 그동안 국가에 종속되어 있었던 것에 대한 일종의 보상 심리도 작용하였고, 또 정화불사 이후 누적된 한국 불교의 과제들을 해결해 주기를 바라는 것과 더불어 민주화 이후 새로이 형성된 종교시장과 종교의 재정치화에 적극적인 대처를 바라는 불교계 여망이 함께 어우러져 있었기 때문이다.

민주화 이전 한국 불교는 국가권력에 강하게 포섭되어 있었다.[26] 군종 제도 참여, 문화재 관람료 수입, 불탄일 공휴일 등과 같은 종교적 특혜도 이러한 정치적 종속에 대한 일종의 보상이었다고 볼 수 있다. 그러나 한국 불교는 1993년 김영삼 문민정부의 출범을 계기로 이전과는 완전히 달라진 모습을 드러냈다. 자신의 존재 기반과 실질적 사회 역량과는 맞지 않은 정치적 의식과 태도를 내보였다. 이 같은 한국 불교의 반전 기류를 타고 1994년에 형성된 새로운 종단이 바로 현재의 개혁종단이다. 국가와 긴장 관계를 유지한 개혁종단은 정권에 종속적인 수혜보다는 오히려 저항을 통한 이익에 더 의존하는 경향을 보였다. 그것도 단순한 정치적 타협으로서가 아니라 법적·제도적 기반 위에서 자신의 이해를 추구하는 방식으로 전환했다고 볼 수 있다. 그러나 그런 관계가 시대적 상황이 만들어 준 정치력에 의한 것인지 아니면 불교 내부에 축적된 역량에 의한 것인지는 지금 와서 한 번쯤 생각해 볼 필요가 있다. 그것에 따라 개혁종단이 추구하는 종교의 자주화와 민주화의 행방이 결정되기 때문이다.

3. 불교의 개혁운동과 그 전개

한국 불교의 개혁운동은 친일 불교의 청산[27]과 한국 불교의 전통 회복을 기치로 한 1954년 '정화불사'로부터 출발했다. 이 불사를 통해서 1962년 '대한불교조계종'이라는 대처와 비구의 통합종단이 만들어졌다. 통합종단의 형성은 불교 내부의 역량에 의해 형성되었다기보다 5·16군사정권의 도움으로 이루어졌다. 그 때문에 통합종단의 적법성을 둘러싸고 거의 20년간 법정 투쟁이 지속되었으며, 결국 대처승들은 1970년 분종해 나가 태고종을 만들었으며, 이에 통합종단은 한국 불교의 전통을 계승한 비구승 중심의 조계종단이 되었다. 이후 조계종단은 한국 불교의 전통과 출세간의 비구가 중심이 되는 종단으로 정착하였다.

그러나 조계종단에서는 비구와 대처가 분리된 다음에도 내부 종권 투쟁이 그치지 않았다. 종단을 대표하는 종정과 종권을 장악한 총무원장, 종권을 잡고 있는 종권파와 종권에 도전하는 재야파 간 내부 권력투쟁이 지속되었다. 그러다가 1980년 국보위 시절 '사회 정화'라는 이름으로 치욕적인 10·27법난[28]을 만났다. 이 법난을 계기로 각성한 일부 불교계 인사들이 1980년대 초 민중불교를 내세우면서 불교계 민주화운동이 나타나게 되었다. 이런 민중불교의 영향을 받아 1983년 혁신적인 불교 개혁을 주장했던 것이 바로 비상종단이다. 비상종단의 출범을 계기로 종단 창립을 이끈 정화불사에 이어 다시 제2의 불교개혁운동이 전개된 것이다.

해방 이후 한국의 불교사는 친일 청산만이 살길이라는 통합종단의 정화불사, 불교를 포함한 사회 민주화 차원에서 개혁하려는 비상종단의 사회개혁불사, 종단의 자주화와 민주화를 기치로 내세운 개혁종단의 종단개혁불사로 진행되었다. 그런데 이들 개혁불사들은 전통과 비구라는 근본적인 문제를 애써 외면하고 지엽적인 문제만을 가지고 고심하기 때문에 현재 한국불교는 여러 개혁 방안이 등장했지만 여전히 정화불사의 정체성이라고 할수 있는 전통과 비구의 틀에서 조금도 벗어나지 못하고 있다.

1) 비상종단과 불교개혁운동

현재 조계종의 개혁종단은 1983년 출범한 비상종단에 그 개혁의 뿌리를 두고 있다. 이전에는 종단 내부에 불교 개혁 세력이라고 부를 만한 불교 집단이 거의 존재하지 않았다. 설령 존재했다 하더라도 종단 운영에 직접 참여한다는 것은 거의 불가능한 일이었다. 당시 민주화운동 과정에서 사회 개혁 세력이 일부 불교 세력과의 결합을 추진하였기 때문에 불교종단 내부에 개혁 세력이 자연스럽게 등장하였다.

'비상종단'은 그 명칭에서 보여주듯이 비정상적인 상태[29]에서 단기간 종단을 맡아 운영한 종단이었다. 그럼에도 불구하고 비상종단은 이후 한국 불교개혁의 청사진을 남겼다는 의미에서 매우 중요한 의미가 있다. 비상종단 세력은 1980년 초부터 가시화된 민중불교운동에 의해 상당한 영향을 받았다. 민중과 불교를 동시에 주체로 삼아 사회 변혁과 불교 개혁을 함께 추진하고자 했다. 그들은 당시 진보적인 사회과학 이론으로 무장하고 있었던 한국대학생불교연합회(약칭 대불련) 학생들과 교류하면서 진보적인 사회의식을 가지게 되었으며, 자연히 종단 중진들이 주도하는 종단 운영의 행태를 부정적으로 생각하게 되었고, 오히려 재가불자들을 더 많이 신뢰하는 경향을 보였다. 이러한 성향은 비상종단 개혁안에 고스란히 투영되어 있다.[30] 정화불사 이후 누적된 종권 쟁탈의 갈등과 삼보정재의 탕진을 보고 불교 개혁 없이는 불교의 미래가 없다는 절박감을 가지게 되었고, 이에 '출가·재가'가 함께 불교 개혁을 실현하고자 했던 것이다.

비상종단에서 마련한 종헌종법을 보면, 실현 가능성은 차치하더라도 지금 보아도 가히 혁신적인 내용이라고 할 만한 것들이 적지 않다. 정화불사 이후 불교계의 누적된 문제점들을 모두 망라하고 있다. 재가불자들의 시각에서 종단 내부의 문제점과 그 대처 방안을 정리한 것이기 때문에 그들의 주장은 종단 운영에 대해 거의 새로운 틀을 제시한 것이나 다름이 없었다. 즉 종단의 입법 기능(종회)과 행정 기능(총무원)의 갈등, 강력한 행정력이 뒤따르지 못한 중앙집권제의 문제, 소수가 독점해 온 종단 권력 문제 등에 대한 그들 나름의 해법을 모색했던 것이다.[31]

비상종단은 아주 짧은 기간 운영되었지만 한국 불교에 던진 파장은 적지 않았다. 불교신문 편집국장을 역임한 박부영은 비상종단이 남긴 영향이 10년 뒤 현재의 개혁종단을 만든 개혁회의의 출범에 밑거름이 되었다며 다음과 같이 개혁안을 평가하였다.[32] 이 개혁안은 이전의 불교개혁안에는 볼 수 없었던 '출가·재가' 연합체로 불교 공동체를 형성하고, 재가와 출가의 역할을 분담하는 종단제도를 마련하였으며, 이후 비상종단의 개혁안과 경험은 사장되지 않고 계속 한국 불교 개혁의 자양분으로 작용하고 있다고 평가하였다. 그러나 종단은 전통과 비구라는 정화불사의 틀에 안주해 있기 때문에 이런 개혁안을 받아드릴 수 없었다. 재가교역자의 설치와 사찰 체제의 개편을 시도하려 했는데, 포교를 전담하는 재가교역자의 신설은 기존 승려들의 위상을 변화시킬 가능성 때문에 기존 승려들이 쉽게 동의할 수 없는 부분이었고, 또 사찰 체제의 전반적 개편은 뿌리 깊은 문중을 혁파하는 의미가 있었기 때문에 문중에 기반을 둔 승려들에게 도리어 위기의식만 불러일으켰다. 이같이 다수 승려들의 암묵적인 반대가 당시 성철 종정이 이 안의 승인을 거부하게 된 중요한 요인이 되었을 것이다. 그러나 이는 정화불사 이후 한국 불교의 문제점을 종합적으로 검토하고 불교 개혁을 종단 내부에서 실제 실험해 보았다는 점에서 한국 불교사에서 잊을 수 없는 사건이다.

진행 과정을 구체적으로 살펴보면, 비상종단의 출발은 1970년대 후반부터 시작된 한국의 민주화운동이었지만 그 직접적인 계기는 1980년 광주민중항쟁과 10·27법난이었다. 특히 10·27법난은 민중불교도들로 하여금 불교 개혁을 각성시킨 직접적인 계기가 되었다. 이들은 사회 민주화와 불교 개혁을 동시에 추진하려고 하였으며, 이것은 사원화 운동[33]으로 구체화되었다. 이 운동은 '세간의 승가화, 승가의 세간화'를 목표로 삼았다. 이는 사찰이 지닌 사회 폐쇄성과 반민중성을 타파하고 지역사회와 민중에 기여하는 사찰 위상을 재정립하려고 하였다.[34] 1983년 7월 범어사에서 개최된 연합대회에서 처음으로 한국 불교의 개혁을 공개적으로 주장하여 불교계에 큰 반향을 일으켰다(1983년 11월 7일 비상종단운영회의 발족). 그들은 1) 청년 불교도(출가·재가)의 결속, 2) 불교의 혁신화, 3) 민족불교 구현, 4) 불국정토의 건설을 내세웠다. 이때 내세운 '출가·재가'의 결속, 민족불교, 불국정토는 이후 한국 불교의 개혁운동에서 중심적인 테마로 자리 잡게 된다.

한편, 1985년 5월 출가·재가를 망라한 '민중불교연합'은 정권의 탄압 속에서도 불교의 자주화와 군부독재 타도운동을 적극적으로 펼쳐 나갔다. 또 1986년 6월 '정토구현승가회'라는 진보 성향의 승려들의 독자적인 승가 단체가 출현하였다. 이후 한국 민주화가 정점에 다다를 때인 1986년 7월에 민중불교의 성문, 명진, 벽우, 진관, 현기 등 개혁승려들이 '해인사 승려대회'를 개최하였다. 그들은 정권에 유착된 불교계 문제들을 공개적으로 폭로하며 정부에 그 시정을 강력하게 요구하였다. 불교 관계 악법 철폐, 사원의 관광 유원지화 중지, 성고문 사건 진상 규명, 수입 개방 압력 거부 등을 요구하였고, 그때까지 금기로 여겼던 국보위의 10·27법난을 '폭거'로 규정하고, 호국 불교의 개념을 국가 비호가 아닌 국민을 위한 내용으로 바꾸어야 한다는 주장까지 하였다.[35]

이 대회를 계기로 많은 승려들이 한국 사회 민주화 세력으로 등장했다. 그런 점에서 한국 불교사에서도 한 획을 그을 수 있는 사건이었다. 불교 자주화를 가로막고 있던 법적 제도적 굴레에 대해 불교계가 새롭게 인식하고 사회 민주화 없이는 진정한 불교 자주화를 성취할 수 없다는 인식을 가지게 하였다. 그러나 농성 과정에서 나타난 일부 소장 승려들의 과격한 행동과 시위 등은 당시 조계종단에서는 도저히 받아들일 수 없었다. 이를 계기로 불교개혁운동은 과격한 정치적 성향을 탈피하고 불교 자체의 개혁과 불교적인 개혁으로 점차 전환하게 되었다, 그리고 사회 개혁을 우선시한 민중 불교운동에서 불교 개혁을 지향하는 승가 단체의 실천불교운동으로 서서히 분리되어 갔다.

2) 승가 단체의 실천불교운동

1980년대 말 사회의 민주화 진전과 더불어 냉전 체제의 붕괴로 나타난 세계 질서의 변화는 불교계 개혁 세력에게 많은 영향을 주었다. 당시 불교 개혁운동이 지나치게 사회·정치적인 편향성을 보였다는 비판과 반성이 제기되면서 진보 성향의 승려들은 사회 개혁보다는 불교 개혁을 전면에 내세우게 되었다. 그리고 1987년 6·10민주항쟁을 거치면서 사회 민주화 운동의 성격을 지닌 불교 개혁운동이 새로운 종교운동 혹은 불교운동으로서 자리를 잡았다. 그 대표적인 단체가 대승불교의 실천을 강조하며 1988년 3월에 창립한 '대승불교승가회', 결사운동이라는 전통적 개혁 방법을 모색하며 1990년 11월 창립한 '선우도량', 종단의 제도 개혁의 주체 세력으로 등장하여 1992년 10월에 창립한 '실천불교전국승가회'이다.

실천불교운동으로 처음 정체성을 보인 단체는 '대승불교승가회'였다. 이들은 '깨달음의 사회화' 운동을 통하여 불교개혁운동을 추진하겠다는 의지를 보였다. 대승불교의 이상을 사회운동에 적용··발전시킨 것이다. 이들은 산중불교와 민중불교 간의 모순과 한계를 극복하고 새롭고도 창의적인 불교운동의 담지자로서 민족불교운동을 제창하였다. 그동안 진행되어 왔던 불교 사회운동의 급진성을 완화해서 승가의 정서와 수준에 맞게 불교개혁운동을 전환하였다. 깨달음과 역사가 통일된 삶으로, 그리고 깨달음의 사회 실천운동으로 승화하였다는 면에서 1990년대 승가운동에 새로운 지평을 열었다고 할 수 있다.[36]

다음 1990년 11월 설립된 '선우도량'은 수덕사에서 수좌 80여 명이 불교개혁운동을 하기 위해 만든 승가의 조직이었다. 그들은 승풍 진작과 바람직한 수행자상을 확립하기 위해 승가결사운동을 표방하였다.[37] 승가의 결사운동이라는 자체가 한국 불교의 전통적인 신앙운동 방식을 이어받아, 그것을 현대적인 승가운동으로 승화시킨 것이다. 이는 한국 불교의 전통을 재해석하고 한국 불교의 핵심 세력인 수좌들을 중심으로 하고 있다는 점에서 상당한 의미가 있었다. 다시 말해, 선불교의 중심 세력인 수좌들이 직접 불교개혁운동에 나선 것으로 주목할 만한 사건이었다. 이는 정화불사의 첫 기점으로 간주되는 '봉암사결사[38]'를 연상케 하였다.

　이 같은 개혁운동은 이전 불교개혁운동과는 달리 올바른 승풍 진작과 수행자상의 정립을 목표로 하고 있다는 점에서 조계종단의 출발점인 정화불사의 목표와 크게 다르지 않다. 이들은 신앙 현장과 수련 그리고 결사 3자를 함께 연결하여 불교개혁 프로그램을 마련하였다.[39] 불교 승단의 문제가 단순한 세대교체만으로는 해결될 수 없다며, 한국 사회에서 승가가 제 역할을 하기 위해서는 좀 더 근본적인 대안이 필요하다는 문제 제기를 하였다.그와 더불어 현대 불교에 대한 근본적인 문제 제기와 그것을 타개하기 위한 대안 제시에 중점을 두었다. 이들은 매년 2회 열리는 수련결사를 통해 일정한 주제와 그에 대한 장시간의 토론 과정을 가지곤 하였다. 당시 토론 내용은 주로 한국 승단의 현실과 불교의 사회적 역할에 대한 본질적인 문제들이었다. 이 같은 선우도량의 활동은 정화불사의 이상을 고려해 볼 때 1990년대 승가 운동의 새로운 지평을 제시했다고 평가받을 만하다.

　마지막으로 '실천불교전국승가회'는 '정토구현승가회'(1986년 6월 창립, 1992년 8월 해체)[40]를 이끌던 주역들이 만든 단체였다. 당시 불교개혁운동이 가진 정치 편향성을 비판하고 그것을 시정하고자 개편한 승가 조직이었다. 이들은 수행정진, 교화방편, 정토 구현을 기본 강령으로 삼았으며, 1994년 현 개혁종단을 만든 개혁회의를 구성하는 데 주도적 역할을 담당했다. 이들이 내세운 종단 개혁의 핵심은 종단을 운영하는 법과 제도의 개혁으로 특징지을 수 있다.이는 이후 1994년 형성된 개혁회의의 개혁 기조와도 거의 일치한다.[41] 이들의 활동 중 주목할 것은 종회의원의 직선제와 겸직금지를 골자로 한 '종헌·종법' 개정운동으로 현실 가능한 불교 개혁을 추구한 것이 특징이라 하겠다.

3) 개혁종단의 종단개혁운동

한국 불교계의 개혁 분위기는 승려들이 불교개혁운동 전면에 등장한 해인사 승려대회(1986) 이후 크게 달라졌다. 그럼에도 불구하고 1990년대 초반에 이르기까지 종단의 종권 분규는 해결되지 않고 지속되었다. 개혁운동이 진행되는 가운데서도 종단은 폭력 사태와 법정 공방과 같은 반불교적 모습이 그치지 않았다. 정권에 대한 반자주적인 종단 체질, 종권의 전횡과 부패, 뿌리 깊은 문중·문도회의 대립 의식, 일부 개혁 주체 세력의 변질 등을 그 원인으로 들 수 있으나 본질적으로는 승려의 자질과 종단 제도화와 같은 종단의 구조적인 문제였다. 여기에 1988년 불교계 자율성의 족쇄로 여겨졌던 불교재산관리법이 폐지되고 대체 법안으로서 전통 사찰만 규제하고 지원하는 전통사찰보존법이 시행되자[42] 한국 불교계 전체에 잇따라 분종·창종 사태가 발생하였다.[43] 이러한 분종·창종 사태는 '불교재산관리법'이라는 관제적 규제와 행정 권력에 의해서 그동안 종단 체제가 어느 정도 유지되어 왔다는 사실을 반증한 사건들이다. 전통사찰보존법의 시행은 종단 존속에 위기감을 불러왔고 또 불교 내부 개혁에 대한 필요성은 더욱 더 절실해졌다.

이러한 종단의 위기감은 1994년 초 개혁운동 세력들을 다시 집결시켰다. 그 직접적인 도화선은 서의현 총무원장의 3선 시도였다. 이를 계기로 '범승가종단개혁추진위원회'(이후 '범종추')가 만들어졌고, 이 '범종추'는 권력과 결탁해 진행되고 있었던 3선 시도를 막기 위해 구종법회(求宗法會)와 단식투쟁을 하게 되었다. 이에 범종추와 종단 간에 충돌이 일어나 종단 측의 요청으로 공권력이 투입되었으나 결국 서의현 총무원장의 사퇴로 일단락되었다. 이어 불과 한 달 만에 종단 개혁의 새로운 주체인 '개혁회의'가 발족되었다.

이 같이 일사천리로 개혁 세력이 종단을 장악할 수 있었던 것은 그만큼 종단 내에 개혁의 열망과 역량이 축적되어 있었기 때문이다. '실천불교전국승가회'가 주축이 된 세력들이 개혁회의에 참여하여 종단의 제도 개혁안을 급속하게 추진하게 되었다.

당시 개혁회의는 종단의 제도 개혁 방향을 담은 5대 지표는 1) 정법종단의 구현 2) 불교 자주화 실현 3) 종단 운영의 민주화 4) 청정 교단의 구현 5) 불교의 사회 역할 확대를 천명했다. 또한 개혁안의 주요 내용을 보면, 교육원, 포교원의 별원화(別院化), 승가교육체계 정립, 종단 민주화의 요체로서 겸직금지, 총무원장과 종회의원 직선제, 비구니 스님들의 종회의원 확대, 교구종회 활성화, 사찰운영위원회 구성, 총무원과 중앙종회의 관계 정립 등이다. 이들은 대체로 오늘날까지 이어지고 있는 개혁종단의 운영 형태이기도 하다. 이들 가운데 종단 운영의 민주화와 공영제 그리고 총무원장의 직선제를 통하여 종단의 안정을 꾀하자는 것이 개혁회의의 실제적 의도였다.[44] 그러나 이런 의도에도 불구하고 '개혁회의'는 그리 큰 성과를 내지 못했다. 그나마도 중요한 성과라고 평가받을 만한 것은 승가교육체계의 정립이었다. 그동안 승가교육은 거의 출가자와 은사의 뜻에 맡겨져 있었으나 1995년 이후 출가자는 행자의무교육 6개월과 기본 의무교육 4년을 이수해야만 정식 승려가 될 수 있도록 하는 출가자의 교육체계를 제도적으로 마련하였다. 그리고 승려가 된 이후에도 전문·특수 교육과 재교육을 받는 시스템을 도입하여 승려교육을 체계화하였다.

그러나 불교개혁운동의 차원에서 보면, 개혁회의의 종단 개혁 조치들은 아쉬운 점이 적지 않았다. 종단 운영의 안정을 도모하는 데 심혈을 기울였으나 성과를 얻어내지 못했다. 예컨대, 1998년 송월주 총무원장의 3선 문제로 내분에 휩싸이며 다시 속세의 법에 의지하는 등 제도적 개혁의 한계를 보여주었고, 또한 불교의 사회적 역할을 천명하고 있으나 대중적 생활불교를 지향하는 비전도 보여주지 못했다. 많은 재가불자 단체들은 중앙종회 구성에 신도 대표의 참여를 요구하였으나 개혁회의는 신도의 종단운영 참여는 시기상조라며 이를 거부하고 말았다. 그 대신 '사찰운영위원회법'을 제정하여 각 사찰 운영에 신도들의 참여를 인정하는 수준에서 마무리해 버렸다. 이후 사찰운영위원회마저도 신앙 현장에서는 거의 유명무실하게 되어 버리고 말았다.그리고 신도의 자격과 교육의 의무화, 그리고 중앙신도회 구성 등을 제도화하는 것에 그치고 말았다.[45]

이 같은 개혁안이 나오게 된 것은 개혁의 주체가 비구를 중심으로 하는 승가 조직이었다는 점과 이전 비상종단의 개혁 실패를 거울삼아 가능한 실천적 대안만을 마련하는 데 급급했던 때문이 아닌가 한다. 특히, 포교를 전담하는 중간 교역자의 개편과 문중 혁파를 위한 사찰 체제 개편을 핵심으로 삼은 과거 비상종단 개혁안의 핵심이 여기서 완전히 제외된 것을 보면, 당시의 상황을 어느 정도 짐작할 수 있다. 그럼에도 불구하고 개혁종단은 이른바 개혁불교를 처음으로 종단에 정착시켰다는 데는 중요한 의의가 있다.

이 같은 개혁종단의 진행은 한국 불교의 개혁 희망과 그 한계를 동시에 보여준다. 종단의 자주화와 민주화를 지향하고 있다는 면에서는 희망적이지만, 반면 정화불사를 통해 출범한 비구 중심의 종단을 계승하는 측면에서는 한계가 있다. 개혁종단 이후 한국 불교는 분명 이전의 불교와는 달라졌다. 이전 불교가 국가와의 관계에서 종속적이었다면 그 이후로는 자주적인 방향으로 나아가고 있으며, 비구를 중심으로 운영되고 있지만 사회참여의 종교로 나아가려 하고 있다는 점에서 그렇다. 그리고 종단의 권력 분산과 겸

직금지로 인하여 종권 투쟁이 이전보다 완화된 것도 사실이다. 그러나 조계종단의 내부 목소리를[46] 상기해 보면 전통의 계승과 비구 중심의 현 종단 체제를 그대로 유지하면서도 한편으로는 불교의 대중화와 생활화를 도모하려고 한다는 것을 알 수 있다. 그리고 불교의 폭넓은 개혁 없이 사회참여의 길만 모색하려 하는 것 또한 문제가 되는데, 참여 주체인 신앙대중을 소외시키고는 진정한 사회참여가 있을 수 없기 때문이다.

그러나 조계종단이 전통만 찾고 비구 중심으로 고착화되어 간다면 시대의 조류를 따라잡을 수 없을 것이다. 과거의 반(反)친일 전통을 강조하고, 출세간적인 성격을 고착시키는 '정화불사'와 다를 바가 없기 때문이다. 승가를 중심으로 신도를 수직적으로 결합시키는 현재의 개혁종단 운영 방식으로는 종단 운영의 안정은 몰라도 한국 불교가 대중적 생활종교로 나아가기란 쉽지 않은 일이다. 그럼에도 불구하고 조계종단은 전통과 비구라는 정화불사의 틀을 넘어 민주화와 신도대중이라는 새로운 미래 비전을 설정하지 못하고 있다. 아직도 종단은 자신의 정체성 모색과 종교 권력의 제도화 수준에서 맴돌고 있는 것이 아닌가 하는 의구심이 든다.

4. 현 개혁종단의 과제들

현 개혁종단은 출세간의 승가가 대중적 생활불교를 추진해야 한다는 면에서[47] 세간과 출세간의 딜레마에 빠져 있다. 출세간 중심의 승가종교와 세간 중심의 대중종교 간의 간격이 너무 크기 때문이다. 한국 불교의 정통성을 강조하면 항시 정화불사로의 복고적인 모습으로 되돌아간다. 반면에 생활불교의 대중성을 강조하면 불교의 근대화와 세간적 성격이 강화되므로 전통을 강조하는 출세간적인 승가가 이를 용인하지 않는다. 이같이 한국 불교의 전통성과 대중성을 어떻게 조합할 것인지가 결국 한국 불교의 개혁 방향을 결정할 것이다. 현재 조계종단은 전통과 근대, 세간과 출세간, 수도승과 신앙대중이라는 대립 항들이 뒤엉켜 있기 때문에 불교 개혁의 미래 비전을 세우기가 쉽지 않은 처지다.

1) 국가권력과의 새로운 관계 형성

현재 조계종단은 국가와의 새로운 관계를 모색하고자 한다. 특히 개혁종단은 종단의 자주화를 출범 명분으로 삼았다. 여기에는 그동안 한국 불교가 정치권력에 이용되어 왔다는 피해 의식이 크게 작용하고 있다. 관계 형성의 핵심은 호국불교에 대한 재해석의 문제다. 즉 역사적으로 형성된 호국불교의 성격을 어떻게 재정리해야 하느냐이다. 현재 개혁종단은 과거 전통 사회에 있었던 왕실불교나 호국불교 등의 개념을 부정적으로 규정하는 대신에 호법불교나 불국토 건설과 같은 개념으로 대체해야 한다고 주장한다.[48] 그러나 이런 주장에는 종교가 국가의 구성 원리를 제공하였던 전통 사회의 종교 현실을 고려하지 않고, 현재의 입장에서 과거의 불교 현장을 과도하게 평가 절하하는 측면이 있다. 그런데 전통 사회에서 호국불교가 문제되는 것은 국가와의 지배 종속의 관계가 아니라 당시 지배종교와의 길항 관계 때문에 형성되는 국가와의 관계가 더 중요하다. 그리고 호국불교라는 용어가 비록 정치권력에 의해 오염되어 있다 하더라도 출세간의 불교가 사회화하는 접점을 마련하는 데 아주 필요한 자산이 된다는 점을 도외시하는 것이 아닌가 한다. 전통 사회의 불교의 성격을 고려해서 호국불교의 성격을 무조건 부정할 것이 아니라 인정할 것은 인정하고, 그 토대 위에서 통일 시대를 대비해 새로운 국가와의 관계를 모색하는 것이 바람직할 것이다.

또한 종교가 무조건 국가권력으로부터의 종교 자주화만 주장한다고 해서 문제가 해결되는 것은 아니다. 한국 불교는 국가불교는 아니지만 민족문화 수호자로서 자기 역할을 다짐하고 있고, 스스로 민족불교라고도 규정하고 있다. 스스로 민족불교로서 자리매김하는 한, 한국 불교의 자주화 모색은 국가권력에 한정된 것이지 국가와는 또 다른 민족과의 관계를 놓고 보면 상당히 복잡한 문제들을 야기한다. 그리고 전통 사찰과 사찰 문화재에 대해 상당한 국가지원을 받고 있는 상황에서 종단의 자주화를 단선적으로 논하기란 정말 쉽지 않다. 재가불자의 정치의식 향상과 재정적인 부담 의지가 선행되지 않는 한 종단은 손쉽게 국가의 지원을 뿌리치기도 힘들 것이다. 그러므로 불교계의 호국불교 논쟁은 자칫하면 이른바 자주불교와 민족불교 간에 필요 없는 논쟁만 야기할 가능성이 높다.

한편, 오늘날 조계종단은 국가권력에 대해 자주화를 내세우면서 한층 더 강화된 정치의식을 보여주고 있다. 그러나 그런 정치의식 고양은 불교 공동체가 감당해 낼 수 있고 또 불교 공동체의 특성에 맞아야 성과를 얻을 수 있다. 최근 2012년 4·11선거를 앞두고 선거참여가 보살행이라면서 종단은 거의 반공개적으로 선거 참여를 독려하였다.[49] 불자들의 낮은 주권 의식을 높이기 위한 것이라고 하지만 이런 정치적인 행위는 이전에는 볼 수 없었던 이례적인 일이다. 그뿐만 아니라 2012년 대선을 겨냥해 25개 불교문화정책 제안까지 제시하고 있다.[50] 이 같은 불자들의 정치의식 강화가 민주화 이후 종교시장에서 발생하는 종교의 재정치화만 가속시키는 것이 아닌지 새겨

볼 필요가 있다. 건전한 불교 공동체를 형성하는 데 도움이 되는 것인지, 좀 더 불교적인 참여 방법은 없는지 차분하게 검토해 보아야 할 문제이다.

2) 불교의 사회적 역할 확대

불교개혁운동에서 항시 빠지지 않고 거론되어 온 것이 불교의 사회적 역할 증대이다. 출세간성이 강한 한국 불교가 자신이 부족한 세간성을 강조하는 것은 지극히 당연한 일이다. 한국 불교의 주체인 승가는 수도 공동체적 성격이 강하기 때문에 하화중생의 실천은 언제나 문제가 되어 왔다. 또한 민주화 이후 종교의 탈규제화 현상으로 인하여 종교가 더욱 시장화·세속화 되고 있는데 이를 극복하기 위해서도 반드시 필요하다. 그런 사회참여의 길을 통해서 종교가 사회 공공성을 확보할 수 있다는 점에서도 중요한 일이다. 그런데 역사적으로 보면, 불교의 사회참여나 사회화 운동은 모두 대중 결사운동을 통해서 이루어져 왔다. 특히, 근대 이후 결사운동은 민중불교운동과 같이 아래로부터의 대중결사운동의 형식을 밟았을 때 성공 가능성이 높았고 소기의 성과도 얻을 수 있었다.

최근 개혁종단도 종단을 쇄신하기 위해 '자성과 쇄신을 위한 5대 결사운동'[51]을 추진하고 있다. 그러나 이는 아래로부터의 결사운동이 아니라 위로부터의 결사운동이라는 점에서 대중운동으로서 그 한계를 엿볼 수 있다. 그것도 국가의 불교 지원 예산과 관련한 불만에서 시작했다는 점에서 그 동기조차 의심스럽다. 신앙대중이 주인의식을 가지고 나서야 대중운동으로 발전할 수 있을 것인데, 현재 주인의식이 부족한 신앙대중이 자발적으로 나서기란 정말 쉽지 않을 것이다. 신앙대중에게 주인 의식을 가지게 하려면 종단이 무엇을 해야 할 것인지를 좀 고민해 보아야 할 것이다. 종단에서 발행한 신도증만 가진다고 해서 하루아침에 주인 의식을 가지게 되는 것은 아니다. 좀 더 근본적인 처방이 필요하다.

한편, 현대사회의 문제들은 거의 대부분 인간의 욕망을 과도하게 부추기는 자본주의적 삶의 형태와 자기 이해에만 몰두하는 개인주의적인 삶의 병폐가 가져온 부산물들이다. 이에 대해 인간의 욕망을 줄이는 대안적 삶의 방식과 다른 사람과 더불어 사는 공동체 의식의 확산이 무엇보다 필요하다. 여기에 무아(無我)와 연기(緣起)를 교리로 삼는 불교가 가장 시의적절한 대처 방안이 될 수 있다. 현대 소비주의를 지양하는 대안적 삶의 방식은 불교의 핵심 가치인 욕망의 절제와 연기적 세계관을 실천하는 것과도 다르지 않다.[52] 그럼에도 현대의 사회문제를 해결하고자 하는 생명운동, 환경운동, 평화운동, 공동체운동 등 사회운동에 불교의 참여가 부족한 원인은 무엇이겠는가? 근본적으로 재가신도의 참여가 부족하기 때문이다. 종단 지도자가 모범을 보일 수는 있지만 직접 대중적인 사회운동을 주관하고 실천하는 데는 한계가 있다. 사회참여의 문제는 근본적으로 출세간의 수행 문제가 아니라 세간과 재가의 실천 생활과 연결되어 있다. 세간 속에서 불교적인 생활을 하는 재가불자가 적극적으로 나서지 않는 한 이 문제가 쉽게 해결되지 않을 것이다.

3) 종단의 새로운 정체성 모색

조계종단의 신앙 정체성은 친일 불교에 대한 과거 한국 불교의 전통 회복과 화두를 가지고 깨침을 얻는 간화선에 있다. 여기서 전통 회복이란 종단이 역사적 정통성을 확보하기 위한 대의명분이다. 그렇다면 종단의 신앙 정체성은 간화선이다. 그러나 조계종 종헌에서도 이미 보았듯이 종단의 전통은 회통불교임을 밝히고 있다. 그럼에도 불구하고 정화불사 이후 한국 불교는 간화선이 지배하고 있다. 간화선은 많은 시간을 세상과 단절하여 자신의 깨침에 몰입해야 하는 수도자의 종교다.[53] 따라서 생활이 곧 수행이고 봉사가 되어야 하는 현대 생활불교와는 상당한 거리가 있다. 더구나 주관적인 절대 신념 속에서만 자기 깨침이 가능한 것이라서 종교 전문가에게 적합한 것이지 현대 대중적 사고에는 잘 어울리지 않는다.

현 개혁종단 내에서도 간화선을 포함한 신앙의 정체성에 대한 논란이 없었던 것은 아니다. 두 가지 방향[54]에서 논란이 진행되고 있는데, 첫째는 한국불교조계종이라는 종명과 관련된 문제이고, 둘째는 간화선을 종지로 삼고 있는 신앙 전통의 계승 문제이다. 간화선의 문제는 앞서 논의한 것으로 대신하고, 제기된 종명의 문제만 여기서 잠깐 살펴보면, 현재 조계종단은 한국 불교를 역사적으로 계승하고 있으며, 또 한국 불교의 전통적 자산을 관리하고 있다는 면에서 한국 불교 전체를 대표하고 있다. 그러나 '한국불교조계종'이라는 종명은 한국의 종파불교라는 한계를 드러낸다. 간화선이 강조된 것도 일제강점기 이후의 일이기 때문에 한국 불교의 전통을 역사적으로 계승한다고도 보기 힘들다. 도리어 한국 불교의 전통을 계승한다고 전제할 때, 한국 불교는 회통불교가 더 적합하다는 지적이 적지 않다. 이런 면에서 한국 불교의 정체성을 다시 점검해 볼 필요가 있다.

사실 간화선 논쟁은 동시에 한국 불교에서 주도권을 잡고 있는 승려들의 종교적 권위와 관련된 문제다. 간화선은 청정비구가 아니면 접근하기가 쉽지 않은 수행 방법이라서 사실상 간화선과 비구 집단은 동전의 양면과 같다. 수행 방법에 지나지 않는 간화선이 한국 불교에서 승가 권위의 원천이 되고 종단제도의 기준이 되고 있다. 또 그것은 종단의 비합리적인 권력까지 정당화시켜 주고 있는 형편이다. 안거에 의한 법납(法臘)과 그에 따른 종교적 권위와 제도 등은 이 간화선과 직접 연결되어 있다. 특히, 정화불사 이후 너나없이 청정비구와 간화선을 한국 불교의 특성으로 꼽고 있는 것도 비구의 신앙적 권위와 제도에 엉켜 있기 때문이다.

간화선 중심의 불교는 출세간의 성격을 강화시켜 출가자의 불교로 전락할 가능성이 많다. 전문 출가자가 종교 권력을 독점하는 현상이 나타나게 되므로 현대적 대중종교에 어울리지 않는다는 의견이 적지 않다. 종단이 설령 간화선 중심의 불교로 간다 하더라도 하화중생(下化衆生)하는 대승불교의 성격을 더 강화하든가, 아니면 간화선을 대중적인 선으로 개발해서 보급하지 않는 한 한국 불교는 점점 출가자의 불교로 한정될 가능성이 높다. 적어도 조계종단이 미래 한국 불교를 대표하는 종단으로 정착하려면, 대중적 생활종교에 장애가 되는 현재 간화선의 문제를 어떤 방식으로든 해결해야 할 필요가 있다.

4) 출가·재가의 불교 공동체 형성

한국의 근대불교가 형성되면서부터 재가불교의 종단 참여는 불교 개혁의 핵심 과제였다. 최근의 정화불사에서도 재가의 역할 규정은 핵심적인 테마였다. 이는 불법승(佛法僧) 삼보의 승가의 개념과 연결된 문제이기도 하다. 즉 전통적인 승가의 개념이 현대사회에서도 불교 공동체로서 정말 유효한가 하는 문제이고, 그동안 분리되어 왔던 출가와 재가가 어떤 관계를 가져야 하는가의 문제다. 조계종단의 기틀인 정화불사가 대처불교에 대해 청정 비구 불교만 강조하다 보니 대처승은 물론이고 재가불교의 역할과 비중까지 크게 약화된 데 따른 문제이다.

현대 불교들은 대부분 승가의 개념을 확대시켜 민주 사회에 맞게 재가 중심의 불교로 탈바꿈하고 있다. 일본이나 서구에서 불교는 이미 출가와 재가를 구분하지 않는다. 나아가 일부에서는 재가불교가 불교계의 주도권을 잡고 있는 실정이다. 역사적으로 보면, 불교에서 출가와 재가의 구분이 없어진 것은 대승불교가 형성된 이후부터였다.[55] 그러나 대승불교가 형성될 당시 그 불교에 맞은 승가의 개념을 산출하지 못했다. 그래서 이전의 승가 개념을 왕조 국가인 중국에서 그대로 답습해 왔다.[56] 또 정교분리가 이루어진 근대에 들어와서도 전통 계승에만 초점을 두어 근대사회에 맞는 승가의 개념을 만들어 내지 못한 것도 문제다. 그 때문에 재가와 출가를 구분하지 않는 대승불교를 근간으로 하는 한국 불교에서도 출가 중심의 전통적인 승가 개념을 그대로 답습하게 되었고, 그것이 금과옥조가 되어 한국 불교 전통으로 굳어 버린 것이다.

현재 불교 공동체는 4부 대중으로 구성되어 있다고는 하지만 실제로는 출세간의 승가를 중심으로 세간의 재가를 수직적으로 결합시키는 일종의 수행 공동체적 형태다. 이처럼 승가 중심의 불교 공동체는 수도 공동체의 성격을 넘어서기 힘들고 나아가서 한국 불교는 자연히 출세간적인 성향을 보일 수밖에 없었다. 현재 한국 불교의 출가승은 수도승의 성향이 강하여 가톨릭으로 치면 수도원의 수사 수녀들이 신앙대중의 사목(司牧)을 담당하는 사제의 역할을 동시에 하고자 하는 것과 같다. 그래서 한국 불교가 대중적 생활불교로 나아가기 위해서는 출세간적인 수행 공동체인 승가와 세간의 법적 지배를 받는 불교 공동체인 종단을 확실하게 구분할 필요가 있다.

한편, 현대사회에서는 종교적인 권위도 민주적이 되고 있다. 출세간적인 승가가 삶의 모범을 보이고 세간의 재가가 종단에서 자기 책임하에 자기 역할을 충실히 할 수 있는 수평적인 조직과 운영이 필요하다. 또한, 출가와 재가가 화합하고 역할을 분담하는 불교 공동체 형성을 목표로 삼는다면, 현재의 비구 중심, 간화선으로 대표되는 정화불사의 한국 불교를 전반적으로 재검토할 필요가 있다. 특히, 비구승들에게만 집중되어 있는 종단 권력을 4부 대중에게 균형 있게 배분하여 모두가 종단의 주인으로서 자기 맡은 바 소임을 수행할 수 있도록 해야 한다. 4부 대중에 근거한 제도 개혁과 의결 구조 개선이 시급히 필요하다. 현재와 같은 비구승 중심의 구조 속에서 종단이 아무리 다른 개혁을 추구한다고 한들 한계가 있을 것이다. 그리고 전통과 출세간에만 의존하는 한국 불교는 민주화된 현대사회에서 개혁의 동력을 잃어버릴 가능성이 높다. 과거 승려들에게 물적 기반을 제공하면서 공덕을 쌓는 일에만 열중하던 재가신도들이 스스로 자기 일을 찾아 나서는 방향으로 변해 가고 있다. 현 개혁종단은 불교의 신앙과 사회적 실천이 서로 분리되지 않도록 하는 방안이 무엇인지를 좀 더 고민해 보아야 할 것이다.

5. 결론을 대신해서

민주화의 물결 속에서 이루어진 불교개혁운동의 산물로 1994년 개혁종단이 출범하였다. 출범 이후 조계종단의 행정, 교육, 포교 등 전반에 걸쳐 변화를 가져왔다. 그러나 한국 불교의 근본적인 문제들은 여전히 남아 있다. 한

민주화 시대, 불교개혁운동과 그 한계 | **157**

국 불교의 정체성에 대한 명분과 앞으로 지향하고자 하는 대중적 생활불교가 서로 대립하고 있기 때문이다. 1954년 정화불사 이후 비구를 중심으로 하는 승가의 위상 때문에 신앙의 정체성 명분에만 너무 집착해 온 것이 아닌가 한다. 전통 회복과 비구 중심의 정화불사를 모델로 하는 한국 불교는 이미 한계에 봉착해 있다. 신앙 현장에서는 불교의 자주성도, 대중적 생활 종교도, 전통의 올곧은 회복도 달성하기 힘든 상황에 와 있다. 새로운 개혁 패러다임이 필요하다. 미래의 남북 화합과 민족불교로서의 역할을 준비하는 새로운 한국 불교로 가다듬어야 할 때다.

민주화 이후 우리 사회 종교에 대한 비판 담론이 크게 확산되고 있음에도 불구하고 한국 불교는 다른 종교에 비해 여러 면에서 호의적인 평가를 받고 있다.[57] 종교 권력을 행사하지 않는 종교로, 문화 전통을 보존하는 종교로, 새로운 문명사적 담론에 적합한 종교로 평가받았다. 시민들은 불교가 시대정신에 맞는 종교로 발전하기를 기대하는 모양이다. 이 같은 시민의 긍정적인 평가에도 불구하고 바로 불교의 발전으로 이어지지 않는 것은 현실에서 작동하고 있는 불교 공동체의 문제다. 이 현실의 불교 공동체 문제를 해결하기 위해서는 하루빨리 한국 불교의 정체성을 재정립하고 재가의 종단 참여와 같은 문제를 해결해야 한다. 특히, 재가불자들이 종단의 운영에 적극적으로 참여할 때 개혁종단이 바라는 종단의 자주화와 민주화도, 불교의 대중화와 생활화도, 종단 권력의 안정적 제도화도 가능할 것이다. 그러지 않는 한 한국 불교의 이상과 현실의 괴리는 여전히 지속될 수밖에 없을 것이다.

원효의 생사관

최유진

1. 서론

　죽음의 문제는 인간에게 가장 중요한 문제 중의 하나이다. 인간의 괴로움 중 가장 큰 것이 죽음이라 할 수 있을 것이기 때문이다. 모든 인간은 죽을 수밖에 없다. 인간이라면 그 사실을 모두 알고 있다. 하지만 우리는 그것을 잊고 또는 무시하고 살아간다. 죽는다는 생각만 해서는 괴롭고 힘들기 때문이다. 하지만 그 문제를 정면으로 응시하는 것이 훌륭한 삶을 위한 조건이 될 것이다. 죽음을 의식함으로써 삶을 전체적으로 돌아볼 수 있게 되는 것이라 할 수 있다. 현대인은 일반적으로 죽음을 외면하고 살아간다고 말한다. 이전 사회와는 달리 죽음이 어느 정도 통제 가능하고 숨길 수 있게 되었다고 한다. 세계적으로 감염병이 유행하고 있는 상황이기는 하지만 대부분의 사람들은 일단 태어나면 어느 정도의 나이까지 무사히 살 수 있는 사회가 된 것이다. 영아 사망률이 획기적으로 낮아졌고 전쟁 등에 의한 사망 가능성도 이전보다는 많이 낮아졌기 때문이다. 하지만 아무리 죽음을 은폐하고 잊고 살려고 해도 그럴 수는 없다. 급작스러운 죽음은 아직도 많고 인간은 언젠가는 죽을 수밖에 없는 존재이기 때문이다. 그런 점에서 보면 우리는 항상 죽음과 접하면서 살고 있다고 말할 수도 있을 것이다. 그리고 우리의 살아가는 삶 자체가 어떤 면에서는 죽음을 회피하기 위한 노력이라고 할 수 있다. 살아가는 일이 가장 크게 잘못되면 죽음에 이르게 되는 것이라고 할 수 있다. 결국 최악은 죽음이다. 그런데 문제는 생명체에게 죽음은 피할 수 없다는 데에 있다. 살아 있는 생명은 죽는다. 살아 있는 생명이기에 죽는 것이다. 죽은 것은 죽지 않는다. 죽음은 생명체에게 피할 수 없는 것이고 살아 있는 존재의 활동은 한 면에서 보면 죽음을 피하기 위한 것이므로 죽음은 인간의 가장 큰 괴로움의 하나이다. 그리고 그런 면에서 본다면 생명체의 삶은 실패로 귀결될 수밖에 없다. 죽음으로 끝나기 때문이다. 하지만 그것은 개체의 차원에서이고 종의 차원에서는 개체가 죽음으로써 종의 존속 가능성이 높아진다. 개체로서의 우리는 죽음을 약속하고 태어난 존재라고도 할 수 있다.

불교는 죽음의 문제를 가장 심각하게 생각하는 종교 중의 하나로 보인다. 생사일대사를 해결한다는 등의 말을 자주 한다. 불교의 창시자 석가모니는 인생의 괴로움을 극복하기 위하여 출가 수행하였다고 하는데 인간의 괴로움 중 가장 큰 것 중에 하나가 죽음의 괴로움이다. 죽음의 괴로움의 극복 그것은 석가모니에게 큰 문제였고 수행으로써 깨달음을 얻어 해탈을 성취했다고 한다. 해탈을 하면 더 이상 괴로운 생존은 없게 된다고 말한다. 불교의 가르침이 그 방법을 보여주는 것이며 그 완성은 죽음으로 대표되는 괴로움의 소멸이다.

불교사상가인 원효 역시 죽음의 문제를 심각하게 생각하고 그 문제의 해결을 중요하게 생각했다. 원효의 죽음에 대한 문제의식과 출가, 그리고 죽음의 문제에 대한 불교적 답변인 열반과 정토에 대한 원효의 견해를 차례로 살펴보도록 하자.

2. 원효의 죽음에 대한 문제의식과 출가

원효는 우리나라 최고의 불교사상가 중의 한 사람이다. 원효의 속성은 설씨이고 지금의 경산인 압량군 남쪽 불지촌 북쪽의 밤골 사라나무 아래에서 태어났다. 『삼국유사』에 의하면 행장에는 서울 사람이라 하였는데 할아버지를 따랐기 때문이라 하였다. 하지만 『송고승전』에는 하상주 사람이라 하였다. 원래 서울 사람이었는지는 모르지만 일단 원효는 경산에서 태어난 지방민이었다. 아버지는 담날나마(談捺奈麻)라 한다. 나마는 신라의 17관등 중 11위에 해당하므로 높은 계급은 아니다. 진골 귀족은 아니었고 서울 사람도 아니었다. 높은 신분이 아니었음을 알 수 있다. 일반적으로 6두품으로 짐작을 하지만 지방민이므로 오두품일 것이라는 주장도 있다. 원효의 출생에 대해서 『삼국유사』에는 신이한 이야기가 전한다. 유성이 품에 들어오는 꿈을 꾸고 임신하였고, 해산하려 할 때는 오색구름이 땅을 덮었다고 한다. 원효가 태어나는 정황도 석가모니와 비슷한 면이 있다. 원효가 이미 출가해서는 그 집을 희사하여 절로 삼고 초개(初開)라 이름하였으며, 사라나무 곁에 절을 두고 사라라 이름하였다고 한다.

원효가 어린 시절을 어떻게 지내고 어떤 연유로 출가하게 되었는지에 대해서는 구체적인 사정을 확인할 수 있는 것이 없다. 『송고승전』에 쌍상투 머리를 할 즈음에 출가했다고 되어 있을 뿐이다. 청소년기에 접어들 즈음인 어린 나이에 출가했다고 할 수 있다. 구체적으로 어떤 계기에 의해서 어떤 목적으로 출가했는지는 알 수 없다. 하지만 불교의 일반적인 출가 목적과 크게 다르지는 않을 것으로 짐작할 수 있다. 신라 시대에 출가한 사람들의 동기와 태도에 대한 한 연구에서는, "중고기(中古期)와 중대(中代)의 출가인들 중에는 인생의 무상함을 느끼고 출가하는 승려들이 많았다. 그것은 삼국전쟁과 통일전쟁기의 살생과 죽음과 관련한 사회 분위기와 무관하지 않다."[1]라고 말했다. 원효의 경우도 이와 크게 다르지 않을 것으로 짐작할 수 있다.

　구체적으로 원효가 출가에 대해 어떤 태도를 가지고 있었는지는 그의 저술을 통해 알 수 있다. 『발심수행장(發心修行章)』은 보리심을 발한 사람의 수행에 관한 글인데 최초로 출가한 사람의 마음가짐과 수행에 대하여 말하고 있다. 이 책을 통해서 원효가 최초에 어떻게 출가했는지는 알 수 없지만 출가자의 마음가짐에 대해서는 알 수 있다. 죽음 등의 인간의 근본 문제에 대한 원효의 문제의식을 알 수 있게 해 준다.

　『발심수행장』의 서두에서 원효는 "대저 모든 부처님이 적멸궁을 장엄함은 다생다겁 욕심 버리고 고행을 한 때문이요, 중생들이 불난 집의 문을 윤회하는 것은, 한량없는 세상에 탐욕을 버리지 않았기 때문이다."[2]라고 말했다. 부처는 열반에 들고 중생은 윤회하고 있는데 부처가 열반에 든 것은 욕심을 버리고 고행을 한 결과이고, 중생들은 탐욕을 버리지 않은 결과 끝없이 윤회한다고 본다. 불교에서는 기본적으로 인간을 괴로운 이 세계를 끊임없이 윤회하는 존재로 보고 그 윤회에서 벗어나 열반에 드는 것을 수행의 목적으로 말한다. 그 점은 당연히 원효도 마찬가지인 것으로 보인다. 그런데 윤회에서 벗어나지 못하는 원인을 탐욕을 버리지 못한 때문으로 말했다. 그렇다면 해야 할 일은 탐욕을 버리는 수행일 것이다. 탐욕을 버림으로써 열반의 이상에 도달할 수 있을 것이기 때문이다. 우리는 욕심을 부리고 욕망의 만족을 추구하는데, 인간은 언젠가 죽을 수밖에 없는 존재라는 것을 잊고 눈앞의 욕망만 추구하기 때문에 이상적인 경지에 도달하지 못한다는 것이 원효의 주장이다. 그리고 인생은 짧고 인간은 언젠가는 죽는다는 것, 죽을 날이 얼마 남지 않았다는 것을 알고 열심히 수행해야 한다고 말했다. 인간은 죽는다는 사실을 직시하는 것이 중요하다고 지적했다. 원효는 "달게 먹여 아껴 봐도 이 몸은 부서지고, 고운 옷에 보호해도 목숨은 끝난다."[3]라고 말하고, "실천 없는 헛된 몸은 길러도 소용없고, 덧없는 뜬 목숨은 아껴도 못 지킨다."[4]라고 말했다.

그리고 세월이 빠르니 늦기 전에 열심히 수행할 것을 강조했다. 『발심수행장』의 마지막 부분은 다음과 같다.

> 시간은 흘러 흘러 급히 하루 지나가고, 하루하루 흘러 흘러 보름 한 달 속히 가며,
> 한 달 한 달 계속되어 홀연 일 년 지나가고, 한 해 한 해 옮겨 가서 문득 죽음 닥치도다.
> 부서진 수레는 가지 못하고 늙어지면 수행 못 한다.
> 누워서 게으름 피우고 앉아서 어지러운 생각만 일으킨다.
> 얼마나 살 것이기에 닦지 아니하고 헛되이 밤낮을 보내며,
> 헛된 몸이 얼마나 살아 있을 것이라고 일생을 닦지 않는가?
> 몸은 반드시 죽고 마는 것이니 죽은 다음에 받는 몸은 어찌할 것인가?
> 급하지 아니한가, 급하지 아니한가?[5]

인간은 죽을 수밖에 없는 존재이고 그러한 것을 철저히 자각해서 열심히 수행해서 그 죽음의 괴로움에서 벗어나도록 하라는 것이 이 책의 핵심 내용이다. 원효는 『발심수행장』에서 죽음의 문제야말로 해결해야 할 가장 중요

한 문제라고 주장했다.

3. 열반―죽음의 극복

1) 생사를 벗어남

불교는 윤회를 말하기에 생과 사를 따로 말하지 않고 생사를 함께 말한다. 죽음의 괴로움에서 벗어나는 것이 죽음에서 벗어나 생으로 가는 것이 아니라 생과 사에서 함께 벗어나 생사가 없는 열반으로 가는 것이다. 일반적으로 윤회를 벗어나는 것이 목적이어서 생사를 벗어난다고 말하고 생사일대사(生死一大事)라는 말을 즐겨 사용한다. 깨달음을 얻으면 그 깨달은 사람은 윤회에서 벗어나므로 죽어도 더 이상 태어나지 않는다. 안 죽는 것이 아니라 죽은 다음에 다시 태어나지 않는 것이다. 그것이 열반에 든 것이다.

원효는 『기신론소』에서 『기신론』의 논을 지은 대의인 "중생으로 하여금 의혹을 버리고 잘못된 집착을 버리게 하여 대승의 바른 믿음을 일으켜 불종(佛種)이 끊이지 않게 하기 위한 까닭이다."를 주석하면서 앞의 반은 하화중생(下化衆生, 아래로 중생을 교화함)하기 위함이고 뒤의 반은 상홍불도(上弘佛道, 위로 불도를 넓힘)하기 위함임을 나타낸다 하였다. 그리고 구체적으로 "중생이 길이 생사의 바다에 빠져 열반의 언덕에 나아가지 못하는 까닭은 다만 의혹(疑惑)과 사집(邪執) 때문이다. 그러므로 이제 하화중생의 요체는 의혹을 제거하고 사집을 버리게 하는 것이다."[6]라고 말했다. 대승불교의 가장 중요한 목적을 일반적으로 상구보리(上求菩提) 하화중생(下化衆生)이라 하는데 그것을 『대승기신론』을 지은 목적으로 설명하였고 하화중생의 핵심을 생사의 바다에 빠져 있는 중생을 열반의 언덕에 나아가게 하는 것이라고 말하였다. 그리고 그것은 의혹을 제거하고 사집을 버림으로써 가능하다고 설명했다. 그것에 대한 긴 설명이 『기신론』의 핵심이 되는 것이다. 생사의 바다에서 벗어나 열반에 도달하는 것을 가장 중요한 것으로 생각한다는 점에서 죽음에 대한 원효의 생각을 알 수 있다. 열반이 불교의 핵심적인 목적인 것이다.

원효가 『이장의』를 쓰고 장애에 대해서 연구한 것도 열반을 달성하기 위한 것이었다. 원효는 『이장의』에서 다음과 같이 말했다.

> '장(障)'은 '막는다'는 것을 뜻으로 삼고, 또한 '덮어 가린다'는 것을 공용으로 삼으니, 유정을 막아서 생사에서 벗어나지 못하게 하며, 본체의 성품[理性]을 덮어 가려서 열반을 드러나지 않게 한다.[7]

장(障)은 생사에서 벗어나 열반을 획득하는 것을 막는 것이라는 게 원효의 설명이다. 장애[障]에는 두 가지가 있다. 번뇌장과 소지장이 그것이다. 그 장애를 극복하면 이상적인 경지에 도달할 수 있다는 것이 『이장의』의 핵심적인 내용이다. 생사를 벗어나는 것이 불교의 핵심 목적이고 이는 원효의 경우도 마찬가지이다. 생사윤회를 벗어난 열반을 추구한다.

『열반종요』에 의하면 열반은 삼사(三事, 법신·반야·해탈)를 갖추고 있고 상락아정(常樂我淨)의 사덕(四德)을 갖고 있다. 그것을 총괄적으로 다음과 같이 말했다.

이것을 총체적으로 논술하면, 이와 같은 네 가지 덕은 삼사(三事, 법신·반야·
해탈)를 벗어나지 않으며, 삼사는 바로 두 가지 아(我, 法我·人我)에 들어오고,
두 가지 아(我)는 하나의 열반이다. 일(一)은 바로 일체(一切)이며 일체(一切)
는 바로 일(一)이므로, 이것을 여래의 비밀장(秘密藏)이라 한다.[8]

열반은 상락아정인데 이것은 달리 말하면 법신, 반야, 해탈이며 일체이기
도 하다는 것이다. 그러나 열반에도 머무르면 안 된다. 죽음의 극복이라는
것이 안 죽는 것이 아니고, 고통이 없음이라는 것이 낙만 있는 것도 아니다.
목적이 무엇인가? 생사를 벗어나는 것이고 그것은 영원한 자유이며 행복이
라고 할 수 있을 것이다. 그러나 열반을 생사의 대립 개념으로 생각한다면
영원한 행복, 자유로서의 열반이 될 수 없다고 한다. 괴로움을 벗어난다고
했을 때 괴로움은 무엇이고 괴로움에서 벗어나는 나는 누구인지도 문제가
된다.

2) 열반에도 머무르지 않음[不住涅槃]

열반은 우리가 추구하여야 할 궁극적인 이상이다. 그러나 개인적인 열반
만 추구하면 그것은 자기만을 생각하는 소승적인 추구가 된다. 그리고 열반
은 대상화되어 추구할 수 있는 것인지도 문제이다. 그래서 열반의 체(體)에
대해서 논의할 때 열반이 진실하고 불공인지 아니면 허망하고 공인지의 문
제에 대해 한마디로 결론을 내리지 않고 긍정과 부정을 자재로 하면서 결론
을 내린다. 원효는 다음과 같이 말했다.

또한 열반은 상(相)도 떨쳐 버리고 성(性)도 떨쳐 버렸으며, 공도 아니며 불공도 아니고, 아(我)도 아니고 무아(無我)도 아니다. 그런데 왜 공이 아니라고 하는가 하면 무성(無性)을 떨쳐 버렸기 때문이며, 왜 또 불공이 아니라고 하는가 하면 유성(有性)을 떨쳐 버렸기 때문이다. 또는 유상(有相)을 떨쳐 버렸기 때문에 아(我)가 아니라고 말하며, 무상(無相)을 떨쳐 버렸기 때문에 무아(無我)도 아니라고 말하며, 무아가 아니기 때문에 대아(大我)라고 말할 수 있으며, 아(我)가 아니기 때문에 또한 무아라고 말씀하셨다. 또는 공(空)이 아니기 때문에 실유(實有)라고 말하며, 불공이 아니기 때문에 허망하다고 말할 수 있다. 여래가 몰래 깊숙이 간직한 뜻이 이와 같다. 그러니 어찌 비밀리에 그 사이에 대립적인 쟁론을 두겠는가?[9]

생사가 공하고 열반은 진실하다든가 아니면 생사와 열반 모두 공하다는 논의에 대하여 이렇게 결론을 내리는 이유는 하나에 치우쳐서 집착하면 안 되기 때문이다. 열반을 하나에 집착하여 파악해서는 안 되고 열반의 추구도 집착하여 추구하여서는 안 된다. 그것을 다른 말로 표현한 것이 열반에 머무르지 않는 부주열반(不住涅槃)이다. 원효는 『금강삼매경론』에서 다음과 같이 말했다.

"상주열반은 열반에 결박되는 일이다.[常住涅槃是涅槃縛]."라는 것은 설사 항상 깨달음이 열반에 머물러도 이는 곧 집착이라 열반에 묶여 있는 것이니 어떻게 상주를 해탈이라 할 수 있겠는가?[10]

"열반의 성에 머무르지 않는다[不住涅槃城]."라는 것은 삼유심(三有心)을 멸

하되 적지(寂地)에 거(居)하지 않으니 한 말이다.[11]

열반에 머무르면 그것이 그대로 집착이 되어서 진정한 자유가 되지 못하는 것이다. 어떤 의미에서 보면 생사가 열반과 다르지 않다. 원효는 다음과 같이 말했다.

'생멸의 본성은 그 성이 본래 열반[生滅之性 性本涅槃]'이라는 것은 생사가 열반과 다르지 않다는 것을 밝히는 것이다.[12]

시방과 삼세가 한 티끌과 한 찰나이고, 생사와 열반이 둘일 수도 없고 다를 수도 없으며 대비와 반야는 취할 것도 없고 버릴 것도 없다.[13]

이와 같이 곳곳에서 생사와 열반이 다를 바 없음을 말한다. 생사와 열반이 다를 바 없음은 많은 대승불교 사상가들도 강조하는 것으로 원효만의 특색은 아니다. 그러나 어쨌든 중생제도를 강조하는 것은 원효의 중요한 특색이라고 할 수 있을 것이다. 정과 혜를 닦고 자비를 실천하여야 하는 것이다. 열반만 추구하고 현실을 떠나 버리면 그것은 중생을 제도하지 못하고 자비가 없는 것이 된다. 수행을 해서 보리를 구하되 중생제도의 자비심도 갖추어야 하는 것이다. 그것은 다음의 말에서 확인할 수 있다.

만일 대비를 떠나고 곧바로 정(定)과 혜(慧)만을 닦으면 이승의 경지에 떨어지고 보살도에 지장이다. 또 가령 비(悲)만을 일으키고 정과 혜를 닦지 않으면 범부의 고질에 떨어지는지라 보살도가 아니므로, 세 가지 일을 닦아 멀리

두 가지 치우침을 떠나고 보살도를 닦아야 무상각을 이루는 것이다. 그러므로 "이와 같은 삼사(三事)는 보리를 성취시킨다."라고 말한 것이다. 만일 이 세 가지 일(정·혜·대비)을 다 함께 행하지 않는 자는 곧 생사에 머무르고, 열반에 집착하므로 능히 사지(四智)의 대해에 유입할 수가 없으며, 곧 사마(四魔)가 틈을 타 들어올 수 있게 되는 것이다.[14]

『금강삼매경론』에서는 『금강삼매경』의 "범행장자가 말하였다. 불가사의합니다. 이와 같은 지혜의 일은 자기를 이롭게 하고[自利] 또 사람을 이롭게 함으로써[利人], 삼계의 경지를 넘어서고 열반에도 머무르지 않으며 보살도에 듭니다."[15]라는 말에 대하여 다음과 같이 설명하면서 정과 혜, 대비를 함께 실천하고 열반에 머물지 않고 보살도를 실천할 것을 주장했다.

이와 같은 지혜의 일이라는 것은 이와 같은 세 가지(정, 혜, 대비)는 능히 사지 (四智)의 일과 용(用)을 이루는 까닭이다. 자리리인(自利利人)이라는 것은 앞의 둘(정과 혜)은 자리요 셋째(대비)는 이인(利人)이기 때문이다. 삼계의 경지를 넘어선다[過三界地]는 것은 앞의 둘(정, 혜)이 범부의 그것과 다르기 때문이다. 열반에 머무르지 않음[不住涅槃]이라는 것은 세 번째의 대비(大悲)는 이승의 경우와 다르기 때문에 저 극단을 떠나서 보살도에 들어가는 것이다.[16]

더 나아가면 열반에 머무는 이승들을 대비(大悲)에 의해 빼앗아서 열반에서 벗어나게 한다고 말한다. 원효는 다음과 같이 말했다.

〈경〉모든 생멸의 법을 소멸시켜 열반의 경지에 머문다 해도 대비(大悲)에 의해 빼앗겨 열반이 사라지고 머무르지 않습니다.

〈논〉이 게송은 이승이 공에 머무는 것을 빼앗는 것이다. 즉 이승의 사람은 몸과 인식의 생멸하는 모든 법을 없애어 열반에 들어가 그중에서 팔만 겁을 머물거나 내지 십천 만을 머무나, 모든 부처의 동체대비로 저 열반을 빼앗아 다시 마음을 일으키게 된다. 마음을 일으킬 때에 열반이 곧 사라지니, 마치 대상의 주인이 그 화성(化城)을 없애는 것과 같다. 이 때문에 그 가운데 다시 머물지 않는다. 저가 마음을 없앴을 때에는 바르게 깨뜨림을 얻지 못한 것이니, 모든 부처님은 저 열반을 빼앗음을 바로 나타내어, 이로 인하여 저 아직 들어가지 못한 자의 생각을 막았다.[17]

자신의 해탈만을 중시하는 이승은 열반에 머문다. 그러나 대비의 힘은 그 열반을 벗어나게 한다는 것이다. 열반을 별로 좋지 않게 보고 있는 것이다. 더 나아가면 열반이나 또는 생사의 하나에 집착해서는 안 된다고 말한다. 원효는 다음과 같이 말했다.

"공적한 마음의 법은 구취(俱取) 불구취(不俱取)도 마땅히 적멸하다[空寂心法 俱不俱取 亦應寂滅]."라고 한 것은 일심의 법이 또한 하나를 고수하지 않음을 밝힌 것이다. 생사와 열반이 공적(空寂)하고 무이(無二)하니 이 무이한 곳이 곧 일심의 법이고, 일심의 법에 의하여 두 가지 문이 있다. 그러나 두 문[二門]을 함께 취하면[俱取] 곧 마음을 얻지 못한다. 둘이요 하나가 아니기 때문이다. 만약 두 문을 폐하고 다 함께 취하지 않는다면[不俱而取] 그래도 또한 마음을 얻지 못한다. 마음 아님이 없는 까닭이다. 이와 같은 의미로 말미암아 무이(無二)한 마음의 법은 구취(俱取)이건 불구취(不俱取)이건 다 마땅히 적멸하여야 하는 것이다.[18]

생사와 열반은 둘이 아니다. 이 무이한 마음의 법이 일심의 법이다. 그러나 하나를 고수하지 않는다. 다 받아들이는 것도 아니고 다 버리는 것도 아니다. 집착 없이 받아들여야 하는 것이다. 열반에 집착해서 열반에 매달리면 아니 된다. 더 나아가면 대승불교의 근본 정신은 번뇌에 머물면서 중생을 제도하는 것이다. 『금강삼매경』 정설분의 마지막인 「총지품」은 지장보살의 게송으로 끝나는데 그 마지막이 지장보살의 번뇌에 머물겠다는 다짐이다. 그것에 대해 원효는 다음과 같이 설명했다.

'번뇌에 머문다'고 한 것은 보살이 비록 모든 법의 평등함을 얻었지만 방편의 힘으로써 번뇌를 버리지 않는 것이니, 만일 일체의 번뇌와 수면을 버리면 곧 열반에 들어가게 되어 본원을 어기기 때문이다. 이것은 『유가론(瑜伽論)』〈삼마희다결택(三摩呬多決擇)〉 중에서 다음과 같이 말한 것과 같다. "멸진(滅盡)의 등지(等持)[滅盡定]는 마땅히 무루(無漏)라고 말해야 하니, 번뇌와 상응하지 않기 때문이다. 상응하지 않기 때문에 반연하는 대상이 없으니, 그러므로 모든 번뇌에 의하여 일어나는 것이 아니다. 이것은 출세간의 일체의 이생(異生)이 행할 수 있는 것이 아니다. 오직 원지(遠地)에 이미 들어간 보살은 제외하니, 이 보살은 비록 출세간의 법을 일으켜서 앞에 나타내지만 방편의 힘으로 번뇌를 버리지 않는다." 생각건대, 이 가운데 '버리지 않는다'고 한 것은 아라한과 같이 완전히 버리는 것은 아니기 때문에 '버리지 않는다'고 한 것이지 전혀 버리지 않기 때문에 '버리지 않는다'고 한 것은 아니다. 그 가운데

자세한 것은 『이장장(二障章)』에서 설명한 것과 같다. 버리지 않기 때문에 '번뇌에 머문다'고 말하였으니, 이로 말미암아 열반에 들어가지 않고서 널리 시방의 세계를 교화한다.[19]

번뇌에 머문다는 의미는 열반에 들어가지 않고 널리 중생을 제도한다는 것이다. 대승불교는 이와 같이 중생제도, 자비를 가장 중요하게 생각한다. 특히 그 대표적인 보살이 지장보살인데 『금강삼매경』의 마지막을 지장보살이 장식하는 것도 그 의미가 크다고 할 것이다. 원효는 『금강삼매경』을 특히 중시하였는데 이 지장보살의 입장이 원효와 통하는 것 같다. 원효의 죽음관은 단순히 생사의 고통을 피하자는 것이 아니라 생사의 고통을 벗어난 열반마저도 벗어난 걸림 없는 경지를 강조한다. 그리고 그것은 자비와 연결된다. 죽는 존재라는 자각이 중요하다는 것이 불교의 입장이고 원효도 마찬가지이다. 그런데 그 죽음의 극복은 열반이 아닌 열반을 포함한 자비의 삶이라는 것이 원효를 포함한 대승불교도들의 주장이다. 부처의 삶도 그렇게 이해할 수 있을 것 같다. 그냥 죽음의 극복이라면 부처의 전법도 설명이 안 된다. 실제로 부처가 그냥 죽으려 했다는 얘기가 전해져 온다.[20] 스스로 열반에 들려 했다는 것이다. 생사의 세계를 벗어나는 것이 목표라면 깨닫고 나서 열반에 안 들 이유가 없다. 열반에 안 든 이유가 자비심에서라고 해석할 수 있고 궁극적으로는 생사와 열반이 둘이 아니기 때문이라고 말할 수 있을 것이다.

4. 정토

죽음의 문제와 연관하여 생각해 볼 것은 정토 사상이다. 생사를 극복하여 열반에 들고자 하는 것이 초기 불교 이래의 일반적인 해결책이라면 또 하나의 죽음의 해결책이 정토 사상이다. 죽은 다음에 정토에 태어남으로써 죽음을 극복하고자 하는 것이다. 원효는 정토 사상도 중시하였다. 그런데 정토라면 미타의 정토인가, 미륵의 정토인가?『유심안락도』에서는 미타정토가 더 수승한 것처럼 묘사되어 있지만『유심안락도』는 원효의 저술이 아니라는 것이 판명되었으므로 이것에 의거하여 원효의 정토 사상을 논하기는 어렵다. 원효의 태도가 다양한 불교 사상을 모두 인정하는 입장이므로 미타 미륵 모두 인정이 되고 다 중요한 사상이라고 할 수 있다. 미타정토에 대해서 먼저 살펴보고 미륵정토에 대해서도 논의하도록 하자.

1) 미타정토

정토 신앙에서 가장 대표적인 것은 아미타불의 서방정토 즉 극락세계에 대한 신앙이다. 특별한 수식 없이 정토 신앙이라고 하면 미타 신앙을 지칭하는 것으로 인식된다. 원효는 미타정토와 관련하여 많은 저술을 하였다.『무량수경종요』와『아미타경소』가 현존하고 있고 원효 저술로 전해 오지만 현재는 원효 저술이 아닌 것으로 판명된『유심안락도』도 있다. 미타정토 신앙에서 원효는 중요한 위치를 차지한다. 그러나 그가 열렬한 정토 신앙 수행자였다고 말하기는 어렵다. 다양한 불교 사상을 모두 섭렵하고 모두의 중요성을 다 인정하는 것이 원효의 입장이므로 정토 사상에 대한 저술도 많고 민중들에게 널리 전파한 것으로 전해 오지만[21] 정토에 대해서 그것만을 수행했다고 할 수는 없다. 그러나 죽음에 대한 태도를 논할 때에는 정토가 좀 더 중요할 수 있다. 사후에 어디로 갈 것인지를 생각하게 하는 것이 정토 신앙이기 때문이다.

먼저 정토에 대한 기본적인 입장은 마음을 강조한다는 것이다. 근본진리에 입각해서 본다면 정토가 따로 있다고 할 수 없고 중요한 것은 마음에서 깨달음을 얻는 것이기 때문이다. 그러나 어쨌든 사후에 서방 극락세계로 가서 태어난다고 하는 것이 미타정토 신앙이다. 일단 그곳에 태어나고 불교의 궁극적인 이상에는 그다음에 도달하게 된다고 한다. 생사의 괴로움을 벗어나고자 하는 것이 불교의 목적인데 지금 여기에서 궁극적인 이상에 도달할 수 없으므로 일단 정토에 태어나기를 기원하는 것이다. 그런데 이것은 스스로의 힘에 의해서가 아니라 불보살의 도움에 의한 것이다. 그 점에서 신앙을 강조하는 불교라고 할 수가 있을 것이다. 미타정토에 대해서 원효는 다음과 같이 말했다.

> 깨달음의 경지로 이것을 말하면, 차안도 없고 피안도 없다. 예토와 정토가 본디 한마음이므로 생사와 열반은 마침내 둘이 아니다. 그러나 근원으로 돌아가 대각을 이루는 것은 공덕을 쌓아야만 얻을 수 있다. 물결을 따라 떠다니면서 긴 꿈에 빠져 있는 상태에서는 단박에 깨달을 수 없다. 그러므로 성인이 드리운 자취는 먼 것이 있고 가까운 것이 있으며, 베푸신 가르침은 혹은 칭찬하고 혹은 폄하한 것이 있다. 석가모니 세존께서 이 사바세계에 출현하여 오악을 훈계하고 선을 권장하며, 아미타여래께서 안양국토에 머물면서 세 무리의 중생을 인도하여 왕생하게 한 것에 이르기까지, 이들 방편의

자취는 모두 진술할 수 없다.[22]

근본적으로 말하면 예토와 정토가 한마음이고 생사와 열반이 둘이 아니지만 깨달음은 쉽지 않으므로 쉬운 길을 가르쳐 주었는데 그것이 왕생극락하는 정토 신앙이다. 『아미타경소』에서는 이와 비슷하면서도 조금은 다른 표현으로 다음과 같이 말했다.

더러는 염업(染業) 때문에 오탁악세(五濁惡世)의 물결을 따라 오래도록 윤회하고, 더러는 청정한 인연에 힘입어서 사류(四流)를 끊고 영원히 적멸에 든다. 이와 같이 움직였다가 고요했다 하는 것이 모두 다 긴 꿈이로다. 깨달은 경지에서 본다면 윤회도 없고 적멸도 없으니, 더러운 국토도 청정한 국토도 본래 일심이며 생사와 열반이 끝내 둘이 아니다. 그러나 둘이 없다는 깨달음은 진실로 얻기가 어렵고, 일심에 어두워서 꾸는 꿈은 깨기가 쉽지 않다. 그러므로 대성인께서 자취를 보여 주심에 가까움과 멂이 있으며 말씀하신 가르침이 더러는 추켜세우고 더러는 나무라셨다. 그리하여 석가모니 선서께 이르러서는 이 예토에 나투셔서 오탁을 경계하시고 (저 나라로) 왕생하기를 권하셨으며, 아미타여래께서는 그 정토(淨國)를 주재하시면서 세 무리를 이끌어 (극락정토에) 태어나도록 인도하시는 데 이르렀다. 이제 이 경전은 … 정토를 보여 발원하게 하고 묘덕을 찬탄하여 귀의하게 하였다. "묘덕을 (찬탄하여) 귀의하게 하였다."라는 것은 다음과 같다. 귀로 경전의 이름을 들으면 일승에 들어가 되돌아오지 않고 입으로 아미타불 명호를 염송하면 삼계를 벗어나 돌아오지 않을 터인데, 하물며 예배하고 전념하고 찬탄하고 관찰까지 한다면 말해 무엇하겠는가? "정토를 (보여) 발원하게 한다."라는 것은, 황금

모래가 깔려 있고 아름다운 연꽃이 피는 연못에서 목욕하는 것은 태어나게 하는 염인(染因)을 여의는 것이고, 옥으로 꾸며진 나무와 전단향나무 숲에서 노니는 것은 죽음이 없는 성과(聖果)로 향하는 것이다.[23]

아미타불 명호를 염송하고 예배하고 전념하고 찬탄하고 관찰하여 정토에 태어남으로써 더 이상은 태어남과 죽음이 없는 경지에 도달한다는 것이 미타정토 신앙의 핵심이다. 나중에는 예배나 관법보다 쉬운 칭명염불만으로 왕생한다는 사상이 주류가 되었다. 그리고 그런 정토 신앙은 가장 대중적인 신앙이 되었다.

정토 사상은 정토계 경전에만 나타나는 것은 아니다. 원효가 중시한『대승기신론』에서도 정토 사상을 말했다.『대승기신론소』에서 원효는 그것을 다음과 같이 해설했다.

'(진여)법신을 관하여 … 필경에 왕생하게 되어'라는 것은 십해 이상의 보살이 조금이나마 진여법신을 보게 됨으로써 필경에는 극락세계에 왕생함을 밝히고자 하는 것이니, 이는 위의 신성취발심(信成就發心)에서 '조금이나마 법신을 보게 되며'라고 한 것과 같으며, 이는 상사견이라는 점에 의거한 것이다. 또한 초지 이상의 보살이 저 부처의 진여법신을 틀림없이 보기 때문에 '필경에 왕생하게 되어'라고 말하니, 이는『능가경』에서 용수보살을 찬탄하여 "환희지를 증득하고 안락국에 왕생하기 때문이다."라고 한 것과 같다. 이 중에『기신론』의 뜻은 상배(上輩)에 해당하는 사람을 들어서 필경 왕생함을 밝힌 것이지, 법신을 아직 보지 못하면 왕생할 수 없음을 말하는 것은 아니다. '정정취에 머물기 때문'이라는 것은 통틀어 논하자면 세 가지가 있다.

첫째는 견도 이상을 이제 '정정취'라 하니 무루도에 의거하여 정정취를 삼기 때문이요, 둘째는 십해 이상을 정정취라 하니 불퇴위에 머무는 것을 정정취로 삼기 때문이며, 셋째는 구품왕생을 모두 정정취라 하니 수승한 연의 힘에 의하여 퇴전하지 않게 되기 때문이다.[24]

여기에서 말하는 내용은 정토계 경전과는 좀 다른 부분도 있지만 아미타불의 정토를 찬탄하고 왕생을 권유한다는 점에서는 동일하다. 『금강삼매경』에서도 정토를 말하는 부분이 있다. 앞의 『기신론』의 논의와도 통하는 부분이 있는 얘기이다. 원효는 다음과 같이 해설하였다.

〈경〉 이러한 업 때문에 마음을 맑게 할 수 있고, 마음을 맑게 할 수 있기 때문에 부처를 볼 수 있으며, 부처를 볼 수 있기 때문에 정토에 태어날 수 있다.
〈논〉 "이러한 업 때문에 마음을 맑게 할 수 있다."라고 한 것은 일체의 체상용(體相用)을 잊기 때문에 관(觀)에서 나와 세속과 교섭하려는 마음을 맑게 하여 모든 물든 집착을 벗어날 수 있으니, 물든 집착을 벗어난 마음은 보신불을 볼 수 있고, 보신불을 볼 수 있기 때문에 정토에 태어날 수 있는 것이다. 이것이 세 가지 해탈도의 뛰어난 이익이다.[25]

집착을 벗어난 마음은 보신불을 볼 수 있고 그것이 정토에 태어나는 것을 가능하게 해 준다는 것이다. 앞의 『대승기신론』의 말과 비슷하다. 다만 앞에서는 법신불을 본다고 하였는데 여기에서는 보신불을 본다고 하는 점이 다르다. 법신불이든 보신불이든 부처를 볼 수 있어서 왕생이 가능하다는 말이니 정토계 경전의 믿음을 강조하는 입장과는 좀 다른 것을 알 수가 있다.

『금강삼매경』 마지막 부분인 유통분의 마지막 부분에서는 "이 경의 가르침에 따라 진실관에 들면 … 모든 악취를 떠나 정토에 태어나게 될 것이며, 아뇩다라삼먁삼보리를 속히 이루게 될 것이다."[26]라고 정토에 태어날 것임을 말한다. 그리고 원효는 이것을 "'모든 악취를 떠나 정토에 태어나게 될 것이다.'라고 한 것은 화보(華報)를 밝힌 것이고, '아뇩다라삼먁삼보리를 속히 이루게 될 것이다'라고 한 것은 과보(果報)를 나타낸 것이다."[27]라고 해설했다. 여기에서 화보(華報)는 원인이 되는 행업(行業)에 대하여 받을 결과인 과보보다 먼저 받는 것이라 한다. 열매가 맺기 전에 꽃이 피므로 이렇게 말하는 것인데 먼저 정토에 태어나고 그다음에 최종적으로 아뇩다라삼먁삼보리를 이룬다는 것을 말한 것이다. 먼저 왕생극락하고 그다음에 무상정등각을 이루어서 궁극적 목적을 달성하게 된다는 것이다.

2) 미륵정토

미륵정토는 미타정토와는 다른 또 하나의 정토이다. 미륵 신앙에는 사후에 미륵이 현재 있는 도솔천에 태어나기를 염원하는 상생 신앙과 미륵이 하생하는 것을 기다리는 하생 신앙이 있다. 일반적으로 성행한 것은 상생 신앙보다는 하생 신앙인 것 같다. 신라의 경우 하생 신앙이 화랑과도 깊은 연관이 있다.[28] 미륵이 오기를 기다리는 하생 신앙이 민중적 신앙과 맞물려서 성행했던 것이다. 하지만 죽음을 문제 삼아서 어떻게 하면 죽음의 고통을 벗어날 수 있을까 하는 문제와 연결되는 것은 상생 신앙이다. 죽음을 잘 맞이하고 죽은 다음에 좋은 곳으로 가고자 하는 신앙이라는 의미로 생각한다면 그것은 상생 신앙이라고 할 수 있다. 원효도 상생을 더 중시하였다고 할 수 있다. 미륵 계통의 경전에서 중요한 것은 『미륵상생경』·『미륵하생경』·『미륵성불경』의 세 가지인데, 『성불경』과 『하생경』은 하생 신앙이고 『상생경』은 상생 신앙이다. 원효는 『상생경』에 대한 주석서인 『미륵상생경종요』를 썼다. 원효는 『미륵상생경』을 배워서 미륵의 세계에 태어날 수 있다고 말했다.

> 만약 사람들이 이 경을 배우고 외워 저 하늘을 관찰한다면, (그들은) 능히 오묘한 즐거움이 가득하고 청정한 처소에 태어나 지극한 사람인 자씨(慈氏;, 미륵)를 받들 것이며, 물러남이 없는 성인의 계위에 올라서, 죽음이 있는 범부의 세계와 이별하게 될 것이다.[29]

미륵의 세계인 도솔천에 태어나면 미륵의 지도를 받아 영원히 물러남이 없는 경지에 올라 죽음을 극복할 수 있다는 것이다. 더 이상 죽음이 없는 것을 목표로 하는 것이 불교인데 미륵의 세계로 감으로써 그것을 실현할 수 있다는 것이다. 구체적인 수행 방법으로는 두 가지 관찰[觀]과 세 가지 실천[行]을 말하였다.

5. 결론

이제까지 원효의 생사관에 대해서 논의해 왔다. 죽음의 문제는 인간에게 가장 중요한 문제 중의 하나이다. 불교 승려 출신인 원효의 경우에는 더욱 중요한 문제였다. 생사의 문제를 해결하는 것이 가장 중요한 문제이고 그

것이 출가나 수행의 목적이기 때문이다. 원효가 출가한 것도 생사의 문제를 해결하는 것이 중요한 동기였겠지만 구체적인 계기는 확인할 수 없다. 다만 처음 보리심을 낸 사람을 위한 책인 『발심수행장』을 보면 원효의 죽음과 출가에 대한 생각을 알 수 있다. 이 책에서 원효는 수행을 통하여 생사의 고해에서 벗어나라고 말했다. 수행하여 깨달음을 얻으면 해탈할 수 있으므로 열심히 수행하라는 것이다.

다음으로는 열반에 대해서 논의했다. 구체적으로 수행을 통해서 열반을 획득하여야 한다. 열반은 생사를 벗어난 것이다. 열반은 괴로움을 벗어난 것이고 상(常)·락(樂)·아(我)·정(淨)이다. 무상·고·무아가 아니다. 그리고 열반은 법신이고 반야이고 해탈이다. 이러한 열반을 획득함으로써 우리는 괴로움을 벗어나고 이상적인 경지에서 행복을 누릴 수 있다. 그런데 열반을 실체화하거나 그것에만 집착해서는 안 된다는 것이 부주열반이다. 생사를 벗어난 열반, 생사와 대립된 열반을 추구하지만 궁극적으로 보면 생사와 열반은 하나라는 것이 원효의 주장이다. 그러므로 열반에 집착하고 열반에 머물면 안 된다. 열반에 머물면 안 되는 또 하나의 이유는 자비에 어긋나기 때문이다. 스스로의 열반만 추구하고 중생제도를 등한시하는 것은 대승불교의 근본정신에도 위배된다.

다음으로 사후에 가는 곳이라는 점에서 정토도 중요하다. 죽음을 극복하는 것은 열반에 도달함으로써 극복이 가능하지만 또 하나의 방법은 정토에 왕생하는 것이다. 생사를 직접적으로 벗어나는 열반을 획득하는 것은 아니지만 일단 정토에 태어나면 궁극적인 이상의 성취를 보장받으므로 그것으로 죽음의 괴로움을 극복할 수 있는 것이다. 다른 종교에서 말하는 천국에 간다는 사고방식과 비슷하다고 할 수 있겠다. 원효는 이 정토 사상에 대해서 기본적으로 예토와 정토가 하나고 마음이라는 것을 강조하여 유심정토적인 입장이지만 방편으로서의 가치를 인정하여 그 사상을 널리 전파하는 데 중요한 역할도 하였다. 죽음을 극복하는 한 가지 수단으로 인정되는 것이다. 그런데 정토 사상은 역시 『무량수경』이나 『관무량수경』 『아미타경』 등의 경전이 중요하지만 원효가 중시하였던 『대승기신론』이나 『금강삼매경』에도 나타난다는 것은 흥미로운 일이다.

원효는 죽음의 괴로움을 극복하는 것을 삶의 중요한 목적으로 삼았다. 불교적 수행은 그 과정이라고 할 수 있을 것이다. 그런 과정에서 생사를 벗어난 열반을 추구한다. 그러나 생사와는 완전히 다른 대상화된 열반을 추구하는 것은 그 자체가 문제이다. 그리고 그것은 중생제도라는 대승불교의 큰 이상과도 맞지 않는다. 여기에서 열반에도 머무르지 않아야 하고 걸림 없는 실천으로 중생을 제도하는 대자비의 실천도 중요할 것이다. 걸림 없는 실천이 중요한 것이다. 『삼국유사』에서 원효 전기의 제목은 〈원효불기(元曉不羈)〉(원효가 걸림이 없음)이다. 원효의 특성을 잘 묘사한 것 같다. 열반에 머무르지 않고 생사에서도 벗어나서 걸림 없는 실천으로 중생을 제도하고 자유로운 삶을 추구했던 것이 원효라고 결론 내릴 수 있을 것이다.

제2부

종교학 산책

분류 체계 등장과 퇴장의 조건

장석만

1. 색즉시공(色卽是空), 공즉시색(空卽是色)

한국에서 가장 많이 언급되고, 유명한 불경은 『마하반야바라밀다심경』,
즉 『반야심경』이다. 『반야심경』이 만들어진 과정에 대해서는 여러 가지 주
장이 있다. 2세기 혹은 4~5세기경에 광대한 반야바라밀다경을 줄여서 인도
에서 만들어졌다는 설이 있고,[1] 7세기에 중국에서 먼저 그 모습을 갖춘 다
음, 8세기에 산스크리트어로 번역되었다는 설도 있다.[2] 그러나 누구도 의심
하지 않는 점은 260자의 한자(漢字)로 이루어진 『반야심경』이 대승불교 사
상의 핵심을 잘 표현해 주고 있다는 것이다. 『반야심경』은 음송하기에도 적
합하여 우리나라의 불교 의례에 거의 빠지지 않고 등장한다.

『반야심경』 가운데 불교에 문외한인 사람의 귀에도 익숙한 구절은 "색즉
시공 공즉시색(色卽是空 空卽是色)"일 것이다. 바로 앞 구절이 비슷한 의미의
"색불이공 공불이색(色不異空 空不異色)"인데, 그만큼 이 부분이 『반야심경』
의 강조점임을 알 수 있다. 그리고 "색즉시공 공즉시색"의 구절에 뒤이어서
"수상행식 역부여시(受想行識 亦復如是)"라고 하여, 수상행식(受想行識)의 경우
도 마찬가지라는 내용이 나온다.[3] 즉 "수상행식즉시공 공즉시수상행식(受想
行識卽是空 空卽是受想行識)"이라는 구절이 생략되어 있음을 알 수 있다. 색과
수상행식은 다섯 가지 덩어리인 오온(五蘊), 즉 색(色)·수(受)·상(想)·행(行)·

식(識)을 일컫는 것이다. 여기서 색(色)의 의미는 물질적인 것을 가리키는데, 육체적인 것이라고 좁혀서 뜻하기도 한다. 수·상·행·식은 각각 '감각'·'생각의 일어남'·'이것을 이어 가는 작용'·'판단하여 결정하는 전체의 앎'이라는 정신적 작용을 일컫는데,[4] 여기서 말하고자 하는 의미를 "색즉시공 공즉시색"의 구절을 빌려 말하자면, "오온즉시공 공즉시오온(五蘊卽是空 空卽是五蘊)"이라고 할 수 있다. 오온이라는 물질적·정신적 작용은 곧 실체가 없으며, 실체가 없는 공은 곧 오온이라는 것이다. 이렇게 볼 때, 뒤이어 나오는 "시제법공상 불생불멸 불구부정 부증불감(是諸法空相 不生不滅 不垢不淨 不增不減)" 즉 "이 모든 법의 빈 모습은 새로 생겨나는 것도 아니고 사라져 없어지는 것도 아니고, 더러워지는 것도 아니고 깨끗해지는 것도 아니며, 늘어나는 것도 아니고 줄어드는 것도 아니다."[5]라는 내용은 "색즉시공" 혹은 "오온즉시공"의 측면을 강조하고 있다고 할 수 있다. 반면 "공즉시색" 혹은 "공즉시오온"의 측면은 두드러지지 않고, 다만 뒷면에 잠재되어 있다. 양쪽의 중요한 의미 가운데 한쪽 측면은 전면에 부각시키고 다른 쪽은 뒤로 후퇴시킨 것으로 볼 수 있다. 왜 그렇게 된 것일까?

여기서 『반야심경』이 만들어졌을 때의 상황을 생각해 볼 필요가 있다. 그때의 상황에서 볼 때, "공즉시색" 혹은 "공즉시오온"보다는 "색즉시공" 혹은 "오온즉시공"의 측면을 부각시키는 것이 더 의미 있다고 본 것이 아니었을까? 이런 점은 두 가지 측면 가운데 어느 쪽을 더 강조하느냐를 놓고 불교사상사에서 끊임없이 각축을 벌였다는 점을 떠올리면 어느 정도 이해할 수 있을 것이다. 공(空)의 측면이 '지나치게' 강조되고 있다고 여겨진 경우에는 가차 없이 그 불균형을 견제하기 위해 색(色)의 측면을 부각시키는 논점이 대두되었던 것이다. 『반야심경』에서 기본적으로 "색즉시공 공즉시색"을 주장하지만, 공의 측면에 좀 더 강조점이 두어진 듯한 인상을 독자가 받는 것은 색의 측면이 지나치게 강조된 시대적 맥락에서 『반야심경』이라는 텍스트가 형성되었기 때문으로 보인다.

색의 측면이 강조된 시대란 어떤 것인가? 그것은 우리 몸의 감각기관과 사고(思考) 그리고 의지[眼耳鼻舌身意]가 대상과 만나서 만들어 낸 색깔·소리·냄새·맛·감촉 그리고 다르마[色聲香味觸法]의 실체성이 부각되는 때이고, 우리가 만들어 낸 수많은 구분선과 분류 방식이 마치 고정불변한 것처럼 여겨지는 때이다. 태어났다가 없어지는 것이 마치 본래 그런 양 여겨지고, 더럽고 깨끗한 것이 마치 원래 그런 양으로, 그리고 더해지고 덜해지는 것이 마치 늘 그런 양으로 아무런 의심 없이 여겨지는 때이다. 주어져 있는 모든 구분선과 분류 체계가 늘 그렇게 존재해 왔던 것처럼 간주되어 거기에서 벗어날 생각을 할 수 없는 시기가 바로 색의 측면이 강조된 시대이다. 이런 때에는 바로 그 불균형을 바로잡기 위해 공의 측면이 강조되는 것이다.

이런 점은 불교에서만 있는 것이 아니라, 다른 종교 전통에서도 찾아볼 수 있다. 예컨대 『도덕경』의 유명한 첫 부분에서 상명(常名) 혹은 무명(無名)과 유명(有名)을 다음과 같이 언급하였다. "이름 없는 것을 천지의 처음이라 하고[無名天地之始], 이름 있는 것을 만물의 어미라 한다[有名萬物之母]. 그러므로 늘 욕심이 없으면 그 묘함을 보고[故常無欲以觀其妙], 늘 욕심이 있으면 그 가장자리만 본다[常有欲以觀其徼]. 그런데 그 둘은 같은 것이다. 사람의 앎으로 나와서, 이름만 달리했을 뿐이다[此兩者同出而異名]."[6] 여기서 '요(徼)'는 자신의 경계선이나 테두리를 가지고 있는 것을 가리키는 것으로, '묘(妙)'와 서로 대응되고 있다. 무명·무욕이 미묘한 것을 볼 수 있는 것과 연결되는 반면, 유명·유욕은 차별상을 보는 것과 관련되어 있다. 따라서 미묘한 것은 차별적인 경계가 흐릿하게 되거나 지워진 상태를 가리키는 것으로 읽을 수 있다. 하지만 무명과 유명은 서로 우열의 관계에 있지 않으며, 동등한 가치를 지니고 있다. 둘 모두 그윽한 현(玄), 그리고 그윽함의 그윽함[玄之又玄]이라는 곳에 뿌리를 두고 있기 때문이고, 거기에서 모든 미묘함이 나타나는 것이다[同謂之玄玄之又玄衆妙之門]. 이름이 만들어 내는 구분과 경계선의 차별상 세계와 그 상반된 세계, 즉 이름 없음이 드러내는 무차별의 미묘한 세계는 서로 역동적인 균형의 관계를 맺고 있는 것이다.

여기에서 이런 논점을 불교나 도교와 같은 동양 종교에서만 아니라, 기독교적 전통에서도 쉽게 찾아볼 수 있다는 점을 보이기 위해 예수와 바리새파(Pharisees)의 관계를 간략하게 살펴본다. 바리새파는 예수가 활동하던 당시에 사두개파(Sadducees)·에세네파(Essene)와 더불어 유대인에게 영향력이 있는 정치적·종교적 집단이었다. 사두개파는 예루살렘 사원의 사제 계급과 부유한 귀족 계급으로 이루어졌으며, 로마의 정치적인 지배를 인정하고 '이교도' 문화를 수용하는 태도를 취하였다. 에세네파는 예루살렘 사원이 부패하였다고 주장하면서 사유재산을 포기하고 사막으로 떠나가 자신들의 수도(修道) 공동체를 세웠다. 그들은 임박한 종말을 믿었으며, 철저한 내세적 금욕 생활을 준수하였다.[7] 반면 가장 큰 분파였던 바리새파는 가난한 유대인 서민층에 기반을 두었고, 그들의 삶에 커다란 영향을 끼쳤다. 헬레니즘화로 이질적인 그리스 문화가 유대인들에게 대거 들어오자, 헬레니즘화에 호의적이었던 사두개파와는 달리, 바리새파는 유대 전통의 율법적 가르침을 고수하려는 태도를 보였다. 따라서 바리새파는 모세 율법에 따라 유대인의 일상적이고 제의적인 삶에서 지켜야 할 행위규범을 엄격하게 규정해 놓고, 이 율법의 준수를 강하게 요구하였다. 바리새라는 용어가 '분리된' 혹은 '구별된(set apart)'이라는 낱말에서 연유된 것에도 이런 맥락이 있다. 계층적인 측면이나 기본 성향에서 사두개파보다는 바리새파에 더 가까웠던 예수가 주된 비판을 바리새파에게 퍼부은 이유는 바로 바리새파가 지녔던 대중적인 영향력 때문으로 보인다. 삶의 구석구석에 지켜야 할 경계선을 촘촘하게 그어 놓고, 그로부터의 일탈을 허용하지 않은 바리새파에게 예수가 과감하게 도전한 것이고, 예수는 그 대가를 십자가 위에서 치러야 했다. 예수는 바리새파가 대중들에게 율법의 무조건 준수를 강요하는 것에서 부당한 억압을 감지하였고, 율법이라는 분류 체계가 삶에 봉사하지 않고, 또 다른 억압 기제로 작동하는 것을 보고 그대로 참을 수는 없었던 것이다. 「마태복음」의 다음과 같은 내용은 이런 점을 잘 보여준다.

> 화 있을진저, 외식(外飾)하는 서기관들과 바리새인들이여. 너희는 천국 문을 사람들 앞에서 닫고, 너희도 들어가지 않고, 들어가려 하는 자도 들어가지 못하게 하는 도다.[8]

> 화 있을진저, 외식(外飾)하는 서기관들과 바리새인들이여. 회칠한 무덤 같으니, 겉으로는 아름답게 보이나, 그 안에는 죽은 사람의 뼈와 모든 더러운 것이 가득하도다.[9]

물론 바리새파가 율법을 유대인의 삶의 격자(格子)로 삼으려고 한 것 자체를 잘못이라고 말할 수는 없다. 예수는 다만 그것이 마치 고정불변한 것처럼 굳어져서 사람들의 삶을 옥죄어 왔을 때의 폐해를 시정하고자 했을 뿐이다. 기원 후 70년 예루살렘 사원이 파괴된 후, 사두개파는 사라져 버렸으며, 메시아를 기다리며 사막에서 내세적 공동체를 만들었던 에세네파도 없어졌다. 살아남은 것은 모세 율법을 고수하며 유대인 민중들에게 파고들어간 바리새파뿐이다. 랍비 중심의 유대교란 바로 바리새파 계통을 일컫는 것이다.[10] 사도 바울(Paul the Apostle, 약 5-67)은 바로 바리새파 가운데에서도 열심(Zealos)이라는 이상을 추구한 행동주의 분파(젤롯당)에 속했던 사람이었다.[11] 그들은 인간이 힘을 다해 율법을 지키고 모든 유대인이 율법을 준수해야만 신이 인간을 돕는다고 믿었다. 그래서 기독교로 개종하기 전의 바울은 모세 율법을 철저하게 지키는 것에 절대적인 가치를 두고, 그 규범에서 벗어나는 이들을 박해하였다. 그러나 기독교로 개종한 후에 그는 할례, 안식일 준수 등의 유대교 율법에서 자유롭게 되었다. '육신에 하는 할례가 아니라, 마음에 하는 할례'[12]와 같이 율법을 재해석함으로써 율법에 무조건적으로 복종하는 태도를 버리게 된 것이다.

예수와 바울이 모세의 율법이라는 분류 체계의 '횡포'에서 벗어나게 되었다고 해서 그들을 따른다고 주장하는 그 이후의 기독교가 또 다른 격자의 억압을 행사하지 않았다는 것은 물론 아니다. 자신들의 권력을 정당화하는 데 적합하다고 여기면 예수와 바울을 끌어다가 거리낌 없이 남들의 주장을 억압하였다. 한편에서는 기존 분류 체계를 질서의 이름으로 수호하고, 다른 한편에서는 이를 억압 체제로 간주하고 타도하거나 개혁하려는 공방전이 끊임없이 이어졌던 것이다. 이런 맥락에서 예수와 바리새파의 관점은 분류 체계의 문제를 살피는 데 하나의 좋은 사례를 보여준다.

2. 성스러움(sacred)에 관한 두 가지 이론

성(聖)과 속(俗)의 구분을 종교 영역의 핵심이라고 파악하고, 성스러움에 관한 이론을 발전시키는 데 기여한 학자로서 에밀 뒤르케임(Emile Durkheim:, 1858-1917)과 머치아 엘리아데(Mircea Eliade, 1907-1986)를 들 수 있다. 뒤르케임이 강조한 것은 성과 속이 전혀 이질적이라는 점, 성스러움이 타부(taboo)에 의해 보호되는 것이라는 점, 그리고 성스러움의 궁극적인 바탕이 바로 사회라는 점이다.[13] 반면 엘리아데는 우주의 성스러움이 혼란 그 자체인 속(俗)의 세상에 진입하여 질서가 만들어지는 성현(聖顯, hierophany)을 강조하였다. 성스러움의 출현은 시간적·공간적인 기축(基軸)을 통해 이루어지는데, 시간 축(軸)은 주기적으로 귀환하게 마련된 '태초의 시간'이고, 공간 축은 '중심의 상징체계'이다.[14] 아득한 태초의 순간으로 반복하여 돌아가고, 초월적 세계와의 접촉이 이루어지는 중심의 공간에서 성스러움이 드러나 점차 확산된다는 것이다.

뒤르케임의 경우, 속에 대해 이질적인 성스러움과 사회 전체의 표상으로서의 성스러움의 주장이 서로 충돌하는 것처럼 여겨지는 문제가 있지만,[15] 성스러움이 사회질서의 핵심적 영역이며, 그 보존을 가리키고 있다는 주장은 일관되게 견지된다. 반면 엘리아데의 경우, 질서는 내부에서 보존되는 것이 아니라, 오히려 밖으로부터 와서 성현(聖顯)의 과정을 통해 비로소 이루어지는 것이다. 즉 뒤르케임의 성스러움이 속(俗)의 핵심적 안쪽에 존재하는 것이라면, 엘리아데의 성스러움은 속(俗)의 바깥에 있는 것이다. 그래서 각각 이 세상의 가장 안쪽과 이 세상을 벗어난 바깥에서 성스러움을 발견하는 관점이 서로 대응된다. 질서를 성스러움과 연결시키는 점에서 뒤르케임과 엘리아데는 공통적이지만, 질서의 의미는 서로 다르고 그 방향도 상반된다.

성스러움에 대한 뒤르케임과 엘리아데의 이와 같은 관점은 서로 다른 이론적 경향으로 연결되어 전개된다. 하나는 이 세상의 질서 유지를 지고(至高)의 가치로 간주하는 관점이고, 다른 하나는 이와는 반대로 그 질서 자체를 위반하고 전복시키는 것에 최상(最上)의 가치를 두는 관점이다. 이런 맥락에서 윌리엄 페이든(William Paden)은 성스러움에 관한 관점을 두 가지 모델로 구분한다.

첫 번째는 페이든이 '성스런 질서(sacred order)'라고 이름 붙인 것으로, 어떤 시스템이든지 자체의 존립성을 침해받지 않고, 온전하게 유지해 나가는 측면에 우선적인 가치를 두는 모델이다. 여기서 성스러움은 시스템이 유지되기 위해 절대 침범당할 수 없는 보존성의 영역이다. 이에 비해 속된 것은 일상적인 것이라기보다는 이 질서를 위반하고 전복시키려는 성격을 지닌다. 하나의 세계가 자신의 경계선을 침범당하지 않고 온전함을 유지할 때, 그것은 신성한 성격을 띠며, '청결함'의 개념과도 연결된다. 신성불가침의 영역은 오염되지 않은 깨끗한 곳인 것이다. 따라서 성스런 질서를 전복하려는 세속적인 것은 '더러움'의 개념과 연결되어 오염의 원천으로 간주된다. 이런 오염을 막기 위해서는 체제의 경계선을 단속하는 것이 필수적이다. 여기서 타부의 개념이 나타나게 된다. 성스런 질서가 오염으로 인한 혼란을 겪지 않기 위해서 체제의 출입구와 경계선에 금줄을 긋고 위험하고 더러운 것의 전염을 방비하는 것이다.[16]

두 번째는 성스러움을 파악할 때, 초월적 힘이나 초인간적 존재가 돌연히 이 세상에 등장하는 것에 초점을 두는 것으로, 페이든은 '마나(mana)' 모델이라고 이름을 붙였다. 여기서 성스러움은 초인간적 타자(他者)에 속해 있는 반면, 세속적인 것은 일상적이고 자연적인 것으로 간주된다.[17] 이 관점은 기존의 질서가 초월성의 등장으로 교란되거나 전복되는 것, 혹은 기존 질서의 모든 구분 자체가 사라지는 점을 부각시킨다. 예컨대 서구 기독교의 역사에서 유일신이 인간의 오만함을 응징할 때, 인간이 만들어 낸 세상의 질서를 송두리째 뒤집어 없애 버리는 모습이다. 하지만 '마나' 모델이라는 이름에서 드러나듯이, '마나' 같은 비인격적인 힘의 등장도 여기에 포함되며, 원시종교의 연구가 행해지면서 점차 이 측면이 조명되기 시작하였다. 그렇다고 하더라도 서구에서 성스러움을 파악할 때, 두 번째 모델 중에서 유일신 중심적인 관점이 지배적이었다. 즉 유일신의 전지전능함 앞에서 인간이 이룬 바의 보잘것없음을 드러내고자 한 것이다. 윌리엄 페이든은 이런 편향성이 서구 중심적이고 유일신론적인 편견을 보여주는 것이라고 비판하면서, 성스러움에 관한 두 가지 관점이 모두 필요하다고 주장한다. 즉 자신의 경계선을 온전히 지켜 나가려는 것과 함께 경계선을 부수고 혼란을 만드는 것 모두 성스러움의 필수 요소라는 것이다.[18] 물론 '성스런 질서'와 '마나'라는 두 가지 모델로써, 성스러움의 양식이 모두 설명되었다고 할 수 없다. 성스러움의 경험이 지닌 복합성과 다양성이 한편으로 '신성한' 질서의 수호, 그리고 다른 한편으로 '거짓' 질서로부터의 해방이라는 이분법적 구분으로 소진될 수는 없기 때문이다.[19]

  핀란드 투르쿠 대학의 비교종교학 교수인 베이코 안토넨도 성스러움의 두 가지 측면에 주목했다. 한편에는 통합성·단일성·질서·청결함과 같은 긍정적인 성격이 있고, 다른 한편에는 위험성·무질서·불결함과 같은 부정적인 측면이 있다.[20] 그는 본래적으로 성스러운 것을 상정하는 본질주의적 관점에서는 결코 얻을 것이 없다고 보면서, 성스러움은 경계를 만드는 범주(boundary-category)로서 파악해야 하며, 그 분류가 이루어지는 사회-문화적 맥락을 살펴야 한다고 주장했다.[21] 따라서 안토넨에게 성스러움은 안과 밖의 경계선을 그어서 서로 분리하고, 구별 짓거나, 아니면 이전의 경계선을 거두거나 다른 방식으로 그어서 분리되었던 것을 서로 묶을 때 나타나는 특정한 성질이다. 안과 밖을 나누는 경계선은 성스러움의 영역을 만드는 것으로서, 외부의 오염된 것이나 위험한 것에 맞서서 내부를 보호하는 쪽으로 나아가거나, 내부를 열어젖혀서 외부와 섞이는 쪽으로 진행하기 위해 설정하기도 하는 것이다.[22] 안토넨은 성스러움의 영역을 만드는 세 가지 요소를 경계선, 그리고 그 설정과 함께 나타나는 안쪽과 바깥쪽이라고 주장하는데, 여기에 네 번째 요소로서 맥락성(contextuality)을 더했다.[23] 경계선 설정은 언제나 특정한 역사적 사회적 맥락에서 이루어지기 때문이다. 안토넨은 어떤 사물이나 현상이 성스러운 것으로 인지되어 다른 것과 구별되는 경우를 두 가지로 보았다. 하나는 기존의 분류 체계를 벗어나 기대에 어긋날 때이고 다른 하나는 이상(理想)적인 규범의 관점에 맞아서 완벽한 것으로 간주될 때이다.[24] 경계선이 설정되는 과정에서 그 기준이 되는 것은 주로 인간의 몸과 지형(territory)인데, 특정 사회-문화적 맥락에서 인간 몸의 내부와 외부, 그리고 지형의 내부와 외부에 경계선이 그어지면서 안팎이 분리되거나 연결되는 상황이 벌어지고, 주어진 경계선을 일탈한 바깥쪽과 경계선 안쪽의 핵심부가 모두 성스러운 영역으로 될 수 있는 것이다. 즉 성스러움이라는 지고의 가치는 분류 체계를 강고하게 유지하도록 작용할 수도 있고, 반대로 그것을 전복하거나 해체하도록 만들 수도 있는 것이다.

3. 학문의 분류 체계

현재 한국의 학문 분류 방식 가운데 가장 기본적인 것은 문과(文科)와 이과(理科)의 구분이다. 이 구분은 문과와 이과가 대등한 관계를 맺으며 성립한 것이 아니라, 이과 즉 자연과학이 등장함에 따라 자연과학과 그 나머지라는 성격을 띠며 나타났다. 이런 점은 서구 사회에서도 마찬가지다. 과학과 인문학 사이의 불통(不通)을 거론하며 그 문제점을 지적하는 스노우(C. P. Snow, 1905-1980)의 책, 『두 문화』[25]에서도 자연과학 주도의 학문적 개편을 역설했다. 과거의 학문인 인문학은 자신의 시대가 지나갔음을 깨닫고, 자연과학의 지배를 수긍해야 하며, 그 모델에 따라서 자체 혁신을 하지 않으면 안 된다는 것이 스노우의 주장이다. 서구에서는 18세기 후반부터, 그리고 한국에서는 19세기 후반부터 자연과학의 헤게모니가 점차 만들어지기 시작하였다.

사회과학은 자연과학과 인문학의 사이에서 19세기 후반에 모습을 나타냈는데, 경제학·정치학·사회학이 주요한 분과였다. 인문학이 자연과학의 보편적 '일반화' 방법에 대해 저항을 한 반면, 사회과학은 자연과학적인 법칙을 모방하기 위해 애를 썼다. 이매뉴얼 월러스틴(Immanuel Wallerstei, 1930-현재)은 사회과학의 등장과 함께 나타난 '문과'의 학문 영역에 관해 다음과 같이 언급했는데, 이는 19세기 후반에 당연하게 간주되었던 세 개의 기본적 학문 분류 기준과 그로부터 생기는 여섯 개의 학문 영역에 관한 것이다.

그것(세 개의 기본 분할)은 과거(역사학)와 현재(경제학·정치학·사회학)의 분리, 서구 문명사회(중세 유럽 대학의 네 가지 학부인 신학·의학·법학·철학)와 나머지

세계('미개한' 민족을 연구하는 인류학과 비서구 '고도 문명들'을 연구하는 오리엔탈학)의 분리, 그리고 시장 논리(경제학)와 국가(정치학)·시민사회(사회학)의 분리(이는 근대 서구 사회에만 적용된다) 등이다.[26]

이런 인문·사회 분야에서의 학문 구분은 20세기 동안에도 그대로 관철되어 유럽의 과거 문헌을 연구하는 역사학, 현재의 시장·국가·시민사회를 각각 연구하는 경제학·정치학·사회학, 유럽의 인간을 연구하는 철학, 비(非)서구 비(非)문자 인간을 연구하는 인류학, 비(非)서구 문자 인간을 연구하는 오리엔탈학의 영역이 유지되었다. 여기에서 주된 분류 기준은 과거-현재의 시간 축과 서구-비서구의 공간 축이며, 현재의 서구가 중심점으로 작용하고 있다는 것을 알 수 있다. 과거는 시간적인 타자(他者)이고, 비서구는 공간적인 타자인 반면, 그것을 타자화하는 중심 주체는 바로 현재의 서구인 셈이다. 그래서 현재의 서구인이 다른 인간과 동등한 급(級)을 갖는다는 것은 불가능하며, 그런 인간 사이의 구분은 지식의 차원에서도 우열을 낳게 된다. 니시타니 오사무(西谷修)는 두 가지 인간 유형을 각각 '안트로포스(Anthropos)'와 '후마니타스(Humanitas)'로 구분하고, 각 지식의 성격을 다음과 같이 설명했다.

> (서구에서 인간을 나타내는 두 가지 용어인) '안트로포스'와 '후마니타스'는 결코 균등한 관계에 처해 있지 않다. 이런 불균등성은 근대 지식 체제에서 핵심적인 기능을 수행하는데, 그것은 바로 인간에 관한 근대적 지식에 이중적인 기준을 마련해 놓는 일이다. 즉 '안트로포스'가 결코 인간학적 지식의 대상이라는 위치에서 벗어날 수 없는 반면, '후마니타스'는 모든 지식의 주체로서

스스로를 정립하게 되는 것이다.[27]

'후마니타스'가 현재의 서구 및 그와 직결된 서구의 문헌 전통을 연구하는 분야이면서 또한 연구의 주체를 지칭하는 반면, '안트로포스'는 비서구인 및 과거의 서구인, 그리고 그에 대한 지식 분야를 가리키는 것이다. 니시타니는 '유럽의 엑스트라(extra-Europe)'와 '유럽 이전(Ante-Europe)'이라는 말로 '안트로포스'의 인간을 효과적으로 정리해 주면서 그 좋은 예로서 인류학의 두 분야인 문화인류학과 체질인류학을 들었다. 문화인류학이 서구에서 공간적으로 멀리 떨어져 있는 비서구인을 연구하는 반면, 체질인류학은 서구 내부에서 근대인이라고 보기 힘든 자들을 자연과학적 방식으로 연구하기 위해 등장하였다는 것이다.[28]

우리는 이런 점을 통해 인간을 분류하는 것과 지식을 분류하는 것이 얼마나 밀접하게 연결되어 있는지를 알 수 있다. 그뿐만 아니라 지식의 생산이 이루어지는 방향에도 결정적인 영향을 미치게 된다. 하나의 흐름이 구심적인 것이라면 다른 흐름은 원심적이다.

첫 번째의 흐름은 원(原)자료의 지식이 주변부에서 여러 메트로폴리탄 중심부로 흘러가는 것이다. 이런 지식은 '가공되지 않은' 것이며, 보편성을 획득하지 못한 상태이다. 두 번째 원심적인 흐름은 수집된 사실을 평가하고 일반화하여 우선 서구 독자들에게 전달될 수 있도록 만든 다음에 비서구권에도 수출하는 것이다. '이론(theory)'이라고 불리는 이런 지식은 전 세계적으로 수용되고 제도화되어 학문 분야 및 정치, 사회 분야에서 중요한 기준으로 작용한다.[29]

사카이 나오키(酒井直樹)는 서구의 이론과 비서구의 사실 자료가 서로 반대 방향으로 움직이고 있으며, 원심력의 방향으로 확산되는 서구 이론의 영향력에 관해 언급하였다. 이를 한마디로 말하자면 '안트로포스'를 '후마니타스'에 동화시키는 방향이라고 말할 수 있다. '안트로포스'가 아니라, 모두 '후마니타스'가 되는 방향으로, 이와 같은 '후마니타스'화의 원망(願望)은 서구인이 비서구인에게 강제로 주입한 것이라기보다는 비서구인의 서구 모방 욕망 때문에 강화된 것이다.[30]

한국의 경우에 이런 경향은 19세기 후반과 20세기 전반의 시기에 현저해졌다. 당시에는 한편으로 조선의 쇠퇴 혹은 망국(亡國)의 원인을 찾아내려는 노력이 기울여졌고, 다른 한편으로 서구 제국(諸國)의 부국강병 원인을 파악하려고 애를 쓰면서 '후마니타스'의 자연과학적 지식이 강력하게 요청되었다. 지금도 여전히 회자되는 '과학입국(科學立國)'이라는 구호는 자연과학적 지식의 당위성이 별로 흔들리지 않고 있다는 것을 잘 보여준다. 거의 150년 전의 동도서기론(東道西器論)이 '동도(東道)'라는 정신적 체제 원리를 중심에 놓고, '서기(西器)'를 보완하는 관점이었다면, 곧 서도서기론(西道西器論)이 판세를 장악하고, 이후에는 '후마니타스'화가 당연하게 여겨지게 된 것이다. 자연과학의 모델을 기축으로 하여 학문 분류가 마련된 것도 이런 맥락에서 이루어졌다.

1908년에 간행된 『대동학회월보』에는 당시 유행하던 지식의 분류 방식이 소개되어 있다. 우선 자연현상을 연구하는 자연과학과 인위적 현상을 연구하는 정신과학을 구분한 다음에, 정신과학을 문학과 국가과학으로 나누고, 문학은 다시 철학과 협의의 문학으로 나누었다.[31] 정신과학이 다루는 분야는 인간의 정신 작용인 지정의(知情意)의 세 가지 영역인데, 이 가운데 협의의 문학은 의(意), 철학은 지(知)와 정(情)을 다루는 것으로 배치된다. 철학 중에서 지식계의 과학은 논리학과 심리학이며, 감정계의 과학은 심미학(審美學)·윤리학·종교학이다.[32] 이 분류 방식은 두 가지의 기준, 즉 자연과 정신의 구분, 그리고 지식·감정·의지의 구분을 통해 작동하며, 객관성의 측면에서 서열을 함축하고 있다. 즉 가장 상위의 객관성은 자연과학이고, 그다음이 정신과학 중에서 지식계의 과학이 차지하는 것이다. 감정과 의지의 정신과학은 아무래도 객관성의 낮은 쪽에 위치하게 된다. 이런 점은 동도서기론에서 왕조의 유교 이념이나 민족혼(民族魂)의 고양이 핵심적 중요성을 띠었던 것과 대조적이다. 하지만 지식의 객관성이 중시된다고 하더라도, 그 측면만 강조되는 경우는 별로 없다. 왜냐하면 집단 아이덴티티를 내세우는 지식도 체제를 유지하기 위해서 강력하게 요청되기 때문이다. 해방 후에 국사와 국문학이 문과(文科)의 지식 영역에서 우세한 지위를 누리고 있는 것은 바로 그 분야로부터 민족주의 체제를 유지하는 데 필수적인 지식이 공급되기 때문이다.

앞서 언급하였던 이매뉴얼 월러스틴의 인문·사회과학 분야에서 일어난 세 개의 기본 분할, 즉 과거-현재, 서구-비서구(West-Rest), 시장-국가-시민사회의 분할은 20세기 한국의 지식 영역에서도 공고하게 자리를 잡았다. 현재의 지식을 생산하는 사회과학이 현 체제를 유지하고 관리하는 것을 주된 기능으로 하였다면, 역사학의 주 기능은 과거의 지식을 이용하여 체제를 정당화하는 것이었다. 반면 비서구에 관한 연구는 거의 신경 쓸 겨를이 없었는데, 앞선 서구를 따라서 모방하기에도 힘이 부쳤기 때문이다. 서구 사상가들의 텍스트는 백 년 전까지 위세(威勢)를 떨치던 사서오경을 대신하여 새로운 경전으로 등극하였고, 해야 할 일은 그에 관한 주석과 적용뿐이었다. 하지만 1970년대 이후 서구에서 기존의 학문 분류 방식에서 일탈하는 새로운 분야가 등장하고 확장되면서, 우리도 하나의 계기를 맞이하게 되었다. 즉 서구의 모델에 따라 편안하게 움직여 온 기존의 습관을 그대로 유지할 것인지, 아니면 서구 모델의 보편성을 당연시한 '후마니타스'화 자체를 전면적으로 검토할 것인지 기로에 놓이게 된 것이다.

4. 결론을 대신하여

『반야심경』의 유명한 구절 "색즉시공 공즉시색"을 분류 체계의 관점에서 풀이해 보면, "분류 체계는 영원불변한 것일 수 없지만, 분류 체계가 없는 삶도 없다."라고 말할 수 있다. 『도덕경』에서 무욕(無欲)과 유욕(有欲), 경계선 너머의 묘함을 보는 것[觀其妙]과 경계선을 보는 것[觀其徼]을 대응시킨 것도 분류 체계의 차별상과 그것을 넘어서는 것을 가리키고 있다. 예수가 바리새파를 격렬하게 비판한 것은 율법이라는 분류 체계 자체라기보다는 율법의 고정화로 삶이 불필요하게 억압되었기 때문이었다. 분류가 이루어진다는 것은 원래 없던 구분선이 그어져서 분할이 생긴다는 것이고, 이는 항상 특정한 맥락에서 벌어진다. 일단 구분선이 만들어지면, 한편으로 그 분할을 소중하게 여기고 지키려는 힘이 나타나며, 다른 한편으로는 그 분할 자체를 뒤엎어서 새로운 구분선을 만들려는 힘도 작동한다. 구심력과 원심력의 양방향 힘 모두에 지고의 가치가 부여될 수 있는데, 이런 점은 성스러움에 관한 두 가지 이론이 잘 보여준다. 분류가 없는 삶은 있을 수 없지만, 고정불변의 분류도 있을 수 없다.

19세기 후반 우리가 수용하기 시작한 새로운 학문은 서구의 역사와 문화적 맥락에서 나타난 것이었으므로, 조선 시대의 공부법과 매우 다른 것이었고, 생소한 지식의 분류법을 지니고 있었다. 하지만 당시의 위기 상황을 극복하기 위한 방책으로 새로운 분류법이 채택되었고, 지식의 전면적 개편이 일어나게 되었다. 'science'라는 용어가 '과학(科學)'으로 번역된 것을 보더라도 당시 사람들이 얼마나 새로운 지식의 구분선에 대해 민감하게 생각했는지를 짐작할 수 있다. 여러 가지 하위 영역으로서의 '과(科)'를 거느리는 '과학(科學)'으로서 'science'에 대한 인식을 성립시켰기 때문이다. 이 구분선이 바로 근대적 학문 영역(discipline)의 경계선이 된 것이다.

지금 서구 학계는 1970년 이후 구체화된 학문의 소통과 융합을 활발하게 전개하고 있다. 학문 영역의 구분선을 그대로 두고 소통만을 강조하는 간(間)학문적(interdisciplinary) 관점이 부족하다는 것이 이미 널리 알려져서, 그 구분선을 지우기 위해 초학문적(transdisciplinary) 관점도 시도되고 있다. 여기에서 이런 상황에 대응하는 우리의 세 가지 태도를 생각해 볼 수 있다. 첫 번째는 서구 학계의 이런 흐름을 잠시의 유행으로 간주하고, 백 년의 역사가 보증하는 근대적 지식 분류법을 그대로 고수하는 것이다. 우리의 관점을 바꿀 만한 "괄목할 만한 일은 일어나지 않았다."라는 태도이다. 두 번째는 서구 학계의 새로운 변화를 좇아 우리도 그들이 하듯이 바꾸는 것이다. "백 년 전에도 그랬듯이 이번에도 그들을 따른다."라는 태도이다. 세 번째는 앞의 두 가지 태도를 비판하면서 우리가 처한 상황에서 지식의 새로운 분류 체계가 등장하는 조건을 검토하는 것이다. 이는 "그어진 구분선은 변화된 조건에서 바뀌기 마련이다."라는 태도이다.

세 번째 관점에서 볼 때 첫 번째의 태도는 짐짓 서구의 모방에 저항하는 듯이 보이지만, 자신의 게으름을 무마하려는 수법일 뿐이다. 첫 번째 관점은 분류법이 늘 변하기 마련이라는 점을 충분한 인식을 못하고 있다. 두 번째는 발 빠르게 움직이는 것 같으나, 자신의 맥락을 철저히 도외시한다는 점에서 헛수고로 그칠 수밖에 없게 된다. 서구가 보편성을 장악하고 있으므로 서구 학계의 흐름만 따라가면 된다는 나태함 속에 빠져 있기 때문이다. '백 년 전에도 그랬듯이' 이번에도 그들을 따른다는 관점은 백 년 전의 조상들이 사상적인 고투를 하면서 새로운 지식 분류법을 수용한 과정을 망각하는 처사일 뿐이다.

　새로운 분류 체계의 등장은 특정한 상황 속에서 작동하던 기존 체계와 길항 관계를 벌이면서 이루어진다. 하지만 분류 체계의 등장과 퇴장은 내재적이다. 분류 체계가 만들어지는 순간, 와해의 조건을 내부에 간직하고 있기 때문이다. 그래서 하나의 분류 체계에 집착하는 일은 그 내부에서 이미 싹터 있는 변화를 볼 수 없기 때문에 발생한다. 첫 번째는 구제 불능의 둔감함에 빠져 있고, 두 번째는 남의 삶을 사느라고 자신의 삶은 내팽개쳐 놓고 있다. 분류 체계의 등장과 퇴장이 겹쳐져 있다는 것과 서구의 '후마니타스'도 하나의 '안트로포스'에 불과하다는 것을 늘 유념해야 한다.

경전 공부와 종교학, 그리고 몽상의 웃음

허남린

"Whenever you find yourself on the side of the majority, it is time to pause and reflect." 마크 트웨인(1835-1910)이 남긴 명언이다. 삶의 묘미는 이단에서 싹이 튼다. 대부분은 거대한 힘에 그냥 휩쓸려 가는 인생이지만, 누구나 많든 적든 이단을 즐기며 산다. 아니 이단이 많을수록 삶은 신비의 색을 더한다.

겨울이 시작되는 초엽, 종교학이 그리워지는 시절이다. 계절의 변화가 감성의 샘을 건드렸는지 마음은 저 멀리 떨어져 있는 시절로 달린다. 꿈을 꾸면 가장 많이 등장하는 배경이 학교도 들어가기 전 뛰어놀던 산과 개울이다. 그 속에서 각종 들꽃을 옆에 두고, 작은 골짜기 사이로 끊어질 듯 흐르는 물줄기와 벗을 했다. 종교학을 접한 것도 그러한 감성이 아직은 출렁이던 시절이었다.

죽음의 의미에 대한 논의에 접하며, 실재가 무엇이고 궁극이 어디에 떠 있고 하며, 처음 접해 보는 개념들을 통해 삶에 대해 생각해 보기를 연습하던 시절이었다. 그러한 시간이 이어지며, 세상은 늘 무엇인가 신비한데, 그 속의 인간들은 그저 말없이 왔다 말없이 가는 것을 종교가 주는 의미들을 통해 읽어 보려 했던 시절이었다. 그러한 독서의 습관이 이후 없어진 것은 아니다. 닿을 듯 끊어질 듯 이어져 오기는 했다.

그렇게 명맥을 유지해 오는 사이, 그때의 종교학 동학들은 각자의 길을 떠났다. 관심도 부챗살처럼 펼쳐져 나갔고, 그 부채가 일으키는 바람처럼 각자의 허공으로 흩어져 갔다. 그럼에도 가끔은 부채를 쥔 손마디에 힘이 들어가듯, 부챗살의 밑동 부근에 모여 가끔 종교를 논하곤 한다. 그러나 모이기는 하지만, 그 시절의 감성은 좀처럼 되돌아오지 않는다. 무어라 할까 그때의 감성은 허공을 부유하고 잔뜩 상기되어 서로를 박차고 있기 때문에 한 점으로 모일 리가 없는 것이다.

지금에 와서 지나간 감성을 이야기하려 하는 것은 아니다. 실은 종교학에 대한 이단적 몽상을 하고 싶다는 생각이 문득 들었기 때문에 괜히 그때를 끄집어냈을 뿐이다. 왜 그런 생각이 들었는지 뚜렷이 설명할 수는 없다. 아마도 조금씩 스러져 갔던 생각들이 갑자기 엉켜 들었기 때문인지도 모른다. 지나간 것에는 그리움도 있고 숨어 있는 행복도 있고 아쉬움도 있다. 그 그리움 속에 종교학이 있다. 그리고 주류의 흐름에 등을 살짝 돌리고 제멋대로 달린다.

아, 그때 덩치 큰 종교들의 경전을 달달 읽고 몸에 배도록 공부했으면 어땠을까, 하고 말이다. 다른 종교 전통도 여럿 있지만, 우선 불교에는 읽어야할 경전이 많고, 기독교에도 『구약』과 『신약』이 있고, 유교에는 사서오경이 있다. 종교학을 처음 접했던 시절, 이들 경전을 다른 어떤 과목들보다도 집중적으로 한 3년 정도 머리를 싸매고 파고들었다면 어땠을까? 지금도 머릿속에는 그 내용들이 고인 채로 남아 있을 터이고, 아마 많은 구절을 아직도 술술 외우고 있을지도 모른다.

세상에서는 많은 저서가 명멸했지만, 종교의 경전처럼 생명력이 질긴 책들은 거의 없다. 사회과학에서 경전급으로 불리는 마르크스·베버·뒤르켕의 저서들은 여전히 읽히고 있지만, 그 여세는 예전 같지 못하다. 태어난 지 길어야 1세기 반이나 되었을까, 그런데 언제까지 그 생명력이 이어질지는 아무도 장담하기 힘들다. 더 설득력 있는 책이 나올 수 있는 가능성이 얼마든지 있기 때문이고, 세상이 무섭게 변하고 있기 때문이다. 인문학의 영원한 보물 같은 저서는 무엇일까? 동서양과 문사철(文史哲)을 막론하고 대학 강의실에서 모두가 읽고 토론하는 책은 몇 권이나 될까? 종교 관련 서적을 빼면 그리 자신 있게 내놓을 수 있는 것이 있기는 한지 의문이다.

불교의 경전이나 기독교의 『성서』는 천 년, 이 천 년이 지났는데도 이를 가슴에 품고 사는 사람들이 넘치고 넘친다. 동서양의 교통이 트이면서 이 저서들은 지구 곳곳에 파고들면서 엄청난 생명력을 발휘한다. 유교는 한때 자신이 태어난 땅에서 매도를 당하고 혼쭐이 났지만, 지금은 다시 소생하여 막강한 힘을 발휘한다. 공자가 활동했던 시기가 지금으로부터 2,500년은 족히 되니까 그 사상의 발원을 감안한다면, 20세기 초중엽의 수난은 햇살 아래 대든 한 방울의 이슬이었다.

사실은 이들 경전이 왜 그렇게 인류에게 엄청난 힘을 발휘하고 있는지 명료하게 설명할 능력은 없다. 하지만 무언가 생명의 삶에 젖줄을 대고 있는 영양소와 같은 것이라고 누가 말한다면 수긍이 갈 것 같다. 한때는 이들 경전을 우습게 본 적도 있지만, 그것은 자신의 무지에 대한 보호막이었다. 알지도 못하면서 배척하는 것은 자기보호본능에 속한다. 그렇게 하는 것이 가장 싼 비용으로 자기를 보호하면서 알량한 자존심을 보존하는 데 도움이 되기 때문이다.

이들 경전을 한곳에서 모두 배우고 읽힐 수 있는 가능성이 있는 곳은 종교학 전공이 유일하다. 불교학의 학과에서는 불교 경전에 집중한다. 유교를 전공하는 학과에서는 물론 유교 경전에 에너지를 집중시킨다. 좀 시야를 넓힌다고 도교의 경전을 읽거나 사서에까지 신경을 쓰는 경우도 있지만, 중심은 어디까지나 유교 경전이거나 이들에 대한 주석서이다. 기독교의 신학 전공에서는 『성서』가 중심이 됨은 말할 나위도 없다. 각기 기반으로 하고 있는 종교 전통의 울타리 안에서의 학문적 훈련을 한다. 울타리를 넘으려 하다가는 낭패를 당할 수도 있다.

여기에는 현실적인 이유도 있다. 각 종교의 경전들을 익히기 위해서는 거기에 맞는 언어 능력이 필수이기 때문이다. 한문이든 히브리어든 이들을 다룰 수 없으면 제대로 된 공부를 할 수 없고, 이들 언어를 습득하기 위해서는 상당한 시간과 노력이 필요하다. 모든 경전을 읽고 탐구하고 싶어도 시간적 여유도 없거니와, 언어 능력은 그저 요원하기만 하다.

그럼에도 묘하게도 이들 모두에 도전할 수 있는 전공이 종교학이다. 그렇다고 종교학 전공자의 역량이 유교, 기독교, 혹은 불교를 공부하는 사람들보다 뛰어난 것은 아니다. 종교학이라는 큰 텐트가 무모할 수도 있는 도전의 운동장을 만들어 놓은 것은 그저 신기하기만 하다. 경전에 대한 이야기는 꼴통들이나 하는 것이라면 이야기를 그만둘 수도 있지만, 몽상이라고 했기에 못할 것도 없다. 여기에 이십 대의 오기를 끌어온다면, 더더욱 할 수 있다.

위에서 내리꽂는 우격다짐의 교육을 받아서 그런지 머리를 들이밀고 하면 무엇이든지 할 수 있을 것 같은 오기는 남아 있다. 한문이 부족한 것은 당연하므로, 밤을 새워서라도 유교 경전을 통째로 외우는 것이다. 그렇게 하나를 붙잡고 몇 달 정신을 쏟으면 외울 것 같기도 하다. 외운 다음에 때때로 익혀 그 의미를 알아 가면 되지 않는가. 사서오경이면 아홉 권, 한두 해 매달리면 이십 대의 야들야들한 머리로는 되지 않을까? 그러면 한문도 좀 따라오지 않을까?

불교의 경전도 마찬가지이다. 새벽녘 절에서 독경 소리가 울려 퍼지듯 무작정 읽고 외우고 손가락이 아프도록 써 보는 것이다. 이삼 년 매진하면 몇 권의 경전은 손에 좀 잡힐 것이다. 여기에 『구약』, 『신약』도 읽고 또 읽고 하면서 의미를 깨우쳐 보고자 노력하는 것이다. 대학 2학년에 시작해서 4학년까지의 시간은 삼 년이다. 여름 겨울 방학도 사이사이 있으니까, 이를 허비하지 않고 매진한다면 가능할 것 같기도 하다.

가능하다고 생각하는 근거는 이들 경전을 열심히 가르치는 제도가 있기 때문이다. 각 종교 전통의 경전들에 정통하고, 이들을 오랜 기간 가르친 경험이 있을 터이므로, 어떻게 효과적으로 읽고 외우고 머리에 집어넣는지 지도를 받을 수 있고, 그리고 전공 필수과목으로 체계적으로 수업이 전개되므로, 한 삼 년간 차근차근히 따라가기만 하면 된다. 모르는 의미는 일깨움을 받고, 게으르면 채찍을 맞으며, 엉성하게 넘어가다가는 유급을 당하면 된다. 이십 대 재기발랄은 화염을 뿜을 것이고, 고도의 훈련 과정은 여기에 기름을 부어 넣는 격이 될 것이다.

컴퓨터도 없던 조선 시대 사람들의 저작을 보면 놀랍기만 하다. 어떻게 그렇게 많은 경전 과 각종 사서에서 인용을 따오고, 그토록 많은 주석서를 꿰뚫고 있었는지 말이다. 머릿속에 차곡차곡 쌓여 있는 것을 필요할 때 마음 내키는 대로 꺼내어 쓰는 것처럼 말이다. 실제로 이율곡의 저작들을 읽으면 그렇지 않고는 도저히 그처럼 글을 쓸 수 없었을 것이라고 확신이 든다. 머릿속에 경전들을 겹겹이 그리고 층층이 채워 놓는 것이 가능한가?

유성룡은 말했다. 자기가 쓴 그 수많은 글 중에 나오는 경전의 구절들, 각종 문헌에서의 인용, 널뛰는 개념, 용어들은 곶감을 빼내어 오듯 모두 머릿속에서 꺼내어 쓰는 것이라고. 서재에 쌓인 책들을 펼쳐 놓고 찾아가며 경전들을 이용하기에는 그의 방은 너무 좁았다. 머리에서 꺼내 쓰는 것이 가능한 것에 대해 유성룡은 말한다. 그것은 십 대가 다 가기 전에, 그러니까 네댓 살 되어 글을 깨치기 시작하면서부터 이십이 되기 전까지 경전들을 이미 백 번은 더 외웠기 때문이라고. 그 시기에 백 번을 외우지 못하면 그것으로 종친다고. 유성룡뿐만 아니라 그때의 지식인들은 모두 십 대에 회초리 맞아 가며, 경전들을 외우고 잊어 먹고, 외우고 또 잊어 먹기를 반복하면서, 뇌리에 깡그리 인쇄를 해 버렸던 것이다. 그리고는 살아가면서, 경륜을 쌓아 가면서, 사회를 알아 가고, 정치에 눈길을 주면서, 머리에 박혀 있는 글들을 끄집어내어 이를 곰삭히고 되새김질했던 것이다.

유성룡의 청소년 시절을 종교학도에게 옮겨 놓았으면 어땠을까? 뭐 군대도 삼 년 가서 썩는 판인데, 경전 공부하는 데 삼 년 썩는다고 인생에 무슨 금 가는 일은 절대 없었을 것이다. 삶의 지혜는 경험에서 온다. 경험은 배워 둔 것을 소화시켜 준다. 그 때문에 경전이 아무리 머리 안에 쌓여 있다 할지라도 그것이 날것으로 그냥 남아 몸속을 괴롭히는 일은 없을 것이다. 변전해 가는 삶의 경험 속에서, 거기에 필요한 경전의 식재료를 끄집어내어 요리를 해낸다면, 필요로 하는 갖가지 요리를 만들어 낼 수 있을 것 같다. 아무리 반짝이는 학문을 많이 했다 하더라도 만들어 낼 수 있는 요리는 기껏해야 서너 가지밖에 되지 않는다. 경전들의 천년 생명에 비하면 모두 피라미다.

삶의 경험에 덧붙여, 종교학을 공부하면서 종교경험을 어떻게 읽어 낼 것인지 또한 수없이 배우지 않았던가. 위에서 보는 방법, 옆에서 보는 방법, 뒤에서 보는 방법, 뒤집어 보는 방법, 바닥에 널어 놓고 보는 방법까지 모두 배웠다. 여기에 망치를 들고 와서 종교를 박살내면서 보는 친구도 있었다. 따라서 종교심리학 요리도 있고, 종교사회학 요리도 있을 것이다. 종교와 정치, 경제와 종교, 여성과 종교, 종교와 노동, 종교와 사랑, 얼마든지 요리를 만들 수 있을 것이다.

이렇게 몽상을 하다 보니까 무언가 허전한 느낌이 든다. 요리를 만들 수 있는 수단은 조금 있는 것 같기는 한데, 그 수단을 써 먹을 식재료가 사실은 없기 때문이다. 머릿속에는 경전의 글귀가 들어와 있지 않기 때문이다. 요리를 만들고 싶은데 식재료를 아무리 찾아봐도 보이지 않는다. 종교학은 있는데 종교는 부재, 그렇다고 다시 되돌아가 찾아올 수도 없는 세월, 아 그래서 몽상인 것이다.

가끔은 이러한 몽상을 하는 것이 건강에 좋다고 하는 이도 있기는 있다. 건강도 여러 가지 종류가 있으니까 말이다. 복잡한 건강을 처방하려면 복잡해서 따라갈 수가 없다. 이런 때에는 그냥 아하하 하고 웃어 버리는 것이 최고이다. 마크 트웨인은 또 말했다. "The human race has one really effective weapon, and that is laughter."

'영원의 소년' 이중섭과 두 개의 죽음

—'다른 세계'를 본다는 것의 불가능성을 살아가기

박규태

1. 카오스의 화가와 '다른 세계'

세상이 자신에게 잘 맞지 않는 옷이라고 느끼면서 평생 고통스럽게 살아가는 사람이 있다. 그는 감동을 주는 것, 아름다운 것, 좋은 것이 이 세상에 얼마든지 많이 있다는 사실을 모르지 않는다. 그럼에도, 아니 그렇기 때문에 더더욱 그에게 세상은 여전히 터무니없는 세상이다. 그는 힘겹게 사람들 속에서 살아간다. 그의 몸과 감각은 다른 사람들과 마찬가지로 살아 있지만, 그의 마음과 혼은 죽은 거나 다름없다. 있지만 없는 거나 마찬가지다. 마치 영원의 흐름 속에서 순간이란 놈이 그것을 떠올리는 순간에 사라져 없어지듯 그에게 삶이란 허상일 뿐이다. 그래서 눈물은 그가 살아온 삶의 유일한 장식이 된다. 하지만 수정 같은 눈물도 결코 그의 고통을 완화시키지는 못한다.

생전에 취직이란 원산여자사범학교 미술 교사로 근무했던 단 2주간이 전부였던 이중섭도 그런 부류의 사람이었다. 그가 반사회적인 인간 유형에 속해 있었음은 분명해 보인다. 그는 사회가 요구하는 모든 일상적인 윤리와 규범을 전적으로 부정하지는 않았지만, 그런 것들이 포장하고 있는 온갖 허구적 욕망의 디테일을 너무 많이 들여다본 자의 불운한 숙명을 살지 않을 수 없었다. 경제관념이 전혀 없고 그림을 전혀 관리할 줄 몰랐던 그의 무능력도 어쩌면 이런 숙명에서 비롯된 것 같다. 그는 오히려 그러한 무능력을 내심 즐기고 있었을지도 모른다.

한 사람에 대해 그가 남긴 흔적으로 알 수 있는 것이 얼마나 될까? 사람들이 천재라 부르는 이중섭 같은 화가가 남긴 수백 장의 그림들은 지금 내게 무엇인가? 그것들은 화가가 꿈꾼 '다른 세계', 그가 갈아입고 싶어 했던 '다른 옷'이 아닐까? 그가 남긴 그림들은 숨기고 싶고 안으로 숨고 싶은 그의 욕망을 감추고 있다. 그런 욕망에 사로잡힌 화가는 남몰래 그릴 수밖에 없다. 그런데 숨거나 숨기려 하면 할수록 그림은 늘 화가를 배반한다. 왜냐하면 그림은 자신을 드러내어 현시하려는 욕망의 표출로써만 사람들의 눈앞에 전시되기 때문이다.

라캉의 개념을 빌리자면 이중섭의 그림은 '응시(gaze)'의 담지자인데, 그것을 바라보는 우리의 '시선(eye)'은 그림 뒤편에 숨어 있는 응시를 놓치곤 한다. 시선은 항상 보이는 것 또는 보고 싶은 것만 보지만, 응시는 언제나 보는 주체가 아닌 사물 쪽에 존재하기 때문이다. 화가는 내가 사물을 보는 것(시선)이 아니라 사물이 나를 보는 것(응시)이라는 라캉적 통찰력을 그림으로 구현한다. 어린 이중섭은 새가 나뭇가지에 앉아 있으면 그 새가 날아갈 때까지 오랫동안 그 새만 바라보았고, 사과를 먹으라고 주면 먹지 않고 오랫동안 관찰한 후 그림을 그렸다고 한다. 거기에는 사과의 가장 깊은 곳에 숨어 있는 사과씨의 어두운 카오스까지 파악하려는 응시가 있었다. 이런 의미에서 나는 이중섭을 '카오스의 화가'로 부르고 싶다.

카오스의 화가는 단지 그림을 통해 자기에게 맞지 않는 옷인 세상의 혼돈을 반영하고 그것을 보는 이들을 혼란스럽게 만드는 데에 머무르지 않고 거기서 더 나아가 혼돈의 씨앗으로부터 어떤 다른 세계를 끄집어내려 한다.

그 다른 세계는 선악의 경계선을 무화시키는 그런 세계였다. 그것은 선과 악의 이원론적 분리를 전제로 하는 니체적인 '선악의 피안'과는 맥락이 다른 세계이다. 이 세계와 관련하여 혹자는 다음과 같이 적고 있다.

> 선은 선악으로 존재한다. 선은 저 혼자 존재할 수 없다. 만약 그럴 수 있다 하더라도 그것은 곧 그것의 대립물에 의해 침식받는다. 중섭의 선은 선의 추상적 개념인 지상선으로서의 미적 기능을 전제하고 있었다. 그것이 손상되고 피 흘리는 과정이 중섭의 일생이었다.(고은, 『이중섭 평전』)

이중섭 안에는 선과 악이 공존했고 그는 늘 그 상극에 고민했는데, 그러면서도 그의 작품은 선악을 모르는 아이처럼 순일하고 천연덕스럽다. 다시 말해 이중섭의 미는 선과 구별되지 않고 진과도 대립되지 않는다. 그에게 진선미는 하나였다. 그는 미이고 선이고 진이기 때문에 최종적으로 취약했다는 것이다. 이런 맥락에서 이중섭에게 "선은 저 혼자 존재할 수 없다."라는 지적은 설득력이 있다. 하지만 그에게 "선은 선악으로 존재한다."라는 명제는 "선은 악선으로 존재한다."라고 바꾸어야 할 것 같다. 이중섭의 생애와 작품 세계에서 문제되는 것은 선속에 잠재된 악(선악)이라기보다는 반대로 악 속에 잠재된 선(악선)이라고 여겨지기 때문이다. 그럴 때 비로소 '지상선으로서의 미적 기능'이라는 표현이 정합성을 획득할 수 있을 것이다. 이중섭에게 미는 어떤 도덕보다도 더 무자비하고 잔인한 초도덕이었다. 그래서 혹자는 이중섭을 '고흐의 환생'이라고 평하기도 한다.

이중섭의 생애는 적어도 가족사의 관점에 한정시켜 보자면 자기 자신만 비열하게 방임했다가 마지막으로 자기 자신만 구원하는 지독하게 이기적인 행적으로 가득 차 있다. 그의 마조히즘은 사디즘의 이면이었고, 그의 선은 위선과 손을 잡고 있다. 우리도 그런 위선을 어느 정도 공유하고 있지만, 이중섭의 경우는 우리의 그것에 비하자면 매우 완벽한 위선이다. 그의 위선에는 위선을 선과 다른 개념이 되지 않게 만드는 카오스적인 힘이 있었기 때문이다. 그런 혼돈의 힘이 만들어 내는 '다른 세계'는 어떤 세계일까? 이 물음에 대한 답변의 실마리를 두 개의 죽음 즉 '그림 안의 죽음'과 '그림 바깥의 죽음'을 통해 탐색해 보기로 하자. 이에 앞서 먼저 화가의 생애를 지배한 모성 콤플렉스에 대해 생각해 볼 필요가 있다.

2. 화가의 생애

　맞지 않는 옷인 세상은 처음에는 이중섭에게 호의를 베푸는 듯했다. 그는 1916년 4월 10일 평안남도 평원군 조운면 송천리에서 유복한 집안의 아들로 태어났다. 그가 어린 시절을 지낸 외가 쪽도 평양의 부잣집이었다. 일본에서 대학을 다니던 형은 방학 때 집에 오면 늘 동생 이중섭에게 붓글씨를 가르쳐 주었다. 하지만 소년 이중섭은 그다지 특출난 아이는 아니었던 모양이다. 평양 근방의 학교 입학시험에서 떨어진 그는 1929년 14세 때 평양을 떠나 평북 정주군의 오산고등보통학교에 입학했다. 김억, 김소월, 백석 등 시인을 많이 배출한 오산학교의 영향으로 시에 대한 이중섭의 관심과 열정도 그림 못지않았다.

　1935년 20세가 된 이중섭은 일본 도쿄의 사립 제국미술대학 유화과에 입학했다. 당시 이 대학에는 정원의 절반 정도가 조선인이었다고 한다. 이후 그는 더 자유롭고 개방적인 분위기의 문화학원(文化学院) 유화과로 적을 옮겼다. 그곳에는 초등학교 때 단짝인 김병기와 오산학교 선배인 문학수가 있었다. 문화학원 시절 이중섭은 루오와 피카소의 영향을 많이 받았다. 1938년 프랑스 유학파 일본인 화가들이 창립한 '자유미술협회' 제2회 전람회에 5점의 작품을 출품한 이중섭은 입선하여 협회상을 수상받기도 했다. 하지만 이중섭의 일본 유학 시절에서 가장 중요한 사건은 같은 문화학원 미술학도였던 야마모토 마사코(山本方子)라는 일본인 여성과의 만남이었다. 부유한 사장집 딸로 프랑스 유학을 포기하고 사랑을 선택한 그녀는 1945년 4월 말 목숨을 걸고 마지막 임시 연락선으로 현해탄을 건너 이중섭에게 달려갔다. 그해 5월에 결혼식을 올리고 이남덕(李南德)이라는 한국식 이름을 지어 받은 그녀는 시어머니와 남편을 지극하게 모셨다고 한다.

세상이 이중섭에게 허락한 호의는 여기까지였다. 첫아이의 죽음은 바야흐로 화가의 비극을 알리는 징후였다. 예수의 수난에 빗대어 '아내는 두 번이나 / 마굿간에서 아이를 낳고'(《이중섭》)라고 묘사한 김춘수의 시구절은 향후 가난과 고통으로 점철된 이중섭의 비참한 말년을 예견한 듯한 일종의 에피타프처럼 들리기도 한다. 특히 한국동란의 발발은 이중섭에 대한 세상의 모든 호의를 일거에 거두어 갔다. 부산과 서귀포의 피난 시절은 가난 그 자체였다. 절친한 시인 구상이 경향신문 연재소설 삽화가의 자리를 주선했으나 이중섭은 이를 거절했고, 어쩌다 그림이 팔려 돈이 생기면 다 술로 탕진해 버렸다. 결국 견디다 못한 아내는 두 자식을 데리고 일본으로 가 버렸다.

이중섭은 원래 타고난 건강 체질이었다. 게다가 어머니는 수차례 구렁이를 고아서 만든 약탕을 그에게 먹였고 형수 또한 수시로 통닭 백숙을 만들어 주었다. 이 덕분에 이중섭은 극도의 가난과 추위와 온갖 궁핍 속에서도 새벽마다 냉수마찰과 등산으로 몸을 단련하면서 계속 그림 작업을 할 수 있었던 것이다. 하지만 아내와 아이들에 대한 이중섭의 그리움이 깊어질수록 그것은 더욱 무책임한 사랑이 되었고, 동시에 그의 자유도 확대되었다. 그는 아내의 일본행에 죄의식을 토로하면서 그것을 사랑으로 위장했다. 1955년 이중섭은 이와 같은 극단적인 양가감정 끝에 대구 성가병원 정신과 치료를 받게 되었고 급기야 수도육군병원 정신과에 입원하기에 이른다. 다음 해인 1956년 거식증에 사로잡힌 그는 다시 청량리 뇌병원에 입원했다. 그때 의사는 이중섭이 정신이상이라기보다는 극심한 간장염이라는 진단을 내렸고, 이에 따라 서대문 적십자병원 내과로 옮겨진 이중섭은 입원 한 달 만인 9월 6일에 사망하여 망우리 공동묘지에 묻혔다. 그의 나이 40세 때였다.

3. 모성 콤플렉스

혹자는 이런 비극적인 생애의 근본적 원인을 '모성 콤플렉스'에서 찾고 있다. 심각한 우울증을 앓고 있던 이중섭의 부친은 농가 일을 모두 아내에게 맡기고 사랑방에 틀어박혀 지내다가, 마침내 분열증으로 인한 정신이상 끝에 30세로 사망했다. 당시 모친은 이중섭을 잉태하고 있었다. 그녀는 다재다능한 여성이었다. 과자도 잘 만들고 바느질과 공예적 재능이 뛰어났으며 화초를 잘 가꾸고 가축이나 동물들을 애지중지 키웠다. 그뿐만 아니라 그녀는 7백 석이 넘는 농지의 소작인과 고용인들을 능숙하게 다루는 여장부이기도 했다. 이중섭의 생애는 이런 모친에 대한 모성 콤플렉스로 일관되어 있다. 다시 말해 이중섭이 어릴 때 홀어머니로부터 받은 섬세하고 극진한 사랑이 그의 평생에 걸쳐 영향을 미쳤던 것이다. 그는 성장기를 외가에서 보냈는데, 어린 시절 어머니는 큰아들과 거리를 두면서 오직 작은아들 중섭만 감싸고 돌았다고 한다. 일찍이 과부가 된 어머니의 고독이 막내아들인 이중섭에게 더할 나위 없는 사랑으로 집중되었음을 상상하기란 그리 어렵지 않을 것이다. 놀랍게도 이중섭은 결혼한 후에도 때때로 엄마 젖 먹고 싶다고 어머니에게 어리광을 피우기까지 했다. 실제로 이중섭은 소년 시절에도 엄마젖을 먹었다. 언젠가 이중섭은 남북 분단으로 헤어지게 된 어머니에 대해 "어머니가 돌아가셨을 거야. … 난 이제 어머니 젖을 먹을 수 없게 되었단 말야."라고 말한 적도 있었다. 그는 오직 어머니 품안에서만 행복했다.

오산학교 시절과 도쿄 유학 시절 이중섭이 품었음직한 어머니에의 치열한 그리움은 그에게 특수한 모성 편집증을 일으켰다. 야마모토 마사코를 만나기 전까지의 이중섭은 제국미술학교에서 한국인 유학생들과 어울리지 못하고 오직 어머니만을 생각하면서 대학과 아파트를 오갈 뿐이었다. 그리하여 어떤 여자가 좋으냐고 물으면 그는 "나는 어머니처럼 편안한 여자가 좋다."라고 대답하곤 했다. 이중섭은 일본 유학 시절부터 은지화를 시험했는데, 초기 은지화 중에는 깊은 골짜기에 어머니가 서 있는 그림도 여러 장 있었다. 실은 그의 모성 콤플렉스 대상에는 어머니 외에도 또 한 사람의 여성이 중첩되어 있었다. 그는 누나 이중숙과 매우 친밀한 유년기를 보냈다. 어머니와 누나는 이중섭의 독특한 그림 세계를 만들어 낸 심리적인 원천이었던 것이다. 아마도 훗날 이런 모성 콤플렉스가 아내 남덕에게 향한 것이리라. 이 밖에 무용가 최승희의 수제자인 다야마 하루코, 피아니스트 서덕실과 김순환, 이름 모를 몇몇 매춘부들도 이중섭이 "나는 여자의 호수 같은 눈속에 빠져 죽고 싶어."라고 말할 때의 모성 콤플렉스 대상인 '여자' 범주에 포함시킬 수 있으리라. 어쨌거나 이와 같은 모성 편집증이야말로 그의 정신 세계를 지탱해 온 커다란 의지처였다. 그의 조현병은 모성 콤플렉스의 사망 과 함께 시작된 것이라고 보아야 할 것이다.

4. 아자세(阿闍世) 콤플렉스·아마에(甘え)·영원의 소년

이처럼 이중섭의 삶 한가운데에서 모성 콤플렉스를 본 것은 과녁을 크게 벗어난 것 같지 않아 보인다. 하지만 그 모성 콤플렉스의 특징에 관해서는 좀 더 깊이 들여다볼 필요가 있다. 이때 '아자세 콤플렉스'와 '아마에'라는 일 본적 개념이 실마리를 던져 줄 것이다. 먼저 아자세란 불교 설화에 나오는 왕자 이름을 가리킨다. 아자세는 어머니가 자신의 출생을 원치 않았다는 점 과 부친에 대한 모친의 지나친 애욕에 배반감과 원한의 감정을 느껴 모친을 살해하려 했지만 실패한다. 하지만 그로 인한 죄악감에 번민하다가 모친의 헌신적인 사랑에 의해 용서받고 구제받는다. 프로이트가 오이디푸스 신화 를 차용하여 오이디푸스 콤플렉스설을 창안했듯이, 일본 정신분석의 아버 지로 불리는 고자와 헤이사쿠(古澤平作)가 이런 아자세 설화에서 힌트를 얻 어 제창한 설이 바로 아자세 콤플렉스이다. 오이디푸스 콤플렉스에서는 아 버지에 대한 아들의 양가감정(ambivalence)이 문제시되지만, 아자세 콤플렉 스의 경우는 아버지가 아니라 어머니에 대한 아들의 원망과 사랑이라는 양 가감정이 일본인의 심층 심리에 깔려 있다고 본다.

한편 아마에란 도이 다케오(土居健郎)라는 정신분석학자가 '남에게 의지하 고 싶어 하는 절대 의존 심리'라고 파악한 심리적 성향을 가리킨다. 이것은 특히 어머니에 대한 자녀의 의존심이 너무 강해서 어른이 된 후에도 심리적으로 어머니와의 분리가 곤란한 일본적 심리 현상을 뜻하는 말이다. 이와 관련하여 라캉파 정신분석학자 사사키 다카쓰구(佐々木孝次)는 "어머니는 일본인의 마음의 중심에 있으며, 그런 어머니와의 일체감이 일본인들 사이의 일체감의 근저를 이루고 있다."라고 지적하기도 했다. 흔히 아마에는 우리말로 응석이나 어리광에 해당되는 개념이라고 말해진다. 그러나 아마에는 단순한 응석이 아니다. 그것은 아자세 콤플렉스가 그러하듯이 본질적으로 서로 모순되는 양가감정을 함축하고 있기 때문이다. 그러니까 아마에는 그것이 적절히 충족되지 못할 때는 정반대의 원한 감정으로 전환될 수 있다. 일본인은 아이 때 어머니와 자신이 일체이고 어머니가 오직 자기만을 생각해 준다는, 어머니에 대한 무한한 신뢰와 아마에를 가지고 성장한다. 일본인은 모두 무의식적으로 어머니가 자신과 불가분리의 관계에 있는 밀착된 존재일 것을 원한다. 이런 강렬한 바람은 현실에서는 충분히 만족될 수 없다. 그래서 일본인은 성장 과정에서 심각한 정신적 위기에 빠지고 종종 아마에가 원한 감정으로 바뀌기 싶다는 것이다.

누가 내게 아자세 콤플렉스라든가 아마에의 핵심 내용을 한마디로 표현하라고 주문한다면 아마도 '애증(愛憎)'이라는 말이 먼저 떠오를 것 같다. 어머니(및 그 대체물로서의 누이와 아내)에 대한 이중섭의 사랑은 그것이 불가능한 사랑 혹은 더 이상 만질 수 없는 사랑임이 드러나자마자 곧바로 원한과 증오의 감정에 지배받게 되었다. 어머니와 누이의 부재 앞에서 그 애증은 누구보다도 일본인 아내 순덕에게 집중될 수밖에 없었다. 거기에는 일본에 대한 애증도 포함되어 있었음에 틀림없다.

아자세 콤플렉스나 아마에 외에도 모성 콤플렉스와 관련된 또 하나의 중요한 특징이 있다. 융학파가 말하는 '영원의 소년(Puer Aeternus)'이라는 개념이 그것이다. 시인 오비디우스(Ovidius)는 『변신(*Metamorphoses*)』에서 엘레우시스(Eleusis) 신화에 나오는 이아쿠스(Iachus) 신을 영원의 소년이라고 불렀다. 이아쿠스는 생과 사 그리고 부활을 상징하는 신적 소년이다. 융의 수제자 마리 루이제 폰 프란츠(Marie-Louise von Franz)는 이 영원의 소년이라는 개념을 빌려 모성 콤플렉스가 강한 젊은 남성 즉 어머니에 대한 절대의존 관계에서 벗어나지 못함으로써 어머니와의 심리적 분리가 이루어지지 않아 어린아이 단계에 머물러 있는 남성을 지칭하는 데에 사용했다. 바꿔 말하자면 영원의 소년은 아자세 콤플렉스와 아마에에 사로잡힌 채 태모로의 회귀 또는 태모와의 합일을 꿈꾸는 어른이라 할 수 있다.

영원의 소년은 심리적으로 태모의 자궁 속에서 살고 있다. 융학파 심리학자인 가와이 하야오(河合隼雄)는 『모성사회 일본의 병리』에서 모성 원리에 토대를 둔 현대 일본 사회를 이와 같은 '영원의 소년'의 모습에 비유했다. 영원의 소년은 독립적인 자아를 갖지 못한 채 이런 방랑하는 영웅처럼 심리적으로 태모에게 삼켜져 있는 상태에 머물러 있다. 그는 모든 여성에게서 자신을 품어 주고 불가능한 욕망을 채워 주는 모성을 추구한다. 하지만 그 누구도 이와 같은 아마에적 욕망을 채워 줄 수 없다는 사실을 깨닫는 순간 그는 지독한 에고이즘과 절망의 심연 속으로 빠져들고 그만큼 배반의 날개가 돋아 비상한다. 결국 그 '이카로스의 날개'는 영원의 소년에게 죽음을 가져다줄 것이다.

배반은 어머니에 대한 배반이다. 그러니까 영원의 소년은 자신을 삼켜 버린 모성으로부터 분리되어 달아나고 싶어 하는 욕망과 함께 모성적 대상에 머무르거나 태모와의 합일을 추구하는 양가감정에 사로잡혀 있는 것이다.

불가리아 출신의 프랑스 정신분석학자 크리스테바(Julia Kristeva)는 '분리의 위협에 대한 다양한 형태의 저항 심리'를 '아브젝시옹(abjection)'이라고 불렀다. 바로 거기서부터 애증이 비롯된다. 아브젝시옹을 초래하는 대상인 아브젝트는 혐오스러운 것이 매혹적인 것으로 다가올 때 성립하는데, 그 전형은 모성의 육체이다. 모성의 육체에 대해 아이는 분리에 대한 혐오와 태모와의 매혹적인 합일이라는 양가적 애증의 욕망을 품게 되기 때문이다.

5. 두 개의 죽음

이중섭의 생애와 작품 세계를 지배한 모성 콤플렉스는 이와 같은 아자세 콤플렉스, 아마에, 영원의 소년이라는 개념으로 특징지어지는 그런 것이었다. 그러고 보니 비단 일본인 아내 남덕과의 인연뿐만 아니라 정신의 저 바닥을 알 수 없는 깊이에서 화가의 예술혼을 지배한 심리적 차원에서도 일본을 빼놓고 이중섭에 대해 말하기 어렵다는 사실을 깨닫게 된다. 어쨌든 그의 비극은 운명적인 비극이라기보다는 영원의 소년을 살 수밖에 없었던 정신적 환경에서 비롯된 것이었다. 그는 남들처럼 영악하지 못했고 남에게 싫은 소리 하나 할 줄 몰랐으며 다만 아무리 손해를 보아도 무조건 남을 믿는 것만이 유일한 도리라고 여겼던 순진무구한 영원의 소년이었다. 현실을 몰라서 그랬다기보다는 세상이 그에게는 도무지 몸에 맞지 않는 옷이었고 또한 그를 사로잡고 있던 모성 콤플렉스가 너무 강했기 때문이었을 것이다.

실제로 그는 어른이 된 다음에도 종종 잠자면서 아이처럼 이불에다 오줌을 쌌다고 한다. 그는 늙어 가는 어린아이였다. 모성 콤플렉스에서 벗어나지 못하는 영원의 소년 이중섭의 그림 속에 등장하는 기뻐하는 아이들은 바로 그 자신이었다. 많은 평자들은 그것을 동심의 세계를 표현한 것이라고 보았다. 하지만 표면적으로만 그렇게 보일 뿐이다. 그것은 화가의 양가감정이 그려 낸 반쪽의 허구일 뿐이다.

　아내와 자식을 돌보아야 할 가장의 현실적인 책임을 철저히 방기한 채 그림 그리기에만 몰두한 영원의 소년 이중섭에게 애증은 어느새 그림 속으로 스며들기 시작했다. 미술 평론가들의 견해에 따르면 이중섭의 그림에는 색채의 음악성, 공간 설정을 위한 구도, 조형의 기본인 데생과 명암법 등의 회화성이 결여되어 있다고 한다. 그러니까 이중섭은 일반적인 회화 기법을 무시하고 화면을 임의로 구상하여 마음 내키는 대로 채운다는 말이다. 거기에는 애와 증의 유희가 춤추고 있다. 예컨대 닭·비둘기·물고기·게·꽃·아동과 같은 밝고 천진스러운 사랑의 대상 세계와 까마귀·뱀·황소처럼 분노와 어둠과 죽음을 표상하는 증오의 대상 세계가 함께 등장한다.

　하지만 애증의 게임은 언제나 더 큰 그림을 보지 않으면 세상에 널린 스캔들에 불과한 것이 되기 십상이다. 그 큰 그림은 '그림 안의 죽음'과 '그림 바깥의 죽음'이라는 두 개의 죽음을 담고 있다. 이를테면 사랑은 그림 안의 죽음을 낳고 증오는 그림 바깥의 죽음을 초래한다. 혹은 그 반대도 말할 수 있겠다. 중요한 것은 애증의 씨줄과 날줄이 함께 자아내는 것이 바로 세계의 '다름' 그 자체라는 점이다.

6. 그림 안의 죽음: 유토피아와 죽음의 동거

혼히 이중섭의 그림에는 민족주의적이라든가 에로틱하다는 수식어가 많이 따라다닌다. 가령 소를 테마로 한 작품들이 많다는 점, 북방적인 고구려 고분벽화풍이나 고려청자 상감기법을 차용했다는 점에서 이중섭의 민족주의를 말하는 평자들이 적지 않다. 실제로 이중섭은 오산학교 졸업 앨범에 한반도를 그리고 일본에서 불덩어리가 날아드는 그림을 남기기도 했다. 시대사적 관점에서 보자면 이중섭의 작품은 식민지 시대와 동족상잔 전쟁의 산물이었다고 말할 수 있다. 필생의 주제인 소, 닭, 동자, 게 등을 차치한다면 일반적으로 1950년대의 피난민이나 고달픈 서민들의 생활을 다룬 향토적이고 사회비판적인 그림이 압도적으로 많은 것이 사실이다.

이중섭이 아내에게 보낸 엽서 서한들을 보면 아내의 발가락 이야기나 삽화들이 자주 등장한다. 거기서 우리는 아내의 발가락을 비롯하여 종아리와 배꼽 따위를 섬세하게 애무하는 내밀한 부부생활의 한 단면을 엿볼 수 있다. 소불알을 노출시킨 작품이라든가 특히 은지화 작품에는 그의 이런 성적 취향을 반영하는 야수파적 에로티시즘이 진하게 드러난다. 나무와 돌과 새와 짐승과 물고기와 인간을 포함하여 살아 있는 모든 것들이 혼음 교접하는 그림도 있다. 이는 수수께끼처럼 존재하는 모든 '있음'을 사랑의 교향악으로 보는 사상의 표현이라 할 수 있겠다. 근세 일본의 우키요에(浮世絵) 대가들이 그러했듯이, 이중섭도 춘화를 많이 그려 주변 사람들에게 나누어 주곤 했다.

그런데 이중섭의 그림 세계에서 민족주의라든가 에로티시즘 같은 요소보다 더 주목할 것은 유토피아성이다. 주지하다시피 이중섭은 캔버스라는 고전적인 재료 외에 합판을 비롯하여 은지화와 엽서그림에 이르기까지 재료의 영토를 확장시킨 화가로 널리 알려져 있다. 실상 거기서 확장된 것은 재료뿐만 아니라 정신적 공간의 영토이기도 했다. 그것은 바로 샤갈이나 고갱 등이 꿈꾼 것과 유사한 분위기를 띤 유토피아의 영토이다. 이를테면 〈바닷가에서 일어난 신비한 일〉(1940), 〈연꽃이 핀 물가에서 노는 세 아이〉(1941), 〈말과 소를 타며 노는 사람들〉(1941), 〈서귀포의 환상〉(1951), 〈바닷가의 아이들〉(1951), 〈해와 어린이〉(1952-1953), 〈봄의 어린이〉(1953), 〈어머니가 있는 가족〉(1953), 〈길 떠나는 가족〉(1954), 〈닭과 가족〉(1954), 〈두 어린이와 물고기〉(1954), 〈바닷가의 아이들〉(1954), 〈두 아이와 물고기와 게〉(1954), 〈꽃과 아이들〉(1955), 〈네 아이와 비둘기〉(1955), 〈과수원의 가족과 아이들〉(미상), 〈두 어린이와 복숭아〉(미상) 등을 비롯한 수많은 작품들은 하나같이 유토피아의 진한 내음을 방사한다.

유토피아는 '없는 장소' 즉 현실 속에 부재하는 어떤 곳을 가리키는 말이다. 그래서 〈도원(桃園)〉(1954) 속의 하늘은 노랗고, 〈부부〉(1954)는 신화적인 봉황새를 위 아래로 배치하면서 두 새가 입 맞추는 횡선으로써 서로 만나지 못하는 남북한 사이의 삼팔선을 연출하였다. 나아가 〈꽃과 새와 물고기, 끈이 있는 가족〉(1953-1954)에서는 마치 존재하는 모든 것들이 내장까지 서로 얽혀 있음을 암시하듯이 꽃과 새와 물고기와 아이와 엄마와 아빠가 다 끈으로 연결되어 있다. 이중섭의 다른 낙원화들도 구성 요소들이 서로 엉켜 있거나 꼬여 있고 대부분 정면을 제대로 보여주지 않으며 뒤틀려 있는 상태에서 항상 서로 연결되어 있다. 화면은 항상 동적인 양상을 보여준다. 거기서는 구성 요소들의 동작과 위치와 자세 등이 만화경처럼 기묘하게 조작되어 있다. 가령 물고기와 게는 항상 상대를 물고 있으며 낚싯줄에 걸려 있거나 혹은 줄로 엉켜 있다. 사람도 그렇다. 거기서는 선과 악, 빛과 그림자가 모두 서로의 꼬리를 입에 물고 있는 우로보로스 상징과 같은 것이 된다. 이중섭은 이것이야말로 인간과 세계의 본질이라는 점을 말하고 싶어 한 것일까?

그러나 내게 가장 인상적인 유토피아 이미지를 보여주는 작품은 1941년 4월 2일 자 엽서그림인 〈여자를 기다리는 남자〉이다. 왼쪽에는 벌거벗은 채 두 손으로 아랫도리를 가리고 나무를 올려다보는 여자가 있고, 오른쪽에는 마찬가지로 벌거벗은 남자가 두 팔을 들고 있는데 그의 두 팔은 각각 나뭇가지와 연결되어 있다. 한쪽 팔은 아예 나뭇가지로 변해 있고 머리 쪽으로 쳐든 손은 사람 손처럼 변한 나뭇가지와 맞잡고 있다. 맞잡은 손 위쪽에는 먹음직한 열매 더미가 매달려 있다. 군이 기독교인이 아니더라도 이 그림을 보면서 아담과 이브의 에덴동산과 그 한가운데의 선악과나무를 연상하기란 그리 어렵지 않을 것이다. 물론 그림 속 남녀의 모델은 중섭과 남덕일 것이다. 하지만 이들이 과실을 따 먹었는지는 알 수 없다. 중요한 것은 나무가 되어 가는 남자의 눈과 그 나무를 쳐다보는 여자의 눈이 서로 반대쪽을 향해 있다는 점이다. 여자의 '시선'은 위쪽으로 향해 있고 남자의 '응시'는 아래쪽을 향해 있다.

내가 사는 과천 아파트 단지 내의 옛 관아 자리에는 2019년 기준으로 수령 570년을 훌쩍 넘은 보호수가 한 그루 서 있다. 내 방 창문 바로 앞쪽으로 보이는 그 나무는 중국에서 학자수 또는 행복수라 불리는 회화(槐花)나무이다. 왜 그런지는 모르겠으나 난 그 회화나무를 볼 때마다 '나무가 되고 싶다.'라는 생각을 하곤 한다. 삶이라는 씨실과 죽음이라는 날실이 자아내는 무수한 빛깔의 애증과 배반의 계절 속에서, 아래로는 땅에 뿌리를 내리고 위로는 하늘로 가지를 뻗는 나무의 수액과 이파리와 꽃과 열매가 생명을 다하는 날까지 수맥을 따라 흐르고 작은 바람에도 흔들리면서 때가 되면 피고 또 지고 맺고 산포되기를 되풀이하다 낙엽이 되어 곱게 길을 장식하는가 하면 마침내 고목으로 남아 저 메마르고 텅 빈 구멍을 통해서조차 우주적 사랑을 드러내는 나무가 되고 싶은 것일까? 나무에게 죽음과 사랑은 다른 것이 아니다. 그림 속에서 이런 나무의 일부가 된 화가는 마치 '내가 정말 원하는 것은 행복이 아니라 자신이 무엇을 원하는지를 아는 것'이라고 말하는 것만 같다.

혹자는 말한다. 이중섭이 살았던 세계는 언제나 고통의 세계였고 사랑하는 사람을 만나지 못하는 애별리고(愛別離苦)의 세계였다고. 아니, 그래야만 했다고. 그럼으로써 그의 예술은 고통의 반대물인 행복과 상락(常樂)의 세계를 표현할 수 있었다. 이중섭의 온갖 낙원도는 그가 전적으로 그런 다른 세계에 속해 있다는 확신에서 나왔다. 그러니까 이중섭을 둘러싼 현실이 아무리 암담하고 절망적이고 비극적인 것이라 하더라도 그것이 그의 그림을 침윤하지는 못했고, 그의 그림은 그의 비참한 현실과는 명백히 다른 세계 속에 놓여 있었다. 그가 실제보다 훨씬 더 불행했다 해도 그는 그만큼 더 환희와 순진무구의 세계만을 그렸을 것이라는 말이다. 여기서 한 가지 놓쳐서는 안 될 것이 있다. 낙원도 속의 사랑은 오직 그림 안에서만 존재할 수 있다는 점 말이다. 이를테면 이중섭과 아내 남덕과의 사랑은 현실이 아닌 사랑의 편지 안에만 존재하는 그런 것이었다. 자식들의 궁핍을 더 이상 보고만 있을 수 없어서 일본의 친정으로 돌아간 아내에게 이중섭(대향)이 보낸 한 엽서에는 이렇게 적혀 있다.

춥고 배고픈, 그런 괴로운 때는 … 사경(死境)을 넘어 분명히 아직도 대향은 살아남아 있으니까 이제 조금만 더 참으면 사랑하는 아내와 자식을 만난다는 희망과, 생생하고 새로운 생명을 내포한 '믿을 수 있는 새로운 방향'을 지시하고, 행동하는 회화를 그릴 수 있다는 희망으로 참고 견뎌 왔던 것이오. 지금부터는 진지하게 사랑하는 아내와 자식들의 생활 안정과 대향의 예술 완성을 위해서 오직 최선을 다할 작정이니 나의 귀엽고 참된, 나의 내심의 주인 남덕 군, 대향을 굳게 믿고 마음 편하게 밝고 힘찬 장차의 일만을 생각 하면서 매일매일을 행복하게 지내 주시오.

절절하기 짝이 없는 이 서간문만 보면 이중섭은 더할 나위 없이 아내와 자 식들을 사랑한 가정적이고 윤리적인 가장으로 비쳐진다. 하지만 엽서는 그 의 거울에 지나지 않았다. 이중섭은 그림으로만 존재했던 사람이다. 그는 그림 속으로 들어가고 싶어 한 '그림 인간'이었다. 그는 죽음까지도 그의 그 림 속 유토피아로 옮겨 놓았다. 낙원도는 현실 속의 죽음을 투영한 '반대의 일치'였고, 현실 속의 그는 그저 '그림자 인간'이었을 뿐이다. 그리하여 그는 늘 자기 작품을 가짜라고 하면서 종종 "나는 세상을 속였어!"라는 말을 내뱉 곤 했다. 이것은 어쩌면 자신의 그림만을 궁극적으로 그림이라고 확신하는 천재 화가에게만 허용된 가장 정직한 발언일지도 모른다.

7. 그림 바깥의 죽음: 달과 광기

시인 김선영은 '이중섭을 노래하던 사람들은 잠이 들고 / 그림들만 깨어 살그머니 벽에서 걸어 나와서'(〈누구네 이중섭 그림〉)라고 노래했다. 놀랍게 도 이 시구절처럼 이중섭의 그림들은 그림 속에만 존재하는 것이 아니라 그 림 바깥으로 나오기도 한다. 그림이 그림 바깥으로 나온다는 것은 다름 아닌 그림 속의 죽음이 그림 바깥으로 나온다는 것을 의미한다. 그것은 하나의 사건이고, 지금도 내 안에서 그리고 앞으로도 누군가의 마음 안에서 계속 일어나는 사건일 것이다. 그렇다면 그림 바깥으로 걸어 나온 죽음은 어떤 죽음인가?

이 대목에서 다시 김춘수의 시 한 구절을 인용해야겠다. '저무는 하늘 / 동짓달 서리 묻은 하늘을 / 아내의 신발 신고 / 저승으로 가는 까마귀'(〈이중섭〉). 말할 것도 없이 이 시상(詩想)은 이중섭의 〈달과 까마귀〉(1954)라는 작품을 상기시킨다. 짙은 노란색의 둥근 달 하나가 전선줄에 걸려 있다. 아니, 어쩌면 열한 개의 달일지도 모른다. 다섯 마리 까마귀들의 노란 눈도 달을 닮았기 때문이다. 까마귀는 죽음의 새이고 달(Luna)은 광기(lunatic)의 상징이다. 흔히 고흐의 마지막 작품이라고 말해지는 〈까마귀가 나는 밀밭〉(1890)의 까마귀도 죽음을 연상시킨다. 감청색 하늘과 밀밭의 짙은 노란색 또한 〈달과 까마귀〉라는 작품과 묘하게 대응된다.

내용은 잘 생각나지 않지만, 중학교 1학년 때 교내 백일장에서 쓴 시의 제목은 〈달은 왜 모난가?〉였다. 지금 돌이켜 보면 그 '모난 달'은 애증이라는 양가감정처럼 서로 어긋나면서도 함께 있을 수밖에 없는 모든 형태의 모순을 가리키는 상징물이었던 것 같다. 매일 저녁 아내와 함께 걷는 산책로에도 여전히 '모난 달'이 떠오른다. 나는 아내에게 그냥 "오늘도 달이 참 이쁘네."라고만 한다. 그러면 아내는 "응."이라고 하거나 아니면 대개는 묵묵부답이다. 그럴 수밖에! 모난 달은 우리의 언어와 사유 능력 바깥에서 떠오르는 달이니까 말이다. 하지만 화가는 그런 달을 '응시의 눈'을 통해 가시적인 것으로 형상화시킬 줄 안다. 〈달과 까마귀〉에 나오는 까마귀의 노란 눈은 실은 응시의 눈이다. '자유미술협회' 제4회 전람회 출품작인 〈보름달〉에서도 이중섭은 응시의 눈을 가진 새를 묘사하였다. 그 새는 마치 모난 달을 보라고 외치며 잠자는 사람을 깨우려는 듯싶다.

이에 비해 고갱의 '응시'를 묘사한 서머셋 모옴(W. S. Maugham)의 소설 『달과 6펜스』에서 달은 최고의 꿈과 이상을 뜻하는 '모난 달'이다. '달과 6펜스'라는 제목은 이상과 현실 또는 성과 속의 양가성을 나타내는 애증의 메타포라 할 수 있다. 고갱은 40세가 넘어서야 달을 찾아가는 여정에 들어섰다. 이상한 말처럼 들리겠지만, 이렇게 해서 이중섭의 죽음(40세) 이후에야 달은 꿈과 이상의 상징이 될 수 있었다. 하지만 달이 화가의 양보할 수 없는 이상이 되기 전, 그것은 어디까지나 광기의 표상이었다.

그림 바깥의 세계에서 이중섭의 광기를 말해 주는 사례는 적지 않다. 가령 원산에서 하루는 이중섭이 지인의 집들이에 갔다가 지나치게 호화스러운 집안 분위기가 마음에 들지 않아 유리컵을 씹어서 벽에 뱉어 버렸다든가 또는 화가 김환기가 불러서 금강산에 갔다가 그가 못마땅해 역시 같은 행동을 했다는 일화가 전해진다. 이보다 더 극적인 장면도 있다. 첫아이가 죽었을 때 이중섭은 친우 구상과 함께 술을 마신 후 집에 돌아와 어린 시체가 있는 방에 들어가 아내보고 다 벗으라고 한 후 구상보고 아내 옆에 누우라고 말했다. 둘은 발가벗은 남덕을 가운데 두고 누워 잤다. 밤중에 홀로 일어난 이중섭은 천도복숭아와 아이를 그리고는 그 그림을 시신과 함께 공동묘지에 묻었다는 것이다. 죽음과 광기는 본래 이란성 쌍생아인 것일까?

죽음이 가까워지면서 이중섭의 광기는 그림에서 튀어나와 분열증으로 나타나기 시작했다. 대구 시절 이중섭은 금방 죽은 사람의 해골을 구해 달라고 친구에게 부탁한 적이 있다. 그걸 삶아 먹으면 분열증에 특효이기 때문이라는 것이다. 그럼에도 자해 행위로 이어지는 피해망상증을 피할 수는 없었다. 그는 머리를 박박 깎아 버리고 제 엄지손가락 등을 자꾸 문질러서 피를 내는 동작을 되풀이했다. "왜 자네 손등을 비벼서 피를 내나?" 하고 물으면 "남덕이 미워서 … 남덕이 죽이려고."라고 하거나 "거지같은 화가 녀석들, 시인 녀석들을 죽여야 한다."라고 말하기도 했다. 무얼 좀 먹으라고 하면 "둘째 단추가 보인다. 둘째 단추가 보이면 먹지 말라는 신호다."라고 했다. 그러다가 최만년에는 일체 음식을 거절하고 가족과의 교신도 단절해 버렸다.

이처럼 가장 비참하고 가장 처절했던 말년에도 이중섭은 그림 그리기를 멈추지 않았다. 도대체 무엇이 그로 하여금 죽음에 이르게 하는 광기의 늪속에서도 그림을 그리게 한 것일까? 그 자신도 어쩔 수 없는 어떤 힘에 사로잡힐 때 혹자는 글을 쓰고 혹자는 조각을 하거나 음악을 만든다. 이중섭은 그림을 그렸다. 그 어떤 힘이 너무 강할 때 그것은 사람을 파괴시키기도 한다. 그렇게 소진되어 완진히 파괴되기 1년 전인 1955년 이중섭은 〈자화상〉한 점을 남겼다. 그러면서 그는 "나더러 정신병자라고 하기에 내가 정신병자가 아니라는 것을 알리고 싶어서 이렇게 사진처럼 그렸다."라고 조카에게 말했다. 착각일까? 모든 허무를 담고 있는 듯한 그 자화상 속의 퀭한 눈빛은 지금 내게 "난 그저 방랑의 화가일 뿐!"이라는 메시지를 전하고 싶어 하는 것 같다.

8. 방랑의 화가

태모와의 합일을 갈망한다는 점에서 영원의 소년은 영웅신화의 입문 구조 중 초기 단계인 '방랑하는 단계'에 해당한다. 출생의 비밀을 지닌 영웅은 세계를 방랑하면서 괴물을 만나고 그 괴물을 퇴치하여 미인이나 보물을 손에 넣은 후 고향으로 귀환한다. 이것이 영웅신화의 보편적 스토리라인이다. 이때 '괴물 퇴치의 단계'는 아이 또는 자아를 삼키는 태모와의 싸움을 상징한다. 하지만 영원의 소년에게는 이런 괴물 퇴치의 단계가 결여되어 있다. 융은 방랑하는 영웅에 대해 '어디서도 모성적 대상을 발견하지 못한 채 끊임없이 상실해 버린 모성을 찾아 헤매는 자'로 묘사했다. 그 방랑하는 영웅은 태모와 대적하는 대신 오히려 죽음 곧 모태로의 회귀를 희구한다. 죽음의 다른 이름이 곧 희망이라는 것, 이런 깨달음이야말로 영웅적 방랑의 참된 의미일지도 모른다.

마찬가지로 '영원의 소년' 이중섭은 식민지 시대에 고향을 떠나 일본 여성과 결혼하고 이방인처럼 살면서 꿈과 현실 사이의 넘을 수 없는 심연에서 스스로 분열하여 마침내 자폭하기까지 끊임없이 원산, 일본, 부산, 제주도, 통영, 진주, 대구, 서울 등을 전전한 영웅적인 방랑자였다. 그에게 그림은 방랑의 다른 이름이기도 했다. 그의 그림 속에는 무력감, 우울, 자책, 허무감, 피해망상증, 염세주의, 지독한 고독, 자학, 마조히즘, 자아분열, 실어증, 독이 된 그리움과 사랑, 단념, 벼랑 끝에 서 있다는 절박감, 근원적인 결여와 결핍, 자신을 반역한 생명에의 복수, 죽음에 대한 향수 등과 같은 방랑의 상흔들이 모두 녹아 있다. 만일 그림이 없다면 그는 그저 떠돌이 개(stray dog)에 지나지 않았을 것이다.

근래 오랜만에 볼 만한 일본 애니메이션 작품을 하나 만났다. 일본인은 가장 무거운 것을 만화나 애니메이션처럼 가장 가벼운 그릇에 담아내는 능력이 탁월하다. 그래서 일본 애니메이션 중에는 오시이 마모루(押井守) 감독

의 작품을 비롯하여 고도의 철학성과 종교성을 담은 수준작들이 적지 않다. 나쓰메 소세키, 아쿠타가와 류노스케, 사카구치 안고, 오다 사쿠노스케, 다자이 오사무 등 일본의 대표적인 문호들을 초능력자 마피아 단원이나 탐정 캐릭터로 등장시키는 이가라시 다쿠야 감독의 TV 애니메이션 〈문호 스트레이독스(文豪ストレイドッグス)〉(2016)도 그중 하나로 꼽힐 만하다. 이 가운데 다자이 오사무(太宰治)는 소설 『인간실격(人間失格)』(1948)으로 많이 알려진 작가이다. 흥미롭게도 거기서 주인공은 "태어나서 죄송합니다."라고 말한다.

이중섭이 "나는 이 세상에 죄송해. 나는 쓰레기야."라고 말할 때, 거기서 나는 다자이 오사무를 떠올리지 않을 수 없었다. 늪의 숲길을 헤매는 일이 가장 행복했을 때의 폐습을 몸 전체로 살았던 이중섭에게는 무책임한 방랑 속에서 철저히 가족을 방기하고 그러면서도 사랑을 토로하는 것만이 유일한 자기 충족적인 위안이었다. 적어도 가족에 관한 한 그는 가장 비굴한 도피자이자 방랑자였다. 가족에 대한 그의 태도는 거의 유아 수준이었다. 따라서 그의 죄과에 대해 아무런 책임도 물을 수 없을 정도였다. 그는 현실의 미완성자였고 철저한 패배자였다. 되풀이해서 말하거니와 만일 그림이 없었다면 이중섭은 그저 떠돌이 개처럼 살다 죽어 간 방랑자에 지나지 않았을 것이다. 이쯤 해서 〈문호 스트레이독스〉 이야기를 조금만 더 해 보자. 거기서 다자이 오사무는 핵심적인 마피아 단원으로 나온다. 마피아가 된 이유에 대해 다자이 오사무는 다음과 같이 피력한다.

폭력, 본능, 욕망, 죽음, 그런 생경한 것들 가까운 곳에 있다 보면 인간의 본질에 닿을지도 모른다. 그러면 무언가 살아갈 이유를 찾을 수 있을 것 같아

서 … (제2기 제4화)

이런 논리에 따르자면 이중섭은 살아갈 이유를 찾기 위해 광기와 죽음 가까이로 다가선 셈이 된다. 그런데 다자이 오사무는 자신에게 선과 악이 별 차이가 없음을 알고 있음에도 불구하고 마음을 돌려 결국 사람들을 구제하는 편에 서게 된다. "어둠 속에 피어나는 꽃은 결국 어둠 속에서밖에 안주하지 못한다."라는 반쪽의 진실을 깨달았기 때문이 아니다. 그보다는 '털끝만큼이라 하더라도 혹 선과 악 사이에 존재할지도 모르는 차이'를 인정하면서 "인간은 스스로를 구제하기 위해 살아가는 것이다. 인간은 죽어 가는 찰나에 이르러서야 비로소 그것을 알게 될 것이다."라는 다른 반쪽의 진실에 눈을 떴기 때문이다. 하지만 이중섭은 달의 광기로 인한 죽음을 받아들일지언정 끝까지 양 패의 진실 모두를 손에 쥔 채 놓으려 들지 않았다. 그가 추구한 '다른 세계'란 바로 이와 같은 '양 패의 세계'가 아니었을까? 물론 그것은 불가능한 세계임이 드러났다. 이처럼 불가능하지만 포기할 수 없는 진리를 전유(專有)하려는 욕망, 그것은 우리가 흔히 종교라고 부르는 문화 체계의 중요한 특징 중 하나이다.

9. 나오며: 죽음과 종교

그래서인가 시인 구상(具常)은 이중섭을 '미(美)의 수행자'라고 부른다. 진(眞)과 선(善)의 성자들이 경건하고 금욕적이라면, 미의 수행자인 이중섭은 주락(酒落)하고 유머러스하다는 것이다. 나아가 구상은 그림이야말로 이중섭의 생존과 생활과 생애의 전부였으며, 심지어 그의 죽음까지도 '그림에 대한 순도(殉道)' 즉 순교의 길이었다고 말한다. 누구보다도 이중섭과 가까웠고 그를 속속들이 잘 알고 있던 독실한 가톨릭 신자 구상다운 평가이다. 이에 비해 고은은 『이중섭 평전』에서 이중섭의 영원한 주제인 소에 주목하면서 그의 소는 그냥 소가 아니라 소의 종교였다고 말한다. 이중섭이 곧 소였기 때문이라는 것이다. 이중섭이 소를 많이 그린 이유는 착하고 순하며 일만 하다가 죽어서도 사람의 먹이가 되는 소의 신세가 마치 일본의 압제를 받는 조선인의 처지와 흡사하다고 생각했기 때문이라는 것이 일반적인 해석이지만, 고은은 '소의 종교'를 천명했다.

미의 수행자나 그림에 대한 순도이든 또는 소의 종교든 이중섭의 생애와 작품 세계를 종교와 연관 지어 바라보는 시각은 이 밖에도 많이 있다. 예컨대 이중섭은 일본유학 시절의 모성 콤플렉스가 완전히 창조적으로 해체된 뒤의 원산 시절에 바다·닭·게·생선 따위를 소와 함께 범신론적으로 만났다든가, 해방 후에는 거기에 아이나 죽음(까마귀·고목) 등의 주제가 첨가되었다는 식이다. 이른바 주술적, 도교적, 범신론적 직관, 샤머니즘적 엑스터시 등의 수식이 이중섭의 작품 해석에 따라다니는 경우가 적지 않다. 나아가 '이중섭 신화'가 말해지기도 한다. 사람들이 만들어 낸 새로운 신화로서의 이중섭 신화가 각 계층에 널리 퍼지면서 많은 신자들이 생겨났고 이중섭 스스로 자신의 삶을 파괴시키면서까지 그런 신자들을 승인함으로써 마침내 그는 비교(秘敎)의 교주가 되었다는 말이다.

만일 이중섭의 작품 세계가 본질적으로 모성 콤플렉스의 산물임을 인정한다면, 그것은 '어머니=신'에 의한 창조물이었다고 바꿔 말할 수 있겠다. 종교라는 창구를 통해 이중섭을 바라보는 다양한 담론들은 식민지 시대의 모국 상실과 겹쳐지는 어머니=신의 퇴거와 죽음으로 귀결된 광기의 사랑을 증언한다. 두 개의 죽음 사이를 오가며 화가는 그림 그리기를, 누구도 걷지 않은 '다른 세상'을 꿈꾸기를 멈추지 않았던 것이다. 시인 이근배가 다음과 같이 노래하듯, 그의 모든 배덕에도 불구하고 오직 이 사실만이 내 안에서 이중섭이라는 이름을 살아 꿈틀거리게 해 주는 원천이다.

> 전인미답(前人未踏)의 땅에 이르러 / 그 혼신의 피, 어둠은 / 더욱 찬란한 지평(地平)을 열고 / 살아서 꿈틀거리는 / 그릴 수 없는 사랑의 빛깔까지도.(〈그릴 수 없는 사랑의 빛깔까지도〉)

시인이 노래한 '그릴 수 없는 사랑의 빛깔'은 곧 카오스와 방랑과 죽음의 빛깔이다. 그리고 '영원의 소년' 이중섭에게 그림은 하늘을 향해 팔 벌린 나무들로 꽉 들어찬 거대한 산 같은 사랑이자 카오스와 방랑과 죽음의 다른 이름이었다. 그 다른 이름들을 명명한 숨은 주체는 부재하는 어머니=신이었다. 나사렛에서 태어난 팔레스타인 출신 하니 아사드(Hany Abu Assad) 감독의 〈우리 사이의 거대한 산(The Mountain Between Us)〉(2007)은 단순한 재난 영화가 아니다. 죽음과 결혼한 사랑만큼 강렬한 것은 없다는 메시지를 내장하고 있기 때문이다. 이중섭과 세상 사이뿐만 아니라 우리와 이중섭 사이에도 깊은 산이 가로막혀 있다. 그것은 우리 각자의 내면에 솟아 있는 산이기도 하다. 그런 산에 추락하여 조난당하고 산속을 헤매다 내려온다는 것은 죽음이 그림 밖으로 나와 세상이라는 그림 속으로 다시 들어간다는 것을 뜻한다. 이런 의미에서 우리 모두는 화가이다. 세상을 '응시'하는 화가이다.

웬디 도니거의
교차 문화적 신화 비교에 대한 일고*

하정현

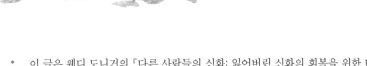

* 이 글은 웬디 도니거의 『다른 사람들의 신화: 잃어버린 신화의 회복을 위한 타자의 신화 이해하기』와 『암시된 거미: 신화 속의 정치와 신학』에 대한 필자의 서평 「웬디 도니거의 거침없는 신화 비교: 종교 현상으로서 신화 다시 읽기」를 수정하여 도니거의 비교신화학 방법론과 그 의의를 재조명하였다. 도니거의 비교 신화학 방법론을 함축적으로 표현하는 'Cross-Cultural Comparison of Myth'를 제목으로 정하면서 '교차 문화적 신화 비교'라고 번역하였다. 이와 다른 번역으로 '비교 문화적 신화 비교'도 가능한데, 본문에서는 두 가지를 혼용하였다.

1. 머리말: 경험과 기억을 이야기하기

웬디 도니거(Wendy Doniger, 1940-현재)는 인도의 고전뿐 아니라 현대 문화에 이르기까지 다양하고 광범위한 텍스트를 비교 연구하여 종교학에서 신화 연구와 관련된 상당한 책들을 출간해 왔다.[1] 팔순(八旬)을 맞이한 도니거는 올해에도 신간을 출간하였고,[2] 꾸준히 저작을 냄으로써 현재 활동하는 가장 뛰어난 신화학자로 꼽힌다. 그럼에도 불구하고 지금까지 한국 사회에서 도니거의 신화 연구서가 우리말로 소개된 것은 2007년에 『다른 사람들의 신화: 잃어버린 신화의 회복을 위한 타자의 신화 이해하기』,[3] 2020년에 『암시된 거미: 신화 속의 정치와 신학』[4] 등이 있을 뿐이다.[5] 그녀의 신화 연구서 가운데 특히 이 두 책은 신화학자는 물론이고 종교에 관심이 있는 연구자들이 주목할 필요가 있다.

『다른 사람들의 신화』와 『암시된 거미』는 20세기 말 종교학계에서 제기된 비교방법론에 대한 비판을 수용하면서도 여전히 비교의 필요성을 역설하였다. 『다른 사람들의 신화』가 타자의 신화를 이해함으로써 우리 신화의 의미를 깨닫게 된다는 입장에서 신화 비교의 필요성에 대한 기본적인 논의를 제시하였다면 『암시된 거미』는 서로 다른 문화의 신화들을 '왜' 비교해야 하며, '어떻게' 비교해야 하는가라는 문제와 관련된 새로운 방법론을 서술하면서 고대 신화뿐 아니라 문학·역사·영화 등의 자료들을 거침없이 교차적으로 비교하였다. 도니거는 이와 같은 텍스트들 사이에는 중요한 차이점들이 있지만 이들이 많은 점에서 비슷한 기능을 한다는 점에서 비교 연구해야 한다고 보았다.

『다른 사람들의 신화』는 1988년 초판이 나온 이래 1995년 개정판을 발간했고, 『암시된 거미』는 1998년 초판에 이어 2011년에 개정판을 출간했다. 각각 10년 내외의 시간 동안 자신의 문제의식을 꾸준히 발전시켜 개정판을 내놓은 셈인데, 이에 대해 도니거는 형형색색의 실로 직조된 태피스트리(tapestry)에 비유하였고, 또 일종의 브리콜라주(bricolage)라고 하였다.[6] 브리콜라주의 주체인 브리콜뢰르는 기존의 것들을 재활용하는 재주꾼이라는 의미로 도니거의 비교신화학에서 중요한 용어이다.

『암시된 거미』는 초판이 나온 직후부터 마치 스스로 낳은 생명체를 키우듯이 부단하게 자신의 주장을 입증하기 위한 예들을 첨가하고 수성을 거듭하여 본인 스스로 '개정된 거미(The Revised Spider)'라고 명명하였다.[7] 개정판 서문에서 신화를 비교하는 데 컨텍스트 비교의 필요성과 인도 신화가 정치적으로 활용된 사례를 통해 '신화와 역사'라는 주제의 중요성을 환기시켰다.[8] 또한 거미의 메타포에 '전달자(conveyor)'라는 의미를 추가하였다. 공유하는 인간성(the shared humanity), 공유하는 삶의 경험(the shared life experience)이라고 보았는데,[9] '개정된 거미'에서는 이러한 경험의 전달자의 의미를 추가하였다.

마치 이차적인 가공이나 수정 없이는 우리가 꿈을 상기할 수 없는 것처럼 우리의 경험도 일종의 가공을 거치면서 비로소 인식할 수 있다는 것을 구체적으로 표현한 셈이다. 우리는 경험 자체에 도달하는 것은 불가능하며 그

경험에 대한 기억을 이야기 형식으로 전달하여 그 내용을 알게 된다. 모든 인간이 공유하는 경험이라도 컨텍스트에 따라 다양한 이야기가 존재하기 마련이다. 도니거는 이러한 이야기들의 다양성을 고려하여 그 이야기들의 컨텍스트를 비교하면서 분석하는 것을 주요 방법론으로 삼는다.

이 글에서는 『다른 사람들의 신화』, 『암시된 거미』를 중심으로 도니거의 비교 문화적 신화 연구에 대해 알아볼 것이다. 도니거가 이야기를 신화학의 연구 대상이자 연구 방법론으로 삼은 것에 주목하면서 이야기와 메타포, 신화 비교의 필요성, 20세기 주요 신화 이론을 비판적으로 계승하는 방식과 그 의의에 대해 살펴보고자 한다.

2. '사냥하는 현자'로서 비교 연구자

인도의 경전에서 누군가를 공감하거나 그를 완전히 이해했을 때 '다른 사람의 머릿속으로 들어가기'라는 메타포를 사용한다. 10~12세기에 카슈미르(Kashmir)에서 만들어진 『요가바시슈타(Yogavasishtha)』에는 다른 사람의 몸에 들어가 그의 머리에서 살았던 한 현자를 만난 사냥꾼의 이야기가 있다.[10] 도니거는 인도의 현자와 사냥꾼 우화의 메타포로 학자들(Scholars)과 사람들(People)을 구분하여 설명했다. 현자는 정신적으로 다른 사람 안으로 들어갈 수 있는 사람으로, 다시 태어나지 않으면서 정신적으로 수많은 삶을 경험하고 이해할 수 있는 사람이다. 사냥꾼은 다른 사람의 머리로 들어갈 수 없어서 계속 다시 태어나며 모든 것을 육체적으로 체험해야 하는 사람이다. 전자는 학자들과 같은 전문가이고, 후자는 비전문가로 가슴(느낌)으로 사는 사람이다.

도니거는 우리가 알든 모르든 모두 사냥꾼이지만, 사냥꾼이 된다는 것이 무엇을 의미하는지 아는 사람은 현자라고 하였다.[11] 현자는 사냥꾼과 달리 양자 모두 갖춘 사람으로, 실제 삶에서는 다른 사람의 신화를 통해 그들의 의식 속으로 들어갈 수 있는 사람이라고 하였다. 종교학자(historian of religions)의 바람직한 모습으로는 '사냥하는 현자(the hunting sage)'를 제시하였다.[12] 유대계 미국인으로서 어린 시절부터 부모의 영향으로 힌두 신화에 공감하고 평생을 연구해 온 자신의 경험이 반영되었을 것이다.

도니거는 뉴욕에서 출생하여 유럽 출신의 유대계 부모 슬하에서 성장하였다.[13] 그녀의 회고에 의하면 세계 곳곳으로 흩어져서 유랑 생활을 할 수밖에 없었던 유대인들은 타자의 신화를 이해하려고 노력하고 동화되는 것이 오랜 습관이라고 한다. 폴란드 출신의 도니거 부친은 제임스 프레이저의 『황금가지(the Golden Bough)』에서 많은 것을 터득하여 그녀에게 가르침을 주었다고 한다. 또한 오스트리아 출신인 모친의 영향으로 도니거는 12세 때 에드워드 포스터의 『인도로 가는 길(A Passage to India)』를 읽으면서 힌두 신화에 매료되었다고 한다.

30세 되던 무렵 부친의 죽음을 계기로 그녀는 죽음과 악의 문제로 고민했다고 한다. 당시 죽음과 악에 관한 힌두 신화를 주제로 논문 「힌두 신화에서 악의 기원(The Origin of Evil in Hindu Mythology)」을 준비하고 있었는데, 인도 신화를 통해서 죽음과 관련된 자신의 문제를 해결하고 아버지의 죽음도 이해할 수 있었다고 한다. 어떤 의미에서 그녀 자신이 현자로서 읽고 저술했던 인도 신화에서 이야기되는 것과 같은 사건들을 사냥꾼처럼 경험했다고 할 수 있다.[14]

도니거는 미국 시카고대학 종교학과에 재직하며 엘리아데 석좌 교수를 역임했다. 『다른 사람들의 신화』가 거의 완성될 무렵 그녀는 웨스턴 미시건 대학에서 엘리아데 종교사 강의를 해 달라는 초청을 받았다. 이 책은 자신이 저술했던 어떤 책보다 엘리아데의 저술과 삶에 감화를 받은 터라 그 강의의 교재로 출판했다고 한다.

도니거는 1968년에 하버드대학에서 「시바 신화의 금욕주의와 섹슈얼리티(Asceticism and Sexuality in the Mythology of Siva)」로 박사학위를 받았고, 1973년 옥스퍼드대학에서 「힌두 신화에서의 이단의 기원(The Origins of Heresy in Hindu Mythology)」이라는 논문으로 또 다른 박사학위를 받았다. 1970년대부터 현재까지 『힌두 신화 원전 자료집』등 힌두교 원전을 영어로 번역해 왔고, 힌두교 전반을 자신의 관점에서 새롭게 서술하기도 하였다. 그녀는 현재까지도 인도의 고전뿐 아니라 현대 문화에 이르기까지 다양하고 광범위한 텍스트를 비교 문화적으로 연구하여 상당한 책들을 출간해 오면서 당대의 영향력 있는 종교학자로서, 인도학자로서, 신화학자로서 활동하고 있다.

3. 주요 메타포와 신화 연구 방법론

1) 이야기와 메타포(metaphor)

도니거는 신화를 정의할 때 뚜렷한 입장을 표명한다. 우선 신화를 정의할 때 경계 짓기, 장벽 쌓기에 도전장을 내겠다는 것이다. 그녀는 신화가 무엇이라고 진술하기보다 신화가 무엇을 수행한다는 것을 기술하고자 했다. 이

두 가지를 기반으로 그녀는 신화, 민담, 우화, 역사, 영화 등이 현실적으로 크게 다르지 않은 기능을 하고 있기 때문에 함께 다룰 수 있다는 입장에서 출발한다.[15]

그녀는 신화학이 출범한 이래 지속되는 신화 정의 문제를 플라톤 탓이 크다고 보았다. 주지하듯이 플라톤은 신화란 말을 역사(사실)와 대비하여 거짓말을 의미하는 것으로 격하시킨 바 있다. 하지만 그는 다른 방법으로는 이야기될 수 없는 어떤 것, 논리적이거나 심지어는 형이상학적인 진술로도 번역될 수 없는 어떤 것을 전달하는 이야기에 대해서는 신화라고 하였다.[16] 그는 대중과 유모들 그리고 호메로스와 헤시오도스와 같은 시인들이 만들어 낸 이야기는 '거짓된 신화'이고, 반면에 『파이돈(Phaedo)』, 『공화국(Republic)』에 나오는 자신이 만든 이야기는 '진실한 신화'라고 하였다. 도니거가 볼 때 플라톤이 신화에 대해 두 입장을 오가며 일구이언을 하여 오늘날까지 신화의 양면성이 이어져 오고 있는 것이다.

도니거에 따르면 신화는 그것에서 자신들의 가장 중요한 의미를 발견하는 일군의 사람들이 공유하는 이야기, 한 집단의 사람들이 (비록 그것이 사실이 아니라는 많은 증거에도 불구하고) 오랫동안 믿어 온 이야기, 그리고 종교적 물음을 불러일으키는 이야기이다. '경계 짓기'를 우려했던 그녀의 말을 상기해 보면 신화와 종교의 불가분성을 논하는 정의가 의아스러운 점이 없지는 않다. 하지만 연구자의 입장에서 볼때 연구 대상의 확보라는 측면에서 다행으로 여겨지기도 한다.

여기서 주목되는 것은 '이야기'이다. 도니거는 이야기는 힘든 훈련으로도 쉽게 찾을 수 없는 것들을 드러내 주고, 주장을 실제적인 것으로 만드는 메타포를 우리에게 제공해 준다고 보았다. 그녀는 자신의 주장을 위해 논거를 제시하며 이론적으로 설명하는 것보다는 다양한 은유적 이야기들을 다시 메타포로 사용하는 방식을 취했다. 가령 "신화가 무엇인가?", "신화의 기능이 무엇인가?"라는 물음에 대해 고대 경전으로부터 『오즈의 마법사』에 이르기까지 광범위한 자료를 은유적으로 적절히 배치하는 것으로 대답을 한다. 그녀에 따르면 자신의 주장을 단계적으로 전개시키는 것보다 이야기를 제시하는 것이 더 효과적인 방식이다. 이러한 방식 때문에 도니거의 책을 읽노라면 자료의 미로에 갇히는 듯한 경험을 할 때가 있다. 이와 관련하여 『다른 사람들의 신화』 서문에 다음과 같이 적었다.

> 이 책에서는 이야기가 방법이다. 다른 것은 없다. … 독자는 때때로 내가 하고자 하는 이야기에서 빗나가지는 않았는지, 또 요점을 잃어버린 건 아닌지 의아해할지도 모른다. 그러나 이야기가 내가 이야기하고자 하는 요점이다. 나는 내가 말하고 있는 이야기에 관한 방법론적 이야기를 말하고 있다. 결국 방법론 역시 이야기이다. 그리고 이야기하는 모든 사람이 방법론자이다.[17]

이야기와 메타포의 관계를 논하면서 그녀가 이야기에 주목한 것은 이야기의 힘을 의식한 것으로 보인다. 위의 인용문을 볼 때 이야기는 신화학의 연구 대상이자 방법론이며, 이것은 그녀가 주장하는 비교신화학의 서막이 된다.

도니거는 비교는 일종의 메타포이고, 우리는 일상적으로 은유적(metaphorically), 또 비교적(comparatively)으로 사고한다는 사실을 논증하고자 했다. 그녀는 다른 사람들의 문화에서 비롯된 신화들이 종종 우리 자신의 신화를 한층 더 새롭게 해 주는 유용한 메타포를 제공한다고 보아 비교신화학이 필요하다는 것이다.[18] 흥미로운 것은 비교라는 것은 서로 다른 문화를 번역하는 것이고, '메타포(metaphor)'와 '번역(translation)'은 어원이 같으므로 메타포 대신 번역이라는 말을 사용할 수 있다는 것이다.[19] 그녀의 주장을 다소 거칠게 요약하면, 우선 비교는 특별한 작업이 아니라 일상적인 일이다. 그리고 비교 연구자는 일종의 통역자로서, 타자의 신화 이해를 통하여 결국 자신의 것의 의미를 깨달을 수 있도록 이끈다는 것이다.

도니거는 신화뿐 아니라 신화학자, 신화 이론 그리고 그 이론에 대한 비평까지도 메타포로 사용한다. 널리 알려진 현미경과 망원경의 메타포를 신화 고유의 기능뿐 아니라 신화에 대한 학문적 구축물에도 적용하는 점은 흥미롭다. 신화의 기능면에서 현미경의 메타포는 개인적이고 주관적인 경험이고, 망원경은 추상적이고 일반적인 것으로, 심지어 논문이나 수학 공식 등도 해당된다. 신화는 개인적인 것과 추상적인 것의 연속체 가운데서 진동하면서 인간사의 역설을 포괄한다.[20] 실례(實例)로 「욥기(Job)」에서 고통에 시달리던 욥이 하느님을 만나 대화하는 내용이 있다.

폭풍 속에서 하느님을 만난 욥은 놀랍게도 자기 연민의 현미경을 던져버리고, 망원경의 눈으로 자신을 관망하며, "제가 한낱 재에 불과하다는 것에 입을 다물고 위안을 받습니다."라고 고백한다. 또 『바가바타 푸라나(Bhagavata Purana)』에서 아쇼드하(Yashodha)는 어린 아들(크리슈나의 화신)의 입안에서 우주적 비전을 비롯하여 자신의 모습을 목격하고 혼비백산하며 그녀 안에 신의 힘이 존재한다는 깨달음에 이른다. 욥과 크리슈나의 이야기는 신학적 관점에서 현미경과 망원경의 차원이 융합되는 사례이다.[21] 이야기에 접근하는 또 다른 관점이 있다.

주인공이 참호 속에서 싸우고 있다. 그가 총에 맞자 영화는 슬로모션으로 침묵으로 전환되며 그가 영국의 한 언덕에서 가족과 함께 소풍을 즐기며 햇빛과 포도주에 달게 취해 풀밭 위에 앉아 있는 모습을 본다. 그가 낮잠을 자기 위해 나무에 몸을 기대는 순간 나무는 그의 무덤을 표시하는 흰 십자가가 되고, 그는 사라진다. 카메라가 십자가로부터 멀어질수록 시야는 넓어지고, 그 병사의 무덤 위 십자가는 프랑스 전장의 무덤들을 표시하는 수백만의 십자가들 중의 하나라는 것을, 거대한 죽음의 숲속에 있는 하나의 작은 흰 나무에 불과하다는 것을 우리는 알게 된다. … 우리는 한 병사에 대해 느끼는 개인적 슬픔의 강렬함과 제1차 세계대전 당시 죽어 간 천문학적 숫자에 이르는 수많은 젊은이에 대한 좀 더 일반적이고 우주적인 슬픔을 동시에 경험한다.[22]

제1차 세계대전을 배경으로 한 영화 〈오 얼마나 아름다운 전쟁인가(Oh What a Lovely War)〉(1969)의 결말의 한 장면으로 정치 신화의 관점에서 개인적 슬픔과 정치적 이념이 낳은 비극을 망원경과 현미경의 메타포로 포착하였다. 신화는 신학과 정치 어느 방향으로든 작동할 수 있음에 주목해야 할 것이다.[23] 우주 창조에 대한 이야기이든, 영웅을 찬양하는 이야기이든, 이데올로기의 수단이 되는 이야기이든 신화는 모두 인간의 경험과 불가분의 관계에 있으며, 언제든지 정치적 목적으로 재사용될 수 있다.

2) 주요 메타포와 방법론

(1) 메아리의 동굴(The Cave of Echoes)

19세기 근대 학문으로서 비교신화학이 태동한 이래로 신화는 지금까지 종교학의 주요 주제로 자리잡고 있다. 20세기 중반 이후의 신화 연구는 그 이전과 달리 인간 근원 정신의 역동적인 산물로서 신화에 접근하기 시작했다. 특히 심리학에서 무의식의 발견과 함께 구조, 상징 등의 용어가 신화학의 주요 키워드로 떠올라 인간을 이해하는 통로로 주목받게 되었다.

도니거는 신화를 정의하는 문제에서 플라톤을 소환했듯이, 신화 연구사에서 신화의 보편성에 초점을 두었던 20세기 신화 연구의 주류에 해당하는 거대 이론의 원천으로 플라톤을 지목했다. 플라톤의 이데아 개념은 A. 바스타인(Adolf Bastian)의 사상에서 다시 태어났고, 이어 C. G. 융의 원형(archetype)과 표상 개념, M. 엘리아데의 우주 상징체계 이론에 영향을 주었다.[24] 융에 따르면 원형은 처음에는 어떤 구체적인 내용도 지니지 않은 영원히 계승되는 형상과 관념이고, 구체적인 내용은 오직 개인적 경험이 이러한 형상에 자리잡게 될 때 나타날 뿐이다.[25]

이와 관련하여 도니거는 원형은 사람들이 그 위에 의미를 넣도록 하는 틀, 또 의미를 그 위에 적을 수 있는 백지수표에 비유하였다. 엄밀히 말하자면 신화의 원형은 그 자체로 의미가 있는 것이 아니라 의미가 발생하는 맥락을 제공한다고 보았다.[26] 하지만 신화학에서 원형을 보편적, 자연적으로 간주하고 그것을 마치 고정불변하는 토대로 여기는 경향은 20세기 중반 이후 상당히 지속되어 왔다. 이와 관련하여 도니거는 J. 캠벨식의 보편주의를 겨냥하며, 모든 신화를 특징 없는 최소한도의 보편적 형태로, 또 너무 공통적이어서 어떤 고귀함도 지니지 않은 하나의 공통분모로 귀착시킨다고 비난하였다.

원형 이론과 그 한계점에 대해서 도니거는 '메아리의 동굴' 메타포로 설명하였다. 이것은 『다른 사람들의 신화』의 부제(副題)로 사용되었는데 도니거가 사용한 메타포들 중에서도 단연 흥미롭다. 포스터의 『인도로 가는 길』에 언급되는 동굴이 모티브가 되었는데, 아마도 『인도로 가는 길』과 도니거를 분리해서 생각할 수는 없을 것이다.

> 고드볼(Godbole) 교수는 메아리에 대해서는 언급한 적이 없었는데, 어쩌면 그것에 특별한 인상을 받지 않았던 것인지도 모른다. 인도에는 신기한 메아리들이 있다. 비자푸르(Bijapur)에 있는 둥근 천장 주변에는 속삭임이 있고, 만두(Mandu) 지역에는 공중을 돌아다니다 그 소리를 낸 사람에게 온전히 되돌아오는 길고 확실한 문장(文章)이 있다. 하지만 마라바르(Marabar) 동굴의 메아리는 이런 것들과 다르다. 무슨 말을 하든 똑같은 단조로운 메아리가 진동하며 그 소리가 천장으로 흡수될 때까지 벽 위아래로 진동한다. 그것을 굳이 인간의 소리로 표현하자면 '부움(boum)' 혹은 '부-움(bou-oum)' 혹은 '우-부움(ou-boum)'이라고 할 수 있으며 지극히 단조롭다. 소망, 공손함, 코 푸는 소리, 부츠의 삐걱 소리 모두가 '부움' 하는 메아리를 만들어 낸다. … 갑자기 무어 부인의 마음 한 끝자락에 종교가 나타났고, 보잘것없이 작고 수다스런 기독교의 '빛이 있으라'에서부터 '다 이루었다'에 이르는 모든 성스러운 말들이 '부움'에 지나지 않음을 그녀는 깨달았다.[27]

그녀는 마라바르 동굴에서의 하나의 메아리 '부움'이 원형에 해당한다고 보았다. 플라톤의 입장에서는 동굴에 들어가는 신화학자들에게 거기서 나오라고 해야겠지만 교차 문화적 신화 비교를 위해서는 원형 동굴에 들어가야 한다. 다만 그곳은 다른 곳으로 가기 위해 거쳐 가는 장소라는 사실을 유념해야 한다. 원형 동굴은 일종의 원형의 기관차고(roundhouse)와 같은 곳으로서 모든 차선이 만나는 곳이다. 융 학파에게 이곳은 집단 무의식이고, 구조주의자들에게는 변증법적 대립의 인식망이고, 신학자들에게는 신이다.

　하지만 신화학자들에게 이곳은 다른 차선으로 갈아타기 위해 방문하는 장소이지, 정주하는 곳은 아니다.[28] 이와 관련하여 도니거는 신화 분석의 여정에서 여러 번 환승해야 한다고 주장한다. 만약 구조주의 방법으로 내용을 분석하였으면 구조주의 버스에서 하차한 후 필요에 따라 엘리아데의 상징의 영역으로 가는 차로 갈아타고, 또 필요에 따라 프로이트와 메리 더글러스와 그 밖의 다른 이들의 영역으로 가는 버스로 환승해야 한다는 것이다. 신화학자들은 여러 도구를 준비했다가 꺼내 쓸 수 있는 도구상자(tool-box)를 가지고 있다가 자신의 비교 연구의 필요에 따라 가장 적합한 방법을 사용해야 한다고 하였다.[29] 이러한 환승론은 방법론적 절충주의(eclecticism), 학제적 접근 방법(multidisciplinary approach)으로 기존의 신화 이론을 비판적으로 계승하려는 도니거의 입장을 잘 드러내 준다.

(2) 보이지 않는 거미[30]

도니거는 거미 메타포에 대해서 다음과 같이 서술하였다.

　　만약 거미를 모두가 공유하는 인간성, 공유하는 삶의 경험의 전달자(conveyor)로 간주한다면 이것은 비교 연구자에게 매우 유용한 메타포이다. 이 경험은 거미줄을 만드는 재료, 즉 내러티브의 원재료를 비교 연구자를 포함하여 많은 거미줄 제작자 혹은 작가에게 공급한다. 이러한 이야기꾼들은 자신들의 고유한 개인적인 문화적 생산물을 짜고 공통의 주제를 완전히 새롭게 엮어 자신들만의 고유한 벤다이어그램 거미줄을 짜기 위하여 마치 비단 만드는 누에고치로부터 실을 뽑아내듯이 거미가 뽑어낸 실 가닥들을 모은다. … 나는 우리가 거미줄을 짜는 이러한 거미를 결코 볼 수 없다는 것이 사실일지라도 거미의 존재, 신화의 이면에 있는 경험을 믿어야만 한다고 주장한다. 우리는 단지 거미줄, 즉 작가들이 짜 낸 신화들만을 발견할 수 있을 뿐이다.[31]

도니거는 우리가 거미줄을 짓는 거미는 볼 수 없을지라도 거미줄은 어디서나 볼 수 있는 것에 착안하여 거미의 존재는 신화의 이면에 있는 공유하는 인간 경험에 대한 믿음의 문제라고 보았다. 만약 우리가 거미가 없다고 생각한다면 거미는 없고, 만약 우리가 거미가 있다고 생각하면 거미는 있다는 것이다. 우리는 바람을 볼 수 없지만 바람이 움직이며 남긴 흔적으로 꺾인 줄기는 볼 수 있는 것처럼 우리가 볼 수 있는 것은 거미줄, 신화 텍스트이다.

도니거는 우파니샤드의 거미, 히브리 전통의 신비주의 텍스트『조하르(Zohar)』의 누에와 비교하면서 우리 눈에 '보이지 않는' 거미를 언급하였다. 거미는 드러나지는 않지만 거미가 활동한 결과물로 유추할 뿐이다. 거미의 유무는 각자의 믿음의 문제로 도니거는 크게 신경 쓰지 않겠다는 입장이다. 마치 커튼 뒤의 남자에게는 신경 쓰지 말라고 하는 오즈의 정신처럼.

이와 같은 거미의 메타포에 웨인 부스(Wayne C. Booth)의 '내포 작가(implied author)'라는 서사학의 개념이 사용되었다. 서사학 이론에서 텍스트

밖의 실제 저자와 텍스트 안의 저자를 구분하고, 후자는 저자의 제2의 자아로서 작품을 통해 그 활동을 알 수 있을 뿐이다. 도니거는 거미를 인간이 공유하는 경험과 경험의 전달자 두 가지 의미로 보았다. 마치 깊은 웅덩이와 물의 관계처럼 우리가 마실 물은 웅덩이와 그 물을 퍼 올리는 인간의 역할이 함께 작용한다는 사실에서 착안한 메타포로 여겨진다.

그렇다면 도니거가 주장하는 공유하는 경험은 구체적으로 무엇인가? 그 맥락(context)이 다르다는 것을 인정하면서도 한 이야기가 다른 이야기와 같거나 유사하다는 것은 무슨 의미인가? 이와 관련하여 도니거의 주장은 다음과 같다.

> 그 맥락이 다르다는 것을 인정하면서도 한 이야기가 다른 이야기와 '같다'거나 '유사하다'고 말하는 것은 무엇을 의미하는 것일까? 자주 되풀이되어 이야기되는 신화의 다양한 이야기가 똑같다고 느끼는 경우가 있다. … 서로 다른 두 문화의 두 신화가 같다고 말할 때는 반복해서 계속 등장하는 어떤 플롯이 있으며, 이것이 문화적 경계를 뛰어넘는 인간적 관심과 우리가 비교 문화적이라고 혹은 문화적 차이를 뛰어넘는다고 말할 수 있는 경험을 드러내고 있다는 것을 뜻한다. … 예를 들자면 우리는 언젠가 부모님과 헤어진다는 것, 언젠가 부모님이 돌아가시고 우리도 결국 죽는다는 것에 대한 앎을 공유한다. 우리는 섹스, 음식, 노래 부르기, 춤추기, 일출, 일몰, 강아지, 달빛, 해변에 가기 등의 기쁨을 공유한다. 세상 어느 곳에서나 사람들은 사랑에 빠지고 아이를 갖는다. 따라서 이러한 경험들에 관한 이야기들은 분명 어떤 공통점이 있을 것이 분명하다.[32]

이러한 경험은 결코 그 자체로 표현될 수 없기 때문에 본질적으로 끊임없이 이야기(혹은 거미줄)가 형성될 수밖에 없다. 마치 제논의 아킬레스와 거북이에 관한 역설처럼 우리가 아무리 가까이 가더라도 경험 자체에 도달할 수는 없으므로 사회적, 문화적 그리고 정치적 컨텍스트를 반영하며 인간은 다양한 이야기를 지속적으로 만든다. 그것이 비록 경험을 굴절하는 묘사일지라도 그 이야기들은 우리의 삶을 조직하고 삶에 일관성과 의미를 부여하는 기본적인 방식으로 기능한다.

(3) 비교 문화적 신화 연구 방법론

20세기 신화 이론의 주류였던 원형에 대한 탐구는 세계 여러 전통의 다양한 신화들을 보편적인 틀로 설명하면서 신화들 간의 유사성이나 공통분모 혹은 동일한 뿌리를 찾고자 하였다. 도니거는 프로이트, 융, 엘리아데로 대표되는 보편주의 거대 이론을 망원경의 관점이라고 보았다. 보편주의 이론은 '위로부터 아래로(from the top down)' 방식으로 희생제의, 지고신, 오이디푸스 콤플렉스와 같이 광범위한 개념들에 관한 어떤 연속성을 상정했다. 하지만 도니거는 보편주의 이론이 추구했던 방법과는 반대로 인간이 공유하는 경험에 대한 믿음을 바탕으로 '아래로 부터 위로(from the bottom up)'의 접근 방식을 새롭게 제안했다.

오이디푸스 콤플렉스는 지역적 특성을 반영하고 있음에도 불구하고 그것으로 세계의 모든 문화를 해석하는 것을 당연시했었는데, 과연 이런 방법이 온당할까 하는 의구심이 제기되었었다. 이러한 문제의식으로 도니거는 보편적인 연속성이 아니라 성적 욕망, 출산, 양육, 고통, 죽음과 관련된 특정한 내러티브에 관한 연속성을 가정했다.[33] 이러한 접근 방법은 현미경의 관점으로 주어진 자료에 더 비중을 두고 철저한 역사적 연구를 하면서 비교 작업을 하는 것이다.

도니거는 비교를 가능하게 하는 학문적 구축물로서 미시 신화(micromyth)와 거시 신화(macromyth) 개념을 제시하였다. 미시 신화는 중립적 구조로서 모든 가능한 판본이 만들어질 수 있는 기본 요소들을 담고 있는 상상적 텍스트이며 학문적 구축물이자 모든 판본을 한꺼번에 살펴보고 그 판본들 모두에 대해 질문을 던질 수 있게 해 주는 이론적 구축물이다. 그것은 단순한 뼈대로서 그 위에 모든 살과 의미를 덧붙일 수 있다. 같은 뼈대라 해도 매우 다른 몸을 구성할 수 있는 것과 마찬가지로 각 문화가 자신의 고유한 문화적 의미로 훨훨 날아갈 수 있게끔 해 주는 트램펄린에 가까우며, 훌쩍 뛰어올라 자유롭게 여러 가지 다른 이본(異本)을 만들도록 해 준다.

미시 신화는 개별 이야기에서는 명시적으로 드러나지 않거나 혹은 의식되지 않더라도 잠재적으로 존재하는 어떤 기본적인 비교 문화적 의미의 원천이 된다.[34] 우리는 미시 신화를 통해 개별 문화의 변화 너머에 있는 모든 문화가 공유하는 의미를 발견할 수 있다. 하지만 연구자가 미시 신화의 형태에서 멈추게 되면 신화를 분석하는 여정의 중간에서 연구를 그만두는 셈이 된다. 도니거는 이와 같은 연구를 피상적인 비교 연구라고 비판하면서 캠벨의 단일 신화(monomyth)를 거론하였다. 그녀에 따르면 이러한 미시 신화는 신화의 모든 세부 사항을 조직적으로 제거함으로써 신화들을 단지 하나의 공통분모로 축소시킬 위험이 있다는 것이다.[35]

거시 신화는 미시 신화의 기반 위에서 비교 연구자가 찾아낸 동일한 뼈대의 다양한 이본들의 총합으로 비교 문화적인 작업을 가능하게 한다. 도니거는 이러한 미시 신화와 거시 신화 양자를 모두 분석의 대상으로 삼아야 한다고 보았다. 이것은 보편적 통일성과 개별적 고유성의 균형적 비교를 꾀하는 방법론이라고 할 수 있다. 이 밖에도 그녀는 신화 텍스트의 다성성 (multivocality)과 관련하여 젠더의 균형을 추구하고자 텍스트 속에 숨겨진 목소리를 찾아내는 것도 중요한 방법론으로 제시하였다. 표면적으로는 남성의 목소리로 쓰여진 텍스트에서 여성의 목소리를 읽어 낼 수 있고, 반대로 여성의 목소리로 쓰여진 텍스트에서 남성의 목소리를 읽어 낼 수 있음에 주목해야 한다.

4. 맺음말: 브리콜뢰르(bricoleur)가 들려주는 새로운 신화

근대 학문으로서 신화학은 18~19세기 유럽의 낭만주의 사조의 영향 아래 막스 뮐러로 대표되는 자연 신화 학파에서 인도-유럽의 신화를 비교하여 단일한 기원을 모색하는 과정에서 태동하였다. 이 시기의 대부분의 연구는 이성을 우위에 두는 관점에서 신화는 원시 혹은 고대의 전승으로 간주하는 입장이었다. 하지만 세계대전 후 서구 학자들이 신화를 보는 시선이 크게 달라지기 시작했다. 20세기 중반 이후의 신화학은 그 이전과 달리 신화를 지적 오류의 산물이 아니라 인간 근원 정신의 역동적인 산물로서 여기게 되었다. 특히 이 시기에 집단 무의식, 구조, 상징 등의 용어는 신화학의 주요 키워드가 되어 인간 이해의 통로로 주목을 받았다.

20세기 신화 이론의 주류였던 원형에 대한 탐구는 세계 여러 전통의 다양한 신화들을 보편적인 틀 내에서 설명하면서 신화들 간의 유사성이나 공통분모 혹은 동일한 뿌리를 찾는 데 주력하여 각 전통, 시대, 지역에 따른 차이와 맥락을 간과했다는 비판을 받았다. 도니거는 "어둠 속에서는 모든 고양이가 회색이다."라는 속담으로 기존의 비교 이론 속에 내포된 동일성의 폭력을 지적한 바있다.

이 글의 2장에서 살펴본 대로 도니거는 '메아리의 동굴' 메타포로서 원형 이론과 그 한계점을 설명하였다. 그녀는 교차 문화적 신화 비교를 위해서 원형 동굴에 들어가되, 그 동굴은 다른 곳으로 가기 위해 거쳐 가는 장소이지 정주할 곳은 아니라는 점을 강조하였다. 보편주의자들이 추구했던 원형은 본질적이고 고정불변의 것이 아니라는 것이다. 그것은 단지 주어진 것일 뿐이다.

신화학자들은 여러 도구를 준비했다가 꺼내 쓸 수 있는 도구상자를 가지고 있다가 필요에 따라 적합한 신화 이론을 사용해야 한다. 특히 도니거는 구조주의의 단점을 다른 인식들을 통해서 해결하고자 했던 데이비드 트레이시(David Tracy)의 의견을 수용하여 '브리콜라주 버스에서 뛰어내리기(Jumping off the bricolage bus)'라는 표현을 하였다. 그녀는 포스트-포스트 식민주의 형태가 필요하다면 포스트-포스트 구조주의 형태도 필요하다고 보았다.

하지만 그녀가 주장하는 방법론적 절충주의에는 신화 연구자의 특별한 역량이 필요할 것이다. 그녀도 인정했듯이 '브리콜라주 버스에서 뛰어내리기'는 레비스트로스가 스스로를 해체시키기 직전에 하차하여 그를 버려야 하는데, 연구자가 가늠하기 어려운 순간일 것이다. 다만 레비스트로스가 신화는 구조화된 이야기라고 했을 때 우리는 신화를 분석하기 위해 넘어야 할 산을 중간쯤 등반한 것으로 여기면 된다. 신화는 구조가 아니라 내러티브이기 때문이다.

한편 신화 이론이라는 버스에서 하차하는 것은 이론이 일종의 '신화'로 작용하는 것을 우려하여, 새로운 방법론으로서 신화 이론이 이데올로기화되는 것을 경계해야 한다는 메시지로 여겨질 수도 있다. 롤랑 바르트(Roland Barthes)가 신화에 기호학적으로 접근하여 허구적 믿음을 폭로하는 방식은 비록 신화를 분석하는 데 활력을 주었을지라도 때로는 고의적 비판과 분리되기 힘든 경우도 있었고, 엘리아데는 그의 신화 이론에서 모범이 되는 전형 혹은 패러다임을 융의 원형 개념과 구분하기 위해 애썼지만 차라리 원형이라는 단어의 사용을 피하는 편이 안전했을 것이라는 비판을 받기도 했다.

도니거의 독보적인 연구 방법은 찬사와 비난이 함께 따랐다. 그녀의 비교 작업은 여전히 맥락을 간과하고 있다는 점, 또 서구 학자의 입장에서 서구인들에게 필요한 타자의 신화들만을 이야기하는 한계가 있다는 점이 지적되었다. 특히 그녀가 개별 연구로서 선택한 힌두교 신들에 대해서 노골적인 성적 해석을 하여 인도 내에서 힌두교 모독으로 비판과 논쟁의 대상이 되었다. 대표적으로 『힌두교: 또 다른 역사(The Hindus: An Alternative History)』는 기존의 지배자, 남성 중심의 관점에서 벗어나 이와는 다른 관점에서 인도 역사를 재서술하고자 했다. 도니거는 이 책을 통해 인도 사회의 중심부의 시각이 아닌 주변부, 피지배자, 여성의 시각을 통해 힌두교를 재해석하는 시도를 했지만, 인도의 한 단체는 이 책이 출판된 직후 힌두교 모욕죄로 소송을 했고, 급기야 이 책은 한때 인도 내에서 금서로 지정되기도 했다.

도니거는 신화 정의, 신화의 기능, 신화학자의 역할 그리고 신화 연구 방법론에 이르기까지 풍부한 은유적 이야기를 동원하여 이야기하였다. 그녀는 종교학자로서, 비교신화학자로서, 이야기꾼으로서, 신화 제작자로서, 브리콜뢰르로서 새로운 신화를 들려주었다. 브리콜뢰르는 기존의 것들을 재

활용하는 재주꾼으로 레비스트로스가 인류학적 신화 연구에 사용하면서 유명해진 용어다. 비교 연구자는 기존의 이야기들을 재배치하고 편집하여 이야기의 관점도 바꾸어 놓음으로써 마치 브리콜뢰르와 같이 새로운 신화를 만드는 신화 제작자인 셈이다.

보편 신화의 마라바르 동굴로 들어가는 비교신화학자들에게 도니거는 충고한다. 절대 불변의 이상적인 것으로 믿고 있는 원형이라는 동굴에서 나오라고. 마치 끊임없는 신화의 탄생을 예고하는 그녀의 발언은 신화는 명사이면서 동사로서 과거와 현재는 물론 미래를 지배하는 이야기임을 확인하게 한다.

> 이야기꾼들은 마치 유도 선수들처럼 원형(archetype)의 무게 그 자체를 사용하여 신화를 집어던질 수도 있고, 또 수 세기 동안 신화를 물들여 온 편견을 신화와 함께 던져 버릴 수도 있다. 그것을 파괴라고, 그것을 전복(subversion)이라고, 그것을 창조적인 스토리텔링(creative storytelling)이라고 부르라![36]

이 글에서 살펴보았듯이 신화라는 말은 플라톤의 비신화화 이래 근대 역사주의를 거치면서 허구나 거짓으로 낙인찍혔고, 현재까지도 신화라는 용어에 대한 그러한 태도는 여전히 이어지는 측면이 있다. 근대 학문으로서 신화학이 태동한 이래 신화 연구자들이 신화의 정의를 내린 것을 살펴보면 신화라는 말을 사용하고 있다는 사실 이외에는 공통점이 없어 보이고 혼란스럽기까지 하다. 이에 신화라는 말은 학문의 장(場)에서 사용하는 개념어로서 유연한 언어적 구성물로 간주하기에 이르고 있다. 인간의 경험과 기억에 관한 다양한 형식의 내러티브는 필요에 따라 재구성되어 삶의 전형이 되는 이야기, 허위의식을 갖게 하는 이야기, 집단의 정체성을 확인하는 이야기 등등으로 기능해 왔다. 마치 카멜레온처럼 신화는 다양한 모습과 기능을 하며, 심지어 서로 전혀 다른 정치적 목적을 위해 동일한 신화가 사용될 수도 있다.

그럼에도 불구하고 도니거는 신화를 정의하기 위한 신화의 두 가지 특징을 제시하였다. 우선 신화는 이야기이다. 그리고 모든 신화는 이야기이지만 모든 이야기가 신화는 아니라고 하면서 신화는 종교적 질문을 불러일으키는 것이라고 하였다. 종교적 물음에 관한 그녀의 친절한 설명에도 불구하고 우리는 다시 "종교는 무엇인가?" 하고 되물어야 하는 과제를 피할 수 없게 되었다.

동성애 비인권론과 동성애 독재론
—한국 보수 개신교의 차별금지법 반대 논리와 관련하여

이진구

1. 들어가며

제21대 국회가 문을 연 직후인 2020년 6월 29일 정의당 장혜영 의원이 '차별금지법안'[1]을 발의하였다. 1년 뒤인 2021년 6월부터 8월 사이에는 더불어민주당 소속 이상민, 박주민, 권인숙 의원이 각각 '평등에 관한 법률안' 혹은 '평등 및 차별금지에 관한 법률안'이라는 이름으로 연이어 법안을 발의하였다. 불과 1년 사이에 명칭과 취지가 엇비슷한 법안이 4개나 발의된 것은 매우 드문 일로서 궁금증을 자아낸다.[2] 더 흥미로운 것은 차별금지법안 발의가 이번이 처음이 아니라는 사실이다. 2007년 처음 발의된 이래 21대 국회 이전까지 7차례나 발의되었고 그때마다 반대에 부딪혀 번번이 무산된 바 있다. 이번 국회에 들어와 발의된 법안들도 거센 저항에 직면하고 있다.

장혜영 의원이 법안을 발의한 당일 국회의사당 정문에서는 '차별금지법 발의 정의당 규탄 긴급 기자회견'이 열렸고, 일주일 뒤에는 10만 명의 동의를 얻은 '포괄적 차별금지법 반대 청원'이 국회에 제출되었다. 한 시민단체는 정의당 심상정 대표의 지역사무실에 난입하여 차별금지법에 반대한다는 낙서와 욕설을 하는 등 난동을 벌였다.[3] '진정한 평등을 바라는 나쁜 차별금지법 반대 전국연합'이라는 단체는 "나쁜 포괄적 차별금지법(평등기본법) 결사반대한다!!"라는 제목의 성명서를 발표하고, 27만여 명의 서명을 받은 차

별금지법 제정 반대 서명 자료를 국회 법제사법위원회에 제출했다.[4]

한편 차별금지법 제정을 촉구하는 진영은 '차별금지법 제정 국민청원'을 시도하였고 10만 명의 동의를 얻어 국회에 제출하였다. 나아가 '차별금지·평등법 제정 촉구 30km 오체투지',[5] 차별금지법의 제정을 촉구하는 '100만 도보행진',[6] '차별금지/평등법 제정을 위한 전국순회 시민공청회' 등 다양한 형태의 법안 제정 촉구 운동을 전개하고 있다.

이처럼 현재 우리 사회에서는 차별금지법을 둘러싸고 '총성 없는 전쟁'이 벌어지고 있다. 법안 제정을 촉구하는 진영은 차별금지법이 제정되어야 우리 사회가 좀 더 정의롭고 평등한 민주 사회가 될 것이라고 목소리를 높인다. 반면 법안 제정에 반대하는 세력은 차별금지법이 제정되면 차별의 소멸이 아니라 역차별이 발생하고 평등의 이름으로 표현의 자유가 억압되어 우리 사회가 대혼란에 빠질 것이라고 경고한다.

현재 차별금지법 제정에 가장 강력하게 반대하는 세력은 보수 개신교[7]다. 이들은 차별금지 사유에 포함되어 있는 '성적 지향(sexual orientation)'[8]과 '성별 정체성(gender identity)'[9]을 동성애 옹호 문구로 규정하고 차별금지법을 '동성애 차별금지법'으로 명명한다. 따라서 이들의 차별금지법 반대운동은 반동성애 운동으로 나타나고 있다. "〈인생은 아름다워〉 보고 '게이' 된 내 아들, AIDS로 죽으면 SBS 책임져라!"[10]와 같은 신문광고는 동성애와 에이즈의 관련성을 부각시켜 동성애 혐오를 조장하는 수사 전략으로 차별금지법 반대운동에서 자주 등장한다.

어떤 주체가 어떤 대상에 대해 열정적인 반대운동을 할 경우 그 현상은 대상 자체보다 주체에 대해 더 많은 것을 말해 주곤 한다. 따라서 보수 개신교 진영의 결사적인 차별금지법 반대는 현재 한국 개신교에 대해 무엇인가를 말해 주는 몸짓으로 읽을 수 있다. '동성애 쓰나미'를 외치면서 동성애와 '전쟁'을 벌이고 있는 보수 개신교의 이러한 몸짓은 한국 보수 개신교에 대해 무엇을 말해 주고 있는가? '반동성애 광풍'의 배후에 작동하고 있는 메커니즘은 무엇이며 거기에는 어떠한 담론이 생산, 유통되고 있는가?

이 글에서는 그동안 기독교 신학[11]을 비롯하여 사회학,[12] 종교학,[13] 퀴어 연구[14] 등의 분야에서 이루어져 온 연구 성과를 바탕으로 개신교의 차별금지법 반대운동에 나타난 핵심 담론의 성격을 파악하는 데 주력하고자 한다. 이를 위해 먼저 차별금지법 제정 운동의 배경이 되는 인권레짐의 등장과 성소수자 인권운동의 등장 과정을 살핀다. 이어서 보수 개신교가 차별금지법 반대의 핵심 무기로 활용하는 '동성애 비인권론'과 '동성애 독재론'을 중심으로 살핀다. 마지막으로 이러한 차별금지법 반대운동의 의미를 보수 개신교의 '영적 전쟁론'과 관련하여 파악한다.

2. 국제인권레짐과 성소수자의 인권

우리 사회에서 차별금지법을 둘러싼 논쟁이 본격화된 것은 2007년부터 이지만 그 이전부터 이미 이 법안의 제정 필요성에 대한 공감대가 널리 형성되고 있었다. 대외적 측면에서는 국제인권레짐(International Human Rights Regime)의 확산이 중요한 역할을 했다. 제2차 세계대전 과정에서 홀로코스트와 같은 대량 학살을 겪은 이후 인권은 국제사회의 주요 화두로 등장하였다. 유엔은 이러한 배경의 산물이며 이는 국제인권레짐의 형성으로 이어졌다. 국제인권레짐은 '인권문제 영역에서 국제사회의 각 행위자(국가, 국제기구, NGO, 개인)의 기대가 수렴된 일련의 국제적 규범 체계 및 실행 절차'[15]를 의미한다. 국제인권레짐의 등장은 '국가적 가치(state values)'로부터 '인간적 가치(human values)'로의 이행[16] 즉 '국익'보다 '인권'이 우선한다는 규범의 등 장과 맥을 같이한다. 물론 유엔은 국가 간 기구에 지나지 않으므로 현실에 서는 국가주권이론과 인권이론 사이에 긴장과 갈등이 발생한다. 그럼에도 불구하고 국제인권레짐의 출현과 더불어 인권은 '지구정치를 위한 도덕적 공용어(moral lingua franca for global politics)'[17] 혹은 국제사회에서의 '세속 신앙 (secular faith)'[18]으로 등장했다.

세계인권선언(1948)의 발표 이후 유엔은 좀 더 실질적 차원의 인권 증진 을 위해 차별금지에 관한 국제협약을 점차적으로 도출했다. 인종차별철폐 협약(1965), 여성차별철폐협약(1979), 아동권리협약(1989), 이주노동자와 그 가족의 권리를 보호하는 국제협약(1990), 장애인권리협약(2006)이 대표적 인 예다.[19] 유엔은 이러한 개별적 협약들의 취지를 반영한 포괄적 차별금지 법 제정을 각국에 권유했고 현재 30여 국가가 제정하였다. 캐나다의 인권법 (Human Rights Act, 1977), 오스트레일리아의 차별금지법(Anti-Discrimination Act, 1977), 독일의 일반평등대우법(Allgemeines Gleichbehandlungsgesetz, 2006), 영국 의 평등법(Equality Act, 2010) 등 명칭은 다양하지만 모두 포괄적 차별금지법 에 속한다.

각국의 포괄적 차별금지법은 대부분 성별, 인종, 연령, 장애, 민족, 언어 등에 따른 차별은 금지하였지만 성적 지향이나 성별 정체성을 차별금지 사 유에 처음부터 포함하고 있었던 것은 아니다. 세계인권선언을 구체화한 국 제조약인 자유권규약(1966)과 사회권규약(1966)에도 성적 지향과 성별 정체 성은 명시되어 있지 않다. 그렇지만 이후 자유권위원회, 경제적·사회적·문화적 권리위원회, 아동권리위원회, 고문방지위원회, 여성차별철폐위원회 등 국제인권기구들은 차별금지 사유에 성적 지향이 포함된다는 것을 공식 문서를 통해 일관되게 확인하였다.[20] 이러한 흐름을 반영하여 각 국가도 성적 지향과 성별 정체성을 포괄적 차별금지법에 포함하기 시작하였다. 네덜란드는 1994년에 제정된 평등대우기본법에서 성적 지향을 차별금지 사유에 포함하였고, 캐나다는 1996년 성적 지향, 2017년 성적 정체성을 차별금지법에 포함하였다. 이러한 흐름 속에서 동성혼도 합법화되어 2000년 네덜란드를 필두로 현재 30여 국가가 동성혼을 인정하고 있다.

성소수자의 인권과 관련하여 국제적 차원에서 특히 중요한 역할을 하고 있는 것은 요그야카르타 원칙(Yogyakarta Principle)이다. 2006년 11월 인도네시아 요그야카르타에서 모인 국제 NGO와 국제인권법 관련 연구자들이 성적 지향과 성적 정체성에 관한 국제인권법 적용 원칙을 정리한 후 2007년 3월 스위스 제네바에서 공식 발표한 것으로서 29개의 원칙이 포함되어 있다. 2017년에는 10개의 추가 원칙이 더해진 '요그야카르타 원칙 플러스 10'이 발표되었는데 성소수자의 권리와 관련하여 성적 지향과 성별 정체성만이 아니라 성적 표현(gender expression)과 성적 특성(sex characteristics)도 포함하였다.[21] 이 원칙은 유엔에 의해 공식적으로 채택된 것은 아니지만 국제인권기구들에 의해 권위 있는 문서로 널리 수용되고 있다.

한편 국내에서는 '87년 체제'의 등장과 함께 정치적 자유가 확대되면서 사회적 소수자에 대한 관심이 제고되기 시작하였다.[22] 군사정권하에서 '계급'이나 '민족'과 같은 거대 담론에 의해 가리어 있었던 사회적 약자의 권리가 소수자의 인권이라는 이름하에 수면 위로 부상하기 시작한 것이다. 특히 비전향 장기수, 장애인, 학생, 양심적 병역거부자와 같은 사회적 약자나 소수자의 인권이 중요한 사회적 의제로 등장했다. 2000년대에 들어 언론의 주목을 받은 비전향 장기수 송환(2005), 장애인차별금지법 제정(2007), 대광고 사건 대법원 판결(2010),[23] 대체복무제 도입(2018) 등은 소수자의 인권이 나름의 결실을 맺은 대표적 사안이다.

이러한 시대적 분위기 속에서 성소수자 집단도 수면 위로 올라왔다. 이전까지 자조 모임이나 친교 모임의 형태로 존재하던 동성애자 집단이 스스로 '가면을 벗고' 사회에 얼굴을 드러내기 시작한 것이다. 1993년 등장한 '초동회'가 최초의 성소수자 인권운동 단체다. 소수의 게이와 레즈비언으로 구성되어 있던 초동회는 1994년 남성 동성애자 인권운동 단체 '친구사이'와 여성 동성애자 인권운동 단체 '끼리끼리'로 분화했다. 이후 서울대, 연세대, 고려대 등 각 대학 성소수자 모임을 비롯하여 트랜스젠더 인권단체도 생겨났다. 인터넷 보급과 함께 PC통신 커뮤니티 모임이 생겨나고 퀴어영화제가 기획되었다. 2000년 방송인 홍석천의 커밍아웃과 2001년 트랜스젠더 하리수 신드롬이 보여주듯이 각종 미디어에서도 성소수자가 등장하였다.[24] 성소수자 집단의 이러한 일련의 가시화 작업은 성소수자의 인권이 사회적 의제의 하나로 등장하는 데 핵심 동력이 되었다.

현재 한국 사회의 성소수자 인권과 관련하여 매우 중요한 역할을 하고 있는 국가인권위원회(이하 인권위)는 국제적 차원의 인권레짐과 국내의 인권운동이 합류하면서 탄생한 인권기구라고 할 수 있다. 1990년대 초부터 유엔은 각국에 국가인권기구 설치를 적극적으로 권장했으며 국내 시민단체들도 그 필요성을 지속적으로 제기하였다. 이러한 배경하에서 2001년 인권위원회법 제정과 함께 인권위가 탄생하였다. 인권위원회법은 '평등권침해 차별행위'에 성별, 연령, 장애, 출신 국가 등 총 19개 항목을 적시하였는데 '성적 지향도 포함하였다.[25] 이는 성소수자의 권리를 언급한 국내 최초의 법률이다.

인권위는 이 조항에 근거하여 성소수자의 인권 향상을 위해 다양한 활동을 전개하였다. 그렇지만 인권위원회법은 차별 사건이 발생했을 경우 해당 기관에 시정을 권고하는 역할밖에 할 수 없다는 한계가 있다. 따라서 좀 더 구속력 있는 조치를 취할 수 있는 법령의 제정이 요청되었고 2007년 정부는 차별금지법안을 입법 예고하였다. 그러나 재계와 일부 종교계의 반대에 부딪혀 성적 지향을 포함한 7개의 차별금지 사유를 삭제한 법안이 발의되었다가 회기 만료로 자동 폐기되었다.[26] 그 후 17대, 18대, 19대 국회에서도 법안이 계속 발의되었지만 매번 반대에 부딪혀 철회되거나 회기 만료로 자동 폐기되었다.[27]

현재 차별금지법 제정을 추진하고 있는 주요 세력은 진보 진영으로 분류되는 시민단체들이다. 종교계의 경우 교권에서 비교적 자유로운 진보 성향의 단체들이 제정 운동에 주로 참여하고 있다. 한국기독교교회협의회(NCCK)인권센터를 비롯한 일부 개신교 진보 단체는 2007년 차별금지법이 발의되었을 때부터 법안 제정 촉구 성명을 발표하였으며, 2020년에는 81개 단체가 차별금지법 제정을 촉구하는 성명서를 발표하였다.[28] 천주교의 경우 예수회인권연대연구센터, 우리신학연구소, 천주교인권위원회 등 진보 성향의 일부 단체가 차별금지법 제정에 찬성하고 있다. 2021년 9월 출범한 '차별과혐오없는평등세상을바라는그리스도인네트워크(평등세상)'는 천주교와 개신교의 32개 단체를 포함하고 있으며 차별금지법을 제정하기 위한 운동을 적극 추진하고 있다.[29] 불교계의 경우 대한불교조계종 사회노동위원회, 불교여성개발원, 참여불교재가연대 등 23개의 불교 단체로 이루어진 차별금지법제정불교네트워크가 결성되어 있으며, 원불교의 경우도 원불교사회개

벽단, 원불교인권위원회, 원불교환경연대 등이 법안 제정 운동에 참여하고 있다. 이러한 다양한 흐름이 결집하여 현재 160여 단체가 참여한 '차별금지법제정연대'가 탄생하였다.

3. 차별금지법 반대의 논리

이러한 차별금지법 제정 추진 세력과 맞대결하면서 차별금지법 반대운동의 최전선에서 활동하고 있는 집단이 보수 개신교다. 2007년 차별금지법안이 처음 발의되었을 때부터 보수 개신교는 '동성애 차별금지법안 저지 의회 선교연합'을 결성하여 법안 철회 운동을 전개하였고,[30] 그 후에는 '바른 성문화를 위한 국민연합', '건강한 사회를 위한 국민연대', '차세대 바로세우기 학부모연합' 등 반동성애 운동에 전념하는 단체들이 출현했다. 최근에는 법과 언론의 영역에서 차별금지법에 좀 더 조직적으로 대응하기 위해 '복음법률가회'나 '복음언론인회'와 같은 조직이 등장하였다. 이러한 단체들은 포럼이나 공청회 개최만이 아니라 신자들을 동원한 1인 시위, 문자폭탄, 의원 사무실에 전화 걸기, 집회, 거리 캠페인 등의 행동 투쟁도 병행하고 있다.

개신교 보수 진영이 차별금지법 반대투쟁에서 핵심 무기로 사용하고 있는 담론은 '동성애 비인권론'과 '동성애 독재론'이다. 전자가 공격 담론이라면 후자는 방어 담론으로서 양자는 서로 연계되어 있지만 나누어 살펴보도록 하자.

1) 동성애 비인권론

(1) 동성애의 정죄

개신교 보수 진영이 차별금지법을 반대할 때 출발점으로 삼는 것은 동성애 죄악론이다. 이들은 자신들의 경전인『성서』가 동성애를 명백한 죄로 규정하고 있다고 주장한다. 「창세기」19장 1-19절,[31] 「레위기」18장 22절 및 20장 13절,[32] 「고린도전서」6장 9절,[33] 「로마서」1장 26-27절[34] 등이 주요 전거로 제시된다. 네 본문은 소돔 사람들의 동성애 욕정에 대한 신의 심판,[35] '망측하고 더럽고 역겨운 짓'인 동성애에 대한 신의 사형선고,[36] 동성애자는 '하느님의 나라'를 상속받을 수 없다는 훈계, '부끄러운 일'인 동성애를 하는 자는 '응분의 대가'를 받는다는 경고의 이야기로 각각 해석된다. 이러한『성서』해석의 전통에 따라 오늘날 보수 개신교 진영의 신학자들은 다음과 같이 말한다.

> 『구약성서』가 동성애적 행위와 이를 유도할 수 있는 모든 것을 정죄하고 있다는 것은 아주 분명하다. …『신약성서』에서는 더 분명하게 동성애적 행위는 부자연스러운 것이라고 천명하고, 창조주의 의도를 벗어난 것이라고 선언한다. 또 바울은 이 세상의 현저한 악들을 열거하는 중에 동성애적 행위를 포함시켜 언급한다. 그러므로 하나님께서는 동성애를 죄악으로 간주하시며, 가증한 것으로 여기서서 아주 분명하게 비난하신다.[37]

이처럼 보수 개신교 진영은『성서』에서 동성애 관련 구절을 찾아내고 그에 대한 문자적 해석을 통해 동성애를 '종교적 죄(sin)'로 정죄한다.

반면 『성서』에 대한 역사비평을 수행하는 학자들은 이 구절들에 대해 다른 해석을 한다. 『성서』의 역사적 언어적 맥락을 고려하면 『성서』가 기록될 당시에는 하나의 성적 지향으로서 동성애(homosexuality)에 관한 이해가 존재하지 않았다. 다만 동성 간 성접촉이나 동성 간 성행위, 즉 동성 성교(homogenitality)나 동성 성교 행위(homogenital acts)에 대한 일반적 인식만이 존재했다.[38] 그런데 오늘날 동성애 문제는 삶의 방식에 관한 것이지 단순히 동성 간 성교 행위에 관한 것이 아니다. 따라서 이 문제는 『성서』 저자들이 염두에 두었던 질문이 아니기 때문에 『성서』에서 해답을 찾을 수 없다. 요컨대 오늘날 논쟁이 되고 있는 동성애 문제를 고대 사회의 산물인 『성서』의 구절에 근거하여 접근하는 것은 시대착오라는 것이다.[39]

물론 보수 개신교 진영 안에서는 동성애를 죄로 간주하고 동성애자를 단죄하는 전통적 교리가 영향력을 발휘할 수 있다. 그렇지만 대한민국은 기독교 국가가 아니므로 입법과 관련한 영역에서 기독교 교리를 강요할 수는 없다. 따라서 현재 개신교 보수 진영은 내부적으로는 『성서』와 신학의 권위에 기대어 동성애를 정죄하지만 대외적 차원에서는 도덕이나 윤리에 호소하는 전략을 구사한다.

(2) 동성애의 부도덕화

개신교 보수 진영이 반동성애 운동의 도덕적 카드로 활용하는 주요 무기는 둘이다. 하나는 동성애를 동성 간의 '부도덕한 성적 만족 행위'로 환원하여 비난하는 도덕적 차원의 공격이고 다른 하나는 동성혼을 전통적인 가족 제도와 사회질서를 파괴하는 원흉으로 간주하는 윤리적 차원의 공격이다.

앞서 언급했듯이 오늘날 동성애는 동성에게 감정적·성적으로 이끌리는 성적 지향으로 간주되지만 보수 개신교는 동성애를 '동성 간 성행위'로 환원시킨다. 따라서 이들은 동성애를 지칭할 때 '성적 지향' 대신 '동성 간 성행위'라는 용어를 사용하고 '성적 소수자'에 대해서도 '성도덕을 위반하는 행위자'라는 표현을 사용한다.[40] 그러므로 이들은 동성애에서의 성적 이끌림도 전인격적 사랑의 힘에 의한 것이 아니라 '육적 쾌락이나 중독된(부자유한) 환락에의 얽매임'[41]으로 규정한다. 동성애자들이 지속적 사랑이 아니라 일시적 쾌락을 위해 파트너를 쉽게 바꾸는 것도 이러한 성중독에서 기인한 현상이라는 것이다.[42] 이는 동성애자들을 '과잉성애화'시키는 타자화 전략의 일종이라고 할 수 있다.

보수 개신교 진영은 자신들의 논지를 강화하기 위해 사법부의 권위를 적극적으로 이용한다. 헌법재판소는 군형법 92조6[43]의 합헌 판결을 내리면서 동성 성행위를 '비정상적 성행위이고 객관적으로 혐오감을 유발하며 선량한 성도덕에 반하는 행위'로 규정한 바 있다.[44] 그런데 헌법재판소의 이러한 발언은 국내외 인권단체들로부터 동성애 혐오(homophobia)의 산물이라는 비판을 받고 있다. 그럼에도 불구하고 개신교 보수 진영은 최고사법기관의 권위를 동성애 비판의 주요 무기로 활용하고 있다.

동성애에 대한 윤리적 비판의 두 번째 카드는 동성애의 필연적 산물로 간주되는 동성혼에 대한 공격이다. 이들의 논리에 의하면 동성부부는 자녀를 출산할 수 없으므로 '자연의 질서'에 어긋난다. 입양을 통해 아이를 키울 경우 아이는 불행하게 된다. 아빠가 엄마 역할을 대신할 수 없고 엄마가 아빠 역할을 대신할 수 없기 때문이다. 물론 이는 검증된 사실이 아니라 선입견에 불과하다. 그렇지만 이들은 확고한 사실로 전제한다. 또한 한 남자와 한 여자로 이루어지는 일부일처의 전통적 결혼 개념이 흔들리면 일부다처제나 일처다부제, 심지어 집단결혼도 막을 수 없게 되어 가족제도와 사회질서 전체가 붕괴된다고 주장한다.[45] 이 역시 논리학에서 말하는 '미끄러운 비탈길의 오류'에 해당하는 것으로서 과도한 비약에 근거한 무리한 추론이다. 이처럼 검증되지 않거나 논리적 오류에 근거하고 있음에도 불구하고 동성애와 동성혼에 대한 개신교 보수 진영의 비판과 공격은 계속되고 있다.

> 모든 사람은 남성과 여성 중 하나의 성으로 태어나고 출생하며, 성행위와 결혼은 주어진 자연적인 성을 기초로 남성과 여성이라는 이성 사이에 이루어지는 것이 정상이고 자연스러운 것이며 선량한 성풍속(성도덕) 및 혼인풍속(혼인도덕)에 부합한다는 것은 자명한 전통적 선량한 성도덕 관념이다. 동성 간 성행위나 동성 간 혼인은 비정상적이고 부자연스러운 것이며 선량한 성도덕이나 혼인풍속에 반하므로 이를 조장하거나 확산시켜서는 안 된다는 것이 우리 사회의 확고한 전통적 성도덕 관념이다.[46]

이러한 주장은 성별 고정관념에 근거한 성도덕과 혼인윤리를 '자연스러움'과 '정상'의 이름으로 신성화하는 논리다. 그러나 젠더의 다양성과 가족형태의 다양성을 인정하는 입장에서 보면 동성애와 동성혼에 대한 이러한 태도는 젠더 본질주의(gender essentialism)와 이성애 규범성(heteronormativity)에 근거한 '정상가족' 이데올로기에 지나지 않는다.[47] 따라서 개신교 보수 진영의 반동성애 담론은 과학과 의학의 권위를 빌리는 전략을 동시적으로 구사한다.

(3) 동성애의 병리화

보수 개신교가 과학적 차원에서 전개하는 반동성애 담론은 동성애를 질병으로 규정하면서 출발한다. 의학적 용어로 동성애 혐오 담론을 생산하는 대표적인 개신교 보수 단체인 성과학연구협회에 의하면 동성애는 한마디로 '정신적 질병'이다.[48] 물론 서구의 정신의학에서도 동성애를 정신질환으로 간주하여 치료의 대상으로 삼은 적이 있다. 그렇지만 1973년 미국정신의학회(American Psychiatric Association)는 동성애를 정신질환 목록에서 삭제하였고, 1990년 세계보건기구(WHO)도 동성애를 질병 목록에서 제외했다. 따라서 현재 동성애를 질병으로 주장하는 '권위 있는' 정신과 교과서는 존재하지 않는다.[49] 그럼에도 불구하고 보수 개신교 진영은 미국정신의학회의 입장 변화가 동성애자들의 로비와 압력에 의한 것이라고 주장하면서 동성애 질병설을 고수한다.

또한 이들은 동성애는 치료 가능하다고 하면서 '전환치료(conversion therapy)' 혹은 '교정치료(reparative therapy)'의 필요성을 주장하고 실제 시도한다. 그러나 미국심리학회는 동성애는 질병이 아니기 때문에 치료가 필요 없을 뿐만 아니라 효과가 입증된 동성애 전환치료는 존재하지 않는다고 결론을 내렸다. 나아가 성적 지향을 억지로 바꾸려는 치료는 치료 대상자의 우울, 불안, 자살 시도 등을 증가시켜 오히려 동성애자의 정신 건강을 악화시킬 수 있다고 지적한다. 이는 동성애 전환치료를 수행하였던 미국 개신교 보수 근본주의 단체 엑소더스 인터내셔널(Exodus International)의 사례에서 명백하게 드러난다. 1976년 설립된 이 단체는 미국과 캐나다에 250개 지부를 두고 그 밖의 17개국에 150개 지부가 있던 가장 큰 탈동성애 운동(Ex-gay movement) 단체로서 동성애 전환치료를 주도해 왔다. 그런데 2013년 6월 그

동안 자신들이 저지른 과오에 대해 성소수자 커뮤니티에 사과하는 글을 발표하고 공식적으로 문을 닫았다.[50]

한편 보수 개신교는 동성애를 에이즈 감염의 주요 통로라고 주장한다. 특히 게이들의 항문성교를 통해 전염이 확산되고 있다고 주장하면서 구체적 통계를 제시하기도 한다. 우리나라 에이즈 환자의 99%가 성접촉에 의해 감염되고, 에이즈 환자의 90% 이상이 남성에 편중되어 있음을 감안할 때 남성 동성애자 간 성접촉이 주요 전파 경로라는 것이다.[51] 그렇지만 의학계에서는 동성애가 아니라 성행위 시의 비위생적 조건이 에이즈의 주된 감염 경로라고 주장한다. 따라서 바꿔야 하는 것은 동성애 자체가 아니라 동성 간의 위험한 성관계라는 것이다. 그런데 동성애에 대한 사회적 낙인과 혐오가 동성애자들을 음지에서 행동하게 함으로써 에이즈 예방을 어렵게 만든다. 동성애를 처벌하는 국가의 에이즈 유병률이 처벌하지 않는 국가보다 높게 나타나는 것은 그 때문이다. 따라서 동성애와 에이즈의 관계에 대한 잘못된 정보와 편견을 없애는 것이 중요하다는 것이다.[52]

이처럼 보수 개신교 진영은 교리(신학)의 차원에서는 죄(악), 도덕(윤리)의 차원에서는 성적 타락과 가족제도의 붕괴, 과학(의학)의 차원에서는 정신질환과 에이즈의 확산이라는 용어로 동성애의 해악을 제시하고 있다. 요컨대 동성애는 비성경적, 비윤리적, 비위생적 '사회악'이라는 것이다.

따라서 이들은 동성애는 인권이 될 수 없다고 주장한다. 인권으로 보호받기 위해서는 사회적으로 문제가 없어야 되는데 동성애는 앞서 언급한 것과 같은 심각한 문제들을 지니고 있다는 것이다. 인종이나 성별은 '다름'의 문제로서 인권으로 보호되어야 하지만 동성애는 '틀림'의 문제이기 때문에 인권의 범주에 포함될 수 없다는 것이다.[53] 이러한 맥락에서 다음과 같은 발언이 등장한다.

인류 역사상 인권 실험에서 가장 극악한 결과를 가져올 수 있는 추악한 실험이 바로 동성애를 기본적 인권으로 끌어 올리려는 시도일 것이다. 공동체의 건강을 위해 우리가 동성애를 악행이라고 말하고 인권 목록에 올리기에 합당하지 않은 부패한 성욕구라고 말하는 것은 하나님의 형상론의 입장에서 결코 지나친 말이 아니다.[54]

요컨대 동성애는 '부패한 성욕구'나 '악행'의 산물이므로 인권의 범주에서 배제해야 마땅하다는 것이다. 이처럼 보수 개신교 진영은 동성애를 인권의 목록에서 배제하려는 담론 투쟁과 동시에 앞서 언급한 탈동성애야말로 진정한 인권 회복이라고 주장한다.

사람이 동성애라는 치욕적인 죄의 사슬로부터 회복되어 온전한 사람이 되는 것은 확실한 인권 회복이다. 이들이 자신의 과거의 얽매임에서 완전히 벗어났다고 사회적으로 공개적으로 선언하며 인정을 받고 탈동성애자들끼리 유대를 형성하고 서로 격려하고 살아가는 것은 사회적 인권 회복이라고 말할 수 있다.[55]

탈동성애가 '인권 회복'이고 탈동성애자들의 연대 활동이 '사회적 인권 회복'이라는 이러한 논리에 따르면 동성애는 인권을 억압하는 '죄의 사슬'일 뿐이다. 따라서 동성애라는 죄의 사슬을 끊는 작업이 필요한데 탈동성애가 그 해답이다. 그러므로 개신교 보수 진영은 반동성애를 넘어 탈동성애를 궁극 목표로 설정한다. 이는 타종교의 소멸과 타종교인의 개종을 목표로 삼는 정복주의, 그리고 반공을 넘어 멸공을 목표로 하는 승공주의를 내장하고 있는 보수 개신교의 전투적 멘탈리티를 반영한 것이다.

2) 동성애 독재론

이처럼 보수 개신교는 동성애를 타자화하여 차별금지법 제정에 반대하는 공격의 논리를 전개하는 한편 차별금지법 제정으로 초래될 위기를 강조하는 방어의 논리도 구사한다. 이때 등장하는 방어 담론이 동성애 독재론이다. 정의당이 차별금지법을 발의하였을 때 국회 앞 시위대가 내건 플래카드에는 '다수국민 역차별, 표현자유 말살 독재법 제정하자는 불의당!'이라는 구호가 쓰여 있었다.[56] 이들은 차별금지법이 제정되면 '김일성 독재'보다 심각한 '동성애 독재 시대'가 온다거나 동성애를 반대할 양심의 자유와 신앙의 자유가 박탈되는 독재 시대가 도래한다고 주장한다.[57]

이처럼 보수 개신교 진영은 '동성애 독재법'이라는 수사를 활용한 동성애 독재론을 차별금지법 제정 반대의 주요 무기로 활용하고 있는데 이는 두 측면으로 구성되어 있다. 하나는 차별금지법이 동성애의 특권화를 초래함으로써 대다수 국민이 차별을 당한다는 역차별론이고 다른 하나는 차별금지법이 동성애 비판을 금지함으로써 국민의 기본권인 자유가 침해된다는 표현의 자유 침해론이다.

(1) 역차별론

개신교 보수 진영은 차별금지법 제정이 초래하는 역차별의 사례를 제시하기 전에 인권위가 그동안 전개한 '친동성애' 활동을 폭로했다. 앞서 보았 듯이 인권위는 국가인권위원회법 제2조 3항에 포함되어 있는 '성적 지향'을 근거로 성소수자의 인권을 개선하기 위한 활동을 해 왔다. 특히 사전, 교과 서, 영상물, 언론 등의 영역에 편재해 있던 성소수자에 대한 부정적 시각이 나 혐오 표현을 제거하고자 하였다. 그로 인해 동성애를 변태성욕이나 색정 도착증으로 분류하거나, 호모·동성연애 등 비하적인 용어를 사용하던 관행 이 사전에서 사라졌다.[58] 교과서에서는 동성애를 에이즈의 주요 감염 경로 로 서술하던 부분이 사라지고 그 대신 성소수자의 상징인 무지갯빛 피켓을 손에 든 동성애자들의 사진이 실리는가 하면 동성결혼이 새로운 가족 형태 의 하나로 소개되었다.[59] 청소년 유해매체물 심의 기준에 포함되어 있던 동 성애 조항도 삭제되었다.[60] 인권위가 한국기자협회와 인권보도준칙(2011)을 체결한 이후 대부분의 언론에서는 성적 소수자에 대한 호기심이나 배척의 시선, 성적 소수자가 잘못되고 타락한 것이라는 뉘앙스를 담은 표현, 성적 소수자를 특정 질환이나 사회병리 현상과 연결 짓는 태도가 사라졌다.[61]

보수 개신교 진영은 인권위가 수행한 이러한 활동을 모두 동성애 옹호 활 동이라고 규정한다.[62] 비정상적이고 음란하고 변태성을 속성으로 하는 동성 애는 사전과 교과서와 영상매체와 언론을 통해 그 유해성이 폭로되어야 하 는데 인권위의 개입으로 인해 오히려 동성애가 긍정적 이미지를 지니게 되 었다는 비판이다. 따라서 이들은 이러한 활동의 기반이 된 국가인권위원회 법 제2조 3항은 삭제되어야 한다고 주장하면서 법안 개정 운동을 벌이기도 하였다.[63]

한편 개신교 보수 진영은 현재 발의되어 있는 차별금지법이 역차별을 초 래한다고 주장한다. 장혜영 의원이 발의한 차별금지법안에 의하면 정부는 차별 시정을 위한 계획을 정기적으로 수립하고 이에 필요한 행정·재정상 조치를 취해야 하며,[64] 국가인권위원회는 차별 행위로 인정된 사건 중에서 사안이 중대하다고 판단하는 경우 해당 사건의 소송을 지원할 수 있다.[65] 보수 개신교는 이러한 조항들이 차별 시정을 이유로 소수자에게 일방적인 특혜를 준다고 주장한다. 특히 제52조(증명책임)에 의하면 피해자가 차별 행위가 있었다는 사실을 주장할 경우 상대방이 입증해야 하는데 이는 심각한 역차별을 가져온다고 하면서 구체적인 예를 들고 있다.

> 회사의 입사를 위해 경쟁하는 경우, 성적 소수자나 외국인이라는 사실을 밝히는 것이 유리하다. 성적 소수자나 외국인 등을 탈락시키는 경우에는, 사용자는 통상의 경우와 달리 그 탈락 이유를 입증해야 한다. 그런데 그 입증이 쉽지 아니하기 때문에 사용자는 법적 제재를 두려워하거나 더 이상 문제되는 상황을 원치 않아서 또는 성 감수성이나 포용성을 과시하기 위해서, 성적 소수자나 외국인 등을 우대하기 쉽다.[66]

요컨대 사용자는 성소수자를 탈락시킬 경우 초래될 수 있는 '골치 아픈 상황'을 피하기 위해 성소수자를 우선적으로 채용하게 됨으로써 역차별이 발생한다는 것이다. 그러나 이러한 추론은 설득력을 얻기 어렵다. 만일 사용자가 성적 지향에 따른 차별을 하지 않을 의지와 그에 부합하는 채용 기준에 따라 행동한다면, 성소수자의 탈락 이유를 제시하는 데 어려움이 없을 것이기 때문이다.

현재 발의된 법안들의 구체적 내용을 검토해 보면 이 법안들은 어느 누구도 '합리적 이유' 없이 차별당하지 않도록 하기 위한 '차별금지법안'이자 모든 사람의 평등을 보장하기 위한 '평등법안'임을 알 수 있다. 그럼에도 불구하고 보수 개신교 진영은 가상의 시나리오에 근거한 자의적 추론을 통해 차별금지법이 소수의 동성애 집단에 특권을 부여하고 기독교인을 포함한 대다수 국민을 역차별하는 '악법'이라는 주장을 끊임없이 재생산하여 유포하고 있다. 이러한 역차별 담론의 배후에는 성적 지향에 따른 기존의 차별 구조를 은폐하려는 헤게모니 전략이 작동하고 있다고 할 수 있다.

(2) 표현의 자유 침해론

개신교 보수 진영의 동성애 독재론에서 '역차별'과 함께 등장하는 또 하나의 방어용 무기는 '표현의 자유'다. 역차별론이 동성애의 특권화와 관련되는 반면, 표현의 자유론은 동성애에 대한 비판 금지와 연관된다. 앞서 언급했듯이 개신교 보수 진영에 의하면 동성애는 종교적 죄악과 도덕적 타락과 보건적 위험성의 삼종 세트로 이루어진 사회악이다. 따라서 기독교인이라면 동성애의 이러한 해악을 폭로하고 비판해야 한다. 그런데 차별금지법은 동성애를 차별금지 사유에 포함시킴으로써 동성애에 대한 비판을 원천 봉쇄하고 있다는 것이다.

따라서 보수 개신교는 차별금지법을 비판하는 무기로서 헌법에 국민의 기본권으로 보장된 표현의 자유를 내세운다. 나아가 양심의 자유, 사상의 자유, 학문의 자유, 언론의 자유, 종교의 자유도 함께 제시한다. 이들은 차별금지법이 제정되면 이러한 자유권들이 심각한 침해를 받게 된다고 주장한다. 예를 들면 기독교 방송이나 신문 혹은 광장이나 길거리에서 동성애의 죄악성을 지적하는 설교가 제한되고 일반 학교는 물론 미션스쿨과 신학교에서조차 성경에 근거해 동성애를 비판할 수 없게 된다는 것이다.[67] 나아가 다음과 같은 현실이 다가올 수 있다고 경고한다.

> 교회는 동성애 목회자나 비기독교 직원의 채용을 거부할 수 없고, 동성 결혼
> 식과 주례도 거부할 수 없다. 신학교나 미션스쿨에서 동성애자의 입학을 거
> 부할 수 없으며 … 물건을 판매하거나 서비스를 제공하는 사람 등도 동성애
> 등을 이유로 그 제공이나 이용을 거절할 수 없다.[68]

요컨대 차별금지법이 도입되면 기독교 가치관에 의해 운영되는 각종 기관의 설립 목적이 훼손되고 일상생활의 광범위한 영역에서 기독교인의 양심의 자유와 종교의 자유가 침해된다는 것이다. 그런데 이러한 주장이 과연 타당성이 있는지 현재 발의된 차별금지법안의 내용을 확인해 볼 필요가 있다.

장혜영 의원이 발의한 법안에 의하면 차별이 금지되는 영역은 고용, 교육, 재화 및 용역, 행정 서비스 등 4개 영역에 한정되어 있다.[69] 따라서 기독교인이 운영하는 점포라 하더라도 고객이 동성애자라는 이유로 물건을 판매하지 않거나 서비스를 제공하지 않는다면 이는 '재화 및 용역' 영역에서의 차별에 해당할 것이다. 그러나 교회에서의 설교는 4개 영역에 해당하지 않으므로 목사가 교회에서 설교하는 도중 『성서』에 근거해 동성애를 비판한 경우는 종교의 자유로 인정될 수 있을 것이다. 이처럼 어떤 행위가 차별에 해당하는지 표현(종교, 양심, 사상)의 자유에 해당하는지 판단하기 위해서는 그 사안을 둘러싼 구체적 맥락에 대해 종합적으로 검토할 필요가 있는데, 이러한 일을 전담하기 위해 마련된 국가기구가 바로 차별 시정 기구인 인권위다.

그런데 이 대목에서 주목할 필요가 있는 것은 개신교 보수 진영이 표현의

자유를 강조하기 위해 내세우는 '사상의 자유시장(marketplace of ideas)' 이론이다.[70] 이 이론에 의하면 진리는 사상의 시장에서 자유로운 경쟁을 통해 검증되어야 하며 이를 위해서는 표현의 자유가 최대한 보장되어야 한다. 따라서 동성애의 '인권적격성'[71] 여부도 사상의 자유시장에 맡겨야 한다는 것이다. 그런데 다수자가 소수자를 억압하고 배제하는 상황에서는 이러한 논리가 위험한 결과를 초래할 수 있다. 즉 성소수자들이 처한 현실의 권력 지형에서는 사상의 자유라는 이름하에 행해지는 혐오표현(hate speech)이 단순한 하나의 사상(idea)이 아니라 혐오범죄(hate crime)로 이어질 수 있다. 추상적 수준에서의 표현의 자유를 넘어, 구체적으로 누구의, 누구에 대한, 어떤 표현이 보호되어야 하는지 논의가 필요한 이유이다.[72]

역사적으로 볼 때 표현의 자유는 사회 통념에 도전하는 언어와 행동을 보호하기 위해 등장했다. 권력 없는 자들이 권력에 대항할 수 있는 무기는 별로 없기 때문에 조롱과 풍자를 포함한 표현의 자유가 최대한 보장되어야 하는 것이다.[73] 그런데 차별받는 소수집단이 존재하는 곳에서는 표현의 자유가 심각한 역효과를 낼 수 있다. 청소년 성소수자들의 자살은 이러한 맥락에서 읽을 수 있다.[74]

이처럼 개신교 보수 진영은 차별금지법이 성소수자에게 일방적인 특권을 부여함으로써 대다수 국민을 역차별하고 국민의 기본권인 표현의 자유마저 침해하는 동성애 독재법이라고 목소리를 높이지만 이러한 주장은 기존의 권력 지형을 은폐하고 공고화하려는 다수집단의 수사 전략이라고 할 수 있다.

4. 영적 전쟁론

앞서 살펴보았듯이 보수 개신교 진영은 동성애 비인권론과 동성애 독재
론에 근거하여 차별금지법 반대투쟁을 전개하고 있는데 그 배후에서 강력
한 투쟁의 동력을 제공하는 것이 영적 전쟁론이다. 개신교 보수 진영에 의
하면 동성애 반대운동은 '거대한 골리앗과 맞서 싸워야 할 철저한 무장이 필
요한 영적 전쟁(靈戰)'[75]이자 우주적 차원에서 전개되는 '성경적 세계관'과 '세
속적 인본주의 세계관' 사이의 영적 전쟁의 한 부분이다.[76]

이러한 영적 전쟁의 프레임에서 보면 차별금지법은 인권이나 배려나 평
화와 같은 좋은 말로 사람들의 '양심법'을 흔들고 세상에 혼란을 초래하고
있다. 따라서 차별금지법은 뉴에이지 운동처럼 적그리스도의 길을 예비하
고 앞당기는 운동이자,[77] 기독교를 탄압하고 말살하려는 '사단의 공격'[78]이
다. 차별금지법의 위험성은 '흉하게 마른 암소가 아름답게 살진 일곱 마리
암소를 다 삼켜 버렸던 것처럼, 건강하고 아름다운 우리의 가정과 교회, 학
교와 사회를 삼켜 버리기 위한 파상 공세'[79]로 비유되기도 한다. 나아가 동성
애 문제와 신사참배 문제의 유사성이 강조되기도 한다.

> 어둠의 영 사탄이 그 배후에 있음을 생각할 때에 이것은 혈과 육의 싸움은
> 아니다. 이제는 더 이상 한국 교회가 물러설 곳이 없다. 그들과 치열한 영적
> 전쟁이 시작되었다. 이것은 우리 시대의 신사참배 강요와 같은 것이다. 우
> 리가 믿는 남자와 여자의 결혼제도를 가르치는 성경을 내려놓고, 동성애를
> 인정하라고 최후통첩을 한국 교회에 보내고 있다. 과연 우리는 어떻게 해야
> 할 것인가?[80]

요컨대 차별금지법을 통해 동성애 인정을 강요하는 것은 일제가 기독교에 신사참배를 강요하는 것과 같다는 것이다. 그러면서 일제강점기 한국 교회가 신사참배에 굴복하여 해방 후 엄청난 재앙을 겪은 것처럼 한국 교회가 동성애 합법화에 굴복한다면 한국에 전례 없는 '무서운 재앙'이 찾아올 것이라고 경고한다.[81]

따라서 이들은 신자들에게 차별금지법 제정 시도에 철저하게 저항할 것을 요구한다. 여러 가지 핍박과 피해가 있을 수 있지만 『구약성서』에 등장하는 에스더와 모르드개처럼 신앙의 자유를 지키는 대열에 참여해야 한다는 것이다.[82] 나아가 차별금지법을 주인의 천막을 침입한 낙타에 비유하면서 '차별금지법의 코'를 세게 때려 주인 천막을 넘보지 못하게 해야 한다고 말한다. 그런데도 차별금지법을 철회하지 않는다면 가정과 교회와 신앙을 지키기 위해 목숨을 걸 것이며 다시는 주인의 천막을 넘보는 횡포를 부리지 못하도록 "무례한 낙타의 목을 베어 버릴 수밖에 없다."라는 섬뜩한 비유를 하기도 한다.[83]

그런데 앞서 살펴보았듯이 대부분의 서구 국가는 차별금지법을 채택하고 동성혼을 합법화하였다. 따라서 이들은 대한민국은 도덕적 분별력을 발휘하여 그 국가들과 같은 어리석은 길로 걸어가지 말아야 한다고 외친다.[84]

동성애를 합법화한 서구 국가들은 영적·도덕적 혼란과 무기력에 빠져 있을 뿐만 아니라 사회적인 무질서와 문란에 빠져 가고, 종교가 힘을 잃고, 단기적인 쾌락을 추구하는 문화적 퇴폐가 심각해져 가고 있다. 법도 도덕성과 거룩성과 함께 생명력을 잃어 가고 있어, 사회적인 무규범 상태가 심각한 수준으로 가고 있다. … 장래의 희망을 잃어버리고 내일이 없는 하루살이 인생들의 자살과 마약, 길거리 테러 같은 극단적인 범죄 행각 등이 사회를 복합적인 위험으로 몰아가고 있다.[85]

이처럼 차별금지법을 도입한 나라들을 보면 쉽게 교훈을 얻을 수 있는데도 인본주의에 물든 기독교인들은 '사단의 피리'에 춤을 추고 있다는 것이다.[86] 즉 일부 기독교 단체에서 차별금지법 도입을 주장하고 있는데 이들은 무늬만 크리스천으로서 인본주의에 입각한 인간 중심의 사고에 매몰되어 있다는 것이다.[87]

이러한 논리는 1990년대 한국 개신교에서 등장한 종교 다원주의 논쟁을 연상시킨다. 당시 보수 개신교는 서구 교회가 종교 다원주의를 수용하여 몰락했다고 하면서 한국 교회는 그러한 전철을 밟아서는 안 된다고 강조했다. 그러면서 국내 신학자들을 강하게 통제했는데 동성애 관련해서도 비슷한 통제 작업을 행하고 있다. 교단헌법의 개정을 비롯하여 교회의 목사와 직원, 신학교 교수와 교직원 및 학생이 동성애를 수용하거나 지지하지 못하도록 엄격한 규정을 마련하고,[88] 이 규정을 위반한 자들에 대해서는 징계를 내리고 있다.[89]

개신교 보수 진영은 이처럼 교회와 신자들을 강력하게 단속하는 한편, 한국 교회가 이 위기를 극복하면 하느님의 큰 축복이 내릴 것이라는 희망의 메시지를 전한다. 즉 '요셉과 같은 선지자적 사명'을 감당한다면 '하나님께서 이 민족을 세계 모든 민족 위에 뛰어나게 하실 것이며, 이 마지막 때에 그리스도의 다시 오심을 예비하는 거룩한 제사장 국가로 삼을 것'이라고 주장한다.[90] 이처럼 보수 개신교는 영적 전쟁의 모티프에 근거한 종교적 선민의식까지 동원하면서 차별금지법 반대 투쟁의 강도를 높이는 전략을 구사하고 있다.

5. 나가며

지금까지 살펴보았듯이 현재 우리 사회에서는 차별금지법 제정을 둘러싸고 '문화전쟁'이 벌어지고 있다. 법안 제정을 촉구하는 진영은 헌법 제11조에 천명된 평등의 원칙을 실질적으로 구현하기 위해서는 포괄적 차별금지법 제정이 필수적이라고 주장한다. 대부분의 서구 국가는 평등법이나 인권법 등 명칭은 다양하지만 포괄적 차별금지법을 제정하였으며, 유엔을 비롯한 국제인권기구나 단체들도 우리 정부에 차별금지법 제정을 촉구하고 있다.

반면 한국 보수 개신교는 차별금지법이 평등과 인권을 내세우고 있지만 실제로는 동성애를 옹호하고 조장하는 '동성애 차별금지법'이라고 하면서 법안 제정에 강하게 반대하고 있다. 이들에 의하면 동성애는 기독교 신앙에 위배될 뿐 아니라 도덕적 부패와 정신적 질병, 나아가 에이즈의 주요 감염 경로이기 때문에 척결과 치료의 대상일 뿐이다. 따라서 동성애는 인권의 범주에 포함될 수 없다. 그런데 현재 발의된 차별금지법안은 동성애에 특권을 부여함으로써 다수 국민을 역차별할 뿐만 아니라 동성애에 대한 비판을 금지함으로써 국민의 기본권인 표현의 자유를 침해하고 있다. 따라서 차별금지법은 성적 소수자의 인권을 보호한다는 미명하에 동성애 독재를 초래한다는 것이다.

이처럼 개신교 보수 진영은 동성애의 비인권화 작업과 동성애 독재론을 통해 차별금지법을 비판하는 동시에 영적 전쟁의 프레임을 통해 차별금지법을 악마화하고 있다. 이들에 의하면 차별금지법은 적그리스도의 영이 작동하는 반기독교적 법이며 차별금지법과의 투쟁은 영적 전투다. 서구 국가들은 이 영적 전투에서 패배함으로써 타락과 쇠퇴의 길로 접어들었다. 그렇지만 한국 교회에는 아직 희망이 있다는 것이다. 따라서 한국 교회가 차별금지법과의 투쟁에서 승리하면 한국은 하느님에 의해 제사장의 나라로 선택받을 것이라고 목소리를 높인다.

서두에서 언급했듯이 어떤 주체가 무엇인가에 대해 지나칠 정도로 반대하거나 투쟁하는 몸짓을 보여준다면 그 몸짓은 대상보다도 그 주체에 대해 더 많은 것을 말해 준다. 이러한 면에서 볼 때 동성애와 차별금지법에 대한 보수 개신교의 필사적인 반대투쟁은 개신교에 내재한 위기의식을 반영하는 것이다. 주지하다시피 2000년대에 들어와 한국 개신교는 목회 세습을 통한 교회의 사유화와 정치 세력화, 교회 지도자의 도덕적 타락과 교단연합기구의 이합집산, 공격적 해외선교 등으로 사회적 공신력이 급격히 하락하는 동시에 교세의 감소 현상을 겪었다.

이러한 위기를 돌파하기 위해 보수 개신교 진영은 '희생양 정치'를 작동시켰다. 그런데 오랫동안 활용해 오던 '이데올로기적 타자'인 공산주의를 대상으로 한 반공 프레임이 더 이상 작동하지 않자 '종교적 타자'인 이슬람과 '기독교적 타자'인 신천지를 타깃으로 삼는 희생양 정치를 작동시켰다. '이슬람 쓰나미'와 '신천지 OUT!'을 구호로 한 반이슬람과 반신천지 운동도 그다지 효과를 발휘하지 못하는 것으로 보이자 새로운 대타로 등장한 것이 '성적 타자'인 동성애다. 차별금지법안이 성적 지향의 하나로 동성애를 포함하고 있기 때문에 반동성애 운동은 차별금지법 반대투쟁으로 전개되고 있다.

그러나 동성애를 타깃으로 삼은 이러한 희생양 메커니즘이 오랫동안 지속되기는 힘들 것으로 보인다. 여론조사에 의하면 성소수자 차별을 인권문제로 보는 개신교인이 그렇지 않은 개신교인보다 더 많은 것으로 나타날 뿐만 아니라 젊은층일수록 그 비율이 더 높게 나타난다.[91] 이는 시간이 갈수록 동성애를 성소수자의 인권으로 인정하는 비율이 늘어난다는 의미로서 한국 보수 개신교로 하여금 성적 지향 문제에 대해 전향적 태도를 취하게끔 하는 구조적 압력으로 작동할 것이다.

제3부

다시 범재를 생각한다

'이민용 선생님'이란 분

정진홍

10여 년 전 치매 검사를 처음 받았을 때 일입니다. 첫 질문이 오늘이 무슨 달 몇 날인지 아느냐는 것이었습니다. 당연히 몰랐습니다. 겨우 한다는 제 대답이 이랬습니다. "늘 요일 중심의 직장살이를 해서 그런지 월일에는 전혀 무감각합니다." 지난달에도 검사를 받았는데 그 질문은 여전하더군요. 그동안에 바뀔 않았습니다. 그런데 이번 제 대답도 변하질 않았습니다. "오늘이 수요일인 줄은 잘 압니다. 날짜는 몰라도요."

제가 은퇴 전인 것만은 분명히 기억하는데 이민용 선생께서 잠시 귀국해서 한종연에 깊은 관심을 가지고 이 사람 저 사람 만나실 때였습니다. 한 후배가 저에게 묻더군요. "이민용 선생님을 정 선생님은 언제 처음 만나셨습니까?" 갑자기 멍했습니다. 도무지 생각이 나지 않더군요. "선생님과 같이 캠퍼스 생활은 안 하시지 않았습니까? 학번으로 봐서는요." 그것도 분명하지 않았습니다. 겨우 제 대답은 이랬습니다. "몰라. 그런데 함께 생활했던 것 같은데?" 더 추궁이 이어지진 않았습니다만 이번에 이진구 소장님으로부터 이 글을 부탁받고 참 오랜만에 저 스스로 물었습니다. '너 언제부터 이민용 선생님과 알고 지냈니?' 저는 저한테 아무런 대답을 하지 못했습니다. 만남의 처음이 전혀 떠오르지 않기 때문입니다.

저는 연대기에 참 둔합니다. 둔할 정도가 아니라 의도적으로 연대를 기억하지 않으려는 병적 징후조차 지니고 있습니다. 하지만 제 기억이 시원찮은 것은 아닙니다. 저는 지난 일을 아주 뚜렷하게 기억합니다. 어떤 일이 일어났을 때의 하늘의 색깔, 나무 아래 벤치에 앉았을 때 떨어진 낙엽의 냄새, 누구를 만났을 때의 연구실의 밝기, 사람의 눈빛, 발걸음의 무게, 그때 내 안에 일었던 물결의 높낮이 … 저 기억하지 못하는 것이 없습니다. 게다가 그런 기억들은 아주 오래 이어집니다. 그런데 연대는 모릅니다. 그게 어느 달, 어느 날이었는지는 제게 아무 흔적도 없습니다.

그렇다면 이민용 선생님과의 만남도 그렇게는 기억할 수 있어야 합니다. 그런데 그런 투의 기억조차 없습니다. 그때 이민용 선생님과 같은 기 주변에 속한 다른 분들에 대한 기억은 뚜렷합니다. 이를테면 제 동료이던 그 또래의 분들에 대한 기억이 그러합니다. 여전히 연대기는 내게 남아 있지 않지만 Y의 첫 웃음, 그의 첫 손짓, 처음 내 눈에 들어온 내게 다가오던 모습은 훤합니다. K의 모습도 그러합니다. 그의 첫 웃음, 그의 첫 손짓, 처음 내 눈에 들어온 돌아서던 그의 뒷모습이 훤합니다. 그리고 그 만남이 동숭동의 캠퍼스였다는 것도 분명합니다. K는 박양운 선생님 연구실에서였고, Y는 장병길 선생님 연구실에서였습니다. 그런데 이민용 선생님에 대해서는 그러한 기억이 없습니다. 아주 없습니다.

연대기를 억지로 더듬어 보면 제가 이민용 선생님과 만난 것은 아마도 제가 제대를 하고 돌아와 장병길 선생님 연구실에 머물 때, 아니면 얼마 뒤에 조교로 발령을 받았으니까 그때쯤이었으리라 짐작됩니다.

저는 지금 이 글을 쓰면서 이제까지 한 번도 하지 않은 '이상한 작업'을 하고 있습니다. '회상의 해부학'이라고나 할는지요. 온기(溫氣)를 가지고는 되지 않을 거라는 것을 전제하면서 제 기억을 파헤치는 차디찬 작업을 하고 있기 때문입니다. 왜 다른 분들에 대한 첫 만남의 기억은 이렇게 분명한데 이민용 선생님과의 만남은 이렇게도 모호한지를 저 스스로 알아야 하니까요.

언젠가 도서관 2층에 있던 종교학과 연구실에서 이민용 선생님이 이기영 선생님을 말씀하시던 것이 기억납니다. 뭐랄까요. 아주 소박하게 이기영 선생님에게 감탄한 이야기였는데 저는 불교에 관심이 거의 없는 때여서 그저 듣기만 하던 일이 생각납니다. 또 생각나는 게 있습니다. 무엇 때문이었는지 모르겠는데 그때 동국대 전임은 아니셨고 그저 그 학교에서 대학원을 마치고 거기를 드나드시던 서경수 선생님이 부르셔서 동국대 앞에 있는 어떤 음식점에 간 적이 있습니다. 당연히 술자리였는데 그때 이민용 선생님도 함께 계셨던 것 같습니다. 그런데 저는 서 선생님이 자꾸 따라 주시는 잔을 어찌할 바 없어 받아 놓았다가 걸상 밑으로 부어 버리곤 했습니다. 술은 그때나 이제나 제가 끝내 사귀지 못한 거니까요. 그러다 그만 서경수 선생님께 들키고 말았습니다. 아무튼 무척 꾸중을 하셨는데 모욕적이거나 자존심을 상하게 하는 그런 것은 아니었는데도 저는 그 자리에 더 머물 수가 없어 눈치를 보아 살그머니 일어나 나왔습니다. 저는 그때 저 끝에 앉아 밖으로 나가는 저를 바라보는 이민용 선생님의 눈과 마주쳤습니다. 저는 그 눈을 잊지 못합니다. 그런데 그 눈빛이 참 편했습니다.

아, 바로 이런 것 같습니다. 회상의 해부학을 굳이 더 진전시킬 필요도 없지 않나 싶습니다. 제가 기억하는 한, 그리고 제가 겪은 한, 이민용 선생님은 제게 편했습니다. 옛날에도 그랬고, 지금도 그러합니다. 편의를 함축한 편함이 아니라 제가 말씀드리는 것은 격의가 없는 편함이라 해야 옳을 그러한 것입니다. 이민용 선생님을 만나면 편합니다. 그러니 이 편함 속에 처음이 연대기적으로 자리잡을 까닭이 없습니다.

불편함은 아니어도 처음 만남은 아무래도 낯선 것과의 만남이라는 긴장을 품습니다. 제가 신사훈 교수와의 만남이 그러했습니다. 저는 거의 숨이 막힐 것 같은 긴장을 하고 신 선생님을 처음 만났습니다. 그래서 저는 그 처음 만남을 모두 기억합니다. 그분의 숨소리조차 정말이지 뚜렷하게 아직도 기억합니다. Y와 K를 만났을 때도 신 선생님과의 만남과는 다른 긴장이지만 낯선 후배를 만난다는 조금은 어색한 긴장이 있었습니다. 그런데 이민용 선생님과의 만남은 아무리 뒤져도 그런 긴장이 없었던 것 같습니다. 편했으니까요. 이미 오랫동안 알고 지낸, 그래서 떨어져 있든 함께 있든 늘 어제 만났다 오늘 다시 만나는 그런 사이에서 지니는 그러한 편함을 제가 저도 모르게 안고 있었던 것 같습니다. 그러니 처음 만남을 회상한다면 그게 오히려 더 어색할 수밖에 없습니다.

저는 이민용 선생님의 삶의 궤적을 두루 알지 못합니다. 이 선생님이 공부하신 내용은 더더구나 짐작도 못합니다. 참 생각하면 이른바 '인간관계'를 이리 소홀히 할 수가 없습니다. 제가 잘못 기억하고 있는지도 모르겠는데 미국에 가시기 전에 서울에서 따님 돌을 지내신 것으로 기억합니다. 그게 옳다면 저도 그 축하의 자리에 참석했던 게 분명합니다. 그런 기억조차 있는데도 그 후에 미국에 가서 어떻게 지내시는지 단 한 번도 여쭤 보지 않았습니다. 가끔 소식을 간접적으로 듣기는 했지만 그랬습니다. 그런데 그러다 불쑥 어느 날 만나면 어제 만났듯이 편했습니다. 그사이가 3년이든 5년이든 상관없이요.

연대를 적시할 수 없는 것은 앞에서 언급했듯이 다르지 않은데 이민용 선생님께서 잠시 귀국하셔서 한국종교문화연구소에 각별한 관심과 애정을 피력하셨을 때도 그랬습니다. 저는 어제 만나고 오늘 다시 만나는 그런 편한 마음으로 아무 부담 없이 한종연은 모든 것을 다 갖추고 있는 모임인데 없는 것이 있다면 그것은 돈이라고 편하게 떠들었습니다. 저의 그러한 발언 이전에 이미 마음을 정하고 하신 일이지만 어쨌든 그 후에 일어난 일을 우리는 모두 잘 알고 있습니다. 그것은 우리에게는 '당한 사건'이었고 이민용 선생님에게는 '의도한 사건'이었습니다. 1억의 돈은 거금입니다. 그것은 정말이지 '억!' 하는 소리가 나는 금액입니다. 그리고 생각하면 그것은 거저 모아진 게 아닐 겁니다. 이민용 선생님께서 그간 지내신 삶을 조금이라도 염두에 둔다면 그것이 어떤 '열매'인지를 우리 모두 헤아리고도 남습니다. 이에 이르면 가슴이 시리고 아픕니다. 그런데 저는 그 사연을 짐작하지 못한 것도 아니면서도, 그래서 아무리 염치가 없다 해도 그건 너무한 일이니 뜻을 거두어 달라는 말을 하고도 남을 일인데도, 어쩌면 그리도 편하게 그 뜻을 받아들였는지요. 저는 그 일이 내내 스스로 궁금합니다. 왜 그리 편했는지요. 그 일이 당연해서가 아닙니다. 저는 그런 생각은 결코 하지 않았습니다. 그런데 왜 그 일을 현실로 받아들이는 일에 그리도 마음이 편했는지요. 고맙다는 말씀도 드리지 않았습니다. 어제 만난 친구가 오늘 다시 만나 "그일이 이렇게 되었노라!"라고 하니 "그래?" 그러고는 예사롭게 지낸 것 같습니다. 담담해도 분수가 없었습니다.

그런데 내가 편함을 느낀다는 것, 정말 편해서 편하기 그지없음을 누린다는 것은 내 마음에서 말미암는 것은 아닙니다. 편함은 관계 정황에서 비롯한 정서입니다. 그렇다면 당연히 '나를 편하게 해 주는 사람' 탓으로 제가 편함을 만끽하는 게 분명합니다.

이민용 선생님의 글은 제가 읽을 때마다 감탄을 금하지 못합니다. 사실 논문은 짐작조차 하지 못합니다. 불교학의 경지를 차마 들어서지 못했기 때문입니다. 그런데 〈열반에서 세속으로〉라고 제한 『서경수 저작집 III』(효림,

2016)에서 읽은 「서경수 평전: 기상(奇想)의 질문과 천외(天外)의 답변」이라는 글을 읽은 감동은 지워지지 않습니다. 아래 인용하는 부분은 그 글의 시작 문단입니다. 당연히 그의 글의 빼어난 곳이 아닙니다. 하지만 왜 제가 이민용 선생님 앞에서는, 아니 이민용 선생님과 더불어 있다는 의식을 지니는 한, 편한지를 정확하게 지적할 수 있으리라 생각되어 여기 감히 길게 옮겨봅니다.

> 혜안(慧眼) 서경수(徐景洙, 1925-1986) 교수에 대한 평전을 마련해야 하는 나는 필자로서의 자격에 대해 회의감을 느낀다. 이분과의 거리감 때문이다. 고인에 대한 평전은 그분의 면모를 샅샅이 살필 수 있는 밀착된 안목 못지않게 대상 인물과의 거리감이 필요하다. 사물이 너무 가까이 있으면 제대로 보이지 않기 때문이다. 서경수 선생과 필자는 너무 가까운 거리에 있었다. 소위 이분의 후배이자 제자였기 때문이다. 따라서 객관화시키고 객체화시킬 수 있는 공간과 거리감이 결여되어 있는 것이다. 이런 가까운 관계는 자칫 대상 인물을 우상화시키거나 아니면 그 반대로 신상 공개 식의 신변 잡담으로 떨어지기 일쑤이다. 내가 처한 위치가 이런 함정을 지니고 있기에 이분에 대한 평전을 쓰는 일이 망설여지는 것이다. 또 평전 집필자가 처한 지근거리는 학계에서 흔히 학문적 계보에 넣어지거나 집필자 자신의 위상을 제고시키는 역할을 해 왔음을 목도하기 때문이다. 고인들의 학문 계보를 전승한다는 과시이거나 거꾸로 그분들이 얼마나 한계에 갇혀 있었는지를 드러냄으로써 집필자들은 '똑똑한' 후배 학자가 되는 것이다.

 자신에 대한 정직함, 타인에 대한 배려, 하고 있는 일, 곧 학문에 대한 투명한 인식이 그대로 이 글에 배어 있습니다. 위의 서술은 '주장'이 아닙니다. 겸손의 미덕을 담고 있는 '수사(修辭)'도 아닙니다. 자기 한계를 드러내면서 짐짓 자기 정당화를 하려는 '치기(稚氣)'는 더더구나 아닙니다. 이 글에서 드러나는 모습이 그대로 '이민용'입니다. 그의 자연스러움이고 그의 사람됨이고 그의 학자다움입니다. 그리고 바로 그러한 그의 숨결 때문에 그와의 만남은 마냥 편할 수밖에 없습니다. 아주 소박하게 말해 보십시다. 우리를 불편하게 하는 것이 무엇인지를요. 앞에서의 글에 담긴 어떤 내용과도 거스르는 일들이 그렇지 않습니까? 그리고 그것이 실은 우리가 겪는 '일상'입니다. 그리고 보면 이민용 선생님은 '예외자'임에 틀림없습니다. 그리고 그 예외적인 실존의 현존을 우리는 아무 터득도 없이 자연스럽게 편하게 누리고 있는 것입니다. 제가 이민용 선생님을 겪은 것이 그러했습니다. 그리고 누구나 그럴 것입니다.

팔순을 맞으신 이민용 선생님께 무어라 말씀을 드려야 좋을지 모르겠습니다. 이 자연스럽지 못한 글로 인사를 대신하고 싶은데 실은 무척 망설여지는 일입니다. 아예 이민용 선생님께서 "나 여든 살이래요!" 하시면 그저 심드렁하게 "그래? 그러네." 하고 오늘 지나고 내일 만나야 하는 것이 우리 만남의 모습이어야 하지 않을까 싶습니다. 그래야 편할 것 같습니다. 이제까지 그렇게 해 왔던 것처럼요. 그래도 이 인사는 꼭 해야 할 것 같습니다.

만수무강하소서!

오래된 청년, 이민용 선생님

이혜숙

연전에 한국종교문화연구소에서 이민용 선생님의 팔순을 기념하는 글을 모은다 하기에, 나는 즉시 자원해서 이 글을 쓰기로 약속을 했었다. 그런데 시간이 갈수록, 과연 나에게 선생님과 함께해 온 인연사(因緣事)를 소개할 만한 자격이 있는지, 자꾸만 돌아보게 되었다.

선생님이 서울대 학부를 마치고 동국대에서 석사·박사 과정을 거치고 상당 기간 강의도 하시다가 동국대를 떠나신 뒤에, 필자가 동국대 학생이 되었던 모양이라 그 학교에서 만나 뵌 기억은 전혀 없다. 그때로부터 20여 년이 더 흐른 후에 선생님과 나는 아쉽게도, 학문의 장이 아니라, 바람직한 불교계를 위한 정화(淨化) 운동장에서 처음으로 만날 수 있었다. 비록 평생지기는 아니지만, 지난 20년 동안 선생님이 어디에 계시든지 항상 '함께'라고 여겨 왔던 것은 사실이다.

종교 권력 부조리는 'NO'

근대불교사에서 최초도 아니고 최후도 아닌 사건이 1990년대 말에 터지면서, 한국 불교 최대 종단의 일그러진 면목이 만천하에 드러났었다. 불교 종단은 크게 출가불자(스님)와 재가불자로 구성되어 있지만, 그 운영에서 재가불자들의 권한이나 역할이 별로 인정되지 않았던 시절임에도 불구하고,

재가불자들이 눈물겹게 불교 종단의 개혁을 요구하고 나선 일이었다.

교직에 있는 사람들을 비롯해서 일부 지식인들이 소위 '불교 바로 세우기'라는 표어와 함께 결집되어 가는 가운데, 어느 관계자의 권유로 필자가 미국에 계신 이민용 선생님을 찾아갔다. 하버드대학 캠퍼스에 인접한 선생님 댁에서 며칠을 묵으며, 마침 또 거기에 와 계시던 숭실대 이삼열 교수님(현 대화문화 아카데미 이사장)과 함께 불교·기독교·종교와 사회 등등을 열렬히 논하느라, 밤늦도록 와인도 여러 병 마시면서 사모님께 폐를 끼치고 말았다.

그리하여 2000년대부터 10여 년 동안 이민용 선생님은 적극적으로 불교 바로 세우기, 참여불교재가연대(http://www.buddha21.org/kr)라는 불교 단체의 공동대표직을 맡아 주셨고, 특히 국제협력부문 대표로서 국제참여불교 네트워크(www.inebnetwork.org)의 집행위원을 맡아 오셨다(현재 자문위원). 아시는 분은 이미 잘 아시겠지만, 대부분의 NGO 활동은 순전히 각자의 시간과 돈을 바쳐서 봉사하는 일인데, 인도·스리랑카·대만·일본 등에서 열린 국제회의를 매번 자부담으로 참여해 주셨다. 물론, 선생님의 열성과 함께, 해당 조직 내 누구보다도 영어를 잘하신 탓(?)임을 여기서 말하지 않을 수 없을 것 같다.

불교학 분야에서 각자의 전공이 무엇이든지 간에, 불교계를 포함한 사회 현실이 불교 본연의 가르침에 어긋나고 자기 정당성을 잃어 갈 때, 불교 연구자로서 혹은 불자로서 취해야 할 올바른 태도란 무엇인가? 그것은 현실적인 문제를 회피하지 않고 깊이 성찰하고 적극적으로 '대응하는' 자세일 것이며, 예나 지금이나, 불자들의 일상 수행에서 가장 핵심적인 과업이라고 생각한다. 하지만 종교인들의 성향을 비교 연구한 결과를 보면, 그중에서 불자들이 상대적으로 더 보수적이라는 평이 종종 있었다. 불교의 가르침 가운데서 "제행무상(諸行無常)"은, 모든 것이 변화하므로 그 변화에 부응해야 한 다는 해석이 저절로 나오는 것인데, 불자들은 왜 능동적으로 변화하거나 개 선하지 못하고 수구(守舊)인가?

다른 한편에서 필자의 경험을 중심으로 돌아보자면, 30년 전에 재가불자 가 주축이 된 혁신적 불교신행 단체 우리는선우(http://www.sunwoo.org)를 발족할 때나, 더욱 강성의 운동 단체인 참여불교재가연대가 출범할 때, 불 교종립대학에 고용된 교직자들은 '참여를 해야 할지, 말아야 할지'에 대해서 나름의 고민이 컸을 것이다. 조계종립 동국대학교에서 시간강사인 필자도 종단 개혁을 요구하는 단체의 대표직까지 맡았으므로, 아닌 게 아니라 '약간 의 찝찝함'을 느낀 적이 있었다. 시시비비에 참여하는 것이 지식인의 책무인 줄 알면서도, 상대방 특히 스님들을 비판하는 것이 심정적으로는 편치 않았 기 때문이다.

그러는 가운데서 이민용 선생님을 만나면 한결같이, 특유의 명쾌한 음성 과 간결한 논리로 우리가 당면한 불교혁신운동의 필요성과 목적성에 확고 한 지지를 보내 주셨다. 그때를 회고하는 지금 이 순간에도, 우유부단하지 않고 또랑또랑한 선생님의 말씀이 필자의 귀에 쟁쟁하게 들리는 것 같다.

한국종교문화연구소 ― 강단과 현장 사이

그런데 이민용 선생님도 어느 때 주저하거나 회의(懷疑)하거나 흔들린 적 이 있으셨을까? 과거에 선생님이 동국대 등에서의 강사 생활을 과감히 접 고 해외 이민을 결심했던 일은, 사석에서 필자에게 말씀하셨던 바 있다. 마 침 필자도 오랜 시간 전임교원이 되지 못하고 있었기 때문에, 어쩌면 내게 주신 위로의 말씀이었거나 혹은 나의 결단을 위해서 조언을 주셨던 것일 수 있다. 가끔 어떤 이들은 박사학위를 얻자마자 전임교원이 되기도 하지만, 각기 전공 분야의 특성이나 대학의 여건에 따라서, 결국 전임이 될 수 없는 연구자들이 지금도 너무 많다. 그래서 언젠가 스스로 강사직을 종결지어야 한다는 생각, 그렇게 해야 할 적당한 때를 찾으려는 생각에 수시로 번민하게 될 것이다.

대학의 전임이라는 직위 여부를 떠나서, 학문하기에 적당하고도 마땅한 길이란 도대체 어떤 것인가? 선생님이 아직까지 내게 한 번도 언급하신 적 없는 사건이 떠오른다. 선생님이 서울대에서 굳이 동국대로 옮겨 대학원 과정을 마치게 된 배경에는 고(故) 이기영 선생님이 계신다고 들었다. 이기영 선생님은 일찍이 가톨릭 교단의 후원으로 해외 유학을 떠났다가 불교 연구로 박사학위를 받고 귀국하여 동국대에서 교수가 되셨다. 그러다 그분이 학장에 취임했을 때, 일부 무식하고 열등감에 빠진 불교 연구자들이 학생들을 조종하여 "가톨릭신자 불교대학장이 웬 말이냐!"며 학장실을 점거하는 소동을 벌였다. 그 여파로 인해서 이기영 선생님이 동국대를 떠나셨고, 영남대, 국민대를 전전하다가 다시 동국대로 돌아오셨다는 역사가 남게 된 것이다.

그런 불교대학 출신으로서 내 몫의 부끄러움을 무릅쓰고 그 사건을 굳이 말하게 된 까닭은, 학문의 전당이라던 대학의 민낯을 당시 이민용 선생님이 목격하셨고 그 후 강사직을 접는 데도 해당 사건의 전후 사정이 크게 작용하였을 것으로 짐작되기 때문이다. 더 말할 것도 없이, 대학 조직에서의 그런 식의 부조리는 불교종립학교뿐만 아니라 여타 종교계 학교들에서도 오늘날까지 끊임없이 발생하고 있다. 이는 아무래도 종교 집단이 가진 배타적 권력의지와 대학 조직이 가진 경쟁적 권위의식이 복합적으로 만들어 내는 무지한 불상사라고 본다.

종교 연구란, 참으로 묘한 영역이다. 종종 이처럼 터무니없는 역학 구조 속에서도 여전히 신실하게 종교 연구에 뜻을 둔 후배들을 위하여 한국종교문화연구소의 기초를 마련하신 이민용 선생님과 또 다른 선생님들께 평소에도 필자는 경의를 품어 왔다. 더 나아가 불교를 연구하는 필자에게도 훌륭한 역할 모델이라고 여겨 왔으나, 실상은 개인적 역량 부족으로 부끄러운 시간이 흘러가고 있다. 행여 오로지 대학 강단에 서기 위한 연구나, 학술지에 게재하기 위한 연구만을 하지 않고, 누구나 기발한 주제와 다양한 방법으로 종교 연구를 확장해 갈 수 있다면, 결과적으로 종교계와 학계가 서로 건강하고 풍요로워질 것이라고 기대해 본다. 과연 그것이 어떻게 얼마나 가능할 수 있을지, 한국종교문화연구소의 현 이사장이신 이민용 선생님께도 찬찬히 여쭤볼 생각이다.

오래된 청년을 위한 기원(祈願)

이민용 선생님이 종종 스스로 '페미니스트'라고 말씀하시는 것을 지인들은 잘 아실 것이다. 필자가 아는 범위에서 말하자면, 불교계 현장에서 만난 여성들도 모두 선생님을 'nice and gentle man'이라고 기억할 것 같다. 과거에는 불교계 NGO 행사들의 뒤풀이가 종종 음주와 가무를 곁들여 진행되었고 그런 와중에 '실수하는' 남성 어른들이 가끔 나타나서 눈살을 찌푸리게 하였지만, 내가 아는 한, 선생님은 깔끔하셨다. 평소에도 선생님의 페미니즘은 여성을 동지(同志)요, 도반(道伴)으로 평등하게 존중하신다고 나는 느꼈다. 그런데 웬일인지, 선생님의 음성은 듣기에 좋은 우유 빛깔인데 선생님의 노래를 들어 본 기억이 없어서(?) 노래 실력을 평하지는 못하겠다.

　선생님의 페미니즘과 더불어서 지인들에게 여쭙고 싶은 것이 있는데, 혹시 이민용 선생님이 어떤 일로 분노하신 경우가 있었다면 그 모습이 어떠셨을까 궁금하다. 필자가 선생님을 가까이에서 뵙기 시작한 그때는 소위 이순(耳順) 무렵인 탓인지, 선생님이 남들에게 한 번이라도 화를 내셨다고 느껴 본 적이 없었다. 그러나 다수의견을 모아 추진하는 단체 활동 가운데서 의견 차이는 흔히 생겨나는 법이고, 그것이 조율되지 않으면 아무래도 화가 좀 날 수밖에 없을 터인데 … 혹시 우리들 앞에서 선생님은 그리 솔직하지 않으셨던 것인가? 기왕 이참에 선생님의 80년사를 기록·보존하려는 취지이므로, 누군가 가까이에서 이민용 선생님의 솔직한 희로애락을 지켜봐 온 대로 여실히 기록해 줄 분도 계셨으면 좋겠다. 사람의 생애는 주위 반연(絆緣)이 경험한 기억들로 재구성되는 것 같은데, 그런 점에서 이제라도 선생님의 좀 더 다양한 면모를 알고 싶어진다.

　돌이켜보니, 그동안 선생님과 필자가 나눈 대부분의 대화는 불교계의 '바른 일'이라든가 불교 연구에서 더 '필요한 일'에 관한 것뿐이었고, 인간적으로 아주 가깝다고는 말할 수 없을 것 같아서, 이 작은 글을 시작하기 전 상당 시간을 나의 지나온 태도를 반성하게 되었다. 선생님과는 물론 다른 지인들과의 경우에도 마찬가지지만, 종교와 종교계를 말할 때 우리 사이에는 '바람직성의 거리두기'가 있다는 점을 새삼 알게 되었다. 무엇에 대해서든지 '옳음'과 '옳아야 함'을 말하는 일은, 어쩐지 사람을 홀로 외롭게 만든다. 마땅히 해야 할 일을 더욱 올바르게 하려는 과정을 들여다보면, 어쩔 수 없이 그 자체가 외로움의 벽을 두르게 하는 것이다.

　더군다나 종교계 현상들을 한낱 연구 대상으로만 여기지 않고, 한편에서 직접 개입하여 변화를 얻고 싶은 종교인 겸 연구자의 입장으로는, 종교계 쟁점들을 주목하는 피로감이 훨씬 더 큰 것 같다. 연세가 늘어도 변함없이 꼿꼿한 선생님의 몸가짐과 걸음걸이와 명료한 말투를 상상할 수 있는데, 문득, 그간에 선생님이 외롭지는 않으셨을까 싶어지는 이유다. 선생님의 낭랑한 목소리가 조금씩 누그러지는 그날이 올 때까지, 혹시 모르던 선생님의 솔직한 허물까지도 누군가는 잘 알고 감싸 드릴 수 있기를 기대해 본다. 그런 대우를 받으시는 것이 합당하지 않겠는가. 자세히 알고 보면 상당히 세련되지만 그리 튀지도 뽐내지도 않는 멋진 삶, 우리 곁에서 오래된 청년 이민용 선생님과 가족 여러분이 부디 건강하시고 평안하시기를 기원한다.

헤세의 『싯다르타』와 삶의 전환으로서의 종교

김태연

한국에서 헤르만 헤세(Hermann Hesse, 1877-1962)의 성장소설은 필독 고전에 속합니다. 『수레바퀴 아래서(*Unter dem Rad*)』(1906), 『데미안(*Demian*)』(1919)에 대해 못 들어 보았다거나 읽어 보지 않은 이가 드물 정도입니다. 『싯다르타(*Siddhartha*)』(1922)는 불교적 악센트의 성장소설로 알려져 있습니다. 『황야의 이리(*Steppenwolf*)』(1927)는 『싯다르타』와는 전혀 다른 색채를 보여주는데, 부르주아적 세계에 길들여져 살기를 저항한 한 남자가 자아를 재발견하는 성인의 성장소설이라 할 수 있습니다. 이 책은 출간 당시, 그 내용이 퇴폐적이라며 비난을 받기도 했습니다. 그러나 오늘날에는 고전 명작 소설이 되어 학생들이 읽고 토론할 수 있도록 독일 교과서에도 실려있습니다. 68운동 당시 미국에서는 헤세의 『싯다르타』와 『황야의 이리』가 컬트 소설로 재발견되어 수많은 젊은이에게 영감과 감동의 원천이 되었습니다. 심지어 소설 제목을 딴 'Steppenwolf'라는 록밴드가 결성되어 'Born to be wild'라는 히트곡을 남겼습니다. 수십 년이 지난 소설의 제목이 록밴드 이름이 되어 영향을 끼친 작가는 드물 것입니다. 또한 20세기 미국에서 불교를 비롯한 동양 종교에 대한 관심이 고조되던 시기로 1960년대가 중요한 축이 되는데, 헤세의 작품은 그러한 분위기를 확산시키는데 크게 기여하였습니다.

한국에서 헤세의 작품들은 요즈음에도 꾸준히 재번역, 재출간되고 있습니다. 근래에 저는 불교 방송에서 『싯다르타』를 불교 소설로 소개하는 내용을 접한 적도 있습니다. 1922년 출판된 『싯다르타』는 1925년에 23쇄를 기록했으며, 다수의 언어로 널리 번역되었습니다. 고타마 싯다르타의 본향인 인도에서만도 12가지의 방언으로 번역되었다고 합니다. 일본의 경우 1925년 번역본이 나왔고 한국은 그 이듬해 잡지 『불교』에 연재되었습니다. 작가이자 평론가로 활동한 양건식(梁建植, 1889-1944) 선생님의 번역으로 소설 1부에 해당하는 내용이 총 7회에 걸쳐 소개되었습니다. 왜 1부에만 한정된 번역이 이루어졌는지는 알 수 없습니다. 2부의 내용부터는 싯다르타가 고행을 멈추고 고타마와 친구 고빈다를 떠나 본격적으로 세속으로 들어갑니다. 위대한 타인의 깨달음의 경험을 받아 안고 나아가기보다, 자신의 고유한 삶을 직접 살아 내고자 결단했기 때문입니다. 카말라와 상인, 부귀영화와 사람들, 존재를 몰랐던 아들과의 관계 등 온갖 연에 얽힌 어지러운 삶의 길, 그리고 이후 뱃사공과 함께하며 유유히 흐르는 강물로부터 깨달음을 얻는 과정이 그려지기 때문일까요. 일반적으로 널리 알려진 붓다의 생애와 많이 다르기에 영감과 신심을 불어넣어 줄 수 있는 불교문학으로 적합지 않다고 생각했을 수도 있을 것입니다.

헤세의 불교를 비롯한 동양 종교에 대한 깊은 관심과 이해에 대해서는 잘 알려져 있습니다. 그가 개신교 선교사 집안에서 태어났고, 그의 외조부가 인도의 선교사이자 언어학자·인도학자였기에 어려서부터 인도와 그 종교문화에 대해 많은 자료를 접할 수 있었다는 점이 주요하게 거론됩니다. 당시 경건주의적 분위기를 견딜 수 없었던 헤세는 개신교 기숙학교에서 탈출하기까지 했으며, 헤세의 아버지와 교분이 깊었던 바드 볼(Bad Boll)의 저 유명한 종교사회주의자이자 목사인 크리스토프 블룸하르트(Christoph Blumhardt)에게 보내져 정신 감정까지 받아야했습니다. 그러나 집안의 배경과 헤세가 겪은 숨 막히는 신앙적 분위기에 짓눌린 시간들로 인해 타종교에 관심을 기울일 수밖에 없게 되었다고 간단히 처리하는 것은 너무 일방향적인 이해 방식이 아닐까 합니다. 그는 타종교문화와 거기에 속한 인간들에 대한 이해를, 그리스도교적 문화 전통과 사람들의 배경하에서 흡수했고 짧게나마 여행을 통해 자신만의 고유한 인식 변화를 겪었기 때문입니다.

1911년 헤세는 인도차이나 지역을 여행할 기회를 가졌습니다. 그러나 그 여행은 어린 시절의 경험과 쇼펜하우어 등을 경유하여 습득한 동양에 대한 환상을 무너뜨리는 계기가 되고 말았습니다. 그에게 비친 아시아인들은 비위생적이고 가난했으며, 정신적인 고귀한 세계가 담긴 눈빛이 아닌 서양인들에게 돈을 구걸하는 눈빛을 보이고 있었습니다. 저들은 먼 과거의 위대한 영광을 상실한 이들이었습니다. 비록 헤세가 식민지배자의 눈높이에서 네덜란드와 영국의 식민지를 방문했으며 피식민지인들에게 실망했다 하더라도, 어쨌든 그는 과거 독일의 낭만주의적 동양 이해의 문화적 배경 속에서 습득한 정신성을 간직하고 있었습니다. 여행기에는 이상과 현실의 괴리로 인한 실망만이 아닌 그들로부터 긍정적 측면을 발견하려는 노력이 드러나고 있기 때문입니다.

또 흥미로운 점은 헤세가 여타 아시아인 중 중국인이 문화민족이라는 믿음을 견지했다는 점입니다. 이 호의적 평가는 중국 선교사 리하르트 빌헬름(Richard Wilhelm)의 저술의 영향일 것입니다. 중국학자로 활동한 빌헬름은 앞서 언급한 블룸하르트 목사의 사위였으며 헤세와 몇 번 조우한 적이 있습니다. 빌헬름은 중국의 유교와 도교 문화를 높이 평가했으며 그와 관련된 다수의 저술을 남겼습니다. 그가 결정적으로 유명해진 계기는 『도덕경』 번역이었습니다. 헤세는 빌헬름의 유려한 독일어 번역본을 선호하여, 그의 저술을 빠짐없이 소장하였습니다. 헤세의 동양 이해에는, 인도차이나만을 방문했을 뿐 정작 인도에는 발을 들여놓지 않은 채 인도에 대한 자신의 생각과 빌헬름의 이상화된 중국의 이미지가 토대를 이루고 있었습니다.

헤세가 비록 중국인, 일본인을 제외한 여타 아시아인들을 열등하게 바라보았으나 그는 종교(Religion)와 관련해서만큼은 아시아인 모두를 높이 평가했습니다. "부유한 도시의 집주인들부터 최하층인 쿨리(Kuli)와 파리아(Paria)에 이르기까지 그들 모두는 종교를 가졌습니다. … 이 가난하고 예속된 민족들에게서 우리가 진지하게 부러워해야만 하는 유일한 것은 바로 이것(종교)입니다. 주지주의적이고 개별화된 문화 속에서 우리 북유럽인들은 그저 가끔 바흐의 음악을 들을 때에만 느끼는 이상적인 공동체에 소속된 고갈되지 않는 마법의 샘으로부터 힘을 얻는 망아적 느낌을, 무슬림들 … 그리고 불교도들은 … 매일 갖습니다. … 우리가 더 고귀한 형태 속에서 이 느낌을 회복하지 못한다면, 우리 유럽인들은 곧 동양에 대한 어떠한 권리도 갖지 못하게 될 것입니다."[1] 헤세는 서구 문화의 정신적 결핍을 당시의 제도교회가 결코 충족시킬 수 없다는 당대 지식인들의 시대정신을 공유했습니다. 그들은 그리스도교로부터 멀리 떠나려 했으나 여전히 '종교적인 것'을 추구했습니다. 이러한 추구에는 헤세의 저 언급에 반영된 것처럼, 근대 과학기술 문명 속에서 상실된 삶의 의미에 대한 회의감, 공동체로서의 이상향에 대한 깊은 열망이 있었을 것입니다.

아시아인들은 종교와 관련된 것 외에는 서양인과 동등하기 어렵다는 헤세의 견해는, 제1차 세계대전의 경험 속에서 급격한 변화를 맞이했습니다. 서양 물질문명의 귀결이란 평화가 아닌 폭력과 파괴로 얼룩진 참상이었습니다. 동양의 지식인들이 서양에 대해 실망하며 자신의 문화를 재발견하려고 적극적으로 움직이고자 한 때이기도 하지요. 헤세의 휴머니즘은 전후의 반성 속에서 동양이 포함된 '모든 인간'을 향한 것으로 확장됩니다. 그리고 참된 종교란 어느 특정 종교라기보다는 동서양 인류의 정신적 자양분인 '종교적인 것'으로서, 온전한 인간으로 변모하는 토대로 그려지게 되었습니다. 헤세는 주인공 싯다르타를 인도인이나 서양인만이 아닌 모든 자아를 찾아가는 '인간' 그 자체로 생각했습니다. 그는 『싯다르타』에 자신이 속한 그리스도교적 문화의 한계 내에서 접근한 불교, 힌두교, 도교에 대한 사색을 녹여 내었습니다. 그가 부처의 생애의 서양 중세 그리스도교 버전인 '발람(Barlaam)과 요사팟(Josaphat)' 이야기로부터 영감을 얻은 것, 『싯다르타』 집필 시기에 헤세가 『도덕경』에 심취해 있었던 것이 그러합니다.

비록 서구인의 한계에 머물렀다 하더라도 이 작품에는 동양 종교와 동양인에 대해 변화된 이해와 자신이 속한 문화에 대한 비판적 반성 속에서 그것을 극복할 자양분을 찾고자 비서구의 종교문화적 전통과 진지하게 씨름한 과정이 담겨 있다고 할 수 있습니다. 그가 묘사한 자아를 찾아가는 여정으로서의 종교는, 특수한 구도의 방식이 아닌 삶의 순간순간을 진정으로 최선을 다해 살아 내는 방식이었습니다. 심각한 정신적 문제에 봉착하여 융의 심층심리학적 테라피를 통해 치유 받게 되는 경험이 반영되어 있음도 덧붙여 생각할 수 있겠습니다. 이러한 이유로 『싯다르타』를 비롯한 그의 작품에 많은 이들이 공감하며 자신의 삶을 투사해 보고 돌아볼 수 있게 되는 것 같습니다.

저는 불교에 문외한이긴 하지만 한종연에서 범재 선생님께서 이끄신 『대승기신론』 세미나에 참여할 기회를 허락받은 적이 있습니다. 그 시간 속에서 동서양이 서로 영향을 주고받으며 새롭게 구성되어 간 근대 종교 전통의 특징과 문제점, 각 종교문화에 접근하기 위한 여러 언어 훈련의 의미 등에 대해 숙고할 수 있었습니다. 서구 불교학과 불교의 활발한 변용과 전개에 관한 통찰 속에서 한국 불교의 현장적 사안과 과제에 대해 고민하시는 모습이 제게는 도전으로 다가왔습니다.

공부 이후 담소를 나누는 시간에도 동서양을 넘나드는 선생님의 폭넓은 삶의 경험으로부터 우러나오는 종교, 불교 이야기를 듣는 것이 제게는 참 즐거웠습니다. 저는 18~20세기 신학과 철학의 변화에 관심을 가져 왔는데, 서구적 유일신교인 그리스도교의 타자로서 간주되어 온 불교를 비롯한 동양 종교에 대한 논의와 관련한 선생님의 말씀을 들으며 많은 지적 자극을 얻곤 했습니다.

이번 글에서 그토록 유명한 헤세의 소설과 그와 관련한 과거의 제 경험을 되새김해 보게 된 계기도 선생님께 들은 이야기 덕분이었습니다. 언젠가 저는 선생님께서 안나푸르나에서 『싯다르타』를 읽고 있던 프랑스 등반객을 만나 담소를 나눈 이야기를 들은 적이 있습니다. 선생님의 말씀을 들으며 저는 독일 기숙사 생활 시절, 한 학생이 자신은 『싯다르타』를 읽고 불교도가 되었다고 말하던 것을 들은 기억이 떠올랐습니다. 당시 저는 지나치게 개인화된 서양인들이 너무 가볍게 불교도가 되는 것은 아닌지, 이것이 서구적 불교인가 하는 생각을 한 적이 있습니다. 그의 이야기를 매우 가볍고 불만족스럽게 들었던 저 자신을 되돌아봅니다. 어떠한 종교적 관심이건 각자 삶의 과정 속에서 고민하며 삶의 의미를 발견하고자 하는 것인데 그러한 노력을 헤아릴 생각조차 못했다는 생각이 들었습니다. 한 사람이 자신을 종교적으로 정위하는 방식을 나의 편견으로 처리해 버렸음을 발견합니다. 선생님의 말씀을 들으며, 이러한 깨달음을 얻게 되어 기쁘게 생각합니다.

존경하는 선생님들과 더불어 범재 선생님의 팔순을 기념할 수 있음에 감사드립니다.

주석 / 참고문헌

주석

조계종 전통의 창조와 혼종적 근대성 / 송현주

1) 에릭 홉스봄, 「전통들을 발명해내기」, 『만들어진 전통』, 박지향, 장문석 옮김, 휴머니스트, 2004, 19쪽.

2) '혼종성'은 탈식민주의 이론가인 호미 바바(Homi K. Bhabha)가 사용한 주요 개념으로, 본질주의적 문화 이해 및 이에 근거한 이분법을 극복하고자 고안된 개념이다. 데이비드 맥마한(D. L. McMahan)은 이 용어를 근대불교의 논의에서 핵심어(keyword)로 사용하고 있다. 예를 들어 맥마한은 서구에서 생각하는 'Buddhism'이란 사실상 하나의 근대적 혼성 전통(a modern hybrid tradition)으로서, 아시아 붓다의 전통과 유럽의 기대가 만난 합작품이라고 말한다. David L. McMahan, *The Making of Buddhist Modernism*, Oxford University Press, 2008, pp. 4-5. 본고의 '혼종성' 개념은 이들로부터 많은 영향을 받은 것이다. 다만 이 개념은 매우 다의적이고 모호하여 사용자마다 그 의미가 다를 수 있다. 이에 대해서는 박민수, 「문화 혼종성의 이론적 고찰-호미 바바를 중심으로」, 『인문학논총』 39집, 2015.

3) 이 종명은 해방과 더불어 다시 '조선불교'(1945), '조선불교조계종'(1954), '대한불교조계종'(1962)으로 바뀌게 된다. 1941년 이전 한국 불교는 '조선불교선교양종'으로 통칭되었는데, 그것은 1911년 사찰령 체제와 함께 총독부에 의해 정해진 교단명이며, 또한 1929년 조선불교선교양종승려대회를 거쳐 설립한 교단명이기도 하다.

4) 불교사학회 편, 『한국조계종의 성립사적 연구: 조계종 법통문제를 중심으로』, 민족사, 1986; 김광식, 「조선불교조계종의 성립과 역사적 의의」, 『새불교운동의 전개: 성찰로 본 20세기 우리 불교』, 도피안사, 2002; 김순석, 「근대 불교 종단의 성립과정」 대한불교조계종 교육원 불학연구소 편, 『불교 근대화의 전개와 성격』, 조계종출판사, 2006; 김용태, 「조선후기 근대의 종명과 종조인식의 역사적 고찰 -조계종과 태고법통의 결연」, 『선문화연구』 제8집, 2010; 김용태, 「조계종 종통의 역사적 이해- 근현대 종명, 종조, 종지 논의를 중심으로」, 『한국선학』 제35집, 2013; 김상영, 「불교계의 종명(宗名) 변화와 종조(宗祖)·법통(法統) 인식」, 대한불교조계종 교육원 불학연구소 편, 『불교 근대화의 전개와 성격』, 조계종출판사, 2006 참조.

5) 이러한 시기를 김영태는 '무종(無宗), 무맥(無脉)', '무종(無宗) 산승의 시대'라고 표현했다. 김영태, 「근대불교의 종통 종맥」, 『근대한국불교사론』, 민족사, 1988, 185-186쪽.

6) 김광식, 「일제하 불교계의 총본산 건설운동과 조계종」, 『한국근대불교사연구』, 민족사, 1996, 402-458쪽.

7) 김순석, 앞의 글, 91쪽.

8) 김정희, 「종단설립운동과 조계종의 근대적 의미」, 『불교학보』 제49집, 2009, 367-382쪽.

9) 앨런 스원지우드, 『문화사회학 이론을 향하여: 문화이론과 근대성의 문제』, 박형신 · 김민규 옮김, 한울, 2004, 227쪽.

10) 여기서 베버의 '탈주술화(dis-enchantment)' 개념이 관련된다. 베버는 세계가 점차 합리화되어 주술적 세계로부터 벗어나게 되는 것이 근대성이라고 한다.

11) David L. McMahan, *op. cit.*, p. 9.

12) R. J. Zwi Werblowsky, "Modernism and Modernisation in Buddhism," *The Search for Absolute Values*, Vol. 2, I.C.F. ed., New York: I.C.F. Press, 1998, p. 124. 버블로스키는 예루살렘의 히브루 대학 교수이다.

13) 알렉산드라 데이비드 니일은 프랑스 출신 여류 탐험가이자 불교도이다. 1924년 외국인에게 금지되었던 티벳의 수도 라사를 방문한 최초의 유럽 여성으로서 유명하다. 『불교근대주의와 붓다의 불교(*Le modernisme Bouddhiste et le Bouddhisme du Bouddha*)』는 1909년 발간한 그녀의 첫 번째 책이다. 실론과 인도 등에 여행을 하며 동양의 종교와 철학에 대한 30여권의 책을 남기며 비트(beat) 세대의 작가들에게 많은 영향을 주었다. Donald S. Lopez, Jr. ed., *A Modern Buddhist Bible: Essential Readings from East and West*, Boston: Beacon Press, 2002, pp. 59-60; http://en.wikipedia.org/wiki/Alexandra David-Néel.

14) Donald S. Lopez, Jr., "Introduction to *Modern Buddhism: Readings for the Unenlightened*," Donald S. Lopez, Jr., *Modern Buddhism: Readings for the Unenlightened*, London: Penguin Books, 2002, p. xi.

15) 로페즈는 1873년 8월 26일, 실론의 콜롬보 파나두르(Panadure) 도시에서 열린 기독교와 불교의 공개토론이 근대불교 시작의 기점이라고 설명한다. *Ibid.*, pp. vii-ix.

16) Donald S. Lopez, Jr., "Modern Buddhism: So new, So familiar," *Tricycle: the Buddhist review*, Vol. 12 No.1(45), Buddhist Ray, Inc, 2002, pp. 47-50, 109-114.

17) Donald S. Lopez, Jr. ed., *A Modern Buddhist Bible: Essential Readings from East and West*, pp. x-xxxiv 참조. 이 책은 블라밧스키, 에드윈 아놀드, 올코트, 카루스, 스즈키, 암베드카르, 틱낫한, 달라이라마 등 총 31명의 글을 편집한 모음집이다.

18) David L. McMahan, *op. cit.*, p. 21.

19) *Ibid.*, pp. 10-12.

20) 大谷榮一,「近代佛教の形成と展開」, 末木文美士 編,『近代國家と佛教』, 東京: 佼成出版社, 2011, 67쪽. 이 오오타니의 설명은 사실 근대불교에 대한 스에키 후미히코의 의견의 인용이다. 근대불교를 '프로테스탄트 불교'라고 보는 일본 학자들의 견해에는 근대 일본 사상계에 미친 베버의 영향과 개신교의 영향, 그리고 시마지 모쿠라이(島地墨雷)와 같이 이들 사조의 영향을 받아 종교관을 형성한 초기 근대불교 사상가들의 역할이 컸다.

21) Sueki Fumihiko, "Introduction to the symposium on Modernity and Buddhism," *The Eastern Buddhist*, Vol. 43, no. 1&2, 2012, p. 20.

22) 특히 맥마한은 로페즈의 입장에 보다 신중을 기할 것을 요구하며, 아시아 여러 나라별 근대성의 다양성을 고려해야 한다는 것을 강조하는 점에 차이가 있다. David L. McMahan, *op. cit.*, p. 8, 14.

23) 올코트와 카루스에 대해서는 송현주,「근대불교성전(Modern Buddhist Bible)의 간행과 한용운의 『불교대전』: *Buddhist Catechism, The Gospel of Buddha*,『불교성전』과의 비교를 중심으로」,『동아시아불교문화』 제22집, 2015, 255-292쪽 참조.

24) 이 긍정적 평가의 구체적 이유에 대해서는 장석만,「부디즘, 불교, 불연의 엘리아데」,『불교연구』 36, 2012, 200-202쪽 참조.

25) Philip C. Almond, *British Discovery of Buddhism*, Cambridge and New York: Cambridge University Press, 1988, pp. 33-40.

26) Tomoko Masuzawa, *The Invention of World Religions: Or, How European Universalism Was Preserved in the Language of Pluralism*, Chicago: University of Chicago Press, 2005, p. 10.

27) *Ibid.*, p. xi, p.47. 이 목록은 기독교, 유대교, 이슬람, 부디즘, 힌두이즘, 자이니즘, 조로아스터교, 유교, 도교, 신도를 기본으로 하여 여기에 시크교 또는 기타 종교전통을 포함시키는 것이다.

28) *Ibid.*, p. 20.

29) *Ibid.*, pp. 137-38.

30) *Ibid.*, p. 144. 이러한 영광이 주어진 이유에 대해서는 불교신자가 많고 그 범위가 국경과 인종, 문화의 영역을 넘어서기 때문이라는 양적 논거(quantitative argument)와 불교의 본질이 개인의 자유와 보편적 휴머니티를 추구하기 때문이라는 질적 논거(qualitative argument)가 있다.

31) *Ibid.*, p. 131.

32) *Ibid.*, p. 143-144.

33) 大谷榮一, 앞의 글, 66쪽.

34) 藤井健志,「佛教者の海外進出」, 末木文美士 編,『近代國家と佛教』, 東京: 佼成出版社, 2011, 121-129쪽.

35) James Ketelaar, *Of Heretics and Martyrs in Meiji Japan*, Stanford: Stanford University Press, 1990, pp. 174-212. 일본의 경우, 메이지 시기 폐불훼석의 위기를 극복하기 위해 종파불교를 넘어서는 불교의 총합, 즉 불교의 보편성과 초월성에 대한 탐구가 촉발되어 '통불교' 담론의 유행을 가져왔던 것도 같은 맥락에서 이해할 수 있다.

36) *Ibid*. 이 시기에 이들 불교 문헌의 모델로 새롭게 재평가되어 조명을 받은 것이 바로 교넨(凝然, 1240-1321)의『팔종강요(八宗綱要)』였다. 이것은 일본에서 최초로 불교의 교리와 역사에 관한 총론을 서술한 후 구사종, 성실종, 천태종, 화엄종 등 8개의 종파의 계통과 교리를 간결하게 정리한 것이다.

37) 이능화,『조선불교통사』상편, 신문관, 1918, 1쪽.

38) 최병헌,「근대 한국불교사학의 전통과 불교사 인식」, 최병헌 외,『한국불교사 연구 입문』상, 지식산업사, 2013, 35쪽. 권상로와 이능화의 한국불교사연구에 대해서는 35-39쪽 참조. 또한 이능화와 권상로가 각각 불교 잡지에 산스크리트어 연구를 위한 자료를 수록한 것은 서구 근대불교학의 영향을 보여주며, 권상로가 무라카미 센쇼(村上專精)의『불교통일론』을 번역해 잡지에 실었던 것(1912-1913)은 일본 불교의 보편성 추구 경향성을 반영한다. 위의 글, 28-29쪽 참조.

39) '불교의 근대적 원형'이란 용어는 김용태의 선행 연구에서 사용된 바 있다. 김용태, 「근대불교학의 수용과 불교 전통의 재인식」,『한국사상과 문화』제54집, 2010, 306쪽, 324-329쪽.

40)『한국근현대불교자료전집』제65권, 민족사, 1996, 597-607쪽. 조선불교혁신회에 대해서는 김광식,「8 · 15 해방과 불교계의 동향」,『한국 근대불교의 현실인식』, 민족사, 1998, 270-276쪽 참조.

41) 바로 이 점에서『조선불교혁신회강규』는 '근본불교'를 중시한 서구 불교학과 일본의 아네사키 마사하루(姉崎正治) 등의 불교 연구의 영향을 보여주는 것으로 생각한다. 물론 조선불교혁신회는 근본불교주의를 표방하고, 교조 석존 이외의 신앙 대상을 철폐하자는 과감한 주장을 하지만, 한편으로는 한국 불교 전통의 '통불교적 · 통일적 · 전체적' 성격을 내세우고 있다는 점에서 모순적 모습을 보이기도 한다.

42) 최남선,「조선불교-동방문화사상에 있는 그 지위」,『불교』74호, 1930, 1-51쪽.

43) 한국 불교의 성격론과 관련하여 같은 통불교론이지만 최남선의 '원효 중심의 통불교론'과 김영수 · 권상로의 '선(禪) 중심적 통불교론'을 구별하는 논문을 발표한 바 있다. 송현주,「근대 한국불교 통불교론의 두 유형: '초종파주의 통불교론'과 '선종파주의 통불교론'」,『종교문화연구』제24호, 2015, 149-184쪽 참조.

44) 이「태고사법(약칭)」의 제1장 제1조는 "태고사 본말사는 조선불교조계종이라고 칭
한다."라고 함으로써 한국 불교를 조계종으로 규정하였다. 제1장 제2조는 "본종은 견
성성불의 근본 뜻에 의해서 중생을 구제할 것을 종지로 한다." 제1장 제3조는 "본종은
석가모니불을 본존으로 한다. 다만 다른 불상을 본존으로 정하고 있는 사찰은 종전의
예를 따를 수 있다." 제1장 제4조는 "본종은 태고보우 국사를 종조로 한다."라고 하고
있다. 민족사 편,「조선불교조계종총본사태고사법」,『한국근현대불교자료전집』제
67권, 민족사, 1996, 199쪽.

45) 심재룡은 "선교양종이 '표면적으로' 선종인 조계종으로 통합된 것은 역사의 우연", 그
것도 다양성의 상실이라는 측면에서 "불행한 우연"이라고 표현했다. 심재룡,「한국
불교는 회통불교인가」,『불교평론』제3집, 2000, 176-190쪽, 특히 190쪽; 길희성과 김
용태도 현재의 조계종과 과거 고려 시대의 조계종과의 사이에는 간극이 있다고 말했
다. 길희성,「한국불교정체성의 탐구: 조계종의 역사와 사상을 중심으로 하여」,『한국
종교연구』제2집, 2000; 길희성,「한국불교 특성론과 한국불교연구의 방향」,『한국종
교연구』제3집, 2001; 김용태,「동아시아 근대 불교연구의 특성과 오리엔탈리즘의 투
영」,『역사학보』제210집, 2011.

46) 이능화,『조선불교통사』하편, 신문관, 1918, 962쪽.

47) 한상길,「한국 근대불교의 형성과 일본, 일본불교」,『한국사상과 문화』, 제46집,
2009, 14쪽.

48) 김용태,「동아시아 근대 불교연구의 특성과 오리엔탈리즘의 투영」, 249-250쪽.

49) 이와 관련하여 위의 글, 251쪽. 그리고 앞의 주4)에서 언급한 김광식, 김상영 등의 연
구를 참조. 법통설 형성에 대해서는 김용태,「조선후기. 근대의 종명과 종조인식의 역
사적 고찰 -조계종과 태고법통의 결연」; 김용태,「조계종 종통의 역사적 이해- 근 ·
현대 종명, 종조, 종지 논의를 중심으로」참조. 이들의 연구에 의하면 도의-(지눌)-태
고보우-청허로 이어지는 법맥전통이 사실에 부합된 것이 아니라 창조된 것들이었음
을 보여준다.

50) 권오민,「雷虛 김동화의 불교학 觀」,『문학 사학 철학』vol. 13, 2008, 24쪽; 또한 이후
의 대한불교조계종 종지와 법통설 역시 역사적 사실에 입각해 있다기 보다는 그 당시
시대의 필요와 시대정신에 의해 창조되었다는 시각도 있다. 길희성,「한국불교정체
성의 탐구: 조계종의 역사와 사상을 중심으로 하여」; 길희성,「한국불교 특성론과 한
국불교연구의 방향」; 문찬주(성원),「정화불교운동(1954-1962): 통합주의와 종파주의
의 교차로」,『대각사상』제14집, 2010 참조; 박해당,「조계종 법통설의 형성과정과 문
제점」,『불교평론』통권 3호, 2000, 212-232쪽.

51)『曹溪宗史: 근현대편』, 대한불교조계종 교육원, 2005, 128쪽.

52) 일제강점기 조선 불교는 '원종'·'임제종'·'조계종' 등 교단 성립의 시도를 통해 계속 하나의 '종파' 형성을 지향했고, 그 모델은 주지의 임명권 등 독자적 체계를 지닌 일본의 불교 종단이었다. 또 조선 불교의『종헌』성립 과정은 일본의 종파불교의 종헌, 종제, 종법 등의 체제를 의식한 것이었다고 볼 수 있다.

53) 올코트와 카루스의 경우에서 이런 내용을 잘 볼 수 있다. 올코트와 카루스는 서구 근대사회가 잃어버린 과거의 낭만적 세계에 대한 향수를 동양의 불교를 통해 해소하고자 한다. 그들은 과학과 조화를 이룰 수 있는 이상적 신앙의 세계를 불교에서 찾고 있다. 또한 그들의 논의에서 중요한 것은 '자아(self)'와 '영혼(soul)'의 개념이다. 송현주, 「근대불교성전(Modern Buddhist Bible)의 간행과 한용운의『불교대전』: *Buddhist Catechism, The Gospel of Buddha*,『불교성전』과의 비교를 중심으로」참조.

54) 下田正弘,「近代佛教學の展開とアジア認識-他者としての佛教」, 岸本美緒 等編,『「帝國」日本の學知』第3卷, 東京: 岩波書店, 2006, 204-211쪽.

55) McMahan, *op. cit.*, p. 245.

56) 근대 조계종단의 종명·종조·종지의 확정이 역사적 사실에 부합하는가에 대해 부정적 입장은 심재룡·김동화 등이, 비교적 긍정적 입장은 길희성·김영태 등이 있다.

57) 대한불교조계종 교육원 불학연구소 편,「조계종 총림의 역사와 문화」, 조계종 출판사, 2009, 237-238쪽 참조.

58) 탈신화화란 전통적 신화들의 '상징적 해석'을 통해 우주론을 근대화하는 것으로서, 불교가 믿음(belief)과 독단적 교리(dogma)를 강조하는 다른 종교들과 달리 '과학적 종교(scientific religion)'로 해석되도록 한 요인이었다.

59) Heinz Bechert, "Buddhist Modernism: Present Situation and Current Trends," *Buddhism into the Year 2000: International Conference Proceedings*, Bangkok: Dhammakaya Foundation, 1994, pp. 255-256; McMahan, *op. cit.*, p. 7에서 재인용.

60) *Ibid.*, pp. xxxvii-xxxviii.

61) *Ibid.*, p. 7, 14.

62) *Ibid.*, pp. 13-14.

63) 스에키 후미히코 역시 일본 근대 사상사의 과제가 "전근대의 봉건적 위계(位階) 관계를 전제로 한 공동체 안에서 해방된 '개인'", 즉 '개체의 확립'이었다고 말한다. 스에키 후미히코,『근대 일본과 불교』, 이태승·권서용 옮김, 그린비출판사, 2009, 14쪽.

64) 위의 책, 168쪽.

65) 柏原祐泉,「明治における近代佛教の歷史的形成」,『印度学仏教学研究』第15卷 第2号, 1967, 74-81(548-555)쪽.

66) McMahan, *op. cit.*, p. 44.

67) 대한불교조계종 교육원 불학연구소 편, 앞의 책, 237쪽.

68) 하지만 근대 일본의 정토진종과 같이 정토신앙이 여전히 강한 곳도 있기 때문에, 정토 사상이 반드시 전근대적이라고 볼 수는 없다. 바로 여기서 근대불교가 각각의 역사적 · 문화적 배경에 따라 다양하게 전개된다는 사실을 알 수 있다.

69) 이 '중층성'이란 개념은 스에키 후미히코가 '근대의 중층성'이라는 말로 사용한 바 있으며, 본고에서 사용하는 의미도 이와 유사하다. 스에키 후미히코, 앞의 책, 12-19쪽 참조.

70) 고봉준, 「일제말기 근대비판 담론의 시간성 연구: 세계사 · 전통 · 비상시」, 『비교문화연구』 23집, 2011, 33-34쪽, 42-47쪽.

71) '탈근대' 혹은 포스트모던(postmodern)에 대한 다양한 정의가 있을 수 있지만, 여기서 사용하는 '탈근대'는 주로 '전통'과의 관련성을 중심으로 한 개념으로서, 근대의 '탈전통화(detraditionalization)'의 전개 방향에 대한 안티테제로서 과거의 '재전통화(retraditionalization)'를 모색하는 것을 '탈근대'로 보고자 한다.

72) McMahan, *op. cit.*, pp. 242-246.

73) *Ibid.*, pp. 246-249.

74) *Ibid.*, p. 246.

75) *Ibid.*, p. 246, 249.

76) 봉암사결사에 대해서는 대한불교조계종 교육원 불학연구소 편, 『봉암사결사와 현대한국불교』, 조계종출판사, 2008 참조.

77) 이에 대해 오오타니 에이이치가 말한 일본 근대불교의 구조가 참고된다. 그는 일본의 근대불교가 세 가지 차원으로 구성된 중층구조임을 밝혔다. 그 첫째는 보편 종교로서의 불교의 교의신앙(教義信仰), 둘째는 선조공양(先祖供養, 祭祀), 셋째는 현세이익신앙이다. 이 중 둘째와 셋째는 '민속불교'라고 부르며, 특히 셋째의 차원은 일본 불교의 '하반신(下半身)'으로서 막스 베버가 말한 '주술의 정원'을 구성한다고 보았다. 大谷榮一, 앞의 글, 68-69쪽.

78) 최병헌, 「일제 침략과 식민지불교」, 『한국불교사 연구 입문』 하, 2013, 277-313쪽. 한용운조차도 일본총독부의 의도를 간파했으면서도 한국 불교의 발전을 위해서는 불가피한 것으로 받아들여 긍정적으로 수용하고 기대하는 자세를 보였다. 위의 글, 306쪽.

1910년대 식민지 조선의 불교 근대화와 잡지 미디어 / 조명제

1) 조명제, 「근대불교의 지향과 굴절: 범어사의 경우를 중심으로」, 『불교학연구』 13호,

2006, 35-36쪽.

2) 조명제,「역사학으로서 불교사학의 지형과 방법」,『한국불교학』77호, 2016 참조.

3) 불교 잡지에 대한 주요한 연구 성과는 다음과 같다. 백순재,「한국불교잡지사」1~4,『범성』1~5호, 1973;「한국불교잡지서지고」,『법륜』100~105호, 1977, 崔承洵,「韓國佛教雜誌の考察」,『朝鮮學報』86, 1978, 김성연,「일제강점기 잡지『불교』의 간행과 그 성격」,『선문화연구』5, 2008, 김기종,「근대 불교잡지의 간행과 불교 대중화」,『한민족문화연구』26, 한민족문화학회, 2008.

4) 대표적인 연구 성과로 최수일,『개벽 연구』, 소명출판, 2008 참조.

5) 山室信一,「國民國家形成期の言論とメディア」,『日本近代思想大系11 言論とメディア』, 東京: 岩波書店, 1990 참조.

6) 한기형,「근대잡지와 근대문학 형성의 제도적 연관」,『대동문화연구』48호, 2004, 36-39쪽.

7) 김근수,「구한말 잡지 개관」,『한국잡지개관 및 호별 목차집』, 한국학연구소, 1973, 13-16쪽. 근대 잡지의 대략적인 서지 정보에 대해서는 최덕교 편저,『한국잡지백년』(1~3), 현암사, 2004 참조.

8) 기독교 계통의 미디어는 이미 1897년에《죠선크리스도인회보》라는 신문이 창간되고, 1892년에 올링거 부부에 의해 잡지『The Korean Repository』가 창간되었다. 당시 기독교는 문명개화의 주요한 주체였으며, 미디어의 확산에 커다란 영향을 미쳤다.『조선불교월보』1호에 게재된「경성에 고탑과 고비」에『코리아 레포지트리』의 기사와 1902년에 헐버트가 발행한『코리아 리뷰』등의 기사가 인용된 것에서 알 수 있듯이 불교계에서 기독교 계통의 미디어에 관심을 가졌던 것으로 보인다.

9) 岡野他家夫,『日本出版文化史』, 東京: 原書房, 1981, 52-59쪽.

10) 博文館과 잡지 출판에 대한 대표적인 연구는 鈴木貞美 編,『雜誌『太陽』と國民文化の形成』, 京都: 思文閣出版, 2001 참조.

11) 永嶺重敏,『'讀書國民'の誕生』, 東京: 日本エディタ-スクール出版社, 2004;『독서국민의 탄생』, 다지마 데쓰오・송태욱 옮김, 푸른역사, 2010, 22-69쪽.

12) 大谷榮一,「明治期日本の「新しい佛教」という運動」,『季刊日本思想史』75. 2009, 22쪽.

13) 江島尚俊,「宗學研究室の情報發信-佛教系學術雜誌の歴史と實態」,『宗教研究』88卷 別册, 2015, 148-149쪽.

14) 신불교운동에 대한 연구 성과로는 吉永進一 外,『近代日本における知識人宗教運動の言説空間-『新佛教』の思想史・文化史的研究』, 日本學術振興會科學研究費助成事業 研究成果報告書(20320016), 2012 참조.

15) 福嶋信吉,「明治後期の「新佛教」運動における「自由討究」」,『宗教研究』316, 1998, 119쪽.

16) 1912~1949년에 근대 중국의 불교 간행물은 약 200종이며, 대표적인 잡지인『海潮音』에 일본 신불교 동인을 비롯한 불교학자의 논문이 많이 번역되어 실려 있다.(梁明霞,「中國近代佛教における日本新佛教運動の影響-『海潮音』,『南瀛佛教』を中心に-」, 吉永進一 外, 앞의 보고서).『해조음』에 대해서는 葛兆光,「『海潮音』の十年(上)(下)」,『思想』943, 944, 2002 참조.

17) 재조 일본 불교 잡지에 대한 연구로는 조명제,「식민지조선의 일본불교 잡지「곤고(金剛)」의 언설과 성격」,『역사와 경계』116, 2020 참조.

18) 유석환,「근대 초기 잡지의 편집양식과 근대적인 문학 개념」,『대동문화연구』88, 2014 참조.

19) 3·1운동 직전에 방정환을 중심으로 발간된『신청년』의 창간사를 한용운이 썼던 사실에서 드러나듯이 불교계와 천도교와의 교류가 있었고, 불교 지식인들이 당시 문화적 트렌드에 일정한 관심을 갖고 있었던 것으로 보인다.『신청년』의 간행에 대해서는 한기형,「『신청년』과 경성청년구락부」,『서지학보』26, 2003 참조.

20) 유석환, 앞의 글, 323-325쪽.

21) 양문규,「1910년대 잡지 매체의 언어 선택과 근대독자의 형성과정」,『현대문학의 연구』43, 2011, 165-166쪽.

22)『불교진흥회월보』1호, 1915.

23) 양문규, 앞의 글, 167-168쪽.

24)『조선불교총보』1호, 1917.

25) 양문규, 앞의 글, 170-173쪽.

26) 권보드래,『한국근대소설의 기원』, 소명출판, 2000, 264쪽.

27) 양문규,「1910년대 잡지와 근대단편소설의 형성」,『배달말』36, 2005, 141-144쪽.

28) 정선태,「번역과 근대 소설 문체의 발견: 잡지『소년』을 중심으로」,『대동문화연구』48, 2004, 81-84쪽.

29) 코모리 요이치,『일본어의 근대』, 정선태 옮김, 소명출판, 2003, 140-141쪽.

30) 김용태,「근대불교학의 수용과 불교 전통의 재인식」,『한국사상과 문화』54, 2010 참조.

31)『조선불교월보』1~19호에 실린 雲陽沙門,「教史槪略」은 제1장 인도사, 제2장 지나사, 제3장 조선사, 제4장 일본사, 제5장 삼국사, 제6장 신라사, 제7장 고려사 등으로 구성되어 있다.

32) 金晶海,「불교진흥의 기운」,『조선불교계』2호, 1916, 姜大蓮,「불교진화의 要領」,

『해동불보』3~4호, 1913, 1914, 권상로,「근대불교의 三世觀」,『조선불교총보』6호, 1917.

33) 이능화,「다신교 일신교 무신교」,『불교진흥회월보』4호, 1915 ;「다처교 일처교 무처교」,『불교진흥회월보』5호, 1915 ;「조선인과 각종교」,『불교진흥회월보』9호, 1915, 김문연,「종교중의 불교」,『불교진흥회월보』9호, 1915, 이능화,「불교와 他敎의 경쟁」,『조선불교계』3호, 1916, 조학유,「종교기원에 대하야」,『조선불교총보』9, 1918 ;「종교의 기초적관념」,『조선불교총보』10호, 1918, 李混惺,「宗敎的 觀念」,『조선불교총보』5, 1917, 이종천,「기독교와 불교의 입각지」,『조선불교총보』14호, 1918, 김정해,「宗敎的新意義」,『조선불교총보』15호, 1918.

34) 이능화,「제교지중에 불교최구하고 제교지중에 불교최신론」,『불교진흥회월보』3호, 1915.

35) 崔東植,「논불지종교는 철학을 함포함」,『조선불교월보』16~18호, 1913, 양건식,「西哲康德格致學說」,『불교진흥회월보』1~7호, 1915 ;「불교라는 것은 何如한 자인가」,『조선불교계』2호, 1916, 김철우,「불교철학개론」,『조선불교총보』15호, 1918.

36) 권상로,「조선불교개혁론」,『조선불교월보』3~18호, 1912~13, 聾智生,「조선불교의 각종의 개창과 연혁」,『조선불교월보』6호, 1912, 金寶輪,「조선불교를 가이유신할 금일이여」,『조선불교월보』11, 1913, 만향당국인,「논금일불교지진흥」,『불교진흥회월보』1호, 1915.

37) 1899년에 경인선이 처음 개통되고, 1905년 경부선, 1909년 경의선, 1914년 호남선이 개통됨으로써 1910년대에 철도 간선의 건설이 어느 정도 이루어졌다. 이러한 철도망의 확대로 인해 일반 서적이나 잡지의 우송이 전국적인 차원에서 가능하게 되었으며, 출판문화가 발전할 수 있었다. 한편 당시 잡지는 제3종 우편물이므로 적은 비용으로 우송할 수 있었다.

38) 예를 들어『조선불교월보』의 사고(社告)에 판매소로 광학서포가 지정되어 있고, 잡지 구독에 선금이 필요하다는 내용이 있다. 따라서 불교 잡지가 특정 서점을 통해 판매되는 경우가 있지만, 대단히 제한되어 있음을 알 수 있다. 다만『유심』1호, 1918, 64면에 분매소로 경성의 광익서관, 동양서원, 장문사서점 등과 인쇄소인 신문관이 설정되어 있으므로 서점 판매가 서서히 늘었던 것으로 보인다. 다만 잡지 판매는 여전히 우편 판매가 기본이며, 서점 판매는 부수적인 형태에 그쳤다.

39) 방효순,「근대 출판사의 서적 판매를 위한 광고 전략에 대한 고찰」,『출판잡지연구』21권 1호, 2013, 114쪽.

40) 金泰賢,『朝鮮における在留日本人社會と日本人經營新聞』, 神戶大學 박사학위논문, 2011, 21-22쪽.

41) 최초의 근대신문인 한성순보와 형식상 그 속간인 한성주보의 발행에 후쿠자와 유키 치가 영향을 미쳤으며, 그의 제자인 이노우에 카쿠고로(井上角五郎)가 중심적 역할을 하였다. 특히 이노우에는 종래 한문 지상주의를 타파하고 국한문 혼용체를 도입하는 데에 커다란 영향을 미쳤다.(稻葉繼雄, 「井上角五郎と『漢城旬報』, 『漢城周報』-ハン グル使用問題を中心として」, 『文藝言語研究』 12, 1987).

42) 심원섭, 「아베 미츠이에의 생애 기초 연구」, 『한국학연구』 25, 2011 참조.

43) 심원섭, 「아베 미츠이에의 경성일보 시대 행적에 대하여」, 『현대문학의 연구』 39, 2009 ; 「아베 미츠이에의 한일 불교 관련 활동」, 『한일민족문제연구』 21, 2011 참조.

44) 심원섭, 「京城日報・每日新報と日本佛敎」, 『한일민족문제연구』 27, 2014 참조. 아베 의 연설이 중앙학림학생제군」, 『불교진흥회월보』 8에 소개되어 있다.

45) 단국대학교부설 동양학연구소, 「해제」, 『개화기 재한일본인잡지자료집:조선1』 , 국학자료원, 2004, 임성모, 「월간 조선과 만주 해제」, 『조선과 만주 총목차・인명 색인』, 어문학사, 2007.

46) 李智光, 「佛敎西漸의 兆」, 『조선불교월보』 18호, 1913.

47) 오카다는 1907년에 조동종대학(현 고마자와대학)을 졸업하고 1908년에 조동종 하와 이 포교소에 부임하여 5년 4개월간 교화 활동에 종사하였다. 이후 그는 조동종의 명 에 따라 1914년에 포교소 주임을 사직하고 영미 종교계를 시찰하였다. 특히 그는 영 국에서 오래 체재하면서 옥스퍼드대학을 중심으로 한 영국 불교 연구의 성과를 소개 하였다.(『曹洞宗海外開敎傳道史』, 曹洞宗宗務廳, 1980, 132-133쪽).

48) 李智光, 「영미의 종교담」, 『조선불교총보』 2호, 1917.

49) 중국 불교계의 현황을 소개하거나 譚嗣同의 『仁學』을 번역하여 게재하는 등 중국불 교계에 대한 관심도 상당수 보인다. 권상로, 「지나불교계의 근일」, 『조선불교월보』 6 호, 1912, 「中華佛敎中興瑞相」, 『조선불교월보』 18호, 1913, 박한영 역, 「仁學節本」 , 『조선불교월보』 12~19호, 1913.(임형석, 「박한영 『인학절본』 번역과 사상적 문맥」, 『동아시아불교문화』 15, 2013 참조).

50) 이능화, 「내지에 불교시찰단을 송함」, 『조선불교총보』 6호, 1917.

51) 초암, 「내지승려의 포교」, 『조선불교총보』 13호, 1918.

52) 노하생, 「인명학개설」, 『불교진흥회월보』 8, 9호, 1915, 金道源, 「因明의 연구」, 『조 선불교계』 1~3호, 1916, 이지광, 「불교윤리학」, 『조선불교총보』 9~13호, 1917~1918, 이혼성, 「불교심리학」, 『조선불교총보』 9~13호.

53) 舩山信一, 『明治哲學史研究』, 東京: こぶし書房, 1999, 41-43쪽.

54) 이종천(1890-1928)은 울산 출신이며, 옥천사에서 출가한 후에 통도사의 金九河 문하 로 옮겼다. 그는 일본 조동종 제일중학에서 배우고, 1914년에 동양대학에 입학하여

1919년에 졸업하였다. 그는 1920년에 통도사에 발간한 『취산보림』의 편집인으로 활동하였으며, 1924년에 한용운이 총재를 맡은 조선불교청년회에서 총무를 맡아 불교계 개혁을 시도하였다. 이후 그는 진주불교진흥회 강사, 통도사 본산위원 등으로 활동하였으나 병으로 인해 일찍 타계하였다. 佐藤厚, 「100年前の東洋大學留學生, 李鍾天-論文「佛敎と哲學」と井上圓了の思想」, 『國際哲學硏究』 4, 2015, 49-50쪽.

55) 이종천, 「불교와 철학」, 『조선불교총보』 9, 12, 13, 1918.

56) 사토 아쓰시, 앞의 글, 52-54쪽. 사토는 이종천이 유학하였던 1910년대에는 일본 근대 불교학이 전문적 연구로 이행하였음에도 불구하고 그 이전 단계인 엔료의 논의를 도입하였던 것에 대해 한국 불교학에서 일본 불교학 연구 수용의 초기 단계라고 평가하였다. 사토의 평가는 어느 정도 수긍할 수 있지만, 식민지 조선의 불교계 상황이나 불교인들이 지닌 문제 인식에 대한 이해가 다소 부족하다. 1905년 이후에 식민지 조선의 불교계에서 량치차오의 『飮氷室文集』을 통해 엔료의 언설이 수용되었고, 한용운의 경우에서 잘 드러나듯이 1910년대 식민지 조선의 불교인들에게 '불교와 철학'이라는 언설이 줄곧 제기되고 있었다(조명제, 「한용운의 『조선불교유신론』과 일본의 근대지」, 『한국사상사학』 46, 2014, 328-329쪽). 따라서 이종천의 글은 식민지 조선 불교계의 상황이나 문제 인식에서 비롯된 것이며, 동양대학에 유학하면서 그의 문제 인식을 심화시켰던 것으로 이해할 수 있다.

57) 아메노모리는 조선과의 誠信外交의 추진자로 잘 알려져 있으며 일본형 화이사상론자이다. (桂島宣弘, 「雨森芳洲再考」, 『立命館文學』 551, 1997; 「宣長の外部:18世紀の自他認識」, 『思想』 932, 2001).

58) 숭양산인, 「儒佛一體辨」, 『불교진흥회월보』 3호, 1915.

59) 『해동불보』 5, 7호, 1014. 이 글은 1898년 4월에 천도 30년을 기념하여 『태양』 증간호로 간행된 『奠都三十年』 가운데 다카야마 쵸규(高山樗牛) 등 12명의 논객이 메이지 30년간의 사상, 정치, 군사, 외교, 종교 등 역사를 서술한 『明治三十年史』의 일부이다. 이 글은 1902년에 와세다대학에 유학하고 있던 羅普가 중국어로 번역하여 『日本維新三十年史』로 개제하여 廣智書局에서 간행되었으며, 1906년에 《황성신문》에 번역, 연재되었다. 이예안, 「대한제국기 유신의 정치학-개념의 치환과 日本維新三十年史-」, 『개념과 소통』 14, 2014 ; 「高山林次郎 외 11명 日本維新三十年史」, 『개념과 소통』 15, 2015, 佐藤厚, 「高山林次郎(樗牛) 等著 『明治三十年史』と近代アジア世界に与えた影響」, 『專修人文論集』 97, 2015 참조.

60) 권상로, 「佛敎統一論第一編大綱論略譯」, 『조선불교월보』 4-19, 1912-1913. 권상로의 번역은 제1편 대강론의 서론, 본론 제3장까지이며 원문을 대체로 직역하였다.

61) 村上專精, 「日本佛敎史의 特色」, 『조선불교총보』 5호, 1917.

62) 田村晃祐,「井上圓了と村上專精-統一的佛教理解への努力-」,『印度學佛教學研究』 49-2, 2001 참조.

63) Orion KLAUTAU,『近代日本思想としての佛教史學』, 京都: 法藏館, 2012, 83-118쪽.

64) 村上專精,『佛教統一論』, 東京: 書肆心水, 2011, 19쪽.

65) 대승비불설론이 크게 문제가 되자 센쇼는 1903년에『大乘佛說論批判』을 통해 교리= 대승불설, 역사=대승비불설이라고 교리와 역사를 나누는 것에 의해 대승불설이 성립 하는 여지를 인정하였다.(末木文美士,『明治思想家論-近代日本の思想・再考 I -』, ト ランスビュ, 2004, 100-109쪽).

66) 村上專精,「拙著の批評集發刊を聞いて一言を寄す」,『佛教統一論第一編大綱論批評 集』, 東京: 金港堂, 1901, 7쪽.

67) 江島尚俊,「哲學的佛教研究から歷史的佛教研究へ-井上圓了と村上專精を例とし て-」,『大正大學大學院研究論集』34, 2010 참조.

68) James Edward Ketelaar, Of Heretics and Martyrs in Meiji Japan: Buddhism and Its Per secution, Princeton University Press, 1990;『邪教/殉教の明治-廢佛毀釋と近代佛教』, 岡田正彦 譯, 東京: ペリカン社, 2006, 246-296쪽.

69) 柏原祐泉,『日本佛教史 近代』, 東京: 吉川弘文館, 1990, 60-62쪽.

70) 櫻井秀雄,「洞門における異端者の系譜ついて」,『禪研究所紀要』11호, 1982, 44쪽.

71) 常光浩然,『明治の佛教者』下, 東京: 春秋社, 1969, 86-95쪽, 吉永進一 外, 앞의 보고 서, 231-233쪽.

72) 통불교 담론이 확산되었던 양상은 1900년대에 통불교 관련 저술과 강연집이 다양하 게 출판되었던 사실에서 알 수 있다. 대표적인 통불교 문헌은 다음과 같다. 井上政共, 『最新研究通佛教』, 東京: 有朋館, 1905;『通佛教講演錄』, 通佛教講演會事務局, 1911,; 高田道見,『通佛教一席話』, 東京: 通俗佛教館, 1902;『通佛教安心』, 東京: 佛教館, 1904;『通俗佛教便覽』, 佛教館, 1906,; 鈴木法琛,『眞宗と通佛教』, 顯道書院, 1908,; 加 藤咄堂,「通佛教の原理」,『大乘佛教大綱』, 東京: 森江書店, 1903.

73) Ketelaar, 앞의 책, 250-268쪽. 동아시아 근대불교에서『대승기신론』이 어떻게 이해되 었는지에 대해서는 石井公成,「近代アジア諸國における『大乘起信論』の研究動向」, 『禪學研究』特別號, 2005 참조.

74) 孫知慧,「韓國近代における元曉認識と日本の「通佛教論」」,『東アジア文化交涉研 究』5號, 關西大學大學院東アジア文化研究科, 2012, 183-184쪽.

75) 井上政共,「佛教與學問」, 박한영 옮김,『조선불교월보』18, 19, 1913.

76) 불교 잡지에는 이나다 슌즈이(稻田春水), 쓰마키 지키료(妻木直良), 와타나베 아키라 (渡邊彰) 등 일본인 학자들의 한국 불교사에 관한 글이 다양하게 소개되어 있다. 稻田

春水,「遊于禪宗甲刹大本山奉恩寺之記」,『불교진흥회월보』 3호, 1915;「北漢山의 事蹟」,『조선불교총보』 3호, 1917;「鷄龍山의 事蹟」,『조선불교총보』 4호, 1917; 妻木直良,「고려의 대각국사」,『조선불교총보』 8호, 1918; 渡邊彰,「조선의 고적조사에 취하야」,『조선불교월보』 13호, 1918.

77) 최남선,「조선불교-동방문화사상에 있어서 그 지위-」,『불교』 74호, 1930. 통불교론에 대한 대표적인 연구는 다음의 글을 참조. 심재룡,「한국불교는 회통불교인가」,『불교평론』 3, 2000; 조은수,「통불교 담론을 통해 본 한국불교사인식」,『불교평론』 21, 2004; 송현주,「근대 한국불교 통불교론의 두 유형: -'초종파주의 통불교론'과 '선종파주의 통불교론'-」,『종교문화연구』 24, 2015.

78) 손지혜, 앞의 글 참조. 한편 사토 아쓰시,「근대 한국불교잡지에서의 해외 논문 번역: 1910년대 초를 중심으로」,『동국사학』 60, 2016.6에 이노우에 세이쿄의 통불교 담론이 중국어 번역을 경유하여 한국으로 유입되었음이 밝혀졌다.

79) 김영주,「諸書에 現한 元曉華嚴疏敎義」,『조선불교총보』 12, 13호, 1918; 정황진,「大聖和錚國師元曉著述一覽表考編緖言」,『조선불교총보』 13호, 1918.

근대기 경산화파 화승 예운 상규(禮雲尙奎) 불화 연구 / 최성규

1) 1910년에 출생하여 2007년에 돌아가셨다. 예운 스님의 제자로 화맥을 현대에까지 잇는 역할을 하였다.

2) 이 괘불은 상궁 이성애가 숙종의 후궁이었던 영빈 김씨의 추복을 위해 발원한 것으로 당시 봉선사의 수화승 각총이 주관하여 그렸다. 강영철,「봉선사본말사의 불화」,『한국의 불화』 제33권, 성보문화재연구원, 부록, 201-203쪽.

3) 정시한,『우담선생문집』 중「산중일기」 조선후기.

4) 정시한과 각총 간에는 큰 관계가 없었던 것으로 생각된다. 여기서 '재주 있어 보인다'라는 부분에 대해서는 각총이 절에서 기술을 배우고 있었다고 추정함.

5) 조선 후기의 문신. 본관 청풍. 호 춘주. 음보로 공조정랑·통천 군수를 지냈음. (『동아백과사전』, 2009)

6) 최학,「조선후기 화승 관허당 설훈 연구」,『강좌미술사』, 제39호, 한국미술사연구소, 2012, 191쪽.「전법게」는 개인 소장품으로서 2009년 불교중앙박물관특별전 '승'에서 전시되었음.

7) 해인사 승려였던 각총은 봉선사로 올라와서 수화승이 되고 설훈을 제자로 둠.

8) 강영철,「봉선사본말사의 불화」,『한국의 불화』 제33권, 성보문화재연구원, 부록,

201쪽.

9) 강영철, 위의 글, 208쪽.

10) 최학, 앞의 글, 190-191쪽.

11) 위의 글, 190쪽.

12) 건륭사십구년갑진십이월일문인관허당설훈 기대비의구 오전일소모지영 별무흠려의 상비선객지납의 개회우 차후십년 현인금지기공법야 산문인몽은영우서.

13) 사천왕 가운데 동방 지국천왕을 그렸다.

14) 『해인사기』「장경각삼존개금기」.

15) 『한국의 불화』 제27권 수덕사본말사편 문수사 청련암의 지장탱 화기에 기록된 화원 수해 등은 오자임.

16) 강영철,「1774년 문수사 청련암 불사의 현장자료-수화승 설훈의 서간교신을 중심으로-」『동악미술사학』제7호, 동악미술사학회, 2006, 341쪽: 최학, 앞의 글, 200쪽.

17) 강영철, 앞의 글, 241쪽: 장희정,「조선후기 불화와 화사 연구」동국대학교 대학원 미술사학과, 2000, 주석, 102쪽: 봉선사대웅전불상중수개금 원문, 18-19쪽.

18)「불암사종명」(1783)에 '…방욕단청지차행우선수무성파종개조성지시내성…' "단청을 하려던 차에 다행히 솜씨 좋은 양공을 만나 부서져 소리가 나지 않던 종을 고쳐 만들었는데 잘 조성되었다…"라고 함.

19) 『조선사찰사료』하,「만덕산복홍사사적기」'신대불상삼존여영산회불정감로신중정' 일지사.

20) 용주사의「본사제반서화조작등제인방함」, '극락대원관음보살조성조각화원관허당 설훈'.

21) 금어 관허당 설훈 동 취허환열 동 용봉경환 용면 상겸… 도화주법란 선당화주취웅 승 당화주묘계 명심당화주법률 서별실화주치헌 만월당화주새봉 묘적암화주경환….

22) 강영철, 앞의 글. 신선의 화풍은 경환과 상겸의 불화에 나타나는 기법이 보임.

23) 예용해,『단청』, 문화재관리국, 1970, 71쪽.

24) 1780年 봉선사 '대웅전불상중수개금'시 화원으로 참여하였다. 『봉선사본말사지』 「부개 금원문이통」18-19쪽. : 용주사「본사제반서화조작등제인방함」, '대웅전보탑후불정 삼세여래체정화원연풍현감김홍도삼장정화원민관하담정화원상겸….

25) 『장조영우원천원도감의궤』(1789)에는 수화승 상겸 등을 비롯한 20명의 화승이 삼물 소 화승으로 동원되었고, 『장조현융원원소도감의궤』(1789)에는 상겸 연상 연홍 윤호 보원 궤찰 문옥 지성 경윤 승윤 상훈 법률 축함 유중 경침 궤헌 찰오 종원 법성 득복 도정 한계 홍의가 조성소 화승으로 동원되었으며, 또한 용주사 화역(1790)에는 상겸 이 승편수를 맡음.

26) 용주사의「본사제반서화조작등제인방함」, '극락대원관음보살조성조각화원관허당 설훈'이라 하였고, 『일성록』, 정조14년 '승변수상겸민관화정변수민관첩가…'라 하였 음.

27) 조선 시대 관찬 사서『일성록』에 '正祖14년 경술10월… 불정주관감동전찰방김홍도 영부사과 감동절충김득신사과이명기…'

28) 남장사 〈괘불도〉 화기 '회화소질 용봉당 경환 도화사 상겸 계관 해순 서홍 도정 덕민 성일 영휘 홍민 덕민 성윤 쾌전 법성 유홍 처흡 처홍 처징.'

29) 『직지성보박물관의 유물』, 직지성보박물관, 2003, 160쪽.

30) 강우방, 「감로도의 양식변천과 도상해석」, 『감로탱』, 예경, 361쪽.

31) 강우방, 위의 책, 361쪽.

32) 신광희, 앞의 글, 286쪽. 각주5;「서울 및 근교 사찰지(원제:봉은사본말사지)제5편: 도 봉산의 사찰」,『다보』, 불교진흥원, 1994, 17쪽, '천축사 상설'.

33) 강영철, 「봉선사본말사의 불화」,『한국의 불화』 제33권, 성보문화재연구원, 부록, 209 쪽.

34) 출초(出草)란 불화의 밑그림을 말하며, 기존의 초본을 바탕으로 의궤에 준하여 일부 도상을 변용하거나 새로운 화면 구성을 시도하는 것이다.

35) 『무량수불, 극락에서 만나다』, 한미산 홍국사 괘불, 국립중앙박물관, 2014, 45쪽; 최 엽, 「근대 서울-경기지역 불화의 화사와 화풍」, 불교미술 제19집, 동국대학교박물 관, 2007, 67~64쪽.

36) 표충사 〈삼세불도〉(1930)의 화기에는 화주로 등재되었고, 그의 속성이 소개되었음.

37) 표충사 〈삼세불도(약사)〉(1930) 화기에 '금어출 김예운 편장김청암 한동운 이자성 화 주 김보응문성 김예운상규 김청암현성 비구니혜오'이라 하였음.

38) 석정, 『한국의 불화』 제3권, 부록, 통도사말사의 탱화(III), 성보문화재연구원, 212쪽.

39) 장희정, 「조선후기 불화의 화승 연구」, 동국대학교대학원 미술사학과, 2000, 98쪽, 128쪽.

40) 이때 삼세불도, 삼장보살도, 신중도, 감로도 등 17점의 불화가 동시에 제작되었다. 목 포 대학박물관, 전라남도,『전남의 사찰』I, 1989, 273쪽.

41) 표충사 〈삼세불도(약사)〉(1930) 화기에 '금어출 김예운 편장김청암 한동운 이자성 화 주 김보응문성 김예운상규 김청암현성 비구니혜오'이라 하였음.

42) 주로 청나라를 통해 유입된 가톨릭 그림으로 명암법으로 표현된 예수, 마리아 상을 말한다.

43) 대일여래의 변화신으로 밀교에서 오대명왕의 중심이다.

1) 사단법인 한국불교종단협의회 홈페이지(http://www.kboa.or.kr/).

2) 이 중 137개 종단이 현황 파악된 것으로, 128개 종단은 응답 거부 등의 이유로 현황이 미파악된 것으로 보고되었다. 문화체육관광부, 『한국의 종교현황』, 2012, 23쪽.

3) 이 중 일부는 전통 승단에서 수계(受戒)한 승려가 창종하거나 1950~1960년대 불교 분규 와중에 일부 지역의 사찰들이 연합하여 창종한 경우도 있지만, 조선 중기 이래 산중불교의 승가 전통을 직접적으로 계승한 것으로 보기는 어렵다. 다만 비구니 승단인 보문종은 고려 시대 사찰인 보문사(普門寺)를 본산으로 1972년 창종한 종파로서, 한국 전통 불교에서 비구니 가운데 일부 세력이 계승된 것으로 볼 여지가 있다.

4) 원불교의 교세와 사회적 위상에도 불구하고 본고에서 이를 다루지 않은 것은 현재 그들이 불교종단협의회에 소속되기를 거부하기 때문이다. 하지만 원불교 역시 생활불교를 표방하는 사실상의 신불교로서, 처음으로 그것도 창종자의 활동 개시 및 본격적 교세 확장이라는 측면에서 유일하게 해방 이전에 새로 창종한 불교 종단이라고 할 수 있다. 따라서 추후의 연구에서 이 또한 같은 맥락에서 다루어질 필요가 있다.

5) 작자 미상의 『참선염불문(參禪念佛文)』, 백암성총(栢庵性聰, 1631-1700)의 『정토보서(淨土寶書)』와 『정토찬(淨土讚)』, 명연(明衍, ?-?)의 『염불보권문(念佛普勸文)』, 기성쾌선(箕城快善, 1693-1764)의 『청택법보은문(請擇法報恩文)』과 『염불환향곡(念佛還鄉曲)』, 진허팔관(振虛捌關, ?-?)의 『삼문직지(三門直指)』, 해봉유기(海峰有璣, 1707-1785)의 『신편보권문(新編普勸文)』 등이 그것이다. 김세운, 「한국 천태종의 염불수행 전통과 그 계승」, 『한국선학』 30, 한국선학회, 2011, 7-9쪽 참조.

6) 이상 조선 후기의 염불계에 대해서는 김세운, 위의 글, 9-10쪽; 이종수, 「19세기 건봉사 만일회와 불교사적 의미」, 『동국사학』 49, 동국역사문화연구소, 2010 참조. 이종수는 같은 글, 295-296쪽, 〈표 1〉에서 19세기의 만일회를 16건으로 보고했다.

7) 산스크리트어 'oṃ mani padme hūṃ'의 본래 의미는 "옴! 연꽃 가운데 보석이여, 성취하소서."라는 뜻이다. 티벳 교학에서 보석(mani)은 방편을, 연꽃(padme)은 지혜를 상징하므로, 이는 지혜를 가지고 방편으로 중생을 구제한다는 의미가 있다. 이종섭, 「한국불교에서 관세음신앙 성립의 특수성 고찰」, 『불교연구』 30, 한국불교연구원, 2009, 205-206쪽.

8) 이상 다라니 · 진언집의 간행에 대해서는 김수현, 「조선중후기 관음경전 간행 연구」, 『문화사학』 24, 한국문화사학회, 2005; 김수현, 「불화에 나타난 한국 관음신앙의 변천: 일본 관음도상과의 비교를 포함하여」, 『역사민속학』 23, 한국역사민속학회, 2006; 이종섭, 위의 글; 김정희, 「한국의 천수관음 신앙과 천수관음도」, 『정토학연구』 17,

한국정토학회, 2012 참조.

9) 보광사의 정원사 결사에서는 결사가 결성된 이듬해인 1870년 『청주집(淸珠集)』이라는 염불서를 간행하는데, 여기에 결사문을 쓴 인물이 바로 보광거사 유운이다. 『제중감로』에는 보광거사(葆光居士) 보원(普圓)이라는 이름으로 기록되어 있다.

10) 유운은 역시 정원사 결사에서 1882년에 간행한 『원해서범(願海西帆)』이라는 정토 관련 편저에도 발문을 지어 관여하였다. 한국불교신문 편집자, 「성철스님 박사논문 『觀世音菩薩妙應示現濟衆甘露』에 나타난 불교사상 연구」, 《한국불교신문》, 한국불교신문사, 2016.3.17. 참조.

11) 이상 묘련사 결사에 대해서는 차차석, 「『觀世音菩薩妙應示現濟衆甘露』에 나타난 관음신앙의 특징〉, 『보조사상』 39, 보조사상연구원, 2013 참조.

12) 이상 숙종~영조대 민간의 변혁적 종교 세력에 대해서는 한승훈, 「미륵·용·성인: 조선후기 종교적 반란 사례 연구」, 『역사민속학』 33, 한국역사민속학회, 2010; 최종성 외, 『국역 역적여환등추안: 중·풍수가·무당들이 주모한 반란의 심문 기록』, 민속원, 2010, 9-54쪽; 최종성, 「무당에게 제사 받은 생불: 『요승처경추안』을 중심으로」, 『역사민속학』 40, 한국역사민속학회, 2012; 최종성, 「생불과 무당: 무당의 생불신앙과 의례화」, 『종교연구』 68, 한국종교학회, 2012; 최종성, 「조선후기 민간의 불교문화: 불승(佛僧), 단신(檀信), 제장(祭場)」, 『종교학연구』 30, 서울대학교 종교학연구회, 2012 참조.

13) 도성금지 해제령이 공포되자 불교계 안팎에는 축제 분위기가 형성되었으며, 불교계에서는 이를 사노 젠레이의 공에 의한 것으로 인식하고 있었다. 李能和, 「京內僧跡佐野書請」, 『朝鮮佛敎通史』 下篇, 新文館, 1918, 927쪽; 『역주 조선불교통사』 6, 조선불교통사역주편찬위원회 옮김, 동국대학교출판부, 2010, 289-290쪽.

14) 국가법령정보센터 홈페이지 〉 법령 〉 근대법령 〉 법령명 〉 2. 사찰령(http://www.law.go.kr/lsInfoP.do?lsiSeq=67458).

15) '불교재산관리법' 전문은 국가법령정보센터 홈페이지 〉 법령 〉 연혁법령 〉 법령명 〉 2. 불교재산관리법(http://www.law.go.kr/lsSc.do?menuId=0&subMenu=2&query=%EB%B6%88%EA%B5%90%EC%9E%AC%EC%82%B0%EA%B4%80%EB%A6%AC%EB%B2%95#undefined) 참조.

16) '불교재산관리법'의 시행 막바지인 1986년 당시 조계종·태고종·불입종·원효종·화엄종·진언종·진각종·한국법화종·대한법화종·미륵종·천화불교·천태종·용화종·일승종·정토종·법상종·총화종·보문종 등 18개 불교 종단이 보고된 바 있다. 이은윤 외, 『한국불교의 현상: 18개의 종단순례』, 불교사상, 1986.

17) '전통사찰보존법' 전문은 국가법령정보센터 홈페이지 〉 법령 〉 연혁법령 〉 법령명 〉

16. 전통사찰보존법(http://www.law.go.kr/lsSc.do?menuId=0&subMenu=2&query= %EB%B6%88%EA%B5%90%EC%9E%AC%EC%82%B0%EA%B4%80%EB%A6%AC%EB %B2%95#undefined) 참조.

18) '관심(觀心)'이란 '관세음보살'을 빠르게 발음한 것이다. 송현주, 「대한불교진각종의 역사와 특징」, 『종교연구』 48, 한국종교학회, 2007, 195쪽의 각주 10) 참조.

19) 이상 회당의 일생에 대해서는 송현주, 위의 글, 194-196쪽; 권기현, 「진각종조 회당대 종사의 깨달음」, 『대각사상』 11, 대각사상연구원, 2008, 329-338쪽 참조.

20) 박혜승, 「회당의 재가·출가에 대한 인식과 그 논리」, 『회당학보』 13, 회당학회, 2008; 보성정사, 「진각종의 창종정신과 인간중심 실천불교운동」, 『회당학보』 20, 회 당학회, 2015; 김경집, 「회당 손규상의 근대불교 인식」, 『회당학보』 20, 회당학회, 2015 참조.

21) 권기현, 앞의 글, 337쪽; 김치온, 「육자진언 신앙의 변천에 대하여」, 『회당학보』 15, 회당학회, 2010; 장용철, 「회당대종사의 호국관」, 『회당학보』 15, 회당학회, 2010; 김 치온, 「진각종 기도법에서 불공·불사의 의미와 특징」, 『회당학보』 17, 회당학회, 2012; 최종웅, 「진각종 수행의 독창성과 현대사회적 가치」, 『회당학보』 17, 회당학회, 2012; 허일범, 「한국밀교 진언수행의 역사적 변천과 현대적 활용」, 『회당학보』 17, 회 당학회, 2012; 보성정사, 위의 글 참조.

22) 보성정사, 앞의 글, 132-133쪽.

23) 김세운, 「상월 조사의 생애와 교화 방편」, 『한국선학』 15, 한국선학회, 2006. 이 글에 서 김세운은 천태종 총무원에서 상월의 행적으로 공식 인정한 『상월원각대조사오도 기략(上月圓覺大祖師悟道記略)』을 토대로 상월의 생애를 구분하였다고 명시하였다.

24) 김세운, 위의 글(2006), 686쪽. 필자인 김세운은 1978년 천태종 대충대종사를 은사로 출가했으며, 구인사 강원을 거쳐 동국대 불교대학원에서 석사학위를 취득하고, 동대 학원 선학과 박사과정을 수료했다. 2007년 2월 현재 천태종 13대 종의회 의원, 서울 관문사 부주지, 서울 중랑구 사암연합회 수석 부회장 등을 역임 중이며 천태종 교육부 장에 임명되었다. 윤승헌, 「천태종 기획실장 용암·교육부장 세운 스님」, 《만불신문》 175, 만불신문사, 2007.2.3. 참조.

25) 이상 상월의 일생에 대한 새로운 서술은 최동순, 「상월조사 행적에 대한 법화사상의 적용」, 『한국선학』 20, 한국선학회, 2008 참조. 최동순은 동국대학교에서 학위를 받 은 박사로서, 천태종 교육부에서 근무한 바 있으며, 2016년 현재 동국대학교 불교문 화연구원 연구교수로 재직 중이다. 최동순, 『처처에 백련 피우리라: 상월조사의 구인 사 창건기』, 운주사, 2009, 저자 소개; 조용주, 「청화 스님 '염불선사상' 주제 세미나」, 《금강신문》, 금강신문사, 2016.4.12. 참조.

26) 최동순, 위의 글(2008), 227-233쪽.

27) 고병철, 「대한불교천태종의 의례와 신앙: 구인사와 대광사를 중심으로」, 『종교연구』 73, 한국종교학회, 2013, 18-19쪽; 고병철, 「대한불교천태종의 종교 정체성과 수행」, 『정신문화연구』 37-4, 한국학중앙연구원, 2014, 150쪽; 강돈구, 「대한불교천태종의 정체성 형성 과정」, 『신종교연구』 31, 한국신종교학회, 2014, 63쪽. '궁궁을을'은 『정감록』의 비결에 등장하는 주문으로, 부적의 형상에도 이용되는 것으로 알려져 있다.

28) 천태종의 3대 지표와 생활불교·대중불교적 면모에 대해서는 최동순, 「상월조사의 생애에 나타난 수행관」, 『한국선학』 5, 한국선학회, 2003, 176-179쪽; 김세운, 앞의 글(2006), 691-697쪽; 고병철, 위의 글(2014), 155-156쪽; 김동림, 「대한불교천태종 삼대 지표의 실천에 대한 연구」, 『대각사상』 24, 대각사상연구원, 2015 참조.

29) 최동순, 위의 글(2003), 172-176쪽; 김세운, 앞의 글(2006), 672-677쪽; 강돈구, 앞의 글, 63-67쪽 참조.

30) 종교학계에서는 창종자인 상월에 대한 이 같은 신앙 행태에 주목하여, 이를 '조사 신앙'이라 명명하며 관음 신앙과 더불어 천태종의 양대 신앙적 특징으로 간주하고 있다. 고병철, 앞의 글(2013), 19-24쪽; 강돈구, 앞의 글, 67-71쪽 참조. 이에 따르면 천태종의 조사 신앙은 이 밖에도 조석예불의 팔정례 예불문―전통적인 칠정례에 상월에 대한 귀의를 삽입하여 팔정례가 된다―, 불당에 1대 종정인 상월의 진영(眞影)이나 조상(彫像)을 별도로 봉안, 상월대조사법어의 봉독, 구인사에서 가장 높은 곳에 대조사전을 배치하는 독특한 가람 배치 양식 등을 통해 구현된다.

민주화 시대, 불교개혁운동과 그 한계 / 윤승용

1) 한국 불교는 '한국화된 불교'와 '한국에서의 불교'라는 이중적인 의미를 담고 있다. 하지만 여기서는 한국에서 신행되고 있는 불교로 한정한다. 또한 조계종단이 한국 불교를 대표하고 있다는 점에서 한국 불교와 조계종단을 글의 문맥에 따라 적절히 사용하였다.

2) 문화체육관광부, 『한국의 종교현황』, 2012, 23쪽.

3) 정화불사는 대처육식(帶妻肉食)의 친일 불교를 청산한 불사로서 현재 '대한불교조계종'을 형성한 기틀이다. 정화불사를 통하여 전통적이고 출세간적 성향이 강한 비구 승단이 조계종단만이 아니라 한국 불교의 주도권을 잡는 계기가 되었다. 윤승용, 「정화운동과 21세기 한국불교」, 『교단종화운동과 조계종의 오늘』, 선우도량, 2001 참고.

4) 조계종 불교사회연구소, 「대한 불교조계종 50주년의 성찰과 시대적 과제」 자료집 참

고.

5) 가지산문은 840년(문성왕2) 당나라에서 귀국한 보조선사(普照禪師) 체징(體澄)이 도의국사(道義國師)를 종조(宗祖)로 삼아 개산(開山)하였다. 도의는 821년(헌덕왕13) 당나라에서 돌아와 남종선을 처음으로 신라에 전하였으나, 신라 교계에 쉽사리 받아들여지지 않아 은거하고 있었는데, 그의 심인(心印)을 받은 체징이 그의 종풍을 다시 일으킨 것이다. 13세기 후반에 일연(一然)이 등장하면서 가지산문이 선종계를 주도하였다. 일연은 말년에 운문사에 주석하였는데, 이에 따라 가지산문의 중심이 경상도 지역으로 이동하였다. 고려 말에는 태고 보우(太古普愚)가 출현하여 간화선을 절대화하면서 한국 선종계를 풍미하였다. 『한국민족문화대백과』, 한국학중앙연구원.

6) 대한불교조계종 중앙종회, 『대한불교 조계종의 종헌의 이해』, 조계종 출판사, 2000, 47쪽.

7) 위의 책, 47-50쪽.

8) 조계종 개혁회의는 1994년 1994년 4월 서의현 총무원장의 3선 저지와 종단 개혁을 목표로 내걸고 서울 종로구 조계사 승려대회에서 결성되었다. 종헌종법을 개정하고 집행부를 선출하는 등 새 종단 출범을 위한 과도기적 역할을 수행하였다. 7개월 15일 만에 해산했다.

9) 당시 대표적인 민주화운동 단체로는 민주화운동청년연합(약칭, 민청연)을 들 수 있다. 공식 설립은 1983년이지만 1970년대 이후 지속적으로 민주화운동을 주도해 온 청년 활동가들의 단체다. 민주정치 확립, 부정부패 및 특권경제 청산, 자립경제 확립 등을 목적으로 주로 노동운동, 지역주민운동, 군부정권에 대한 저항 등의 활동을 하였다. 결성선언문에서는 당시의 상황을 '외세와 이에 편승하는 소수의 폭력적 권력집단에 의하여 강제되고 있는 민족분단 상황'으로 규정하고, 민족통일의 대과업을 성취하기 위한 참된 민주정치의 확립, 부정부패·특권경제의 청산, 민족자립경제의 확립, 창조적인 교육·문화 체계의 형성, 냉전체제 해소와 핵전쟁 방지를 위하여 싸울 것을 선언했다.

10) 윤승용, 『현대 한국종교문화의 이해』, 한울, 1997, 204-205쪽.

11) 1980년대 한국 종교계의 대형 행사로는 '개신교 선교100주년', '조선교구 150주년', '한국 순교자의 대규모 시성', '천주교 전래 200주년', '세계성체대회' 등의 행사를 들 수 있다.

12) 위의 책, 269-270쪽.

13) 진보 측의 반정부적인 정치 참여를 견제하기 위해 상대적으로 보수 측에 주어진 혜택들을 말한다, 예를 들면, 종교계 대형 행사 지원, 종교계 국제회의 지원 등을 말한다.

14) 윤승용, 「한국종교의 사회세력화의 형태와 전망」, 『신자유주의의 종교를 묻는다』, 한

국종교문화연구소, 2011, 166-173쪽.

15) 한국의 종교인구는 60년대 이후 산업화 도시화 과정을 거쳐 80년대 민주화 과정에 이르기까지 기독교 중심으로 지속적으로 성장하다가 90년대 초반에 이르러 처음으로 종교인구 비율이 감소하더니 다시 90년대 후반부터 불교와 천주교를 중심으로 종교인구가 성장하기 시작했다. 윤승용, 「최근 20년간 한국종교 실태 및 종교의식의 변화」, 『한국인의 종교와 종교의식』제4차보고서, 한국갤럽, 2004, 155-158쪽.

16) 6월항쟁 20주년기념토론회-종교계 민주화운동 20년 반성, 『뉴스포커스』, 2007년 6월호.

17) 강인철, 「사회 민주화와 종교」, 『한국종교연구』27, 2000, 54쪽.

18) 한국은 다른 어느 나라에서도 보기 힘든 다종교 사회이다. 어느 종교도 확실한 주도권을 잡지 못한 상태에서 종교 간의 경쟁은 매우 치열한 상태에 있다.

19) 개발과 성장이라는 현대사회의 지배적 가치와 맞서 생명의 가치와 자연생태계의 보존이라는 이슈에 대한 사회적 논쟁은 주로 불교환경운동에서 제기하는 논쟁이다.

20) 김상구, 『믿음이 왜 돈이 되는가, 해파스토리, 2011, 39-56쪽.

21) 2011년 예산 국회에서 불교계의 약속된 템플스테이 예산이 삭감된 것도 이런 영향이 없지 않다.

22) 강인철, 앞의 글, 55쪽.

23) 한국기독자 교수협의회와 한국불자교수협의회, 『종교권력, 무엇이 문제인가』, 동연, 2008 참고. 이 책은 종교권력에 대한 비판적 담론을 담은 대표적인 책이다. 오늘날 한국사회에서 종교가 비대해지면서 대형화되고, 상업화 권력화되면서 나타난 종교권력의 문제를 중점적으로 점검하고 있다.

24) 민주화된 다종교 사회에서 이런 쟁점화는 피할 수 없는 일이다.

25) 여기서는 국가의 종교 관련 국가 지원과 세제 혜택, 군종 제도, 국가 공휴일 제정, 국가 의전 등의 국가 제도나 종립학교, 종교병원, 언론기관, 사회복지기관 등 종교의 간접 활동을 인가함으로써 국가가 종교시장에 과도하게 영향을 끼쳐 온 것을 말한다.

26) 강인철, 앞의 글, 49-50쪽.

27) 구체적으로는 대처육식(帶妻肉食)의 폐지로 나타났다. 그러나 실제로는 대처육식이 일본 불교의 특징이라고 할 수 없다.

28) 10 · 27법난이란 전두환 군부독재정권 당시 불교 교단의 재산 축적과 축첩에 관한 비리를 조사한다는 구실로 계엄사가 총무원장과 주요 사찰의 주지를 강제 연행하고, 3천여 사찰을 수색한 사건을 말한다. 불교계는 이 10 · 27법난을 겪으면서 불교운동은 국가권력으로부터 불교 교단의 자주성을 회복해야 한다는 불교자주화운동과 정권에 빌미를 주는 교단의 비민주성을 개혁해야 한다는 불교개혁운동의 두 가지 주요한 과

제를 설정하게 되었다.

29) 1983년 9월 종단 운영 비상조치 단행부터 1984년 8월 해인사 전국승려대표자대회에서 비상종단 해체 결의까지 1년여 동안 운영되었던 종단이다. 비상종단 등장의 직접적인 계기는 신흥사 승려 살인 사건이지만 비상종단의 출범 배경은 10·27법난 이후 지속된 종단의 난맥상이었다. 동국대 석림동문회, 앞의 책, 60-61쪽.

30) 박부영, 「전면적인 개혁, 그러나 이루지 못한 꿈」, 『불교평론』 50, 2012, 344-345쪽.

31) 교육원 불학연구소, 『조계종사- 근현대편』, 대한불교조계종 교육원, 2001, 263쪽.

32) 박부영, 앞의 글, 357-359쪽.

33) '사원화 운동'을 주도한 세력은 '한국대학생불교연합'이었다. 이후 학인 승려들과 결합하여 '전국청년불교도연합'으로 발전하였다.

34) 교육원 불학연구소, 앞의 책, 258쪽.

35) 위의 책, 265쪽.

36) 위의 책, 269-270쪽.

37) 위의 책, 272-273쪽.

38) 봉암사 결사는 불교정화운동의 출발이다. 수행을 통해 식민지 불교를 극복하고자 청담, 성철, 자운, 우봉 등이 1947년 가을부터 1950년 봄까지 주도한 수행결사이다. 이들은 오직 부처님 법대로 한번 살아 보자는 원을 세우고 '모든 것을 부처님 법대로만' 하고 살았다.

39) 현장과 수련과 결사 3자를 함께 연결한 것은 2011년 조계종단에서 추진하고 있는 수행결사, 문화결사, 생명결사, 나눔결사, 평화결사 등 '조계종 5대 결사운동'의 모델이 된다. 2011년 12월 26일 자승 조계종 총무원장의 담화문「자성과 쇄신의 결사를 제안합니다」참고.

40) '정토 구현'이라는 기치를 내건 '정토구현승가회'는 아직도 사회 민주화운동의 성향을 크게 벗어나지 못했다. 앞의 책, 268쪽.

41) 위의 책, 271-272쪽.

42) 전통 사찰 보존에 필요한 사항을 규정하기 위한 법률(제정 1987.11.28 법률 제3974호)이다. 1962년 당시 제정된 「불교재산관리법」이 종교의 자유를 침해하는 위헌성을 지니고 있고 법 적용에 대한 종교 간 형평성 논란이 일어남에 따라 불교계 불만 해소 차원에서 새로 제정된 법률이다.

43) 조계종단의 일부 원로급 승려들이 일붕선교종, 대승종 등을 창종하여 종단을 이탈하였다. 교육원 불학연구소, 앞의 책, 278쪽.

44) 개혁회의 개혁안에 대해서는 이재형, 「불교교단의 치부를 드러낸 자정운동」, 『불교평론』 50, 2012, 376-381쪽 참고.

45) 조계종 불학연구소, 앞의 책, 306-307쪽.

46) 조계종 불교사회연구소 소장 법안은 통합종단 출범 50주년 기념세미나(2011.4.25)에 서 현재 개혁종단의 성격을 비구 중심의 통합종단 계승, 종단의 자주화 및 민주화라고 주장했다. 종단의 자주화는 권력에 예속된 그릇된 관행의 청산, 종단의 민주화는 권 력 분산과 선거에 의한 임직원 선출로 규정하고 있다. 조계종 불교사회연구소, 「대한 불교조계종 50주년의 성찰과 시대적 과제」 자료집.

47) 전반적으로 보면 한국 불교의개혁운동은 보살행을 행하는 대승불교의 이념 실현과 정토사회 구현을 지향하고 있다. 한국 불교가 그 목표를 실현하기 위해서는 현 대사회에 걸맞은 대중적인 생활종교가 먼저 이루어져야 한다는 점을 강조한 것이다.

48) 호국불교 비판에 대해서는 박한용, 「호국불교의 비판적 검토」, 『불교평론』 49, 2011 참고.

49) 「선거가 보살행입니다」, 《불교신문》, 2012.3.24.

50) 「총선 대선 겨냥해 25개 불교문화정책 제안」, 《불교닷컴》, 2012.4.2.

51) 조계종 총무원장 담화문, 「자성과 쇄신의 결사를 제안합니다」(2011.12.26)

52) 정토회의 '빈그릇 운동'은 이런 취지로 불교적 입장과 지구적 관점에서 환경문제를 연 결시키고 있는 중요한 사례다. 정토회 (사)에코붓다, 「빈그릇 운동」, 『빈그릇 학술세 미나 자료집』, 2006 참고.

53) 이는 동국대 불교학술원 종학연구소와 성철선사상연구원이 '돈점사상의 역사와 의미' 라는 주제로 성철 스님 탄신 100주년 기념 제5차 학술포럼(2012년 3월 2일)에서 논의 한 내용이다. 《현대불교신문》, 2012.4.4.

54) 현응, 「종단정체성, 정통과 전통을 아우르는 교단을 향하여」, 『불교평론』 50, 2012, 88-393쪽.

55) 대승경전인 『유마경』 이나 『승만경』 의 편찬 시기와 맥을 같이한다.

56) 이광수, 「불교사에서 재가가 차지하는 위치」, 『한국외국어대학교 역사문화연구』 2, 한국외국어대학교역사문화연구소, 1989, 140-145쪽.

57) 조계종 불교사회연구소, 『한국의 사회 문화 및 종교에 관한 대국민여론조사 기초분 석보고서』, 2011 참고.

원효의 생사관 / 최유진

1) 여성구, 「신라인의 출가와 도승」, 『진단학보』 101, 진단학회, 2006, 67쪽.

2) 『發心修行章』, 『한국불교전서』 제1책. 841쪽.

3) 위의 책, 841쪽.

4) 위의 책, 841쪽.

5) 위의 책, 841쪽.

6) 은정희 옮김, 『대승기신론기소기회본』(한글본 한국불교전서 신라17), 동국대학교출 판부, 2017, 92쪽.

7) 은정희 옮김, 『二障義』, 소명출판, 2004, 27-28쪽.

8) 이평래 옮김, 『열반종요』(한글본 한국불교전서 신라20), 동국대학교 출판부, 2017, 149-150쪽.

9) 이평래 옮김, 『열반종요』, 84쪽.

10) 이기영 역해, 『금강삼매경론』, 한국불교연구원, 1996, 279쪽.

11) 위의 책, 403쪽.

12) 위의 책, 357쪽.

13) 『大乘六情懺悔』, 『한국불교전서』1. 842쪽.

14) 이기영 역해, 『금강삼매경론』, 507쪽.

15) 위의 책, 513쪽.

16) 위의 책, 513쪽.

17) 위의 책, 543쪽.

18) 위의 책, 561쪽.

19) 위의 책, 613-614쪽.

20) 율장에 의하면 부처는 깨달음을 얻고 나서 설법을 망설였다고 한다. 하지만 범천의 권고에 의해 마음을 바꿔 법을 설할 것을 결심했다고 한다.(최봉수 옮김, 『마하박가 1』(시공사, 1998), 47-53쪽 참조) 석가모니가 처음 출가해서 깨달음을 구할 때 그것은 중생을 위한 것이 아니라 스스로의 문제를 해결하기 위한 것이었음을 보여준다. 하지 만 불교의 성립이 붓다가 중생제도를 위하여 깨달음을 설하는 데서 시작하는 것이라 면 중생제도와 자비에서 불교가 성립한다는 것 또한 사실이다.

21) 『삼국유사』의 광덕과 엄장의 설화에 의하면 원효는 엄장에게 쟁관법을 가르쳐 주어 그가 서방정토로 왕생할 수 있도록 하였다고 한다. (『三國遺事』卷5「廣德 嚴莊」참 조)

22) 이평래 옮김, 『무량수경종요』, 성재헌 외 옮김, 『미륵상생경종요 외』(한글본 한국불 교전서 신라18), 동국대학교출판부, 2017, 92-93쪽.

23) 김호성 외 옮김, 『불설아미타경소』, 성재헌 외 옮김, 『미륵상생경종요 외』(한글본 한 국불교전서 신라18), 동국대학교출판부, 2017, 185-188쪽.

24) 은정희 옮김, 『대승기신론소별기』, 488-489쪽.

25) 이기영 옮김,『금강삼매경론』, 590-593쪽.

26) 위의 책, 635쪽.

27) 위의 책, 635쪽.

28) 최유진,「원효의 미륵사상에 대하여」,『종교연구』20, 2000, 207쪽 참조.

29) 성재헌 옮김,『미륵상생경종요』, 성재헌 외 옮김,『미륵상생경요 외』(한글본 한국 불교전서 신라18), 동국대학교출판부, 2017, 26쪽.

분류 체계 등장과 퇴장의 조건 / 장석만

1) 『岩波 哲學・思想事典』, 岩波書店, 1998, p. 1304.

2) Jan Nattier, "The Heart Sutra: A Chinese Apocryphal Text?" *Journal of the International Association of Buddhist Studies*, Vol. 15, No. 2, 1992, pp. 198-199.

3) 정화 풀어 씀,『반야심경』, 도서출판 법공양, 2009, 143쪽.

4) 위의 책, 149쪽. "몸을 나라고 하고(色), 느낌을 소유하고(受), 생각을 만들며(想), 이것들을 연속시켜 가려 하며(行), 순간순간의 삶을 '나'의 색으로 결정하여 압니다(識)."

5) 위의 책.

6) 김용옥,『노자, 길과 얻음』, 도서출판 통나무, 1989, 14쪽. 김용옥,『노자와 21세기, 상』, 도서출판 통나무, 2000, 101쪽. 이처럼 무명・유명으로 끊어 해석하지 않고, 무・유로 끊어 해석하는 입장도 있다. "무는 이 세계의 시작을 가리키고, 유는 모든 만물을 통칭하여 가리킨다." (최진석,『노자의 목소리로 듣는 도덕경』, 조합공동체 소나무, 2002, 26-29쪽.) 이런 관점은 무와 유의 이분법이 무명과 유명의 이분법보다 근본적이라고 본다.

7) 일레인 페이걸스,『아담, 이브, 뱀: 기독교 탄생의 비밀』(Elaine Pagels, *Adam, Eve, the Serpent*), 류점석・장혜경 옮김, 아우라, 2009, 35쪽.

8) 『개역 한글성경』,「마태복음」, 제23장 13절.

9) 위의 책, 제23장 27절.

10) 조철수,『예수평전』, 김영사, 2010, 56-57쪽.

11) 게르트 타이센,『기독교의 탄생: 예수운동에서 종교로』(Gerd, Theissen, *Die Religion der ersten Christen: eine Theorie des Urchristentums*), 대한기독교서회, 2009, 384-386쪽.

12) 일레인 페이걸스, 40-41쪽.

13) 좀 더 자세한 내용은 다음 책을 참고할 것. 에밀 뒤르케임,『종교생활의 원초적 형태』

(*Les formes elementaires de la vie religieuse: Le systeme totemique en Australie*), 노
치준 · 민혜숙 옮김, 민영사, 1992(1912).

14) 좀 더 자세한 내용은 다음 책을 참고할 것. 머치아 엘리아데, 『성과 속』(*The Sacred and the Profane: The Nature of Religion*), 이은봉 옮김, 한길사, 1998(1959).

15) 이에 대해서는 다음을 참고할 것. 장석만, 「본래부터 성스러운 것이란 없다: 종교학에서의 성과 속 연구」, 『지식의 최전선』, 김호기 외, 한길사, 2002, 544-553쪽.

16) William Paden, "Sacred Order," *Perspectives on Method and Theory in the Study of Religion: Adjunct Proceedings of the XVIIth Congress of the International Association for the History of Religions, Mexico City 1995*, Armin W. Geertz, Russell T. McCutche on eds., Brill: Leiden, Boston, Köln, 2000, pp. 207-210.

17) *Ibid.*

18) *Ibid.*, p. 210.

19) *Ibid.*, p. 223.

20) Veikko Antonnen, "Sacred," *Guide to the Study of Religion*, Willi Braun and Russell T. McCutcheon. eds., Cassell: London and New York, 2000, p. 279

21) Veikko Antonnen, "What Is It That We Call 'Religion'? Analyzing the Epistemological Status of the Sacred as a Scholarly Category in Comparative Religion," *Perspectives on Method and Theory in the Study of Religion*, edited by Armin W. Geertz and Russell T. McCutcheon. Leiden: Brill, 2000, pp. 196-201.

22) *Ibid.*, p. 204.

23) *Ibid.*, p. 203.

24) *Ibid.*, 그림의 설명 부분.

25) C.P. 스노우, 『두 문화』(*The Two Cultures*), 오영환 옮김, 사이언스북스, 2001(1963).

26) 이매뉴얼 월러스틴, 『지식의 불확실성: 새로운 지식 패러다임을 찾아서』(*The Uncerta inties of Knowledge*), 유희석 옮김, 창비, 2007(2004), 27-28쪽.

27) Nishitani Osamu, "Anthropos and Humanitas: Two Western Concepts of 'Human Bei ng,'" *Translation, Biopolitics, Colonial Difference*, eds., Naoki Sakai and Jon Solomon in *Traces: A Multilingual series of Cultural Theory and Translation*, Hong Kong Univer sity Press, 2006, p. 260.

28) *Ibid.*, pp. 261-263.

29) Naoki Sakai, "On the Question of Humanitas and Anthropos," *Transeuropéennes:Inte rnational Journal of Critical Thought*, 2 August 2011.
http://www.transeuropeennes.eu/en/articles/316/Theory_and_the_West

30) 사카이 나오키, 니시타니 오사무, 『세계사의 해체』, 역사비평사, 2009(2004), 101쪽.

31) 『대동학회월보』, 제2호, 1908년 3월.

32) 『대동학회월보』, 제3호, 1908년 4월.

웬디 도니거의 교차 문화적 신화 비교에 대한 일고 / 하정현

1) 도니거는 배우자였던 데니스 오플래허티(Dennis O'Flaherty)의 성을 따른 웬디 도니 거 오플래허티라는 이름으로 책을 출간하기도 했었는데, 두 가지 이름으로 출판한 책 이 번역서를 포함하여 40권이 넘는다. 대표적인 저서로는 『다른 사람들의 신화: 잃어 버린 신화의 회복을 위한 타자의 신화 이해하기(Others Peoples'Myths: The Cave of Echoes)』, 『암시된 거미: 신화 속의 정치와 신학(The Implied Spider : Politics and Th eology in Myth)』, 『힌두 신화에서 악의 기원(The Origins of Evil in Hindu Mytholo gy)』(1976), 『여성, 양성구유, 다른 신화적 짐승들(Women, Adrogynes, and Other My thical Beasts)』(1980), 『꿈, 환영, 다른 실재들(Dreams, Illusions, and Other Realities)』 (1984), 『차이를 분할하기: 고대 그리스와 인도의 젠더와 신화(Splitting the Difference: Gender and Myth in Ancient Greece and India)』(1999), 『베드 트릭: 성과 변장에 관한 이야기(The Bedtrick: Tales of Sex and Masquerade)』(2000), 『자신의 모습을 가장한 여자(The Women Who Pretend To Be Who She Was: Myths of Self-imitation)』(2004), 『힌두교: 또 다른 역사(The Hindus: An Alternative History)』(2009) 등이 있다.

2) Wendy Doniger, Winged Stallions and Wicked Mares: Horses in Indian Myth and His tory, Charlottesville, Virginia: University of Virginia, 2021.

3) 웬디 도니거 오플래허티, 『다른 사람들의 신화: 잃어버린 신화의 회복을 위한 타자의 신화 이해하기』, 류경희 옮김, 청년사, 2007. 이 책의 원저는 다음과 같다. Wendy Do niger O'Flaherty, Others Peoples'Myths: The Cave of Echoes, Chicago: University of Chicago Press, 1995. 이 글에서는 주로 도니거의 우리말 번역서를 인용하였고, 필요 에 따라 원저를 인용하기도 했음을 밝혀 둔다.

4) 웬디 도니거, 『암시된 거미: 신화 속의 정치와 신학』, 최화선 옮김, 이학사, 2020. 이 책의 원저는 다음과 같다. Wendy Doniger, The Implied Spider: Politics and Theolo gy in Myth, New York: Columbia University Press, 2011.

5) 도니거의 국내 번역서로 1994년에 출판된 『인도인의 성(性)』이 있다. (웬디 도니거 오플래허티, 『인도인의 성』, 김형준 옮김, 예문서원, 1994) 이 번역서의 원저는 Sex ual Metaphors and Animal Symbols in Indian Mythology(Delhi: Motital Banarsidass,

1981)라고 하는데, 필자는 이 책을 입수하지 못하여 그 내용을 확인할 수 없었다. 이 책은 옮긴이의 말에서 밝혔듯이 신화학에 관한 내용인 1장은 생략되어 있으므로 국내에 번역된 도니거의 신화 연구서에 이 책을 포함시키는 데 제약이 있다.

6) 도니거, 『다른 사람들의 신화』, 9쪽.

7) 도니거는 개정판을 내면서 저자가 자신의 책을 개선시킬 방법을 강구하지 않는 한 그 것은 생명체처럼 계속 자라지 않는다고 하였다. 이와 관련하여 그녀의 비교신화학 연구에 큰 영향을 준 미르치아 엘리아데(Mircea Eliade, 1907-1986)가 종종 본인의 생각에 대해 스스로 코멘트했었다는 일화를 소개하며 그의 학자적 면모에 대한 존경심을 드러냈다. 『암시된 거미』, 2쪽. 『다른 사람들의 신화』, 13쪽.

8) '신화는 역사의 연기(the smoke of history)'라는 비유에서 역사적 사건은 '불', 신화는 '연기'로 보고, 마치 연기가 불에서 나오듯이 단지 신화가 역사적 사건들에 반응할 뿐만 아니라 신화가 어떻게 불이 될 수 있는지를 인도의 세포이혁명을 예로 들어 설명하였다. 이 사건과 관련하여 도니거는 실제 사건과 정서가 상징을 만들어 내며, 또 상징이 사건과 정서를 만들어 내는 예로 보았다. 『암시된 거미』, 19-20쪽.

9) Wendy Doniger, *The Implied Spider: Politics & Theology in Myth*, New York: Columbia University Press, 1988, p.61.

10) 도니거, 『다른 사람들의 신화』, 32쪽.

11) 도니거, 위의 책, 38쪽.

12) 도니거, 위의 책, 41쪽.

13) 도니거 가족에 대한 이야기는 최근에 출판된 다음의 책에서 상술하고 있다. Wendy Doniger, 『그레이트넥의 도니거 가족들: 신화화된 기억(*The Donigers of Great Neck: A Mythologized Memoir*)』, Waltham, Massachusetts: Brandeis University Press, 2019. 『다른 사람들의 신화』 1장은 그녀가 여성으로서, 어머니로서, 유대교도로서, 여성기수(horsewoman)로서, 신화학자로서 서술한 지적 자서전(my intellectual autobiography)이라고 하였는데, 도니거를 알 수 있는 좋은 자료다.

14) 도니거, 『다른 사람들의 신화』, 44쪽.

15) 도니거, 『암시된 거미』, 24쪽.

16) 도니거, 『다른 사람들의 신화』, 70-74쪽.

17) 도니거, 위의 책, 18-19쪽.

18) 도니거, 『암시된 거미』, 29쪽.

19) 영어의 metaphor와 translation은 희랍어와 라틴어의 '가로질러서 가져오다 bring across'라는 말을 뜻하는 단어들로부터 유래했다. 도니거, 『암시된 거미』, 30쪽.

20) 도니거, 『암시된 거미』, 34-38쪽.

21) 도니거, 위의 책, 44-64쪽.

22) 도니거, 위의 책, 67쪽.

23) 도니거, 위의 책, 72쪽.

24) 도니거, 『다른 사람들의 신화』, 88쪽.

25) C. G. Jung, *Psychology and the East*, trans. R.F.C.Hull, 1978. 『다른 사람들의 신화』 89-90쪽에서 재인용하였다.

26) 도니거, 『다른 사람들의 신화』, 89-92쪽.

27) Wendy Doniger O'Flaherty, *Other People's Myths: The Cave of Echoes*, Chicago: University of Chicago Press, 1995, pp. 35-36.

28) 도니거, 『다른 사람들의 신화』, 358-365쪽.

29) Wendy Doniger, *The Implied Spider: Politics and Theology in Myth*, New York: Columbia University Press, 2011, pp. 166-172.

30) Implied Spider의 번역어로 '암시된 거미', '숨은 거미'가 있으나 '드러나지 않는다'는 속성에 방점을 두어 '보이지 않는 거미'라고 하였다. '암시된'은 어떤 것에 의해 은연중에 주어진다는 의도를 떠올리게 하는데, 거미가 보이지 않는 것은 어떤 의도에서가 아니라 일종의 속성이라고 보았기 때문이다.

31) 도니거, 『암시된 거미』, 156-157쪽.

32) 도니거, 위의 책, 138-139쪽.

33) 도니거, 위의 책, 153쪽.

34) 도니거, 위의 책, 229쪽.

35) 도니거, 위의 책, 230쪽.

36) 도니거, 위의 책, 267쪽.

동성애 비인권론과 동성애 독재론 / 이진구

1) 차별금지법은 '개별적 차별금지법'과 '포괄적 차별금지법'으로 구별된다. 개별적 차별금지법은 남녀고용평등법, 연령차별금지법, 장애인차별금지법 등을 말하며, 포괄적 차별금지법은 차별 일반을 다루는 기본법으로 '일반적 차별금지법'이라고도 한다. 이 글에서 차별금지법은 특별한 경우가 아니면 포괄적 차별금지법을 가리킨다. 이준일, 『차별금지법』, 고려대학교 출판부, 2007, 166-168쪽.

2) 2020년 6월 30일 국가인권위원회도 '평등 및 차별금지에 관한 법률' 시안을 국회에 제시하면서 이를 참조하여 조속히 입법을 추진할 필요가 있다는 의견을 표명하였다.

〈인권위 "평등법 제정하라" … 차별금지법 입법 권고〉,《한겨레》 2020.7.1.

3) 〈'죽일X' 차별금지법 반대 단체, 심상정 사무실 난입해 난동〉,《중앙일보》 2020.7.27.

4) 〈차별금지법 반대 27만 명 서명 … 진평연, 27일 국회 법사위에 제출〉,《국민일보》 2020.10.28.

5) 〈차별금지법 제정 촉구 30km 오체투지 회향 기자회견〉,《불교닷컴》 2021.9.9.

6) 〈'#평등길1110', 차별금지법 제정 100만 도보행진 시작〉,《프레시안》 2021.10.12.

7) 이 글에서는 보수 개신교, 개신교 보수 진영, 보수 개신교 진영 등의 용어를 혼용한다.

8) 이성애, 양성애, 동성애 등 감정적·성적으로 깊이 이끌릴 수 있고 친밀하고 성적인 관계를 맺거나 맺지 않을 수 있는 개인의 가능성을 말한다.

9) 자신의 성별에 관한 인식 혹은 표현을 말하며, 자신이 인지하는 성과 타인이 인지하는 성이 일치하거나 불일치하는 상황을 포함한다.

10) 《조선일보》 광고, 2010.9.29.

11) 김진호, 『성서와 동성애: 혐오와 억측을 넘어 성서 다시 읽기』, 오월의봄, 2020; 박경미, 『성서, 퀴어를 옹호하다: 성서학자가 들려주는 기독교와 성소수자 이야기』, 한티재, 2020; 조민아, 「그대들의 '색(色)', '계(計)': 차별금지법 반대 투쟁과 '종북 게이'의 탄생을 통해 보는 기독교 우파들의 타자 만들기」, 『당신들의 신국, 한국 사회의 보수주의와 그리스도교』, 돌베개, 2017; 김나미, 「한국 개신교 우파의 젠더화된 동성애 반대운동: 개신교 우파의 '새로운 적'들과 오래된 불안」, 『당신들의 신국, 한국 사회의 보수주의와 그리스도교』, 돌베개, 2017.

12) 정원희, 「한국 개신교의 동성애 논쟁과 사회적 실천: 감정 동학과 종교적 의례를 중심으로」, 서울대학교 석사학위논문, 2013; 김장생, 「한국의 근본주의 개신교와 동성애 혐오」, 『사회과학연구』 27(특별), 2020, 99-128쪽.

13) 류성민, 「동성애·동성결혼에 대한 종교적 이해: 미국과 한국 개신교를 중심으로」, 『종교문화연구』 25, 2015, 1-44쪽; 류성민, 「미국의 동성결혼 합법화 이후 종교계의 대응; 미국과 한국의 개신교를 중심으로」, 『종교문화연구』 29, 2017, 71-108쪽; 구형찬, 「혐오와 종교문화: 한국 개신교에 대한 소고」, 『종교문화비평』 33, 2018, 15-54쪽.

14) 시우, 『퀴어 아포칼립스: 사랑과 혐오의 정치학』, 현실문화연구, 2018.

15) Jack Donnelly, "International Human Rights: A Regime Analysis," *International Organization*, 40(3), 1986, pp. 599-642; 국가 간 합의로 성립된 국제규약 및 실행 절차는 물론 비록 국가 간 명시적 합의가 없더라도 묵시적으로 인정되는 인권에 대한 국제적 기준 및 관행도 포함한다. 이원웅, 「국제인권레짐과 비정부기구(NGO)의 역할」, 『국제정치논총』 38(1), 1998, 127쪽.

16) Louis Henkin, "Law and Politics in International Relations: State and Human Values,"

Journal of International Affairs, 44(1), 1990, pp. 183-208.

17) Rosalin I.J. Hackett, "Human Rights and Religion," *Human Rights, Democracy & Religion: In the Perspective of Cultural Studies, Philosophy, and the Study of Religions*, Edited by Lars Binderup & Tim Jensen. Odense: University of Southern Denmark, 2005, p.10.

18) Johan D. Van der Vyver, "Introduction: Legal Dimensions of Religious Human Rights: Constitutional Texts," *Religious Human Rights in Global Perspective: Legal Perspectives*, Edited by Johan D. Van der Vyver and John Witte, Jr.(Hague: Martinus Nijhoff Publishers, 1996), XI.

19) 오영달,「한국의 차별금지법 제정 추진과 국제인권규범의 시사점」,『민족연구』 77, 2021, 80-83쪽.

20) 김지혜,「성적지향과 성별정체성에 관한 국제인권법 동향과 그 국내적 적용」,『법보』 674, 2012, 189-194쪽.

21) 오영달,「한국의 차별금지법 제정 추진과 국제인권규범의 시사점」,『민족연구』 77, 2021, 84-87쪽.

22) 타이완의 경우도 1987년 민주화 이후 비슷한 과정을 겪었다. 타이완에서의 동성애에 대한 인식의 변천에 대해서는 Yen-hsin Alice Cheng, Fen-Chieh Felice Wu & Amy Adamczyk, "Changing Attitudes Toward Homosexuality in Taiwan, 1995-2012," *Chinese Sociological Review*, 48(4), 2016, pp. 317-345 참조.

23) 대광고 학생 강의석이 재학 중 학교 측의 채플 강요로 인해 자신의 종교자유와 인권이 침해당했다고 주장하면서 졸업 후 학교를 상대로 소송을 제기한 사건으로서 3심 끝에 2010년 대법원 판결로 최종 승소한 사건이다. 〈종교교육 반대로 퇴학 강의석씨 대법서 승소〉,《매일경제》 2010.4.22.

24) 한국성소수자연구회,「대담: 한국 성소수자 운동의 역사」,『무지개는 더 많은 빛깔을 원한다』, 창비, 2019, 281-306쪽.

25) '평등권 침해의 차별행위'에 포함된 19개 사유는 성별, 종교, 장애, 나이, 사회적 신분, 출신 지역, 출신 국가, 출신 민족, 용모 등 신체 조건, 혼인 여부, 임신 또는 출산, 가족 형태 또는 가족 상황, 인종, 피부색, 사상 또는 정치적 의견, 형의 효력이 실효된 전과(前科), 성적(性的) 지향, 학력, 병력(病歷)이다.「국가인권위원회법 제2조 3항」.

26) 당시 재계는 학력이나 병력과 같은 항목이 포함되어 있다는 이유로 이 법안에 반대하였다. 따라서 수정 발의된 '삭제법안'에는 성적 지향만이 아니라 학력, 병력, 가족 형태 및 가족 상황, 범죄 및 보호처분의 전력, 언어, 출신 국가를 포함한 7개 사유가 삭제되었다.

27) 17대에는 노회찬(민주노동당), 18대에는 권영길(민주노동당), 19대에는 김재연(진보신당), 김한길(민주당), 최원식(민주당) 의원 등이 발의하였다.

28) 〈81개 기독단체, 차별금지법 지지 성명〉, 《뉴스파워》 2020.7.20.

29) 〈'그리스도교에는 차별과 배제 자리 없어'…차별금지법 지지하는 그리스도인 네트워크 공식 출범〉, 《뉴스앤조이》 2021.9.6.

30) 나라, 「누군가의 삶에 반대한다?: 성소수자 운동이 마주한 혐오의 정치세력화」, 윤보라 외, 『여성 혐오가 어쨌다구?: 벌거벗은 말들의 세계』, 현실문화, 2015, 227-255쪽.

31) 소돔과 고모라 이야기로 널리 알려진 본문이다.

32) "너는 여자와 교합하듯 남자와 교합하면 안 된다. 그것은 망측한 짓이다."『구약성서』「레위기」 18:22; "남자가 같은 남자와 동침하여, 여자에게 하듯 그 남자에게 하면, 그 두 사람은 망측한 짓을 한 것이므로 반드시 사형에 처해야 한다. 그들은 자기 죗값으로 죽는 것이다."『구약성서』「레위기」 20:13.

33) "불의의 사람들은 하나님 나라를 상속받지 못하리라는 것을 알지 못합니까? 착각하지 마십시오. 음행을 하는 사람들이나, 우상을 숭배하는 사람들이나, 간음을 하는 사람들이나, 여성 노릇을 하는 사람들이나, 동성애를 하는 사람들이나,"『신약성서』「고린도전서」 6:9.

34) "이런 까닭에, 하나님께서는 사람들을 부끄러운 정욕에 내버려 두셨습니다. 여자들은 남자와의 바른 관계를 바르지 못한 관계로 바꾸고, 또한 남자들도 이와 같이, 여자와의 바른 관계를 버리고 서로 욕정에 불탔으며, 남자가 남자와 더불어 부끄러운 짓을 하게 되었습니다. 그래서 그들은 그 잘못에 마땅한 대가를 스스로 받았습니다."『신약성서』「로마서」 1:26-27.

35) 남색의 영어 단어인 Sodomy도 소돔의 멸망 원인이 동성애의 죄에 있음을 보여주는 증거로 간주된다. 이상원, 「동성혼에 대한 신학적 윤리적 평가: 미국 성공회 자유주의자들의 결혼신학에 대한 비판적 연구」, 『신학지남』 83(1), 2016, 77쪽.

36) 위의 글, 78쪽.

37) 이승구, 「동성애에 대해서 성서는 무엇을 말하는가: 동성애를 반대할 수밖에 없는 이유」, 『기독교사상』 692, 2016, 14-15쪽.

38) Daniel A. Helminiak, *What the Bible Really Says About Homosexuality?* (Millennium Edition), Alamo Square Press, 2000, pp. 39-40; 다니엘 펠미니악, 『성서가 말하는 동성애: 신이 허락하고 인간이 금지한 사랑』, 김강일 옮김, 해울, 2003, 32쪽.

39) 『성서』가 기록된 시대적 맥락을 고려하면서 동성애 관련 구절들의 의미를 '권력형 성폭력'의 관점에서 읽으려는 시도도 있다. 김진호, 『성서와 동성애』, 오월의봄, 2020; 박경미, 『성서, 퀴어를 옹호하다: 성서학자가 들려주는 기독교와 성소수자 이야기』,

한티재, 2020.

40) 조영길,「차별금지법과 동성애 독재: 국가인권위원회법 제2조3호 "성적지향"의 문제점」,『개혁주의 이론과 실천』17(1), 2020, 159쪽.

41) 김일수,『성소수자의 권리 논쟁』, 세창출판사, 2019, 287쪽.

42) 한승용,「예장 백석과 통합 교단의 차별금지법 반대 성명」,『성경대로 믿는 사람들』, 2013년 5월호, 말씀보존학회. 13쪽.

43) 군형법 제92조의6(추행). "항문성교나 그 밖의 추행을 한 사람은 2년 이하의 징역에 처한다".

44) 법제처 국가법령정보센터 헌재결정례정보, [전원재판부 2012헌바258, 2016. 7. 28.]

45) 이태희,「동성애, 과연 인권의 문제인가?」,『개혁주의 이론과 실천』10, 2016, 74쪽.

46) 조영길,「동성애를 처벌하는 군형법에 대한 헌법재판소의 결정들의 의미와 동성애를 옹호하는 국가인권위법 조항 삭제 개정의 정당성」,『바른군인권연구소 외 주최 '군형법 92조의 6 합헌 판결의 의미와 과제' 포럼자료집』, 2016.8.29.

47) 김순남,「소수자의 가족구성권: 정상가족 모델을 넘어서」,『무지개는 더 많은 빛깔을 원한다』, 창비, 2019, 175-200쪽,

48)「동성애의 불편한 진실」(전단), 성과학협회; 이나영 · 백조연,「'성과학연구협회'를 중심으로 본 '개신교' 동성애 '혐오담론'」,『여성학연구』27(1), 2017, 67-108쪽.

49) 김승섭,「동성애, HIV 감염, 그리고 혐오」,『무지개는 더 많은 빛깔을 원한다』, 창비, 2019, 37-38쪽.

50) 이 단체의 회장은 사과문에서 자신들의 무지로 동성애를 치료의 대상으로 여겨 왔고 그 결과 성소수자들에게 도움보다는 상처를 주었다고 고백했다. 김승섭, 앞의 책, 42-43쪽.

51) 이태희, 앞의 책, 127쪽.

52) 김승섭, 앞의 책, 46-53쪽.

53) 이태희, 앞의 책, 2016, 65쪽; 백상현,『가짜 인권, 가짜 혐오, 가짜 소수자』, 밝은생각, 2017, 214-266쪽.

54) 김일수, 앞의 책, 320쪽.

55) 김영한,〈젠더 이데올로기 비판(V)〉,《크리스천투데이》2017.12.20.

56)〈차별금지법, 반사회적 집단엔 '특혜' 다수 국민엔 '처벌'〉,《크리스천투데이》2020.6.30.

57)〈차별금지법 제정되면 '동성애 독재' 시대 온다?〉,《뉴스앤조이》2019.2.12.

58) 국가인권위원회 보도 자료,「사전에서 동성애자에 대한 차별적 표현이 사라진다」, 2002.11.15.

59) 김지연, 「청소년의 동성애를 유발하는 환경과 실태」, 『청소년 및 청년 에이즈 감염 급
증에 관한 정책 포럼 자료집』(2016.8.25.), 49-68쪽.

60) 정재진·전영평, 「동성애 소수자의 차별저항과 정책변동」, 『한국행정연구』 15(4),
2006, 226쪽.

61) 국가인권위원회 인권보도준칙 제8장(성적 소수자 인권)

62) 조영길, 앞의 글(2020), 152-157쪽.

63) 〈보수 개신교 압력에 … 민주당 포함 의원 40명 '성적 지향' 삭제 인권위법 발의〉, 《한
겨레》 2019.11.15.

64) 「차별금지법안(장혜영 의원 대표발의)」, 제6조(차별시정기본계획), 제8조(중앙행정
기관의 장 등의 세부시행계획의 수립 등), 제9조(국가 및 지방자치단체의 책임)

65) 「차별금지법안(장혜영 의원 대표발의)」, 제49조(소송지원)

66) 안창호, 「차별금지법과 기본권」, 『성서학 연구원 저널』 106, 2021, 14-15쪽.

67) 안창호, 앞의 글, 16쪽.

68) 안창호, 앞의 글, 17쪽.

69) 제3조1에서 규정한 차별금지 영역의 구체적 내용은 다음과 같다. 1)고용(모집, 채용,
교육, 배치, 승진·승급, 임금 및 임금 외의 금품 지급, 자금의 융자, 정년, 퇴직, 해고
등을 포함한다), 2)재화·용역·시설 등의 공급이나 이용, 3)교육기관 및 직업훈련기
관에서의 교육·훈련이나 이용, 4)행정 서비스 등의 제공이나 이용.

70) 안창호, 앞의 글, 16쪽.

71) 김일수, 앞의 책, 316-317쪽.

72) 김현경·박보람·박승환, 「성소수자에 대한 혐오표현, 그 옹호의 논리를 넘어서: 표
현의 자유론 비판과 시민권의 재구성」, 『공익과 인권』 12, 2012, 216쪽.

73) 조효제, 『인권의 최전선』, 교양인, 2020, 160쪽.

74) 〈청소년 성소수자 47.4% "자살을 시도한 적이 있다"〉, 《중앙일보》 2018.9.3.

75) 주요셉, 〈가장 효과적인 동성애 반대운동은 무엇인가?〉, 《크리스천투데이》
2017.6.12.

76) 이태희, 「동성애, 과연 인권인가」, 『개혁주의 이론과 실천』 10, 2016, 63쪽.

77) 김기준, 「적그리스도의 길을 앞당기는 "포괄적 차별금지법"」, 『성경대로 믿는 사람
들』, 2013년 6월호, 33쪽.

78) 이명진, 〈차별금지법 제정 시도에 저항하자〉, 《크리스천투데이》 2020.04.21.

79) 이태희, 앞의 글(2016), 76쪽.

80) 김영무, 「동성애 축제와 영적전쟁」, 코람데오닷컴(http://www.kscoramdeo.com),
2016.6.16.

81) 이상원, 「신사참배와 동성애 합법화」, 『월드뷰』 243호, 2020.9.18.

82) 이명진, 〈차별금지법 제정 시도에 저항하자〉, 2020.04.21.

83) 이명진, 〈차별금지법 제정 시도를 중단하라〉, 《크리스천투데이》 2020.06.29.

84) 조영길, 「차별금지법과 동성애 독재」, 『개혁주의 이론과 실천』 17(1), 199-200쪽.

85) 김일수, 앞의 책, 195쪽.

86) 이명진, 〈차별금지법 제정 시도에 저항하자〉, 《크리스천투데이》, 2020.04.21.

87) 위의 글, 2020.04.21.

88) 대한예수교장로회(통합)는 헌법 26조 12항에 "동성애자 및 동성애를 지지하고 옹호
하는 자는 교회의 직원 및 신학대학교 교수, 교직원이 될 수 없다."라고 명기하였고,
기독교대한감리회는 재판법 3조 8항에 '동성애를 찬성하거나 동조하면 정직, 면직, 출
교'한다고 명시하였다. 대한예수교장로회(합신) 헌법에 따르면 목사와 장로가 동성애
를 지지하거나 옹호할 경우 면직, 출교되고 동성애자가 세례를 받기 위해서는 먼저 회
개해야 한다. 대한예수교장로회(통합) 직영 신학교인 장로회신학대학교는 신입생 입
학 시 반동성애 서약을 실시하였고, 같은 교단 소속 호남신학대학교도 신학대학원 입
학 및 교직원 채용 시 동성애자를 배제하기로 하였다.

89) 2017년 '퀴어 성서 주석'을 번역한 향린교회(한국기독교장로회 소속) 임보라 목사에
대해 여러 교단이 '이단' 혹은 '집회 참석 금지' 결의를 하였고, 대한예수교장로회(통
합)은 허호익 교수가 동성애에 우호적 태도를 취했다고 하면서 면직 출교 처분을 내
렸다. 기독교대한감리회는 퀴어축제에서 동성애자들을 축복하였다는 이유로 이동환
목사를 재판에 회부하였다. 장로회신학대학교는 동성애를 상징하는 무지개 옷을 입
고 동성애자를 옹호하였다는 혐의로 신학생들을 목사 고시에서 불합격시켰다.

90) 이태희, 앞의 글(2016), 76쪽.

91) 「한국 유권자와 이슈 III: 성소수자(LGBT) 인식」, 아산정책연구원, 2015.

헤세의 『싯다르타』와 삶의 전환으로서의 종교 / 김태연

1) Hermann Hesse, *Aus Indien: Aufzeichnungen, Tagebücher, Gedichte, Betrachtungen und Erzählungen* (Frankfurt: Suhrkamp, 1980), p. 112.

참고문헌

조계종 전통의 창조와 혼종적 근대성 / 송현주

고봉준, 「일제말기 근대비판 담론의 시간성 연구: 세계사·전통·비상시」, 『비교문화
　　연구』 23집, 2011.
권오민, 「雷虛 김동화의 불교학 觀」, 『문학 사학 철학』 제13집, 2008.
길희성, 「한국불교정체성의 탐구: 조계종의 역사와 사상을 중심으로 하여」, 『한국종교
　　연구』 제2집, 2000.
_____, 「한국불교 특성론과 한국불교연구의 방향」, 『한국종교연구』 제3집, 2001.
김광식, 「일제하 불교계의 총본산 건설운동과 조계종」, 『한국근대불교사연구』, 민족사,
　　1996.
_____, 「8·15 해방과 불교계의 동향」, 『한국 근대불교의 현실인식』, 민족사, 1998.
_____, 「조선불교조계종의 성립과 역사적 의의」, 『새불교운동의 전개: 성찰로 본 20세
　　기 우리 불교』, 도피안사, 2002.
김순석, 「근대 불교 종단의 성립과정」, 대한불교조계종 교육원 불학연구소 편, 『불교 근
　　대화의 전개와 성격』, 조계종출판사, 2006.
김상영, 「불교계의 종명(宗名)변화와 종조(宗祖)·법통(法統) 인식」, 대한불교조계종 교
　　육원 불학연구소 편, 『불교 근대화의 전개와 성격』, 조계종출판사, 2006.
김영태, 「근대불교의 종통 종맥」, 『근대한국불교사론』, 민족사, 1988.
김용태, 「근대불교학의 수용과 불교 전통의 재인식」, 『한국사상과 문화』 제54집, 2010.
_____, 「조선후기 근대의 종명과 종조인식의 역사적 고찰-조계종과 태고법통의 결연」,
　　『선문화연구』 제8집, 2010.
_____, 「동아시아 근대 불교연구의 특성과 오리엔탈리즘의 투영」, 『역사학보』제210집,
　　2011.
_____, 「조계종 종통의 역사적 이해 - 근현대 종명, 종조, 종지 논의를 중심으로」, 『한국
　　선학』 제35집, 2013.
김정희, 「종단설립운동과 조계종의 근대적 의미」, 『불교학보』 제49집, 2009.
대한불교조계종 교육원 편, 『曹溪宗史: 근현대편』, 조계종 출판사, 2005.
대한불교조계종 교육원 불학연구소 편, 『조계종 총림의 역사와 문화』, 조계종출판사,
　　2009.

문찬주(성원),「정화불교운동(1954-1962): 통합주의와 종파주의의 교차로」,『대각사상』 제14집, 2010.

민족사 편,「조선불교조계종총본사태고사법」,『한국근현대불교자료전집』 제67권, 민족사, 1996.

박해당,「조계종 법통설의 형성과정과 문제점」,『불교평론』 통권 3호, 2000.

불교사학회 편,『한국조계종의 성립사적 연구: 조계종 법통문제를 중심으로』, 민족사, 1986.

송현주,「근대 한국불교 통불교론의 두 유형: '초종파주의 통불교론'과 '선종파주의 통불교론'」,『종교문화연구』 제24호, 2015.

_____,「근대불교성전(Modern Buddhist Bible)의 간행과 한용운의『불교대전』: *Buddhi st Catechism, The Gospel of Buddha*,『불교성전』과의 비교를 중심으로」,『동아시아불교문화』 제22집, 2015.

스에키 후미히코,『근대 일본과 불교』, 이태승·권서용 옮김, 그린비출판사, 2009.

심재룡,「한국불교는 회통불교인가」,『불교평론』 제3집, 2000.

앨런 스윈지우드,『문화사회학 이론을 향하여: 문화이론과 근대성의 문제』, 박형신·김민규 옮김, 한울, 2004.

에릭 홉스봄,「전통들을 발명해내기」,『만들어진 전통』, 박지향·장문석 옮김, 휴머니스트, 2004.

이능화,『조선불교통사』 상·하편, 신문관, 1918.

장석만,「부디즘, 불교, 불연의 엘리아데」,『불교연구』 36, 2012.

조선불교혁신회,「조선불교혁신회강규」,『한국근현대불교자료전집』 제65권, 민족사, 1996.

최남선,「조선불교-동방문화사상에 있는 그 지위」,『불교』 74호, 1-51쪽, 1930.

최병헌,「근대 한국불교사학의 전통과 불교사 인식」, 최병헌 외,『한국불교사 연구 입문』 상, 지식산업사, 2013.

_____,「일제 침략과 식민지불교」, 최병헌 외,『한국불교사 연구 입문』 하, 지식산업사, 2013.

한상길,「한국 근대불교의 형성과 일본, 일본불교」,『한국사상과 문화』, 제46집, 2009.

Almond, Philip C., *British Discovery of Buddhism*, Cambridge and New York: Cambridge University Press, 1988.

Fumihiko, Sueki, "Introduction to the symposium on Modernity and Buddhism," *The Eastern Buddhist*, Vol. 43, no. 1&2, 2012.

Ketelaar, James, *Of Heretics and Martyrs in Meiji Japan*, Stanford: Stanford University Press, 1990.

Lopez, Donald S. Jr. ed., *A Modern Buddhist Bible: Essential Readings from East and West*, Boston: Beacon Press, 2002.

_____, "Introduction to Modern Buddhism: Readings for the Unenlightened," Donald S. Lopez, Jr., *Modern Buddhism: Readings for the Unenlightened*, London: Penguin Books, 2002.

_____, "Modern Buddhism: So new, So familiar," *Tricycle: the Buddhist review*, Vol.12 No.1(45), Buddhist Ray, Inc. 2002

Masuzawa, Tomoko, 2005, *The Invention of World Religions: Or, How European Universalism Was Preserved in the Language of Pluralism*, Chicago: University of Chicago Press.

McMahan, David L., *The Making of Buddhist Modernism*, Oxford University Press, 2008. Zwi Werblowsky, R. J., "Modernism and Modernisation in Buddhism," *The Search for Absolute Values*, Vol. 2, I.C.F. ed., New York: I.C.F. Press, 1998.

http://en.wikipedia.org/wiki/Alexandra David-Néel.

大谷榮一,「近代佛敎の形成と展開」, 末木文美士 編,『近代國家と佛敎』, 東京: 佼成出版社, 2011.

藤井健志,「佛敎者の海外進出」, 末木文美士 編,『近代國家と佛敎』, 東京: 佼成出版社, 2011.

下田正弘,「近代佛敎學の展開とアジア認識-他者としての佛敎」, 岸本美緒 等編,『「帝國」日本の學知』第3卷, 東京: 岩波書店, 2006.

柏原祐泉,「明治における近代佛敎の歷史的形成」,『印度学仏教学研究』第15卷 第2卷, 1967.

1910년대 식민지 조선의 불교 근대화와 잡지 미디어 / 조명제

『조선불교월보』, 『해동불보』, 『불교진흥회월보』, 『조선불교계』, 『조선불교총보』, 『유심』(한국근현대불교자료전집, 민족사, 1996).

김근수,『한국잡지개관 및 호별 목차집』, 한국학연구소, 1973.

김용태,「근대불교학의 수용과 불교 전통의 재인식」,『한국사상과 문화』54, 2010.

송현주,「근대 한국불교 통불교론의 두 유형: '초종파주의 통불교론'과 '선종파주의 통불교론'」,『종교문화연구』 24, 2015.

심원섭,「아베 미츠이에의 경성일보 시대 행적에 대하여」,『현대문학의 연구』 39, 2009.

_____,「아베 미츠이에의 한일 불교 관련 활동」,『한일민족문제연구』 21, 2011.

정선태,「번역과 근대 소설 문체의 발견: 잡지『소년』을 중심으로」,『대동문화연구』 48, 2004.

양문규,「1910년대 잡지와 근대단편소설의 형성」,『배달말』 36, 2005.

_____,「1910년대 잡지 매체의 언어 선택과 근대독자의 형성과정」,『현대문학의 연구』 43, 2011.

유석환,「근대 초기 잡지의 편집양식과 근대적인 문학 개념」,『대동문화연구』 88, 2014.

임형석,「박한영『인학절본』 번역과 사상적 문맥」,『동아시아불교문화』 15, 2013.

조명제,「근대불교의 지향과 굴절: 범어사의 경우를 중심으로」,『불교학연구』 13, 2006.

_____,「한용운의『조선불교유신론』과 일본의 근대지」,『한국사상사학』 46, 2014.

_____,「역사학으로서 불교사학의 지형과 방법」,『한국불교학』 77, 2016.

_____,「식민지조선의 일본불교 잡지「곤고(金剛)」의 언설과 성격」,『역사와 경계』 116, 2020.

한기형,「근대잡지와 근대문학 형성의 제도적 연관」,『대동문화연구』 48, 2004.

James Edward Ketelaar, *Of Heretics and Martyrs in Meiji Japan: Buddhism and Its Persecution*, Princeton University Press, 1990;『邪教/殉教の明治-廢佛毀釋と近代佛教』, 岡田正彦 譯, 東京: ペリカン社, 2006.

Orion KLAUTAU,『近代日本思想としての佛教史學』, 京都: 法藏館, 2012.

江島尚俊,「宗學研究室の情報發信-佛教系學術雜誌の歴史と實態」,『宗教研究』 88卷別冊, 2015.

岡野他家夫,『日本出版文化史』, 東京: 原書房, 1981.

吉永進一 外,『近代日本における知識人宗教運動の言說空間-『新佛教』の思想史·文化史的研究』, 日本學術振興會科學研究費助成事業研究成果報告書, 2012.

金泰賢,『朝鮮における在留日本人社會と日本人經營新聞』, 神戸大學 博士學位論文, 2011.

山室信一,「國民國家形成期の言論とメディア」,『日本近代思想大系11 言論とメディア』, 東京: 岩波書店, 1990.

大谷榮一,「明治期日本の「新しい佛教」という運動」,『季刊日本思想史』 75, 2009.

石井公成,「近代アジア諸國における『大乘起信論』の研究動向」,『禪學研究』 特別號,

2005.

孫知慧,「韓國近代における元曉認識と日本の「通佛教論」」,『東アジア文化交渉研究』5
　　　號, 關西大學大學院東アジア文化研究科, 2012.

鈴木貞美 編,『雜誌'太陽'と國民文化の形成』, 京都: 思文閣出版, 2001.

永嶺重敏,『'讀書國民'の誕生』, 東京: 日本エディタ-スク-ル出版社, 2004; 나가미네 시게
　　　토시,『독서국민의 탄생』, 다지마 데쓰오 · 송태욱 옮김, 푸른역사, 2010.

佐藤厚,「100年前の東洋大學留學生李鍾天-論文「佛敎と哲學」と井上圓了の思想」,『國際
　　　哲學研究』4, 2015.

근대기 경산화파 화승 예운 상규(禮雲尙奎) 불화 연구 / 최성규

光武 9년〈전등사개분개정화기〉.

『봉선사본말사지』「부개금원문이통」.

『조선사찰사료』上,「각항택일」「본사제반서화조작등제인방함」.

『조선불교통사』上,「봉선사지」.

강영철,「1774년 문수사 청련암 불사의 현장자료-수화승 설훈의 서간교신을 중심
　　　으로-」,『동악미술사학』제7호, 동악미술사학회, 2006.

강우방,『미의 순례』, 예경, 1993.

고익보,『현대한국불교의 방향』, 운주출판사, 1990.

고해숙,『19세기 경기도 지방의 불화 연구」, 동국대학원 석사학위논문, 1994.

권상로,「경북불교사론」4,「경북불교」제25호, 소화4(1929).

김동욱,「한국건축공장사연구」, 기문당, 1993.

김리나 外,『한국불교미술사』, 미진사, 2001.

사찰문화연구원,『전통사찰총서-서울』4, 1996.

서울특별시,『봉은사실측조사보고서』, 1990.

＿＿＿＿＿,『서울전통사찰문화』, 1996.

안귀숙,「조선후기 불화승의 계보와 의겸비구에 관한 연구(상)」,『미술사연구』제8호,
　　　1994.

예용해,「단청」, 문화재관리국, 1970.

이용윤,「불사성공록」을 통해 본 남장사 괘불」,『통도사성보박물관괘불탱6, 상주남장사
　　　괘불탱』, 통도사성보박물관, 2001.

임영주,「한국 단청의 뿌리와 맥을 이어온 금어 만봉스님」,『단청화대전람회』, 불교사, 1991.

장희정,『조선후기 불화의 화사 연구』, 동국대박사학위 논문, 2000.

최성규,『만봉 이치호의 불화세계』, 동국대학교 교육대학원 석사학위 논문, 1994.

최 학,「조선후기 화승 관허당 설훈 연구」,『강좌미술사』, 제39호, 한국미술사연구소, 2012.

홍윤식,『조선명종조의 불화제작을 통해 본 불교신앙」,「불교학회」19, 1982.

_____,『화기집』각 사찰 항목.

『한국의 고찰」, 경인문화사, 1973.

성보문화재연구원,『한국의 불화」제3권, 1997.

_____,『한국의 불화」제28권, 2003.

_____,『한국의 불화」제33권, 2004.

근대 전환기 민간 불교경험의 양태와 유산 / 민순의

강돈구,「대한불교천태종의 정체성 형성 과정」,『신종교연구』31, 한국신종교학회, 2014.

고병철,「대한불교천태종의 의례와 신앙: 구인사와 대광사를 중심으로」,『종교연구』73, 한국종교학회, 2013.

_____,「대한불교천태종의 종교 정체성과 수행」,『정신문화연구』37-4, 한국학중앙연구원, 2014.

권기현,「진각종조 회당대종사의 깨달음」,『대각사상』11, 대각사상연구원, 2008.

김경집,「회당 손규상의 근대불교 인식」,『회당학보』20, 회당학회, 2015.

김동림,「대한불교천태종 삼대지표의 실천에 대한 연구」,『대각사상』24, 대각사상연구원, 2015.

김세운,「상월 조사의 생애와 교화 방편」,『한국선학』15, 한국선학회, 2006.

_____,「한국 천태종의 염불수행 전통과 그 계승」,『한국선학』30, 한국선학회, 2011.

김수현,「조선중후기 관음경전 간행 연구」,『문화사학』24, 한국문화사학회, 2005.

_____,「불화에 나타난 한국 관음신앙의 변천: 일본 관음도상과의 비교를 포함하여」,『역사민속학』23, 한국역사민속학회, 2006.

김정희,「한국의 천수관음 신앙과 천수관음도」,『정토학연구』17, 한국정토학회, 2012.

김치온,「육자진언 신앙의 변천에 대하여」,『회당학보』15, 회당학회, 2010.

_____,「진각종 기도법에서 불공·불사의 의미와 특징」,『회당학보』17, 회당학회, 2012.

박혜승, 「회당의 재가 · 출가에 대한 인식과 그 논리」, 『회당학보』 13, 회당학회, 2008.

보성정사, 「진각종의 창종정신과 인간중심 실천불교운동」, 『회당학보』 20, 회당학회, 2015.

송현주, 「대한불교진각종의 역사와 특징」, 『종교연구』 48, 한국종교학회, 2007.

윤승헌, 「천태종 기획실장 용암 · 교육부장 세운 스님」, 《만불신문》 175, 만불신문사, 2007.

李能和, 『朝鮮佛教通史』, 新文館. 1918.

이능화, 『역주 조선불교통사』, 조선불교통사역주편찬위원회 옮김, 동국대학교 출판부, 2010.

이은윤 외, 『한국불교의 현상-18개의 종단순례』, 불교사상, 1986.

이종섭, 「한국불교에서 관세음신앙 성립의 특수성 고찰」, 『불교연구』 30, 한국불교연구원, 2009.

이종수, 「19세기 건봉사 만일회와 불교사적 의미」, 『동국사학』 49, 동국역사문화연구소, 2010.

장용철, 「회당대종사의 호국관」, 『회당학보』 15, 회당학회, 2010.

조용주, 「청화 스님 '염불선사상' 주제 세미나」, 《금강신문》, 금강신문사, 2016.

차차석, 「『觀世音菩薩妙應示現濟衆甘露』에 나타난 관음신앙의 특징」, 『보조사상』 39, 보조사상연구원, 2013.

최동순, 「상월조사의 생애에 나타난 수행관」, 『한국선학』 5, 한국선학회, 2003.

_____, 「상월조사 행적에 대한 법화사상의 적용」, 『한국선학』 20, 한국선학회, 2008.

_____, 『처처에 백련 피우리라: 상월조사의 구인사 창건기』, 운주사, 2009.

최종성 외, 『국역 역적여환등추안: 중 · 풍수가 · 무당들이 주모한 반란의 심문 기록』, 민속원, 2010.

최종성, 「무당에게 제사 받은 생불: 『요승처경추안』을 중심으로」, 『역사민속학』 40, 한국역사민속학회, 2012.

_____, 「생불과 무당: 무당의 생불신앙과 의례화」, 『종교연구』 68, 한국종교학회, 2012.

_____, 「조선후기 민간의 불교문화: 불승(佛僧), 단신(檀信), 제장(祭場)」, 『종교학연구』 30, 서울대학교 종교학연구회, 2012.

최종웅, 「진각종 수행의 독창성과 현대사회적 가치」, 『회당학보』 17, 회당학회, 2012.

한국불교신문 편집자, 「성철스님 박사논문 『觀世音菩薩妙應示現濟衆甘露』에 나타난 불교사상 연구」, 《한국불교신문》, 한국불교신문사, 2016.

한승훈, 「미륵 · 용 · 성인: 조선후기 종교적 반란 사례 연구」, 『역사민속학』 33, 한국역사민속학회, 2010.

허일범, 「한국밀교 진언수행의 역사적 변천과 현대적 활용」, 『회당학보』 17, 회당학회, 2012.

국가법령정보센터 홈페이지(http://www.law.go.kr/main.html)
대한불교진각종 홈페이지(http://www.jingak.or.kr/)
대한불교천태종 홈페이지(http://www.cheontae.org/index.php)
문화체육관광부 홈페이지(http://www.mcst.go.kr/main.jsp)
한국불교종단협의회 홈페이지(http://www.kboa.or.kr/)

민주화 시대, 불교개혁운동과 그 한계 / 윤승용

강인철, 「사회 민주화와 종교」, 『한국종교연구』 27, 2000.
교육원 불학연구소, 『조계종사- 근현대편』, 대한불교조계종 교육원, 2001,
김광식, 「한국현대불교와 정화운동」, 『대각사상』 7, 대각사상연구원, 2004.
김상구, 『믿음이 왜 돈이 되는가』, 해파스토리, 2011.
동국대 석림동문회, 『한국불교현대사』, 시공사, 1997.
문화체육관광부, 『한국의 종교현황』, 2012.
박부영, 「전면적인 개혁, 그러나 이루지 못한 꿈」, 『불교평론』 50, 2012.
박한용, 「호국불교의 비판적 검토」, 『불교평론』 49, 2011.
서동석, 「불교 사회운동의 갈무리와 터닦기」, 『불교평론』 1, 1999.
유웅오, 『10.27 법난의 진실』, 화남, 2005.
윤승용, 『현대 한국종교문화의 이해』, 한울, 1997.
_____, 「정화운동과 21세기 한국불교」, 『교단정화운동과 조계종의 오늘』, 선우도량, 2001.
_____, 「한국종교의 사회세력화의 형태와 전망」, 『신자유주의의 종교를 묻는다』, 한국종교문화연구소, 2011.
_____, 「최근 20년간 한국종교의 실태 및 종교의식변화」, 『한국인의 종교와 종교의식』 제4차 보고서, 한국갤럽, 2004.
한국기독자교수협의회외, 『종교권력, 무엇이 문제인가』, 동연, 2008
이광수, 「불교사에서 재가가 차지하는 위치」, 『한국외국어대학교 역사문화연구』 2, 1989.
이재형, 「불교교단의 치부를 드러낸 자정운동」, 『불교평론』 50, 2012.

정토회 에코붓다, 「빈그릇 운동」, 『빈그릇 학술세미나 자료집』, 2006.

현응, 「종단정체성, 정통과 전통을 아우르는 교단을 향하여」, 『불교평론』 50, 2012.

조계종 중앙종회, 『대한불교조계종의 종헌의 이해』, 2000.

조계종 불교사회연구소, 『대한 불교조계종 50주년의 성찰과 시대적 과제 자료집』, 2011. 4. 25.

조계종 불교사회연구소, 『한국의 사회문화 및 종교에 관한 대국민 여론조사 기초분석보고서』, 2011.

조계종 총무원장 담화문, '자성과 쇄신의 결사를 제안합니다', 2011.12.26

원효의 생사관 / 최유진

『發心修行章』, 『한국불교전서』 제1책.

『大乘六情懺悔』, 『한국불교전서』 제1책.

『三國遺事』 卷5 「廣德 嚴莊」.

성재헌 외 옮김, 『미륵상생경종요 외』(한글본 한국불교전서 신라18), 동국대학교출판부, 2017.

여성구, 「신라인의 출가와 도승」, 『진단학보』 101, 진단학회, 2006.

은정희 역, 『대승기신론소별기』, 일지사, 2002.

은정희 역, 『二障義』, 소명출판, 2004.

은정희 옮김, 『대승기신론기소기회본』(한글본 한국불교전서 신라17), 동국대학교출판부, 2017.

이기영 역해, 『금강삼매경론』, 한국불교연구원, 1996.

이평래 옮김, 『열반종요』(한글본 한국불교전서 신라20), 동국대학교 출판부, 2017.

최봉수 역, 『마하박가 1』, 시공사, 1998.

최유진, 「원효의 미륵사상에 대하여」, 『종교연구』 20, 2000.

분류 체계 등장과 퇴장의 조건 / 장석만

『개역 한글성경』

『대동학회월보』

『岩波 哲學·思想事典』, 岩波書店, 1998.

김용옥, 『노자, 길과 얻음』, 도서출판 통나무, 1989.

김용옥, 『노자와 21세기, 상』, 도서출판 통나무, 2000.

뒤르케임, 에밀, 『종교생활의 원초적 형태』(*Les formes elementaires de la vie religieuse: Le systeme totemique en Australie*), 노치준·민혜숙 옮김, 민영사, 1992(1912).

사카이 나오키, 니시타니 오사무, 『세계사의 해체』, 역사비평사, 2009(2004).

스노우, C.P., 『두 문화』(*The Two Cultures*), 오영환 옮김, 사이언스북스, 2001(1963).

엘리아데, 머치아, 『성과 속』(*The Sacred and the Profane: The Nature of Religion*), 이은봉 옮김, 한길사, 1998(1959).

월러스틴, 이매뉴얼, 『지식의 불확실성: 새로운 지식 패러다임을 찾아서』(*The Uncertainties of Knowledge*), 유희석 옮김, 창비, 2007(2004).

페이걸스, 일레인, 『아담, 이브, 뱀: 기독교 탄생의 비밀』(*Elaine Pagels, Adam, Eve, the Serpent*), 류점석·장혜경 옮김, 아우라. 2009.

장석만, 〈「본래부터 성스러운 것이란 없다: 종교학에서의 성과 속 연구〉」, 『지식의 최전선』, 김호기 외, 한길사, 2002.

정화 풀어씀, 『반야심경』, 도서출판 법공양, 2009.

조철수, 『예수평전』, 김영사, 2010.

최진석, 『노자의 목소리로 듣는 도덕경』, 조합공동체 소나무, 2002.

타이센, 게르트, 『기독교의 탄생: 예수운동에서 종교로』(*Gerd, Theissen, Die Religion der ersten Christen: eine Theorie des Urchristentums*), 대한기독교서회, 2009.

Antonnen, Veikko, "Sacred," *Guide to the Study of Religion*, Willi Braun and Russell T. McCutcheon. eds., Cassell: London and New York, 2000.

Antonnen, Veikko, "What Is It That We Call 'Religion'? Analyzing the Epistemological Status of the Sacred as a Scholarly Category in Comparative Religion," *Perspectives on Method and Theory in the Study of Religion*, edited by Armin W. Geertz and Russell T. McCutcheon. Leiden: Brill, 2000.

Nattier, Jan, "The Heart Sutra: A Chinese Apocryphal Text?" *Journal of the International Association of Buddhist Studies*, Vol. 15, No. 2, 1992.

Nishitani, Osamu, "Anthropos and Humanitas: Two Western Concepts of 'Human Being,'" Translation, Biopolitics, Colonial Difference, eds., Naoki Sakai and Jon Solomon in *Traces: A Multilingual series of Cultural Theory and Translation*, Hong Kong University Press, 2006.

Paden, William, "Sacred Order," *Perspectives on Method and Theory in the Study of Religion: Adjunct Proceedings of the XVIIth Congress of the International Association*

for the History of Religions, Mexico City 1995, Armin W. Geertz, Russell T. McCutc
　　　heon eds., Brill: Leiden, Boston, Köln, 2000.
Sakai, Naoki, "On the Question of Humanitas and Anthropos," Transeuropéennes: Intern
　　　ational Journal of Critical Thought, 2 August 2011.
　　　http://www.transeuropeennes.eu/en/articles/316/Theory_and_the_West

웬디 도니거의 교차 문화적 신화 비교에 대한 일고 / 하정현

강은애, 「웬디 도니거의 균형적 비교이론」, 『종교문화비평』 10, 한국종교문화연구소,
　　　2006.
권택영, 『소설을 어떻게 볼것인가』, 문예출판사, 1995.
김승환, 「내포 독자의 개념과 존재양상」, 『어문론총』, 78권 78호 한국문화언어학회, 2018
박근갑 외, 『개념사의 지평과 전망』, 소화, 2009.
방원일, 「종교학, 신화학을 말하다: 『20세기 신화 이론』, 『신화 이론화하기』, 『다른 사람
　　　들의 신화』」, 『종교문화비평』 16, 한국종교문화연구소, 2009.
유요한, 「종교학의 비교 방법론 : 공동 작업에 근거한 비교 철학 연구를 위한 제언」, 『종
　　　교와 문화』 14, 서울대 종교문제연구소, 2008.
웨인 C. 부스, 『소설의 수사학』, 예림기획, 1999.
웬디 도니거 오플래허티, 『다른 사람들의 신화: 잃어버린 신화의 회복을 위한 타자의 신
　　　화 이해하기』, 류경희 옮김, 청년사, 2007.
웬디 도니거, 『암시된 거미: 신화 속의 정치와 신학』, 최화선 옮김, 이학사, 2020.
정진홍, 『경험과 기억』, 당대, 2003.
조너선 Z. 스미스, 『종교 상상하기』, 장석만 옮김, 청년사, 2013.

Patton, Kimberley C. and Benjamin C. Ray ed., A Magic still Dwells: Comparative
　　　Religion in the Postmodern Age, Berkeley, California: University of California,
　　　2000.
Patton, Laurie L. and Doniger, Wendy, ed., Myth and Method, Charlottesville; London:
　　　University Press of Virginia, 1996.
O'Flaherty, Wendy Doniger, Others Peoples' Myths: The Cave of Echoes, Chicago: Univer
　　　sity of Chicago Press, 1995.
Doniger, Wendy, The Implied Spider: Politics & Theology in Myth, New York: Columbia

University Press, 1988.

_____, *The Implied Spider: Politics and Theology in Myth*, New York: Columbia University Press, 2011.

_____, *Splitting the Difference: Gender and Myth in Ancient Greece and India*, Chicago: University of Chicago Press, 1999.

_____, *The Donigers of Great Neck: A Mythologized Memoir*, Waltham, Massachusetts: Brandeis University Press, 2019.

Wayne C. Booth, *The Rhetoric of Fiction*, Chicago & London: University of Chicago Press, 1961.

동성애 비인권론과 동성애 독재론 / 이진구

구형찬, 「혐오와 종교문화: 한국 개신교에 대한 소고」, 『종교문화비평』 33, 2018.

김기준, 「적그리스도의 길을 앞당기는 "포괄적 차별금지법"」, 『성경대로 믿는 사람들』, 2013년 6월호.

김나미, 「한국 개신교 우파의 젠더화된 동성애 반대운동: 개신교 우파의 '새로운 적'들과 오래된 불안」, 『당신들의 신국, 한국 사회의 보수주의와 그리스도교』, 돌베개, 2017.

김순남, 「소수자의 가족구성권: 정상가족 모델을 넘어서」, 『무지개는 더 많은 빛깔을 원한다』, 창비, 2019,

김승섭, 「동성애, HIV 감염, 그리고 혐오」, 『무지개는 더 많은 빛깔을 원한다』, 창비, 2019.

김일수, 『성소수자의 권리 논쟁』, 세창출판사, 2019.

김장생, 「한국의 근본주의 개신교와 동성애 혐오」, 『사회과학연구』 27, 2020.

김지연, 「청소년의 동성애를 유발하는 환경과 실태」, 『청소년 및 청년 에이즈 감염 급증에 관한 정책 포럼 자료집』(2016.8.25.)

김지혜, 「성적지향과 성별정체성에 관한 국제인권법 동향과 그 국내적 적용」, 『법보』 674, 2012.

김진호, 『성서와 동성애: 혐오와 억측을 넘어 성서 다시 읽기』, 오월의봄, 2020

김현경·박보람·박승환, 「성소수자에 대한 혐오표현, 그 옹호의 논리를 넘어서: 표현의 자유론 비판과 시민권의 재구성」, 『공익과 인권』 12, 2012.

나라, 「누군가의 삶에 반대한다?: 성소수자 운동이 마주한 혐오의 정치세력화」, 『여성 혐오가 어쨌다구?: 벌거벗은 말들의 세계』, 현실문화, 2015.

류성민, 「동성애·동성결혼에 대한 종교적 이해: 미국과 한국 개신교를 중심으로」, 『종교문화연구』 25, 2015.

류성민, 「미국의 동성결혼 합법화 이후 종교계의 대응; 미국과 한국의 개신교를 중심으로」, 『종교문화연구』 29, 2017.

박경미, 『성서, 퀴어를 옹호하다: 성서학자가 들려주는 기독교와 성소수자 이야기』, 한티재, 2020

백상현, 『가짜 인권, 가짜 혐오, 가짜 소수자』, 밝은생각, 2017.

시우, 『퀴어 아포칼립스: 사랑과 혐오의 정치학』, 현실문화연구, 2018.

안창호, 차별금지법과 기본권, 『성서학 연구원 저널』 106, 2021.

오영달, 「한국의 차별금지법 제정 추진과 국제인권규범의 시사점」, 『민족연구』 77, 2021.

이나영·백조연, 「'성과학연구협회'를 중심으로 본 '개신교' 동성애 '혐오담론'」, 『여성학연구』 27(1), 2017.

이상원, 「동성혼에 대한 신학적 윤리적 평가: 미국 성공회 자유주의자들의 결혼신학에 대한 비판적 연구」, 『신학지남』 83(1), 2016.

이상원, 「신사참배와 동성애 합법화」, 『월드뷰』 243호, 2020.

이승구, 「동성애에 대해서 성서는 무엇을 말하는가: 동성애를 반대할 수밖에 없는 이유」, 『기독교사상』 692, 2016.

이원웅, 「국제인권레짐과 비정부기구(NGO)의 역할」, 『국제정치논총』 38(1), 1998.

이준일, 『차별금지법』, 고려대학교 출판부, 2007.

이태희, 「동성애, 과연 인권의 문제인가?」, 『개혁주의 이론과 실천』 10, 2016.

정원희, 「한국 개신교의 동성애 논쟁과 사회적 실천: 감정 동학과 종교적 의례를 중심으로」, 서울대학교 석사학위논문, 2013.

정재진·전영평, 「동성애 소수자의 차별저항과 정책변동」, 『한국행정연구』 15(4), 2006.

조민아, 「그대들의 '색(色)', '계(計)': 차별금지법 반대 투쟁과 '종북 게이'의 탄생을 통해 보는 기독교 우파들의 타자 만들기」, 『당신들의 신국, 한국 사회의 보수주의와 그리스도교』, 돌베개, 2017.

조영길, 「동성애를 처벌하는 군형법에 대한 헌법재판소의 결정들의 의미와 동성애를 옹호하는 국가인권위법 조항 삭제 개정의 정당성」, 『바른군인권연구소 외 주최 '군형법 92조의 6 합헌 판결의 의미와 과제' 포럼자료집』, 2016.8.29.

조영길, 「차별금지법과 동성애 독재: 국가인권위원회법 제2조3호 "성적지향"의 문제점」, 『개혁주의 이론과 실천』 17(1), 2020.

조효제, 『인권의 최전선』, 교양인, 2020.

한국성소수자연구회, 「대담: 한국 성소수자 운동의 역사」, 『무지개는 더 많은 빛깔을 원한다』, 창비, 2019.

한승용, 「예장 백석과 통합 교단의 차별금지법 반대 성명」, 『성경대로 믿는 사람들』, 2013년 5월호.

Cheng, Yen-hsin Alice, Fen-Chieh Felice Wu & Amy Adamczyk, "Changing Attitudes Toward Homosexuality in Taiwan, 1995-2012," *Chinese Sociological Review*, 48(4).

Donnelly, Jack, "International Human Rights: A Regime Analysis," *International Organization*, Vol. 40, No. 3 (Summer, 1986), pp. 599-642.

Hackett, Rosalin I.J., "Human Rights and Religion," *Human Rights, Democracy & Religion: In the Perspective of Cultural Studies, Philosophy, and the Study of Religions*, Edited by Lars Binderup & Tim Jensen. Odense: University of Southern Denmark, 2005.

Helminiak, Daniel A., *What the Bible Really Says About Homosexuality?* (Millennium Edition), Alamo Square Press, 2000; 다니엘 헬미니악, 『성서가 말하는 동성애: 신이 허락하고 인간이 금지한 사랑』, 김강일 옮김, 해울, 2003.

Henkin, Louis, "Law and Politics in International Relations: State and Human Values," *Journal of International Affairs*, 44(1), 1990, pp. 183-208.

Van der Vyver, Johan D., "Introduction: Legal Dimensions of Religious Human Rights: Constitutional Texts," *Religious Human Rights in Global Perspective: Legal Perspectives*, Edited by Johan D. Van der Vyver and John Witte, Jr. (Hague: Martinus Nijhoff Publishers, 1996), XI.

한국종교문화연구소 종교문화비평총서09

불교와 함께한 종교 연구

등록 1994.7.1 제1-1071
1쇄 발행 2022년 3월 20일

엮은이 범재 팔순기념문집편찬위원회
펴낸이 박길수
편집장 소경희
편 집 조영준
관 리 위현정
디자인 이주향
펴낸곳 도서출판 모시는사람들
        03147 서울시 종로구 삼일대로 457(경운동 수운회관) 1207호
전 화 02-735-7173, 02-737-7173 / 팩스 02-730-7173

인 쇄 피오디북(031-955-8100)
배 본 문화유통북스(031-937-6100)
홈페이지 http://www.mosinsaram.com/

값은 뒤표지에 있습니다.
ISBN   979-11-6629-096-1   94100
세트   978-89-97472-32-1   94100